中国社会科学院老年学者文库

作者作为主讲老师与中国科学院图书馆培训班学员合影（北京，1982.10.30，第2排左7为作者）

作者作为主讲老师与中国科学院图书馆培训班学员合影（北京，1982.10.30，后排左3为作者）

作者1995年赴韩国访问期间在韩国国际交流财团门前留影

作者1995年赴韩国访问期间在韩国国际交流财团门前留影

作者 1995 年在高丽大学校民族文化研究所与各国研修生合影（后排中间为作者）

作者 1995 年在高丽大学校民族文化研究所与各国研修生合影（后排左 3 为作者）

作者 1999 年 12 月在汉城韩国公共管理协会国际会议上发表英文论文

作者 2001 年 4 月至 9 月在韩国国立中央图书馆古籍资料室做研究工作

作者于 2001 年 5 月在韩国国立中央图书馆用韩国语作业务讲座

作者 1995 年赴韩国访问期间与中国研修生合影（中间为作者）

作者 2001 年在韩研究期间与国立中央图书馆古籍资料室同仁合影（首尔，前排右 2 为作者）

作者2001年在韩研究期间与国立中央图书馆古籍资料室同仁合影（首尔，左2为作者）

作者2001年在韩研究期间在釜山第39届全国图书馆大会会场前留影（釜山，2001.9）

作者在韩国第39届全国图书馆大会上发表韩文论文（釜山，2001.9）

作者在韩国数字图书馆软件系统研讨会主席台上（桂林，2001.11，左2为作者）

作者与来访的韩国ECO图书馆软件公司李士永总经理等赴桂林开会时合影（桂林，2001.11，左2为作者）

全国社科院系统图书馆第九次协作暨学术研讨会（西宁，2004.6.25，左1为作者）

作者赴珠海参加第六届《中图法》编委会工作会议暨《中国分类主题词表》审定工作会议期间去澳门图书馆参观（2004.8.26）

网络信息组织标准工作组年会合影（北京，2005.2.3，后排右 2 为作者）

首届全国社科院联机编目业务培训班开幕式（河北省社科院，2005.4，中间为作者）

第一届全国文献编目工作研讨会（武汉，2006.4，前排左 5 为作者）

第2届全国社科院联机编目业务培训班老师和学员合影（新疆社科院，2006.5，前排右5为作者）

作者作为导师受聘参加北京大学硕士研究生论文答辩会（2007.5.30，前排中间为作者）

作者在全国社科院系统联机联合编目项目阶段性成果信息发布会上主持会议（北京，2008.1.9）

作者在全国社科院系统联机联合编目项目阶段性成果信息发布会上发言（北京，2008.1.9）

中国社科院图书馆学术委员会成员合影（北京，2009.12.25，前排右2为作者）

中国社科院第四届离退休人员优秀科研成果奖获奖者与院局领导合影（北京，2011.5.5，前排右4为作者）

作者与第三届全国社科院联机编目培训班全体学员合影（北京，2011.10，前排右5为作者）

国家图书馆《中图法》编委会在长沙召开“《中分表》更新《中图法》（第五版）对应主题词工作会议”（2012.5.24~26，前排左5为作者）

作者在第四届全国社科院联机编目培训班开幕式上发言（北京，2012.9）

在中国图书馆学会年会上国家图书馆陈力副馆长给作者颁发2012年李炳穆中韩国际交流合作奖后合影（东莞，2012.12.23）

全国社科院图书馆第十六次协作会议暨社科院系统信息化建设专题研讨会（贵阳，2012.10.15，前排右 3 为作者）

中国社科院老专家协会合影（北京，2013.1.17，后排左 3 为作者）

中国社科院老专家协会合影（北京，2013.7.6，后排左2为作者）

首都图书馆“社科讲堂”成立仪式暨首场讲座后合影（2013.9.14，左4为作者）

中国社会科学院**老年学者文库**

图书馆学与信息化应用研究

胡广翔 / 著

社会科学文献出版社
SOCIAL SCIENCES ACADEMIC PRESS (CHINA)

目　录

第一部分　国内图书馆学和信息化应用研究

第二部分　韩国图书馆事业和信息化应用研究

第三部分　在国外发表的相关论文

附　录

第一部分
国内图书馆学和信息化应用研究

完善进口图书采访工作环节，搞好研究机构图书馆的文献资源建设

一个研究机构的图书馆的文献资源建设搞得如何，可以反映出该研究单位的科研水平。那么，说一个图书馆文献资源建设搞得好，主要是看什么呢？只是单纯地看日积月累的文献数量和收藏空间的膨胀吗？诚然，随着我国科研事业的发展，图书馆的规模也会有所发展。但笔者认为，看一个图书馆文献资源建设是否搞得好，主要应看以下几个方面。

一　收集的书刊资料是否具有专业特色

中国社会科学院（以下简称“社科院”）是由反映文、史、经、哲等各类社会科学专业的30多个研究所组成的。由于经费紧张和书刊价格的上涨，各研究所图书馆不可能全面购买社会科学各个方面的图书。如果各分馆都向“小而全”的方向发展，必然会造成全院的文献资源大而不全的后果。实际上，由于各分馆能力有限，也不可能达到“小而全”，结果也只能是小而不全。在这种情况下，各分馆的收藏只能向专业化的方向发展。只有各分馆的收藏真正专业化了，全院才能在社会科学的所有学科上达到尽可能多的品种，形成一个全院范围内的文献资源保障体系。至于有关社会科学综合性的，以及边缘学科、交叉学科、新兴学科方面的书刊资料，当然是要由社科院文献情报中心图书馆义不容辞地收集了。

二 收集的书刊资料是否系统、完整

笔者认为，一个研究机构的图书馆所收集的书刊资料是否有价值，主要并不在于收集数量的多寡，而是看所收集的文献资料是否系统、完整。对于一些重要的大套工具书和一些重要的连续性出版物的收集尤为重要。假设一个图书馆虽然收藏了十万种文献，但每一种都残缺不全，这样的藏书价值就不大，读者也不会到这种图书馆来查找文献。假设另一个图书馆只收藏了五万种文献，但这五万种都很重要，而且都很齐全，覆盖了所应有的全部年代和卷册。这样的藏书价值比起前者来就大得多，读者也愿意来这种图书馆查找文献。所以，一个图书馆如果发现有的馆藏文献出现缺卷或缺期的情况，应及时通过图书进出口部门或其他办法进行补缺。图书进出口公司也应尽力发挥自身在国外机构的优势，为文献补缺的用户服务。例如，社科院欧洲研究所图书馆（以下简称“欧研馆”）收藏有美国自 1941 年至今出版的“Fact on File”（“档案资料”），但中间缺了两年的。于是，我们就积极地与图书进出口公司联系。在他们的帮助下，很快补齐了这套大型文献。由于这套文献收集得非常齐全，于是吸引了不少读者前来查阅和复印。除本所科研人员经常翻检、引用这套资料外，许多外地的读者也都不远千里来到欧研馆查阅。这套文献不仅在社科院是唯一最全的一份，就是在北京大概也算最全。正如一位武汉来的同志所说的，“找遍了北京各大单位都不行，还是你们这里最全”。由此可见，文献的系统和完整是多么重要。这套文献正是因此才大大提高了其利用率，也就大大增加了它的收藏价值。

三 在收集文献的过程中是否体现经济性原则

一般来说，专业性的研究机构的图书馆，其规模和经费都比较有限。

要想利用有限的经费收到更大的效益，就需要注重经济性原则，把“好钢”真正用到“刀刃”上。例如，欧研馆广开渠道，在所领导和各研究室的支持下，先后与德国的诺曼基金会、艾伯特基金会、欧根研究所，意大利的阿涅利基金会，瑞典的国际问题研究所，荷兰的社会研究学院和欧洲共同体执委会出版局等单位建立了书刊资料的交换关系。通过这些渠道，我们平均每年获得各类书刊 100 册左右，估计年节约经费两万元以上。实际上，欧研馆对凡是能通过交换和受赠得到的原版图书，就不再购买。例如，欧研馆入藏的德文和意大利文图书绝大多数是通过国际交换和接受国外赠送获得的。另外，凡是我们想购买的原版专著，只要一发现有中文译本，就不再购买原版书，而把节省下来的经费用来扩大品种，更多地购买一些未被或估计不会被译成中文的原版书。

在如何搞好研究机构的图书馆的文献资源建设的问题上，确有很多文章可做。笔者认为其中很重要的一个方面就是要完善进口图书采购的工作环节，这是确保该项任务圆满完成的重要保证。笔者认为，作为一名研究机构的图书馆的进口图书采购人员，应注意以下几方面。

1. 明确本馆的采购方针。这是提高采购质量的基本保证，也是采购人员开展工作的基本依据。

制定采购方针应考虑以下几大要素：①本所的科研任务和重点科研课题；②本馆读者所掌握的外语语种和水平；③本馆的馆舍规模和购书经费数额。

欧研所是全国唯一研究西欧政治、经济、社会文化和国际关系等综合情况的高层次的研究机构。研究人员都是大学本科或研究生毕业，具有高级专业技术职称者占 1/3 强。他们中以掌握英语者居多，其他依次为德语、法语、意大利语。欧研所每年用于购买进口书刊的经费为 6 万~7 万元，并逐年呈上涨趋势。

因此，欧研馆进口图书的采购方针是：在文献内容上以收藏有关西欧地区和西欧各国政治、经济、社会文化及国际关系等方面的高层次的学术著作为主，以泛论这些学科基础理论的图书为辅，比例约为 9∶1。在文献语种上以英语为主，其他语种为辅；在文献载体上，以印刷载体为主，其他类型的载体（如缩微品、机读件）为辅。另外，根据欧研馆经费不太宽裕的实际情况，进口图书一律不购复本。

2. 协助馆长与各研究室负责同志联系，建立起一个图书馆采审人员与科研人员相结合的选书系统，以确保所选图书的质量。欧研馆的外文新书选订工作严格遵守本馆规定的“研究人员—采购人员—馆长—所长”四级圈选制度。经过以上四级的严格筛选，就可兼顾本所的科研任务、本馆的馆藏系统和特色以及图书的质量与价格等各种因素，使最终选定的原版书能最大限度地符合本所馆藏的需要，并在用户中发挥最大的效用。同时，也最大限度地减少了错订、漏订等不利情况的出现。

3. 广泛收集有关书目信息，及时掌握国外出版商动态。这是提高采访质量的必要条件。

我馆主要还是以中图公司提供的预订书目作为主要的信息渠道。中图公司历史悠久、经验丰富、人力物力雄厚。他们所提供的书目信息是值得信赖的，这一点无可非议。但笔者认为，作为一名进口图书的采购人员，不能仅仅满足于此，还可采取直接向国外出版商索取书目、注意收集外文书刊中的新书介绍和书评栏目的信息，以及注意收集读者推荐的书目等方法。然后，将选定的书目通过中图公司收订部门采取零订的方法从国外进口图书。这样，既可弥补中图公司在遴选国外书目过程中的偶然缺漏．又可使图书馆采购人员更好地博中选优，优中订精。

另外，及时掌握国外出版商的性质、规模、出版范围和学术水平，也是有助于我们提高进口图书采购质量的重要环节。在这方面，中图公司通过举办进口图书采购工作研讨会做了不少有益的工作，使我们很多负责进口图书采购工作的同志能有机会系统地、有重点地了解国外一些重要出版商的情况，以及分阶段性地了解国外出版业的新动态。这样，就使我们的书目收集工作和采访工作更有针对性，有的放矢。例如，1991 年 9 月中图公司图书部在成都举办的进口图书采购工作研讨会上就请英国出版商协会的毛利先生全面、系统地介绍了英国出版业的现状、英国文化委员会和图书业的关系，并重点介绍了英国十几个大的出版社。会上还请北京语言学院图书馆的马辛同志详细地介绍了英国几家权威出版社的情况。这些都使我们大开眼界，大长见识，对搞好我们的进口图书采购工作确实大有助益。希望中图公司今后不断地举办这种形式的研讨会。这些学术活动，既促进了图书进口部门和图书馆界的联系和相互了解，又提高了本专业的业务水平。另外，我们还可通过阅读中图公司编辑出版的学术性刊物《世界图书》以及各种图书情报刊物来了解国外出版业的情况和动态。

4. 通过各种图书博览会和书展选订与选购进口图书。在这种场合，图书采购人员面对的不是简单的书目，而是直观的、实实在在的各种图书。在这种场合选书，对图书的内容、质量和学术水平了解得更清楚，因而可以极大地保证所选图书的质量。正因为这样，图书采购人员凡是遇到这种机会都应紧紧抓住充分进行选购，而不要轻易放弃。但应注意，在这种场合下选购图书，最好将选定的图书题名等抄记下来，经查实确定馆内无此书后再决定订购，以免重订重购。

5. 非购图书的采集是增加馆藏、提高采购质量的辅助手段。

非购图书是指国内外团体和个人的赠书，或本馆通过进行国际交换获得的图书，以及根据读者推荐复印的图书。特别是在目前购书经费紧张、书价上涨的情况下，充分利用这些途径也确实是搞好进口图书采购工作的辅助手段。这项工作搞好了，无疑会补充由于购书经费不足而导致的馆藏不足。

我们应充分完善进口图书采访工作的各个环节，形成制度并落实到每个采购人员的实际工作中。只有这样，才能把我们研究机构图书馆的文献资源建设搞得更好，更好地为科研工作服务。

（原载于《第2届进口图书采访工作研讨会论文集》，1992年12月）

中国社会科学院文献情报工作的现状和发展趋势

中国社会科学院的文献情报系统是在原中国科学院哲学社会科学方面的9个专业研究所图书馆的基础上逐步发展起来的。从1977年正式建院以来，在原有的基础上共建立了新的图书馆（室）16个。迄今为止，全院共有各具特色的图书馆（室）34个。据1989年底统计，院文献信息中心及各研究所图书馆（室）共收藏各类文献506.4万册；年采购图书在11万册以上，书刊经费达480万元左右；全院共有图书资料人员438人；馆舍总面积达22700多平方米。中国社会科学院文献情报系统作为全院科研工作的一部分，长期以来一直担负着为社会科学研究工作提供一、二、三次文献情报服务。

中国社会科学院系统的基本方针任务是：立足本院，面向全国，为发展科学研究工作和繁荣社会科学事业提供可靠的文献保障，为祖国的四化建设做贡献。

一　存在的问题及对策

1. 购书经费逐年减少，馆藏建设得不到保障

由于国内外图书期刊的价格不断上涨，外汇比价升值，而各所的购书经费却有的下降，有的持平。有的所虽经费有所增加，但其增加的幅

度仍赶不上价格上涨的幅度。目前，绝大多数研究所图书馆的书刊订购数量有较大幅度的下降。

为解决购书经费短缺的问题，一是要呼吁有关决策部门的领导对这一日益严重的问题给予高度的重视，尽可能做到根据书刊价格上涨的幅度和每年经费缺口的大小同步增拨一定比例的经费；二是进一步在全院范围内加强协调，尽量减少重复采购，按照专业化分工的原则逐步建立起全院范围内的文献资源保障体系；三是加强图书馆接受捐赠和交换的职能，以弥补购书经费的不足。从长远来看，还要进行研究所图书馆机构体制的改革，杜绝由于在同一地区内分散设馆造成的重复采购现象。

2. 馆舍紧张，书库涨满，设备不足

从全院来看，情况也不太平衡。也有少数所不存在馆舍问题，例如近代史研究所和历史研究所目前的条件不错，都有新建的较充裕的高层馆舍。但大多数所的图书馆仍程度不同地存在馆舍紧张的问题，特别是经济研究所和民族研究所的图书馆，是两个建馆时间长达 40 年的老馆，分别收藏着本学科丰富、珍贵的文献资料。但极差的馆藏条件影响了藏书的管理和使用。在引进现代化设备，特别是计算机设备方面，全院也很不平衡。有少数所的图书馆已通过各种途径，配齐了各种设备，甚至形成自己本馆的局部网络。但不少所的图书馆还远未配齐设备。馆舍和设备是个纯属硬件的问题，而硬件的解决又是直接与财政支持有关的。特别是馆舍的解决还需要向更高层次的决策部门领导呼吁，光靠研究所的小气候是无能为力的。

3. 人员不足，后继乏人

中国社会科学院文献情报系统具有历史较久、规模较大、学术性较强的特点，因而它需要造就一支热爱社会科学文献情报事业的专业人员队伍。事实上，在过去的几十年里曾先后涌现出不少兢兢业业、勤勤恳恳献身这一事业的好干部。然而，近年来由于种种原因，在不少所出现人员不足、后继乏人的现象。其主要表现在以下方面。①人才外流。例如，20 世纪 80 年代初，院里为解决文献情报系统人员不足的问题，曾委托武汉大学图书馆系代培了 50 名本科生。这批大学生于 1988 年毕业后，均分配到本院各研究所的图书馆工作。5 年过去了，改行的改行，从商的从商，现在还留在本院并继续从事本专业工作的尚不足 30 人。②专业人员进不来。随着一些人员的外流，以及一些老同志的离退休，不少所出现人员不足的问题。但根据当前院里人事部门的有关规定，院外即使有理想的专业干部也调不进来。这就使本院研究所的图书馆员处于一种只出不进的状态。例如，世界历史研究所图书馆在 1989 年曾有各类业务人员 13 人，到 4 年后的今天，已锐减为 7 人。长此下去，最终的结果可想而知。解决人员问题，一是要呼吁有关领导引起必要的重视，对研究所图书馆给予应有的政策；二是尽快进行机构体制的改革，杜绝由于在同一地区内分散设馆造成的工作重复和人力浪费的现象，从而充分发挥现有人员的总体效用，以解决每个单一文献情报机构人员不足的问题。另外，还要通过种种努力，不断营造中国社会科学院文献情报工作的学术气氛，以吸引广大学有专长的各类人员留在这里开展事业。

二　发展趋势与前景展望

社会科学文献信息工作是社会科学研究的基础和重要组成部分。它的发展现状、规模、水平，以及它的工作质量、效率、成果利用程度等，都直接影响社会科学研究的水平和质量。目前，中国社会科学院的文献信息工作不仅与世界水平的差距越来越大，而且也落后于国内先进的文献信息单位。为了扭转这种局面，更好地为科研工作服务，情报中心借 1994 年院工作会议的东风，解放思想，实事求是，大胆改革管理体制。同时，以实现图书馆工作的自动化为手段，通过对全院文献情报系统的联网，带动全院各所的文献情报工作实现实质性的突破。

1. 组建中国社会科学院图书馆

建院十几年来，虽然本院图书馆事业有了很大发展，但历史上形成的分散、封闭、小而全的图书馆体制的弊端越来越明显。特别是自 20 世纪 90 年代以来，国内外书刊价格大幅度上涨，致使各所图书经费非但不能发展而且严重萎缩，甚至已到难以维持的程度。为了保持和加强社会科学藏书的优势，吸引人才，发展社会科学研究事业，必须改革现行的图书馆管理体制，并以此为契机，组建中国社会科学院图书馆。

组建中国社会科学院图书馆的总体目标是：以院部大楼内的16个单位的图书馆为基础，组建院图书馆。院部大楼外各研究所的图书馆均向高度专业化的方向发展，相对独立于院馆，由各所管理，但与院馆实行统一采购、统一分编。院馆与大楼外各所馆之间建立馆际互借关系，实现资源共享。院馆将由采购部、编目部、阅览部、典藏部、研究咨询部、计算机中心和出版发行部等业务部门组成。经过几年的努力，院馆应成为一个管理科学化、结构网络化、手段现代化、功能社会化、联系国际化的综合性社会科学文献信息机构。

2. 实现文献和信息研究工作一体化

由于历史原因，中国社会科学院的文献工作和信息工作在很大程度上处于长期孤立隔绝的状态，始终没有形成一个有机的统一体。信息研究就是要对文献进行逐级加工。制作题录、文摘、综述、述评等派生文献的工作构成信息工作的基本内容。文献信息工作就是要以各类信息产品为科研人员和社会提供服务，实现文献和信息研究工作一体化。

3. 建立社会科学文献资源保障体系

藏书建设最根本的问题是建立文献资源保障体制。中国社会科学院是全国研究社会科学的最高学府，其文献的收藏理应成为全国社科文献资源保障体系。有些社会科学的专业书籍即使在国家图书馆找不到，也要能在本院系统中找到。关于全国保障体制的建立，陈源蒸同志在他写的《宏观图书馆学》中认为，组成全国保障体制的图书馆与情报所大约有30个，其中有国家图书馆、中国科学院与中国社会科学院的文献情报中心、重点高校图书馆、中央部委的图书馆与情报所、军队系统的图书馆与情报所等。按照这一说法，文献情报中心本身即应成为全国社科文献资源的保障体系。但根据中国社会科学院的体制，只靠中心是做不到这一点的。根据目前的状况，各馆不能再走过去“大而全”或“小而全”的老路，而只能依靠中心和全院各所的力量联合形成一个按专业和文种各有分工进行收藏的文献资源保障体系。

4. 实现文献情报加工的标准化和规范化

文献情报加工的标准化和规范化是文献信息质量的保证和开发各项文献情报工作的基础。中国社会科学院对它的认识有一个渐进的过程。过去，对文献情报的加工虽然也有一个基本的做法，但由于没有一个统一标准的约束，各馆加工出来的产品极不统一。随着不断宣传和普及，人们已愈加重视并自觉执行标准了。中心也早已把文献加工人员能否按照标准化要求进行工作列为晋升专业职务的一项重要条件。

5. 文献情报工作手段的现代化

标准化水平的提高，也就为文献情报工作手段的现代化做好了必要的前期准备工作。目前，在中国社会科学院编制完成全院统一的图书联机 MARC 编目软件之后，各所文献情报机构已从 1993 年 7 月 1 日开始一律使用该软件进行本馆的编目工作。图书馆的计算机应用工作已经走出可喜的也是重要的一步。下一步，在进一步修改和完善该软件之后，紧接着就要开发研制全院统一的文献采购系统、借阅流通系统、连续出版物联机 MARC 编目系统、资料登录与检索系统，从而最终完成中国社会科学院的集成图书馆系统软件。与此同时，还要进行院馆内各机构间的联网工作。然后，再和全国各省、市社会科学院系统，再和国外社会科学研究系统联网。计划是远大的，蓝图是美好的，任重而道远，要想实现这些美好前景，还需做出长期不懈的努力。

另外，中国社会科学院在文献载体的缩微化方面虽已取得初步成效，但还有许多工作要做，也大有潜力可挖。将一部分文献缩微复制，是解决涨库问题的有效手段。如果将来能在院馆设置专门的文献缩微机构，大楼外各所图书馆就可不再重复设置这类机构。那时，就可由院馆牵头在本院范围内有计划地、高效集中地将各馆需要缩微的文献分别轻重缓急，分期分批地进行处理了。如果经过 10 年时间，能将我们的馆藏文献缩微掉一半，那就等于把我们现有的书库面积增加了将近一半。到那时，在目前看来是一大难题的涨库问题即可迎刃而解了。

6. 文献情报管理的科学化

笔者认为，要想做到这一点，首先是文献情报系统的结构模式要科学化。合理的机构配置，合理的人员组成，以及合理的人事政策和分配制度等是进行科学化管理的基础和先决条件。虽然这和一个单位的领导乃至其更上层领导的知识结构、战略眼光和政策水准有关，也和一个大的单位乃至整个国家的大气候有关。但是，作为一个文献情报机构的领导，在想方设法向上级领导反映情况、提出建议以外，也要尽量发挥自身的政策水平，使文献情报工作效率更高，成果更大。最大限度地调动起广大文献情报人员的积极性，充分发挥各人所长，使我们的事业后继有人，前途远大。

要做好管理工作，还需要经常不断地总结经验教训，通过科学的调查统计和评估，分析现状、问题和发展趋势。进行文献情报学术理论与政策方法的研究和探讨，使管理人员永远保持清醒的头脑，用科学的思想方法和工作方法做好管理工作。随着对各种计算机管理系统、数据库、联网等现代化手段的研究和利用，实现文献情报管理科学化的目标已经为期不远。

（原载于《中国图书情报工作文库》（第5卷），胡广翔、刘金利著，中央编译出版社，1996）

中国社会科学院图书馆系统文献标准化编目的发展

文献情报加工的标准化是文献信息质量的保证和开发文献情报工作的基础。十几年来，中国社会科学院文献编目标准化工作走过了一个从无序到有序，从各自为政到标准化、统一化的过程。

中国社会科学院图书馆系统组织建设上先天不足的状况造成后天全院图书馆业务的混乱和无序，在文献的分类、著录、目录等各个方面不标准、不规范、不统一。例如，1984 年全院 33 个图书馆（室）使用的图书分类法竟达到 9 个。有的图书馆甚至不顾国内早已有国家推荐使用的分类法这一事实，还在自编分类法供自家使用。同类书区别号的使用更是五花八门。

中国社会科学院图书馆系统从 20 世纪 80 年代中期开始，通过不断宣传、培训和研讨，逐渐认识到实行文献的标准化著录对于做好图书馆工作，并在全院范围内最终实现图书馆自动化网络的重要意义。从 1984 年下半年开始，在全院范围内首次开始进行文献著录标准化的宣传和培训工作。规模较大的一次是 1984 年 12 月文献资料中心筹备组组织的文献著录标准化讲座。此后，中国社会科学院负责标准化著录的同志还先后 7 次做了“图书的标准化著录”等专题报告。

1991 年 7 月，文献信息中心成功地组织了“中国社会科学院文献著录标准化研讨班”。时隔仅 14 日，中国社会科学院即以红头文件的形式下发了题为《关于中国社会科学院文献编目实行标准化著录的通知》的正式文件，要求全院各所图书馆从1991年8月1日开始，一律按照标准化的要求完成对各类文献的分类编目工作。随即成立了全院文献著录标准化指导小组。该小组除要求各所及时上交编目卡片，并对这些卡片进行认真检查外，小组的负责同志还深入到一部分研究所图书馆去进行实际考察。通过检查了解到，全院各所图书馆（包括一些资料室）都已从院发文件规定的日期逐步按照标准化的要求进行各种文献的著录工作。

针对中国社会科学院图书资料系统长期缺乏统一的工作条例和规章制度，难以使全院图书资料工作实现标准化和科学化管理的实际情况，我们编写出了适合社科院使用的《中国社会科学院图书资料工作条例和规章制度》。该条例对各类文献的标准化著录等都做了明确的规定。中国社会科学院于1994年7月1日成立的院馆统编组，仅12天之后，就及时地向全院各所图书馆通报了该组采用的，同时也是要求全院各所图书馆采用的中外文图书分类法、著录标准，以及对各文种图书进行著录时使用的著者号码表等。为实现全院范围内的统一编目和标准化的回溯编目提前打下坚实的基础。

经过这些年的努力，中国社会科学院的文献编目工作终于成功地跨越到了能熟练地运用文献工作的各种国家标准高质量地完成图书编目工作任务的新阶段。

（原载于《中国标准导报》1996年6月）

全院书目数据库建设问题

一　书目数据库建设的总目标

根据院领导的要求，用5～7年时间，将全院300多万册中文图书的书目数据全部按标准化、规范化的要求输入计算机，在形成各片及各馆机读书目数据库的基础上，同时形成全院范围内一套完整的中央机读书目数据库。

二　目前院馆回溯编目进展情况

从院图书馆（以下简称“院馆”）来看，实际上中文图书的回溯编目工作早在1995年初统编部刚刚成立时就已经开始。编目部自1995年1月1日正式成立以来，一方面，及时完成采购部转来的包括购买、赠送和与外馆交换来的中外文新书的编目工作；另一方面，还完成大量旧书的回溯分编任务。从1995年1月至1997年6月，已完成88875册中外文图书的分编任务。其中，日文图书5287册，俄文图书2428册，学位论文10517册（其中包括1986～1993年的共计1361册）。再加上1994年8～12月录入的4000册中文新书的编目数据，编目部在2年零10个月的时间里，完成了95288册中外文图书的分编工作，这相当于保质保量地完成了一个中小型图书馆的包括分类和主题标引在内的编目建库任务。

另外，在人员不多，且不断减员的情况下，仍想尽一切办法提高编目的质量和数量。例如，到目前为止，我们已经减少6位编目人员。但即使在这样大幅度减员的情况下，仍保持编目总量不断上升的趋势。例如，1995年全年完成29277册，1996年全年完成33734册，1997年1～5月完成18847册（照此比例，1997年全年完成45000余册）。这是我们通过不断引进先进的技术和做深入细致的思想工作，使得编目工作的效率不断提高所取得的成果。另外，我们没有只顾追求数量而不顾编目质量，恰恰相反，我们一直把保证数据质量放在首位。因为质量是数据库的生命，而返工是最大的浪费。不注重质量也是最不能保证数量的做法，而这种形式主义的表面上完成工作任务的做法，也只能暂时应付一下上级领导，它经不住时间的考验，经不住将来上互联网的考验，更经不住历史的考验。

我们在抓质量方面主要做了以下几项工作：①引进国家图书馆目前已经出版的1975年至目前的全部中文社科书目数据光盘和软盘；②注意积累编目实践过程中出现的诸多复杂的解决办法并每两个月召开一次业务研讨会，向所有的编目人员提出统一要求，不断提高大家的分编业务水平；③加强数据校对工作，这包括：编目员录入完一条数据后首先用电脑自动校验程序，即对MARC格式进行校验，然后对编目内容自校一遍；三级账户将工作库数据灌入中央库之前对数据逐条进行校对；在正式打印中外文新书通报之前再由编目部负责人对库内数据进行逐条逐字地校验等。通过这样三级把关，基本上可把各种错误避免掉。

三　书目数据库建设的安排与进度

1. 准备阶段（1997年2～6月）

（1）筹备和酝酿阶段

经院文献信息中心领导决定，年初成立了全院书目数据库建设领导小组。

1997年2月21日和26日，在院馆分别召开了馆长会议和全院书目数据库建设领导小组首次工作会议。李惠国同志参加了第一次的馆长会并做了重要讲话。经过这两次会议的讨论，提出了有关全院机读书目数据库建设的若干方案和建议。

1997年5月31日和1997年6月2日，全院书目数据库建设领导小组和外片图书馆工作协调指导小组组织了为期两天的有关《中国社会科学院中文普通图书机读编目手册》的讨论。

（2）人员培训阶段

为了搞好对外片图书编目人员的培训，早在1997年3月，编目部就开始起草将来作为讲义和编目手册使用的《中国社会科学院中文普通图书机读编目手册》。到5月中旬为止完成初稿，我们遂于5月下旬先组织编目部内部对该初稿进行讨论，并于5月28日完成修订稿。接着马上组织外片的同志联合对该修订稿进行讨论，并于6月5日定稿。为6月下旬到7月上旬组织好全院的编目业务培训打下良好的基础。

A. 培训内容：

a. 分类—主题一体化标引；

b. 中文图书机读编目规则。

B. 培训安排：

①6月23~25日，为分类—主题一体化标引培训阶段；

7月3~4日，为中文图书机读编目规则培训阶段。

②经过第二阶段培训后的大楼外各片图书馆的编目人员，尚需在院馆编目部实习三个月。只有这样才能基本上保证他们回到本所图书馆编目时能独立完成高质量的编目工作。这当然也为尽快完成大楼片的回溯编目任务提供了一定的人力支持。

2. 正式实施阶段

院馆从1995年初已经开始回溯编目了，大楼外各馆从结束培训后开始。

（1）各馆从1997年7月份开始一律按照新的要求进行中、西文新书的计算机编目工作。各馆在编目过程中必须使用“全院机读书目数据库建设方案”中统一规定的分类法、主题词表、著者号码表、机读目录手册、编目规则等进行符合标准化、规范化要求的录入建库工作。具体如下：

①分类法：《中国图书馆分类法》（第三版）；

②主题词表：刘湘生主编的《中国分类主题词表》；

③中文著者号码表：刘湘生主编的《中文通用著者号码表》；

④西文著者号码表：卡特编的《卡特著者号码表》；

⑤日文著者号码表：植村长三郎编的《著者号码简明表》；

⑥俄文著者号码表：哈芙金娜著的《俄文三位数著者号码表》；

⑦机读目录手册：《中国机读目录通讯手册》（新版）、《中国社会科学院中外文图书分编工作单填写规则》和《中国社会科学院中文普通图书机读编目手册》等；

⑧编目规则：国家文献著录标准、《中国社会科学院图书资料工作条例和规章制度（附文献分类编目手册）》和今后有关编目规则方面的新规定。

（2）各馆经培训后须按照统一标准进行本馆中外文图书的计算机编目工作，并做好和院馆之间交换数据的准备。以后院馆编目部除了要将国图源书目库和院馆中央库的编目数据源源不断地提供给各片图书馆外，还要将各片交来的本馆自编的书目数据经校验、整理后再提供给其他各片使用。这样，我们就不再是原来意义上的编目部，而变成名副其实的统编部了。

（3）全院书目数据库建设领导小组从 1997 年 8 月份开始不定期地到各馆检查中文图书编目工作的质量和进度。

四　对全院中文旧书进行回溯编目的组织实施方式

这方面笔者认为不外乎以下两种方案。

第一种方案：由院馆编目部统一进行组织和实施。采取全院合作进行，以集中编目为主，统一调配和使用全院编目人员。对全院各片及各馆的藏书按照轻重缓急和各馆条件，有步骤地组织实施。这样做的好处是：①有利于计算机编目工作的标准化和规范化，可最大限度地保证编目质量；②容易出成果、见成效，可赢得时间，能在国际互联网上迅速见到我们自己的产品；③能有条不紊地进行工作安排和组织实施，避免“打乱仗”；④先进行回溯编目的馆完成的编目数据可百分之百地供下一个进行回溯编目的馆使用，从而避免了各馆同时编目的数据不能互相利用的弊病；⑤有利于回溯编目人员业务水平的提高；⑥使用同一种软件进行统一编目，可避免很多问题以及可能在某一方面出现不兼容现象给我们带来麻烦。

对全院各片中文图书进行集中编目的安排次序是：先突击分编院馆的图书，然后再有步骤地分编大楼外各片馆的图书。因院馆编目部无论在软硬件条件，还是在人员、工具书等方面都是最好的，所以在编外片图书时，仍可以院馆编目部为工作基地，外片图书馆只需将需编目的图书运来，过一段时间再将编好的书运走即可。

第二种方案：统一和分散相结合进行的方式。这实际上是上面提到的各馆编目人员由编目部统一进行培训后，再轮流在编目部实习三个月，其余编目人员同时在本馆进行回溯编目工作。

（原载于《中国社会科学院图书馆体制改革理论与实践》，李惠国、吕其苏主编，中国社会科学院文献信息中心，1998）

文献统一编目调研报告暨实施方案

中国社会科学院文献信息中心作为院直属的司局级事业单位，既要为全院科研工作提供文献情报服务，又要指导、协调组建全院的文献情报网络，建立社会科学资料库，实现网络内文献情报资源的交流。其方针任务中有两条都是与文献编目工作的标准化密切相关的：第一，对院属各所图书馆的业务工作起指导协调作用。统一图书资料分类法，实现文献编目工作标准化，为建立全院文献信息检索系统创造条件。第二，健全并统一全院图书资料工作的规章制度，组织馆际网络，尽快实现全院范围内的文献资源共享。所以说，搞好社会科学院文献分编的标准化工作，是完成国家赋予社会科学院的文献信息服务工作的重要一环。

文献情报加工的标准化是文献信息质量的保证和开发各项文献情报工作的基础。中国社会科学院对它的认识有一个渐进的过程。过去，对文献情报的加工虽然也有一个基本的做法，但由于没有统一标准的约束，各馆加工出来的产品极不统一。随着不断进行宣传和普及，人们愈加重视并自觉执行标准。中国社会科学院文献信息中心也早已把文献加工人员能否按照标准化要求进行操作列为晋升专业职务的一项重要条件。

纵观中国社会科学院各图书馆工作的历史，近十几年来，中国社会科学院文献编目工作走过一个从无序到有序，从各自为政到标准化、规范化、统一化的过程。

一　历史的回顾

1. 1984 年以前的无序状态

文献信息中心正式建立于 1985 年 10 月。中国社会科学院虽然与中国科学院一样同属于国务院领导下的部级单位，但由于历史的原因，从它由中国科学院独立出来的 1977 年 5 月起，就没有一个像中国科学院图书馆那样能负责协调、指导和统一全院各所图书馆业务工作的领导机构或职能机构。正是这种在中国社会科学院图书馆系统组织建设上先天不足的状况造成了后来全院图书馆业务的混乱和无序。虽然 1984 年 9 月 20 日，经国务院批准成立了中国社会科学院文献情报中心，但经过 1977～1984 年各所图书馆各自为政的阶段，那种小农经济式的经营已经造成中国社会科学院在文献的分类、著录、目录组织等各个方面不标准、不规范、不统一的局面。例如，全院到 1984 年为止共有 33 个图书馆（室），使用的图书分类法竟达到 9 种。有的图书馆为科研工作所需还在自编分类法供自家使用。同类书区别号的使用更是五花八门，例如，使用著者号码表，种次号，出版年月，财产登录号，甚至什么都不用，只使用分类号这一种分类级次。

2. 开始注意进行文献标准化著录的宣传、培训和研讨

图书馆系统从 20 世纪 80 年代中期开始，通过不断地宣传、培训和研讨，逐渐认识到实行文献的标准化著录对做好图书馆工作，并在全院范围内最终实现图书馆自动化网络的重要意义。从 1984 年下半年开始，在全院范围内首次开始进行文献著录标准化的宣传和培训工作。规模较大的一次是 1984 年 12 月 21～25 日文献资料中心筹备组组织的为期一周的文献著录标准化讲座。当时用了整整五天时间首次大规模地向全院各所图书馆分编人员系统地宣讲了文献标准化著录的概况、意义和对包括中、外文图书和连续出版物在内的各种类型文献进行标准化著录的实施细则。此后，文献信息中心、本院职工大学图书馆系以及民族研究所图书馆先后举办了题为“图书的标准化著录”、“西文图书编目专题讲座”、“西文文献编目”、“连续出版物的标准化著录”、“中文图书的标准化著录”和“俄文图书的标准化著录”等的讲座。中国社会科学院图书馆统一编目组和本院世界历史研究所图书馆还分别举办了“介绍《中图法》（第3版）”的讲座。通过这一系列的业务活动，使“文献编目工作必须严格按照标准化的要求进行”这一思想逐渐被各级领导和广大图书馆工作者所接受，并日益深入人心，真正起到宣传、推广、普及和加强文献标准化工作的作用。同时，也培养了一大批掌握文献编目标准化知识和技能的业务骨干。

3. 中国社会科学院和中心领导开始重视和实施文献标准化著录的工作

在中国社会科学院和中心领导的关心和重视下，1991年7月11~13日，文献信息中心成功地组织和举办了为期三天的“中国社会科学院文献著录标准化研讨班”。时隔仅14日之后，院里签发了题为〔1991〕社字17号《关于中国社会科学院文献编目实行标准化著录的通知》的红头文件，要求全院各所图书馆从1991年8月1日开始，一律按照标准化的要求完成对各类文献的分类编目工作。文件还附有题为“中国社会科学院文献著录标准化要点”的附件。研讨班结束后，随即成立了全院文献著录标准化指导小组。该小组除要求各所及时上交编目卡片，并对这些卡片进行认真检查外，还深入到一部分研究所图书馆去进行实际考察，并根据考察结果写出一篇题为《我院文献著录标准化工作剪影》的报道文章发表在中国社会科学院《文献工作通讯》1991年第8期上。这些工作，对督促、检查全院各所图书馆落实文献标准化著录的情况，更好地鼓励先进，促进各馆工作的交流，起到很大作用。通过检查了解到，全院各所图书馆（包括一些资料室）都已从院发文件规定的1991年8月开始，逐步按照文献著录标准化的要求进行各种文献的著录工作。从指导小组走访过的十多个所的图书馆中可以看到，大家对这项工作都很重视。其中外文所图书馆的标准化著录工作做得最出色。

针对中国社会科学院图书资料系统长期以来缺乏统一的工作条例和规章制度，难以使全院图书资料工作实现标准化、规范化、统一化和科学化管理的实际情况，在总结中国社会科学院图书资料工作实践经验的基础上，经过几年的努力，1993年底院图书馆系统终于编写出适合中国社会科学院使用并附有《文献分类编目手册》的《中国社会科学院图书资料工作条例和规章制度》。

著录标准的制定与应用是图书馆计算机编目重要的前期准备工作。刘国钧教授早在1975年发表的一篇文章中就已写道："书目工作的自动化是可能的，但不是轻易（能达到）的。必须在硬件、软件，机读目录款式，各种著录标准等一一准备就绪，方可建立系统。"中国社会科学院上述一系列重要的举措加之标准化水平的提高，为文献情报工作手段的现代化做好了必要的前期准备工作，更为先期开发图书联机编目子系统打下了较好的基础。

1992年以前，各所图书馆的计算机应用工作缺乏统一的指导，因而表现为进展较慢且极不平衡。在这种情况下，中国社会科学院文献情报中心于1992年6月正式成立了中国社会科学院自动化网络课题组，并于当年7月开始组织编制全院统一的联机MARC编目系统软件。这标志着本院文献情报系统的计算机应用工作已经从分散隔绝的状况发展为统一规划和有组织实施。

4. 中国社会科学院全院图书编目自动化管理系统

"中国社会科学院全院图书编目自动化管理系统"是于1993年在院科研局、院文献信息中心领导的支持下正式立项的全院图书馆系统的科研项目。本项目的目标是在全院范围内通过计算机应用、数据标准化、网络协作等手段实现中外文图书编目工作的自动化、现代化管理，建立符合国家标准的机读书目数据库，为进一步实现全面的图书信息自动化管理网络奠定基础。由于本项目不仅具有科研、探索、开发的性质，而且还需要在全院范围内进行大规模的组织实施、人员培训、设备调试安装等活动，因此是一项规模较大的系统工程。

全院各所图书馆从1993年7月1日起开始使用中国社会科学院联机MARC编目系统软件进行计算机编目工作。半年后，针对使用第一版软件发现的问题，又开始开发该软件的第二版，并于1995年初通过验收。经过两年多的努力，本项目如期圆满达到预定目标，特别是开发出了能在微机、DOS操作系统、成熟的数据库管理系统上安全运行的编目软件。与此同时，也完成了对本院图书书目记录工作单的设计和编印工作，并编写了供编目人员使用的《中国社会科学院中外文图书分编工作单填写规则》。

全院编目数据处理的工作方式是：①自 1993 年 7 月开始，各工作站（各馆）分别将到馆新书按标准化要求著录书目工作单并输入计算机，各自生产本片（馆）的书目产品。日、俄文书目数据交语种工作站集中处理。②各工作站将 1993 年上半年手工编制的书目数据和下半年的机读数据交网络协调部门。由网络协调部门根据语种、数量情况分送各语种工作站或中心工作站进行加工。③各语种工作站和中心工作站对数据进行校对、修改、翻译、录入等工作。④项目课题组对数据进行查重、复核、汇总、建库等工作，并依据数据库生产 1993 年全院中、西、日、俄文新书联合目录等书目产品。⑤项目课题组对各工作站的数据进行定量分析、评估、排队，然后通报全院并反馈给各馆。

根据标准化的要求，在全院编目数据处理过程中，我们发现和解决的主要问题是：①CNMARC 格式问题，如字段、子字段标识符，字段指示符，编码字段内容的使用和选取。②标准著录规则的使用问题，如题名和责任者的选取，附注项的内容等。③检索项的选取和录入问题，如 7—、4—、6—等功能块的完整性、深度。④分类号与馆藏信息分流问题，即 690 字段统一使用中图号和 905 字段保持各馆原有体系。⑤其他附加问题，如 801、541 等字段所反映信息的完整性。

汇总建库的主要内容是：①对汇总库的内容进行查重。②不同记录相同内容的合并，如不同馆收藏的同种书，需要选取著录质量较好的记录作为库记录，并收入不同馆藏信息。③对已合并的记录通过书目产品、数据检索进行复核。④更新库记录索引、库数据备份。

总之，编目数据处理工作技术的研究、试行已为今后全院计算机统一编目工作的开展奠定了坚实的基础。至此，中国社会科学院的文献编目工作已经从“全院三十多个研究所的分编体系、规则五花八门，管理上各行其是，虽经院文献中心多方协调仍无法达到统一的共识”的阶段，成功地跨跃到了能熟练地运用文献工作的各种国家标准和计算机编目软件高质量地完成图书编目工作任务的新阶段。

二 目前的状况

目前，中国社会科学院的文献信息工作不仅落后于国内先进的文献信息单位，与世界水平的差距更大。为了扭转这种局面，更好地为科研工作服务，在院里的直接领导下，院图书馆工作改革领导小组解放思想，实事求是，大胆改革管理体制，努力把合并后的院图书馆建设成质量好、效率高的现代化的文献信息机构。

1. 中国社会科学院图书馆工作的改革使文献统一编目工作真正得到落实

院馆统编组于1994年7月1日正式成立，成立之后首先对全体人员进行使用计算机编目软件、《中图法》（第三版）和《通用汉语著者号码表》等计算机编目业务所需的各类专业知识培训，使他们不仅掌握标准化、规范化和统一化的分类编目业务知识，同时也能掌握现代化的业务技术手段。

2. 院馆文献统一编目工作的实施

（1）制订和实施统编工作实施方案（内容见院馆图改方案之二）。

（2）处理好新书编目和旧书回溯的关系。

中国社会科学院图书馆成立后，每年都购入近两万册新书（不包括与国外交换的图书）。还有原各所图书馆的中外文藏书约计80万册需要回溯编目。如何处理好新书编目和旧书回溯的关系是编目部日常工作的一件大事。

根据两年来统编部的实践，回溯编目应依照“先易后难”，按《中图法》大类逐一回溯的原则，先回溯中文旧书，后回溯外文旧书。先回溯用《中图法》分类过的图书，后回溯用其他分类法分类过的图书。回溯编目需要统采部、统编部、典藏部、计算机组协作完成。院馆领导应做好协调组织工作，尽量杜绝部门之间扯皮、窝工等现象。查重、剔复、贴条码、盖馆藏章是回溯编目的前期准备工作。可先组织人力将全院各馆原来的书名款目按汉语拼音音序排片，然后按照剔旧原则，根据重片有序地抽出复本。统编部在此基础上，可通过流水作业方式大规模地进行旧书回编工作。由于编目部人员力量有限，眼下不宜分散另行组建回编组。因此旧书和新书的编目工作可在编目部统一组织下交替进行。做到上半年的新书六月底前，下半年的新书年底前全部分编完毕并进入馆藏，以保证科研人员对新书的需求。

（3）改革管理机制，进行量化管理试点。

受铁饭碗、大锅饭、平均主义的种种弊端的影响，工作中软懒散的现象时有发生，干好干坏差别不大。这一切极大地妨碍着工作效率的提高。院馆应下大气力引入新的管理机制，编目部要与其他部门一起，严格制定岗位责任制，试行量化管理，年初有定额指标，年底按完成定额及编目质量进行考核，不说空话，不走过场，奖惩有据。

然而量化管理是一项政策性很强的工作，需要深入调查研究，广泛听取编目人员意见，制订出的量化考核标准要尽量公平合理，切合实际，要让编目人员经过努力能够圆满完成，并有超额的余地。定额管理如能与收入分配挂钩，拉开差距就一定能极大地激发与调动工作人员中蕴藏的潜力和积极性，工作效率将会明显地提高。量化考核不能仅看完成工作的数量，还要与质量、出勤、工作态度以及业余时间的自学成果等全方位的业绩结合起来，全面考核，给每个工作人员以恰如其分的评价。

（4）加强数据维护，利用数据库编制《新书通报》。

编目工作有序开展后，数据维护就成为建设高质量书目数据库的重要保障。编目部应指派有较高编目水准、有一定的计算机专业知识的同志专门负责数据维护工作。从事这项工作的同志要本着高度负责的精神，随时检查工作库里的数据是否符合业务要求，并定期对数据进行备份，以防工作库的数据丢失或出现差错。同时，还要将每个编目员的录入工作库的数据及时转入中央库，并与流通部门进行数据交接，实行数据共享。

为能有效地开发数据库，向科研人员提供信息咨询，编目部应定期编制中外文新书通报。这种按《中国图书馆分类法》大类自动排序打印输出的书本式目录是编目工作的初级产品。随着对数据库的二次信息开发，还可以利用计算机编制出联合目录、馆藏目录或其他各种专题书目。

3. 不断提高人员素质，建立一支勤业敬业、有较高业务水准的专业队伍

有了计算机和各种设备等物质条件，只是有了硬件的保证，但要高质量地完成好院里交给的工作任务，光有硬件是不行的。在一定意义上说，软件——工作人员的素质才是头等重要的。具有较高业务素质的编目业务人员是不断提高院馆统编工作的业务水平和工作质量的最重要的保证。我们的编目人员是吸收各所原有的编目业务骨干组成的一支旨在实现院馆统一分类和编目的高效精干的编目专业队伍。为了加强统编队伍建设，院馆准备对现有编目业务人员及时地进行各类专业培训，使他们不仅熟悉图书馆业务，并能掌握现代化管理手段。

在信息化时代，利用计算机进行统一编目，需要建立一支热爱本职工作的专业化队伍，培养和造就一批有图书分类、外语、计算机等方面专业知识和社会科学各主要学科基本知识的复合型人才。从统编部创建之日起，就要大力开展专业人员的在职培训。我们在不脱产的情况下因地制宜、因人而异，采取多层次、多渠道和多种形式的模式，从以下诸方面对工作人员进行了培养和教育。

（1）教育编目人员树立现代图书馆意识，发扬勤业、敬业精神。

（2）不断对工作人员进行各类业务培训，包括进行《中图法》（第三版）的培训、对工作人员进行计算机知识培训、对工作人员进行社会科学主要学科基本知识的教育、鼓励工作人员提高外语水平。

编目部在职人员 17 人，其中文化水平在大专以上的编目人员 16 人，占全员的 94%。副研究馆员 4 人，占全员的 24%。大部分同志有一定外语水平，还有些编目人员掌握了两门外语。但这些还不够，统编部应鼓励工作人员利用业余时间坚持多种形式的外语学习，不断提高外语水平和翻译能力。统编部要求西文编目员在外文新书编目过程中坚持翻译题名，并组织部分中文编目员参加外文图书回溯工作。我们提倡每个编目人员都应成为利用计算机进行中外文编目的全面能手。

4. 及早统一全院的图书分类法和同类书区分号

早在创立之初，统编部就及时地向全院各所图书馆通报了该部采用的，同时也是建议全院各所图书馆采用的图书分类法、著录标准，以及对各文种图书进行著录时使用的著者号码表等。

于1994年7月1日成立的院馆统编部，在成立12天后就召开了第二次全组人员会议，主要讨论并通过了该部关于统一全院图书分类法和同类书区别号的建议。1994年以来，已有好几个图书馆将原来所用的其他分类法改为《中图法》。特别是在1994年6月中、下旬短短半个月左右的时间里，就有七八个图书馆的馆长和分编人员对统编部提出尽快统一全院图书分类法和同类书区分号的要求。可以说，当时统编部提出统一的建议是因应图书馆业务发展的需要。这一建议无疑为今后实现全院范围内的统一编目和标准化的回溯编目提前打下了基础，创造了条件。事实已经证明并将继续证明，这一工作做得越早，对完成今后的全院统编工作任务就越有利。

5. 采用更高水平的“息洋编目软件”，进一步提高图书编目工作的质量和效率

统编部在初创阶段进行图书编目工作采用的是本院自动化网络课题组自行设计、编制的“社科院全院图书编目自动化管理系统”2.0版软件。由于种种原因，该软件仅完成单机版，而未能完成网络版。所以，随着院馆统编任务的不断增加，以及统编部与馆内采购、流通、典藏等其他业务部门联网的构想，该软件已不能适应这些新的需求。于是，院馆开始在北京市区范围内寻找功能更强、标准化和实用性更好的图书馆自动化集成系统软件。经过一番周折，终于选择了北京息洋电子信息技术研究所开发的“GCS通用编目系统”软件。

采用该软件，使我们可以利用大量符合国际标准的书目数据来建立本馆书目数据库，并使自编的书目记录符合国际标准；可以利用事件驱动的高度灵活的用户界面来进行日常业务处理；可以在网络的各个工作站上透明地访问任何一种书目库；可以不必进行倒排文档的日常维护；可以灵活定义编目系统的各种特性；可以利用日志文件方便书目数据备份操作。

三　未来的发展

展望未来，我们的发展趋势和前景是美好的。随着国家整体实力的迅速增强，未来的图书管理水平将向高质量水准迈进。

1. 完成好院馆本身的统一编目任务

在当今信息社会的条件下，应尽可能地充分利用国内外现成的标准数据成果，采用最现代化的手段，争取在建成院中心图书馆大楼之前，高效率、高质量地完成繁重的回溯编目任务和新书统编任务，从而为将院馆文献顺利移入新馆并实现新书库内的统一排架奠定条件。院中心图书馆大楼的建成也将为实现全院统一或合作编目工作提供充分的空间和物质条件。

在完成好统一编目工作任务的同时，还要注意处理好数量和质量的关系。建立一个大型的社会科学机读书目数据库，就像上马一个大型的建筑工程一样，同样应该提出一个“百年大计，质量第一”的口号。如果一个数据库只注重数量，而不注重质量，看起来干了很多工作，但录入的数据错误百出，或者要找的书找不到，或者虽然找到了但信息又不全，这种数据库录入得再多又有什么用呢？要保证质量，一是在平时录入数据时，严把质量关。对于工作库的数据，一定要经过三校，才能进入中央库。二是要加强统编业务的培训，不断提高所有编目业务人员的业务素质和水平，从根本上减少工作中的差错。三是充分利用国内外现成的标准数据成果。统编组成立以来，除了在1994年10月至1995年4月曾抽调3位同志进行过套录北京图书馆1988～1992年中文编目数据的试点工作外，平时完全是依靠本组的力量对收集来的图书进行分类编目。由于各个图书馆的编目人员对每种书的理解不尽相同，因此对每种书所安排的分类号，在不同的图书馆可能会有所不同，特别是相关学科和交叉学科图书的分类号不一致的现象就更为严重。这样，就使数据库的质量受到很大影响。我们认为，将标准书目数据套录入本馆书目数据库，可能会是今后编目工作的发展趋势。据了解，国家图书馆已在着手进行国家标准书目数据库的建设工作。待国家图书馆标准书目数据开发出来后，我馆应尽量利用这些数据进行本馆书目数据库的建设。这样，既大大提高工作效率，又保证数据库的质量，尤其是对尽快完成大批馆藏旧书的回溯编目任务意义更大。

2. 编写并出版《中国社会科学院图书馆系统标引工作手册》

中国社会科学院图书馆系统虽然经过几年的努力，已于1993年底编写了附有《文献分类编目手册》的《中国社会科学院图书资料工作条例和规章制度》。该文件对各类文献的标准化著录等都有明确的条文规定，并对社科院各图书馆实现文献编目的标准化和规范化也发挥了其应有的作用。但是，由于当时的实际情况所限，当时编写出来的分类编目业务条例内容中的细则和举例说明的部分基本上未能收入《中国社会科学院图书资料工作条例和规章制度》。另外，随着计算机在文献分类编目业务中应用的不断深入和发展，计算机编目业务的各项工作条例和规章制度也应充实到原来的《文献分类编目手册》中去。再有，虽然目前还没有编写出更加完整和详细的文献分类编目业务手册，但由于科研大楼内的院图书馆成立了对图书进行统一编目的业务部门，所以该馆的图书分类编目业务工作的质量还比较能够得到保证，也比较容易实现统一。可是，由于大楼以外各分馆的图书分类编目业务没有一个统一组织和管理的部门，又没有一本可供全院分类编目人员遵循和查阅的详细的文献分类编目业务手册，所以他们的分类编目业务工作的质量就难以得到保证，做到全院范围内分类编目业务的标准化和统一化就更难。这对全院图书馆系统的工作质量无疑是一个很大的损失。从这个意义上讲，越早编写出这一手册对全院图书馆系统的工作就越有利。

3. 进一步与全院、全国和国外社会科学研究系统联网

目前，中国社会科学院文献编目的计算机应用工作已经走出可喜的也是重要的一步。下一步，在继续与息洋公司密切合作，进一步完善该软件之后，还要进行与各分馆书目数据库的联网和开展统一编目的工作。然后，和全国各省（区、市）社会科学院系统以及国外社科研究系统联网。还要尽快加入国际信息网络，实现信息高速公路计划，等等。总之，计划是远大的，蓝图是美好的，任重而道远，要想实现这些美好前景，还需做出长期不懈的努力。

4. 适应“CD时代”要求，尽快开发出中国社会科学院文献书目数据的光盘产品

目前，世界已悄然进入CD（即光盘）时代。文献信息的载体已经由书本式制品跨越了缩微制品、软磁盘电子制品，而发展成光盘电子制品。光盘以其海量存储、携带方便、检索快捷，质量高、寿命长等诸多优点在当今的文献信息载体中独占鳌头。光盘已成为发达国家的研究机构或文献信息机构赖以进行馆际或国际文献信息交流的重要媒介物。相比之下，院馆目前在这方面尚是一片空白。随着院馆计算机编目工作的迅速发展和文献书目数据库的不断完善，相信在不远的将来，我们一定能够开发出记载中国社会科学院全部文献信息数据的高质量的光盘产品，并将其打入世界信息市场。

5. 尽快解决日文和俄文图书计算机编目的问题

现在编目软件的最大难点是日文和俄文的录入，目前国内图书馆界尚未能够很好地解决这一带有普遍性的问题。我部日、俄文编目人员现在只得用手工方式填写机读目录工作单，待有关单位今后开发出日、俄文编目软件后再进行录入工作。

6. 搞好古籍图书的分类编目

在中国社会科学院图书馆浩如烟海的藏书中，古籍图书占据着特殊的地位。这是先人给我们留下的极其宝贵的文化遗产，其重要性不言而喻。院馆统编组对古籍重印的新版书均按普通出版物使用《中图法》进行分类编目。目前虽尚未接触1911年以前的历代线装书、刻本、写本、稿本、拓本等珍善本文献，但随着回溯工作的开展，迟早要对文学、历史、哲学、语言、经济等学科领域的古籍及珍善本文献进行统一回溯编目。

古籍图书回溯编目需解决以下问题。

（1）分类方法的选定。

长期以来，各家图书馆使用的古籍分类法各不相同。主要体现在使用新旧分类法之别。旧法主要是用“四库全书总目”分类法，或在此基础上进行改造；新法是指用新中国成立后编制的分类法，如“中图法”、“刘国钧法”对古籍分类编目。这两种方法有各自的理论依据，也各有利弊。据了解，有的单位用旧分类法对古籍分类按经、史、子、集单独排架，同时为帮助读者按照现在的分类体系来利用古籍和指导阅读，又依据新分类法给同一种古籍一个互见分类号。中国社会科学院图书馆采取何种方法对古籍进行统一回溯编目，这是一个大问题。我们应将此作为一项课题，深入调查研究，广泛听取老专家及中青年学者的意见，结合中国社会科学院实际情况，做出切实可行的选定。

（2）有计划地培养或选调古籍编目专业人员。

从事古籍编目的人员不仅要掌握普通图书分类知识，还要通读《中国文学史》、《中国通史》、《中国哲学史》并掌握重要作者及重要著作，了解各学科专业词汇，还要有一定的实践经验。对于这方面的人才，可通过组织从历史系或中文系的大学本科毕业生或硕士毕业生中调入有志于从事古籍编目的年轻同志，然后委托中国社会科学院有关研究所代培，让他们在实际工作中锻炼深造。在中国社会科学院离退休人员当中，有不少专业造诣很高的古籍研究学者。院馆可返聘这些老先生，请他们从事古籍编目工作。这也是解决古籍编目人才匮乏的一条途径。

（3）解决利用计算机进行古籍图书编目的问题。

利用已有软件将描述普通图书的信息输入电脑已不成问题，但要用计算机对古籍编目，还有一定的困难。不少描述古籍图书信息的繁体字目前在计算机字库内无法找到，这需要解决中文编目软件中的造字问题。对此应委托有关软件开发公司编制适用古籍编目的软件，同时还应就此问题到院外各大图书馆去考察，了解古籍编目的现状。

总之，古籍回溯编目是一项对保存和开发我国珍贵的文化遗产具有重大意义和价值的工作，也是一项对图书馆业务要求比较高的工作，以编目部现有的人力恐难以胜任。因此，建议院馆酌情考虑，将来可否成立古籍部，以便抽调专门人员从事古籍及方志的分类编目及管理开发工作。

（原载于《中国社会科学院图书馆体制改革理论与实践》，李惠国、吕其苏主编，胡广翔、邵小鸥著，中国社会科学院文献信息中心，1998）

社会科学院图书馆系统

一　概况

社会科学院图书馆系统包括设在北京的中国社会科学院图书馆系统和遍布全国的30个省（自治区、直辖市）、市级社会科学院图书馆系统。

中国社会科学院图书馆系统的文献情报工作是在1950年以来先后成立的原哲学社会科学方面的9个专业研究所图书馆的基础上，并随着1956年成立哲学社会科学部、1977年成立中国社会科学院逐步发展起来的。其间，在党和国家的领导下，中国社会科学院的文献情报工作取得很大的发展。特别是在1977年正式建院以来，在原有的基础上共建立了新的图书馆（室）16个。截至1993年，全院共有各具特色的图书馆（室）35个。1994年，院里将亚太研究所和日本研究所合并为亚太日本研究所，将政治学研究所和法学研究所合并为法学政治学研究所，这些研究所的图书馆也随之合并。从1995年开始，中国社会科学院又正式将院部大楼内的9个研究所的图书馆合并为院图书馆，但大部分所仍保留资料室。这样，全院的图书馆或资料室总数就由原来的35个减少为现在的33个。截止到1997年底，中国社会科学院图书馆通过各种途径实现的馆藏总量已达到539万册（件），其中珍善本6461种，7.5万册；线装书1.9万种，55万册；中文图书286万余册；外文图书（近50种外文）120万余册；中外文报刊合订本55万册；非书非刊资料约25万件；还有一部分少数民族文字的图书资料；1997 年全院共采购图书 42927 册，订购报刊 4000 余种，书刊经费达 1020 万元；全院共有图书资料人员 207 人；馆舍总面积达 22700 多平方米。

中国社会科学院图书馆系统的基本方针任务是：立足本院，面向全国，为发展科学研究工作和繁荣社会科学事业提供可靠的文献保障，为祖国的四化建设做贡献。

二　中国社会科学院文献信息中心

中国社会科学院文献信息中心是综合性的社会科学文献信息搜集、存储、开发、利用的机构。它正式建立于 1985 年 10 月。它的前身是在国务院科学规划委员会制定第一个发展科学技术长期规划精神指导下于 1957 年创办的中国社会科学院哲学社会科学学部情报研究室。当时的业务工作归属中共中央宣传部领导，负责收集、整理、开发国外学术情报资料工作。1963 年，情报研究室更名为学术资料研究室。1975 年，以学术资料研究室为基础成立了情报研究所。1977 年 5 月，中国社会科学院成立，情报研究所的行政业务工作归属该院领导。虽然中国社会科学院是部一级的单位，但由于它是 1977 年才从中国科学院独立出来的，所以一直到 1983 年以前一直没有一个能在业务上协调、指导各研究所图书馆（室）的院馆或中心馆。1983 年，该院成立了图书资料中心筹备组。1984 年 9 月 20 日正式成立了中国社会科学院文献情报中心。1985 年 10 月，情报研究所与文献资料中心筹备组正式合并，命名为中国社会科学院文献情报中心。1992 年 10 月 14 日又更名为中国社会科学院文献信息中心。该中心作为院直属的司局级事业单位，既要为全院科研工作提供文献情报服务，又要指导、协调组建全院的文献情报网络，建立社会科学资料库，实现网络内文献情报资源的交流。其具体任务如下。①对院属各所图书馆的业务工作起指导协调作用。统一图书资料分类法，实现文献编目工作标准化，为建立全院文献信息检索系统创造条件。②健全并统一全院图书资料工作的规章制度，组织馆际网络，尽快实现全院范围内的文献资源共享。③发展“中心”本身的图书资料建设。在加强一次性文献情报的收集整理和提供服务的同时，加强文献资料的开发利用，提供二次情报服务。④加强现代化设备和手段的利用，提高文献情报工作的服务质量和效率。⑤开展国际文献资料交流，同外国及国际对口机构建立广泛的联系。⑥加强善本书刊资料的维护、保管和利用。⑦进行社会科学文献情报学理论与实践的研究，对全院图书资料业务人员进行专业培训。此外，为完成上述任务，文献信息中心作为中国社会科学情报学会的成员、联络点和联合国亚太地区社会科学情报网络在中国的联络点，还应当义不容辞地协调全国社会科学文献信息网络，并代表该网络与国际性社会科学文献信息网络开展交流。

三　组建中国社会科学院图书馆

1994 年 2 月中国社会科学院工作会议决定，把深化图书系统改革、组建院图书馆，作为该院 1994 年重大改革措施之一。院党委为加强组建院馆的领导工作，成立了由副院长汝信、龙永枢，院秘书长郭永才同志组成的三人领导小组和由郭永才同志领导的由院科研局、人事局、管理局和文献信息中心等部门领导参加的院图改协调小组，并抽调了大楼内一些所的图书馆馆长组成图书馆改革办公室。6 月中旬召开全院图书馆馆长会议后，即成立了院图书馆的统采组和统编组并先期开始工作。10 月 19 日召开了组建院馆动员大会，院领导王忍之、汝信、郭永才等同志出席并做了发言。12 月 25 日院馆五大阅览室筹备就绪，于 1995 年 1 月 3 日院馆正式成立并开馆时正式对全院开放。

通过组建院图书馆，实现全院图书馆的统一采购和统一编目工作；完成筹建新书阅览室和工具书阅览室，中文报刊、外文报刊和港澳台报刊阅览室以及新书库的工作。由于实现全院中外文书刊的统一采购，解决了多年来存在的各图书馆重复采购浪费图书经费的问题。据统计，组建院馆前，全院共订购外文报刊2468种，其中重复采购434种，重复率为17.6%，院部大楼内各馆的重复采购率为19.6%。统一采购后，去掉重复的和利用率不高的部分，共节约报刊经费75万余元。由于实现了图书的统一编目，也才真正解决了按照标准化、规范化、统一化的要求对图书进行编目的问题，并为今后尽快建成独具特色的、高质量的社会科学书目数据库奠定了良好的基础。五大阅览室和新书库的开放，使得院馆收集的各种类型的文献资料真正在全院范围内实现资源共享。

四　中国社会科学院图书馆馆藏特色

该院收藏的文献资料，在学科结构上，以收藏社会科学综合性学科以及横向发展的新兴学科和边缘学科为主；在综合性学科领域，又以国外马克思主义研究、国外中国学研究、国外图书情报学研究的文献资料为主；在新兴学科领域，则以未来学、科学学、全球学等学科的文献资料为主；在文献类型上，强调以收藏社会科学参考工具书为主，特别是以国内外有重要影响力的大型综合性工具书、丛书、大套图书和经典著作为重点。经过多年的积累，馆藏文献资料具有以下的特色：①藏有世界上27个国家和地区14个语种的2000余种有学术研究价值的社会科学外文核心期刊；②藏有丰富的中外文社会科学词典、年鉴、手册、指南、类书、政书、百科全书以及传记资料等各种类型的参考工具书；③汇集了较为完整的全国社会科学学位论文特藏文献；④藏有较齐全的地方志丛书；⑤一批古籍珍善本保存完好，如文学研究所图书馆收藏的海内孤本至少有30种，其中，有朱熹的《资治通鉴纲目》（1172年宋代刊本）、《水浒》（容与堂刻本）、《红楼梦稿》（乾隆抄本）等堪称藏书中的罕见珍本，哲学研究所图书馆的《周易时论合编》、民族研究所图书馆珍藏的满文抄本《钦派大臣与俄国使臣交涉尼布楚国境纪录》和《尼桑萨满传》

等均被定为国内孤本；⑥有关社会科学的专著和报刊相当齐全，专业性古籍及新中国成立之前的资料尤为丰富，如经济研究所图书馆收藏的清代官方出版物——《赋役全书》、《盐法志》、《海关统计》等文献资料及一千多种地方志，是我国清代珍贵的档案史料；⑦外文文献资料非常丰富，如原宗教研究所图书馆收藏的18～19世纪外文原版及其他大量外文宗教文献，经专家鉴别，认为即使在欧洲都是鲜见的珍本；⑧各专业研究所图书馆还接受了不少藏书家、文化团体、政府机构的捐赠，其中一些被设为特藏或文库，如历史研究所图书馆为侯外庐、熊德基、谢国桢三位先生的赠书设立了“三老捐赠文库”，世界经济与政治研究所图书馆设立了“大岛清文库”，民族研究所图书馆为法国汉学家、人类学家沙海昂设立了“沙海昂文库”，日本研究所图书馆设立了有泽广己、通口寅一郎、马场正雄等三位日本学者的文库，文献信息中心设立了“顾颉刚文库”和“香山健一文库”，其中的顾颉刚文库收存了顾先生生前积累的全部图书4万余册，其中有《元诗选》、《秀野草堂诗集》等珍贵篆刻本，还有《津逮秘书》、《知不足斋丛书》等大型丛书，“香山健一文库”则收存了日本学者香山健一教授的藏书，等等。

五　中国社会科学院图书馆文献编目工作不断迈上新台阶

从1984年下半年开始，在全院范围内首次进行了文献著录标准化的宣传和培训工作。1991年，院和中心的领导也开始重视和实施文献著录标准化的工作。1992年，文献信息中心首次组织课题组研制出了“中国社会科学院全院图书编目自动化管理系统”。自那时起，各馆便可以使用本院自己开发的编目软件进行单机上的图书编目工作。从1994年开始，该院图书馆工作的改革使院馆的集中编目工作真正得到落实，并取得巨大成效。回顾该馆文献编目工作近四年来的发展历程，可用九个字来概括：“四年，四大步，四个台阶”。第一年，告别了手工编目，直接使用微型计算机和自己编制的软件进行单机上的图书编目工作；第二年，购买和使用了功能更好、效率更高的商业编目软件进行本编目机构内部的联机编目工作；第三年，利用国家书目数据和其他书目中心的数据进行回溯编目，走资源共享的道路；第四年，进行商业软件升级，使用在Windows状态下的网络版软件。

经过十几年的努力，现在，该馆已经开始迈第五大步，上第五个台阶，那就是从1999年开始进行全院联机编目的试验和全面实施工作。该馆准备在全院范围内实现联机编目、达到最充分的书目数据资源共享的基础上，用最短的时间将全院500万册图书全部进行回溯编目，尽快建成独具特色的、符合标准化和规范化要求的高质量的社会科学书目数据库。

六　全院图书资料工作会议

从1984年以来，文献信息中心共组织召开了六次全院性的图书资料工作会议。从1994年组建院馆以来保证每年召开一次会议。历届会议情况如下。

全院第一次图书资料工作会议（1984年8月）：会议确认筹建中的文献资料中心应成为中国社会科学院各图书馆的业务指导中心和协调联络中心，并在它的指导下，建立全院现代化的图书资料网络系统。会议还提出当时图书资料工作的三个方向：第一，着手图书资料工作的改革，提高工作效率和服务水平；第二，提高人员素质，加强队伍建设；第三，应用现代化手段，改善工作条件。

全院第二次图书资料工作会议（1989年3月）：进一步明确了文献情报中心在全院图书、文献、资料方面的管理职能，以文件形式明确了文献情报中心协调全院图书资料工作的几项规定：①负责全院图书资料工作的规划、业务指导和宏观管理；②逐步由文献情报中心核拨全院图书资料经费；③负责该系列的高级专业职称评定；④会同有关部门统筹图书资料系统设备的购置、调拨和使用等。会议还确定了全院图书资料工作的近期目标：打破封闭，走联合办馆的道路；加强改革，缩小同国际国内同行的差距；挖掘潜力，调动图书资料员的积极性。通过工作会议，全院图书资料工作人员达到以下几个方面的共识：从系统上讲，应由文献信息中心实行统一规划和宏观管理，以便早日达到对文献资料的加工标准化，手段现代化，服务规范化，从而使全院各图书馆之间真正形成一个运行协调、效率高的社会科学资源共享网络；从馆际分工上，文献情报中心不仅具有业务指导和宏观管理中国社会科学院图书馆系统的职能，而且应当成为全院范围内以收藏主要经典著作、大型参考工具书、有关边缘学科和新兴学科的中外文书刊为主的综合性中心图书馆，同时应当成为以加工多学科二次文献、开展跨学科信息研究为主的文献信息加工中心及社会科学数据库生产中心。通过召开院工作会议，大家对本院图书资料工作面临的任务和应遵循的方针，认识逐步趋向一致。

全院第三次图书馆工作会议（1995 年 10 月）：会议的主要议题是，院馆各业务部门及院部外各馆存在的问题及解决办法。中心主任李惠国同志布置了今后的工作：①加强规章制度的建设，进一步完善院馆体制、运行机制及管理模式；②加快现代化手段建设，先建设好自己的数据库，逐步形成局域网，最后实现国际联网；③加强队伍建设，特别是在计算机手段、技能的掌握，计算机人才的吸收和培养方面闯出一条新路；④学习社会科学、人文科学专业知识，加强青年人才的培养，开展技能比武、论文比赛等活动。

全院第四次图书馆工作会议（1996 年 9 月）：会议的主题是，深化改革，加强数据库和网络化建设。汝信副院长出席会议并做了重要讲话，其要点是：①图书馆工作在院九五工作发展规划中占有重要位置，院领导已把图书馆建设作为全院重点项目提出并上报国务院；②图书馆改革在院里各项改革中，成效是比较大的，但与发达国家的图书馆相比还存在不小的差距；③建院馆是文献信息中心的主要目标，这里有个功能转变的问题，要逐渐实现把主要功能转向图书馆方向发展，文献信息中心的研究工作要结合图书馆工作，结合图书、情报的具体工作来进行；④要服从全院的行动，加快速度建网；⑤要培养一支既有业务水平，又具有敬业精神的图书馆专家队伍。中心主任李惠国同志又强调了两点：①全院图书馆工作面临的形势严峻，差距大，要求无论是在现代化手段方面，还是在管理水平和人员素质方面都要跟上转折步伐；②要把数据库建设和网络建设作为两三年内中心的任务和主攻方向，数据库建设和网络建设要同步进行，并建议成立“互联网上社科信息资源的分析与研究”课题组，先对现有网络作详细的调研。在数据库的建设中要走联合化的道路，打破部门界限，实现整体化建设。而走联合化的关键在于管理，因此，要加强文献建设和人员队伍的培训工作。要本着求精不贪多的原则，搞几个实用的数据库，凡是国内外已有的就不再重建。要集中力量，攻克有限的目标，并付诸实施。

全院第五次图书馆工作会议（1997 年 7 月）：这是规模最大的一次会议，与会人员有文献信息中心的领导；院各所图书馆正、副馆长；中心各部正、副主任以及全院各图书馆的青年业务骨干共 70 余人。代表们经过大会发言和小组讨论，取得以下共识，并做出相应决定：①院馆的图书回溯编目和书目数据库建设，在挖掘院馆现有人力资源的基础上，组织院部外各馆编目人员，以实际操作方式进行培训，每期三个月。②为提高图书馆服务水平、普及图书馆学理论和实践知识，决定于 1998 年上半年与院工会联合举办全院“图书馆学知识竞赛”活动；③为健全该院图书资料系列职称评定工作组织机构，决定起草《成立院正高级图书资料系列职称评定小组》建议书，呈交院人事局。

全院第六次图书馆工作会议（1998 年 11 月）：会议主题是联机编目、合作建库。与会代表围绕该主题做了专题发言和研讨，尽管还有一些不同观点，但在以下三个合作项目方面，初步取得共识，并达成协议：①关于联合编目。决定成立全院图书馆联机编目课题筹备组，其任务是调查研究，联机试验，并尽快拿出两个报告，争取在科研局立项。②关于合作建设国外社科论文索引库。决定以该院订阅的 1800 种外文期刊为基础，选择一定量的核心期刊，建立题录库，出光盘，力争推向市场。

③关于合作建设中国社会科学题录库。决定以本院收藏的中文期刊为基础，选择核心期刊合作建题录库。因目前清华大学图书馆、北京大学图书馆和上海图书馆已有综合性题录库，本院建的社会科学专业库要以质量取胜。

（原载于《中国图书馆年鉴1999》，肖东发，北京图书馆出版社，1999年12月）

中国社会科学院图书馆联机联合编目系统结构特点及功能

2001 年 2 月 27 日上午，中国社会科学院文献信息中心在院学术报告厅举行了关于该中心近两年研制开发的全院联机联合编目系统信息发布会。

这套系统，经系统测试组测试得出以下技术测试结果。①中国社会科学院联机编目系统的设计达到设计指标要求。院馆与各所之间进行点际的联机编目作业在网络环境正常条件下物理链路是稳定的、畅通的。系统带有多用户的服务器和单机单用户之间、带有多用户的服务器之间网上互访是迅速的，数据传输完整。系统无瓶颈现象。②数据的加工严格执行国家相关标准，数据质量可靠。③基本实现中国社会科学院网上书目数据共享。书目查询准确，提高了编目效率。

该系统经过近两年的运作，已于 2001 年初提前完成预期计划。该课题的主要实践成果，就是构建覆盖全院院馆和分馆共 18 个图书馆的联机联合编目系统。

该系统达到以下两期目标。

第一期目标：建成全院 18 个图书馆统一的系统平台，进行了大量的馆际的联机联合编目试验，并逐步取得双向联机编目的成功。实现了全院联机编目工程的第一期目标。经过这一阶段的努力，院属 18 个图书馆中的任何一个图书馆，都可以随时浏览、检索、下载其他 17 个图书馆中的机读书目数据。

实现第一期目标后系统结构的特点：各所建成完整的本地编目子系

统和书目数据库，各所之间通过网络检索、套录对方的数据，下载到本地数据库中；数据的传输也由过去的磁盘介质转为网上传输。但由于有些馆将未来得及校对的新数据存储于本地的工作库中，而其工作库又未对外开放，所以在这一阶段还无法实施实时的书目数据资源共享。

第二期目标：按照研究制式的模式，建成中国社会科学院书目总库系统，并实现正常的运转。这套总库系统包括中国社会科学院书目总库、预备库和临时库等三个全院性的数据库。总库不分区段，统一存放的是全院经过校对的正式数据，而这些数据，是由联机编目中心的高级管理员，从各所的预备库中转入的；预备库分为供全院 18 个馆使用的 18 个区段，分别存放的是各馆经过校对的数据，而这些数据，是由各馆的数据库管理员从本馆的工作库和临时库中转入的；临时库也分为供全院 18 个馆使用的 18 个区段，分别存放的是各馆尚未经过校对的原始编目数据。编目员在查重时，只要将这三个库都点蓝，即可一次性地查全中国社会科学院范围内所有 18 个图书馆的数据。这样，就最大限度地实现了新旧书目数据的实时共享。

实现第二期目标后系统结构的特点：通过系统临时库的设置及相应的管理手段，解决了未来得及校对的新编数据实时共享的问题，并建立起了覆盖全院的完整的联合目录库。

全院联机编目总库系统的特点：①数据量大：它容纳了全院所有 18 个图书馆的书目数据；②实时性好：在全院范围内最大限度地实现了书目数据资源的实时共享；③去重性好：由于经过查重和去重操作，一种图书的记录在总库系统中只有一条；④充分反映馆藏：由于追加了馆藏字段，虽然一种图书在总库中只有一条记录，但每条记录都反映出其在全院范围内所有的馆藏地点；⑤数据质量好：每条记录都是从不同馆藏单位的重复记录中，按照全院各馆的质量排序，由软件自动选择其中质量最好的一条作为总库中的正式数据。

关于全院联机编目总库系统的性质，概括地说，它是一种“机读的、在线的、动态的、可实时更新并不断扩充和完善的、供图书馆和科研人员共同使用的全院联合目录库”。

截止到2001年2月20日，在联机编目总书目库中，中国社会科学院最近几年自编的数据已达308727条，再加上国家书目的852749条数据，总计已有1161476条。这里所讲的中国社会科学院总书目库中的数据都是去掉了重复的。现在，每一种书在数据库里都只有一条记录，但每一条记录都能反映出它在全院范围内的馆藏地点。这样，这个数据库，不仅编目人员可以很好地利用，研究人员也可以很好地利用。

该系统将在建立全院联机编目系统的同时，一方面，以该系统为基础，逐步建立起全院联机图书采购系统、全院联机报刊采编系统、全院联机借阅系统；另一方面，上与国家图书馆相连，下与各省、市社会科学院图书馆相连，横向与高校系统图书馆、党校系统图书馆、国家有关部委系统图书馆相连，国外与美国的OCLC等系统相连，逐步形成不断扩大的全国社会科学联机图书馆网络。与此同时，还准备加强对元数据和网上资源编目的研究，并将其研究成果，应用到今后渐趋成熟的联机图书馆网络之中。

（原载于《情报资料工作》2001年第4期，胡广翔、庞萱著）

中国社会科学院联机编目研究与实践

摘　要：本文首先回顾了中国社会科学院图书馆系统在计算机编目方面走过的历程及取得的进展，并进而提出，开展全院范围内的联机联合编目业务是在中国社会科学院实现书目数据资源共享过程中面临的最重要的任务。报告指出，联机联合编目是图书编目界企盼已久的工作形态，是图书编目技术和手段的最高阶段和最高境界。只有进入这一阶段，才能真正适应当今网络时代的要求，适应21世纪对图书馆文献资源共享的要求。在以上论述的基础上，报告对该院从1999年起实施全院联机联合编目工程的做法及进展情况作了全面、系统、概括的介绍。报告还结合时代背景综合分析了联机联合编目作业系统的设计方案，根据实际需要规划设计了中国社会科学院联机联合编目系统的总体方案及中国社会科学院联机联合书目数据库的开发、使用及组织管理方法。

关键词：联机编目　资源共享　图书编目　数据库开发　系统设计方案

一　课题申请立项、批准和完成时间及课题组分工情况

本课题于1999年11月初由全院联机编目协调室提出申请，经本中心学

术委员会讨论同意，于1999年11月10日作为中心重点课题被批准立项。现已于2001年2月23日结项。

课题组人员组成和分工情况如下。

胡广翔：负责召集会议，布置检查工作任务，起草发行《简报》，请示汇报，组织协调院馆编目部、院馆网络系统部和各所图书馆间的业务关系。

王玉巧（课题组副组长、网络系统部副主任）：负责联机编目系统设计及功能实现，以及院馆编目部和各所图书馆间联机联合编目的技术试验、与系统编目软件开发商进行联系等。

吕本富（网络系统部主任）：负责对全院联机编目模式的整体设计、建立全院联合书目数据库的整体构想和结构设计。

邵小鸥（编目部副主任）：负责对全院编目人员进行联机编目业务培训。

高素敏：负责配合王玉巧同志与各所图书馆的课题组成员进行点际联机编目试验。

各学科片图书馆的课题组成员：负责进行本片（或本所）图书馆和院馆编目部间的联机联合编目的试验。

二　中国社会科学院文献编目历史的回顾

纵观中国社会科学院各图书馆发展的历史，十几年来，社科院文献资源的加工利用工作走过了一个从无序到有序，从各自为政到统一化、标准化、规范化的过程。在1984年以前，全院共有30多个研究所级的图书馆，当时各馆的图书编目工作基本上处于不统一、不规范，甚至混乱、无序的状态。从1984年下半年开始，在全院范围内首次进行了文献著录标准化的宣传和培训工作。通过不断地宣传、培训和研讨，逐渐认识到了实施文献标准化的重要意义。从1992年开始，本院在实施标准化著录的基础上，组织研制出了“中国社会科学院全院图书编目自动化管理软件系统”。自那时起，各馆便可用自行研制的软件进行单机状态下的图书编目工作了。从1994年开始，社科院图书馆工作的改革使原院部科研大楼内的十几个研究所图书馆与原院文献信息中心合并成立了院图书馆，并购买使用了功能更强、效率更高的商业图书馆软件系统。这样，就使院馆的计算机统一编目工作真正得到了落实，并取得了巨大成效。从1999年开始，又开始在全院范围内组织实施联机联合编目工程。回顾本院图书馆系统近五年的发展历程，可用下面九个字来概括，即：“五年，五大步，五个台阶”。第一年，告别了手工编目，直接使用微机和自己编制的软件进行单机上的图书编目工作；第二年，购买和使用了功能更好、效率更高的商业编目软件进行本编目机构内部的联机编目工作；第三年，利用国家书目数据和其他书目中心的数据进行回溯编目，走资源共享的道路；第四年，进行商业软件升级，使用在Windows状态下的丹诚NT网络版软件；第五年，试验并实施了全院联机联合编目工程。

总之，经过这些年的努力，社科院的文献编目工作终于从全院三十多个研究所图书馆的分编体系和规则五花八门，管理上各行其是，虽经院文献信息中心多方协调仍无法达到统一共识的旧阶段，成功地跨越到了能成熟地运用文献工作的各种国家标准，走联机联合编目的书目数据资源共享之路，高质量地完成图书编目工作任务的新阶段。

20世纪末期，图书馆一家一户、各自独立作战的工作方式已经远远不能适应新形势的需要，成百上千万张卡片的手工书目记录需要尽快按照严格的机读目录的要求输入到计算机的数据库中去，完成在计算机化和网络化条件下的回溯编目任务。但是，完成这一庞大的工程又谈何容易？由于社会的变革与发展，各个图书馆的上级机构不可能大量地为满足图书馆的新需求而调入数量可观的人员从事计算机编目工作，也不可能为各馆分别地、重复地进行回溯编目划拨大量经费。在这种情况下，只有走资源共享之路才能解决这一根本矛盾。而联机联合编目正是全面、彻底地进行书目数据资源共享的捷径和必要的基础。早日实现全院范围内的联机联合编目并在此基础上实现全面的共享是社科院文献信息系统在21世纪之初要完成的最为重要和迫切的任务。

大家知道，1997 年是全球“网络年”。各类计算机网络（如 Internet）在我国发展也只是近三四年的事，但其发展的速度和卓有成效是有目共睹的。网络已成为信息产业目前及未来若干年的主旋律。事实上各类计算机网络已经为图书馆开展电子文献信息服务创造了良好环境。应该说，网络带给图书馆的机遇与图书馆的发展方向是一致的。在未来的发展中，图书馆的网络化将进一步加强。

传统图书馆的管理与工作方式随着信息时代的到来已经不能适应现代图书馆自动化系统的要求。图书馆自动化系统的出现及其发展使得图书馆的工作发生了根本的转变。围绕着图书馆自动化系统，图书馆各项工作的开展是相互依赖和协同发展的。近年来计算机网络的发展，给图书馆注入了新的内容和活力，这就是如何利用网络系统实现文献信息资源共享。

图书馆文献收藏量越来越多，需要回溯编目的旧书也很多，这给编目工作带来的压力也越来越大。图书馆工作人员越来越希望能够借助他人的编目成果来完成自己的工作。虽然经过若干年的努力，院馆编目部实现了本部内 10 台计算机的联机编目，并利用国家书目数据实现了与国家图书馆的书目数据资源共享。但是，如何使全院各所图书馆能随时共享院馆的书目数据、院馆也能随时共享各所图书馆的书目数据，从而推动全院各所图书馆间的合作向广度、深度发展，形成真正意义上的、全局范围内的、最充分的书目数据资源共享成为前一段时间内一个亟须解决的问题。

从长远的发展看，解决上述问题的根本途径在于：创建联机联合编目系统，借助计算机网络进行实时检索、编辑与利用书目数据，从而达到“一次输入，多次使用；一家输入，大家利用”的目的。而且从手工编目到机器编目，再发展到联机联合编目也正是计算机网络化进程在图书馆工作领域中的具体体现。联机联合编目是图书馆更好地实现本馆藏书控制与管理的一个需要，并为整个图书馆事业发挥更高效益做出贡献。图书馆界的这种合作，是一种互惠互利的动态组合。在这种联合体中，每个图书馆都具有平等的地位，享有平等的权利，担负平等的义务。它是图书馆资源和服务共享组织结构中的一条主线，如联合采购、馆际互借、互惠交流、藏书建设与利用合作、技术开发和利用等，都必须以联机联合编目为基础。

那么，联机联合编目系统的运作方式是怎样的呢？

系统成员在联机联合目录的基础上进行日常的编目工作，检索、调用书目中已有的数据，为检索不到的图书做原始编目、输入联合目录，联机实时检索与编辑的功能使任何一条进入数据库的书目记录几秒钟后就能使用。利用这种联机方式，系统可以接收、处理大量数据，快速建立数据库。用户则可以在已有的计算机设备基础上，利用网络和调制解调器接通系统，从多种途径检索和调用系统内的书目数据。在这种运作方式下，图书馆编目工作不再是在一个封闭环境里对文献的一般加工，而是在动态开放的网络环境中对纷繁的信息进行组织整序。这就要求我们不仅要揭示馆藏，搞好馆藏特有文献的原始编目，还要指导广大读者利用网上其他馆的编目成果，并发掘整理网上丰富多样的信息资源，根据用户需求来提供各种专题书目以方便用户使用，从而为困扰图书馆界多年的资源共享问题提供最好的解决途径。

联机联合编目在国内迄今为止未有成功先例。联机联合编目工作的结果是形成联机联合书目数据库。根据信息服务方式划分，电子出版物可以分为联机型电子出版物、计算机通信型电子出版物和封装型电子出版物三种，而联机型书目数据库是当时发展最成熟的电子出版物之一。联机型出版物的信息提供，要通过主机和联机网络的检索终端。联机联合编目是利用高科技手段进行远距离即查即用的检索并进行实时资源共享的编目工作模式，是编目业务手段的最高层次和最高境界。但若将这种编目业务人员的美好理想和编目工作的理想状态从理论变为现实，需要做大量艰苦细致的调查研究、理论探讨和操作实验工作。可以说，全院联机联合编目既是一项重大的学术研究课题，又是一项涉及全院各所图书馆变革现有工作模式、将现有工作状态一次性地推进到最具效率和质量的现代化工作状态的大工程。可以肯定地说，全院联机联合编目系统的创建是一项可以使全院图书馆事业受益极大的基本建设项目。

多少年来，图书馆员梦寐以求文献书目数据资源共享。人们曾尝试多种合作活动，结果大部分以失败告终。现代信息技术在图书馆的应用，使传统图书馆的文献加工和服务方式发生了根本性的变化。联机联合编目等文献资源的共享虽然在美国等发达国家早就获得成功，但在中国却少有成功的先例。我们作为中国社会科学院系统的图书馆工作者，决心肩负起尽快在中国社会科学院系统内实现联机联合编目等文献资源共享的使命。

三　国内外研究现状及完成本研究课题的难点

在图书馆计算机编目的研究方面，美国是开展最早、进展最快、始终领导着世界计算机编目潮流的国家。因此，考察了美国联机联合编目工作的先进成果和成功经验，也就了解了国外最高水平的研究现状。

MARC 目录的编制和联机联合编目是图书馆编目工作现代化的两个重要标志。它们的进展速度和当前状况反映了一个国家图书馆编目工作的整体水平。美国从 1965 年开始研制 MARC 目录到 1969 年 MARCⅡ格式机读目录磁带向全国公开发行只用了四年时间，到 20 世纪 80 年代初已推广到全世界几十个国家。20 世纪 70 年代，借助通信技术的发展，美国计算机编目工作进入网络化的联机联合编目阶段，全国形成三个网络化的联机联合编目中心。其中资格最老、规模最大的当数美国的联机图书馆中心——OCLC。它最初的目标是建成一个联机联合目录与分编系统，现已成为世界上最大的跨国书目网络。仅据 1998 年的统计，OCLC 的服务即已遍及全球的 63 个国家和地区，成员馆为 22000 多个，联合书目数据达 3224 万条，网上已有近 60 个数据库。这些数据库以每半年 100 万种资料的更新速度提供服务。20 世纪 90 年代初，它冲破围墙，与目前世界上最大的计算机互联网络 Internet 互联，成为全球信息高速公路的一个组成部分，创造了新的高效信息交流环境。

我国是从 20 世纪 70 年代后期开始引进美国机读目录磁带的。从 1989 年起，国家图书馆开始研制中国机读目录格式——CNMARC，随后向全国发行 CNMARC 数据，花费了近 10 年时间。从网络建设体制及管理上讲，许多馆仍处于自动化、集成化系统的初步试用阶段，还未实现类似于美国以 OCLC 的全国性的联网编目中心为龙头来带动整个图书馆事业的发展。我国编目工作现代化的目标即是尽快建成中国的 OCLC，而实现这一目标的基础则是尽快实现联机联合编目。我国与世界发达国家在联机联合编目工作上的差距还很大，我国图书馆界的有识之士也早已多次呼吁要建立中国的“OCLC”。令人可喜的是，近年来中国图书馆界正在付诸行动。1997 年 10 月，“中关村地区书目文献信息共享系统”（APTLIN）已通过鉴定。该系统通过“中国教育科研计算机网”（CERNET）实现了以统一的界面和命令对三大图书馆（中国科学院文献情报中心、北京大学图书馆、清华大学图书馆）的查询服务、网上预约服务和馆际互借服务。在珠江三角洲地区也建立起了区域性书目网络——珠江三角洲地区公共图书馆网。另外，从 1998 年开始，国家图书馆也已开始进行全国联机联合编目的准备和实施工作。

完成本研究课题的难点：

1. 最大的难点是需要较好的上网环境和软硬件环境以及计算机方面的技术支持。

2. 本课题的难点还在于这是一个涉及面很广、技术要求很高，既有理论研究问题又有实际应用问题的覆盖全院各所图书馆的课题项目。要完成好该项课题研究，一方面需要各级领导的支持，另一方面需要课题组做好各个层面的业务和人员的协调和组织工作。

3. 资料短缺是本课题面临的另一困难。由于国内对这一问题的探索还处于起步阶段，所以可供参考的文献很少。为此，准备充分利用本课题承担者熟悉文献信息工作和能够熟练使用互联网的特点，广泛收集国内外的有关资料，及时掌握国内外在此研究领域的最新进展，从而保证本课题研究的进度和研究成果的质量。

四　全面实施联机联合编目工程

从 1998 年底开始，中国社会科学院就已经决定开始迈出社科院图书编目工作的第五大步、上第五个台阶，即进入全院联机联合编目、书目数据资源充分共享的新阶段。这一阶段是我们图书编目界企盼已久的图书编目形式，如果真正顺利地上到这一台阶并能正常地进行运转，将能从全局上大大提高社科院计算机书目加工工作的效率和质量，真正适应当今网络时代的需求，适应21世纪对图书馆文献资源共享的需求。

在1999年3月的文献信息中心全体会议上，中心领导宣布成立了全院联机编目协调室，负责领导和协调全院联机编目工作。从那时以来，我们组织全院各所图书馆有关人员做了以下5项主要工作。

（1）方案选择（详见本文集论文《中国社会科学院联机联合编目系统——方案设计及实施》）；

（2）系统设计（详见本文集论文《中国社会科学院联机联合编目系统——方案设计及实施》）；

（3）数据库的规划、管理与维护（详见本文集论文《中国社会科学院联机联合编目系统——方案设计及实施》）；

（4）工作流程与规范（详见本文集论文《中国社会科学院联机联合编目系统——方案设计及实施》）；

（5）管理制度和人员培训工作（详见本文集论文《中国社会科学院联机联合编目系统——方案设计及实施》）。

我们认为，联机联合编目数据生产和质量的改进很大程度上取决于人员的素质和专业水平，加强编目人员、数据质量控制人员和管理人员的培训是联机联合编目持续发展的重要基础。所以，我们在推进全院联机联合编目系统建设时，对开展系列的全员培训始终给予高度的重视。到目前为止，我们成功地组织、实施了六期全院各馆编目人员参加的联机联合编目业务培训。随着全院联机编目网络的正式建成和运营，全院联机编目协调室于1999~2000年组织对全院中文图书编目人员进行了有关新版丹诚编目软件、中国机读目录格式、全院联机联合编目著录规则以及图书分类学、《中图法》（第四版）的使用、全院联机联合编目主题标引规则等多层次、全方位的业务培训，并在此基础上进行了严格的联机编目员资格考试和业务考核质量认证。考试的结果是令人满意的，在参加考试的32名编目员中，获得优秀成绩的同志共有5名，另有25位同志获得全院中文图书联机编目业务合格证书。为了表彰取得优秀与合格成绩的全院图书馆工作者，联机编目协调室于2000年9月13日举行了全院联机编目员资格证书颁发仪式。文献信息中心党委书记王亚田同志出席了仪式并亲自向每位通过考试的同志颁发了荣誉证书。在今后实施的全院联机编目业务工作中，正式参加此项工作并向全院联机编目数据总库提交数据的人员将实行持证上岗制度。对于当时未通过考试和认证的同志，我们准备于2003年3~4月再组织一次业务培训和考试，争取让全院所有的编目业务人员均能有资格参加到全院联机联合编目业务工作中来。共举办了六期业务培训及考核工作，形式不拘一格，具体实用，受到了参加培训工作同志的一致好评，使编目数据质量上了一个新的台阶。

在完成以上主要工作任务的过程中，我们还围绕这些任务，做了以下8项工作。

1. 统一全院图书馆自动化软件

由于历史原因，过去中国社会科学院同时使用着两种图书馆系统软件，因此而成为实现全院联机联合编目工程的首要障碍。为了统一并减少不必要的麻烦，我们积极与软件开发商谈判，在各所的积极配合下，先后为各所更换了统一的图书馆自动化软件。经过一段时间的努力，大部分所图书馆先后完成更换、熟悉和掌握新图书馆软件的工作。这样做，为我们尽快实现馆际联机联合编目业务做好了准备。

2. 院馆初步实现了与国家图书馆之间的联机编目业务

院馆编目部于1999年初首先利用国家图书馆的文津软件与全国联机编目中心进行联机编目的试验。在该部的机器上装上了国家图书馆的文津软件并做了与国家图书馆进行联机编目作业的实际操作。经过一段时间的摸索后，不管是院馆上网查找并下载全国联机编目中心的数据，还是抢注后将数据上载到全国联机编目中心，不管是批处理还是单条实时操作，都获得成功。后来，国家图书馆还为中国社会科学院馆编目部的机器安装了带有 Z39.50 联机编目功能前端的 ILAS 软件，通过该软件亦可与国家图书馆实施联机编目业务。

2000 年 10 月 27 日，中国社会科学院全院联机联合编目系统作为全国图书馆联合编目中心的第二家分中心正式成立（具体可见国家图书馆网站上的详细报道）。全国图书馆联合编目中心主任景鸿达、中国社会科学院文献信息中心联机编目协调室主任胡广翔分别在协议书上签字。当时中国社会科学院联机联合编目系统开展联机联合编目工作已有一年多的时间，在联机联合编目工作的标准与规范、软件技术、组织与管理等方面做了许多工作。我们确立的联机联合编目工作的模式为：首先在本院实行联机联合编目，然后加入到全国图书馆联合编目中心的网络。中国社会科学院分中心的成立，既充分调动发挥了本院已有的联机联合编目中心的作用，也壮大了全国图书馆联合编目中心的队伍，并将推动网络环境下书目数据资源共建共享的进程。

3. 院馆已于 1999 年初将中、西文新书通报上网

在开展联机编目的基础上，院馆编目部已于 1999 年 4 月 20 日将中文图书的新书通报上网；又于 1999 年 6 月 22 日将西文新书通报上网。各所的研究人员可随时上网利用院馆编目部的电子版新书通报信息。

4. 积极与软件公司联系，研讨解决中国社会科学院联机编目业务的技术支持问题

1999 年，中心联机编目协调室测试了丹诚软件在联机编目方面所需的功能，并提出了改进和完善的建议。例如，客户端对多 IP 的支持能否采用配置文件，自动回存问题，联机编目工作量及上缴数据的自动统计问题等。后来，丹诚公司根据我们的需要，开发出了适合中国社会科学院进行数据汇总、建立全院联机编目总库时所使用的具有自动查重并按编目质量等级自动覆盖或追加所需字段功能的程序软件，并运用于从 2000 年 10 月开始的全院编目数据的合库业务。经过一段时间的试用后，协调室又就合库时使用的软件功能问题，继续与软件开发公司进行了磋商。协调室的同志对他们再次修改后的软件又进行了多次实际操作和试验，使该软件最后完全达到实用状态。

5. 组织起草并正式出版《中国社会科学院图书馆中文编目问答手册》

该手册既是全院联机联合编目用的业务标准与工作规范，又是很好的联机联合编目业务用的培训教材，对于今后保质保量地开展全院联机联合编目和图书回溯编目工作具有重要意义。

6. 考察了院属各图书馆的数据质量并进行了质量等级排序

从1999年底至2000年初，我们组织专门小组对收集来的各馆编目数据进行逐一、认真的质量考察，并在此基础上进行了严格的质量等级排序。后又在此基础上，要求各所图书馆按照《中国社会科学院图书馆中文编目问答手册》的要求，在规定的期限内，抓紧对本馆已有的中文机读书目数据，进行统一的校对和修改。这一工作为今后全院的数据汇总、建成全院联机编目总库系统并依照各馆编目质量顺序进行新数据的追加和覆盖做好了质量控制方面的先期准备工作。

7. 定期地编制和印发全院《联机编目工作动态与交流简报》

将工程进展情况和完成任务的情况及时通报给全院各个图书馆的同志，以便大家更好地了解情况，相互支持、大力协作，尽快完成全院联机编目工程、实现文献书目数据资源共享这一光荣而艰巨的任务。简报基本上是每季度出一期，内容有：联机联合编目进展情况（包括前一段工作总结和下一段工作计划）及信息介绍、经联机试验后可向全院其他各馆开放的各所图书馆机读书目数据库情况介绍、经验交流、心得体会、合理化建议等。从1998年10月到2001年3月共两年多的时间内，总共编制、印发了8期全院《联机编目工作动态与交流简报》。

8. 根据用户需求提供各种专题书目以方便用户使用

随着全院联机编目系统的建立与运营，该系统内的任何一个成员图书馆都可根据用户需求提供有关社会科学各学科的专题书目。例如，院馆近两年来就利用该系统为中国社会科学院文学研究所、世界经济与政治研究所、宗教研究所、外国文学研究所、近代史研究所、研究生院、技术经济与数量经济研究所、中国社会科学出版社、国家出版总署等单位的科研或课题任务提供了诸如“古罗马研究书目”、“古希腊研究书目”、“斯洛伐克文学研究书目”、“少数民族文学史”、“中国少数民族文学研究主要成果书目汇辑”、“中国抗日战争研究书目”、“社会科学中文工具书总目录”、“中国社会科学出版社图书目录”等各种专题书目服务。

五　取得的主要成果

【理论成果】

胡广翔:《中国社会科学院图书馆系统开创联机编目工作的回顾与现状》,《情报资料工作》2001 年第 1 期。

胡广翔、庞　萱:《中国社会科学院联机联合编目系统——方案设计及实施》,金明嬉译,《知识处理研究》杂志（韩国文献情报处理研究会）2001 年 6 月第 2 卷第 1 号。

胡广翔、庞　萱:《中国社会科学院图书馆联机联合编目系统结构特点及功能》,《情报资料工作》2001 年第 4 期。

【实践成果】

第一期目标：建成院馆系统平台，进行了大量的馆际联机联合编目试验并取得成功。

首先选择了两个比较成熟的点和院馆编目部之间进行点际联机编目试验。通过试验，检查带有多用户的服务器和单机单用户之间、带有多用户的服务器之间上网互访的质量和软件的各种功能（如软件的响应时间等）等应用情况。在这一阶段，我们着重于各所本地联机编目子系统及数据库的建立，包括设备购置、人员调配、统一图书馆系统软件等。

对各所与文献中心之间双向访问进行了网络物理链路的测试和软件功能的测试。在这期间曾出现过个别馆单项连通的技术问题，经过与院网络中心及相关部门的协调都已圆满解决，即各个所之间，各所与文献中心之间网络的物理链路是稳定的、畅通的。院网原有的微波接力通信改为 DDN（数字数据网）有线通信后避免了通信过程中的“阻塞”和“调包”现象，大大改善了通信环境。数据之间的传输是准确的、完整的。

在 1999 ~ 2000 年近两年的时间里，我们在院馆和院属各所图书馆之间进行了大量的包括数据检索和数据下载在内的联机编目试验工作，并使院所属的全部18个图书馆间的双向联机编目试验获得成功，实现了全院联机编目工程的第一期目标。经过这一阶段的努力，这18个图书馆中的任何一个图书馆，都可以随时轻松地浏览、检索、下载其他17个图书馆中的机读书目数据。

第二期目标：按照已经制定的模式建成全院联机编目总库、预备库和临时库并实现正常运转。

过去，由于没有一个涵盖中国社会科学院所有图书馆书目数据的总库系统，编目员在套录数据时要同时点查各个所图书馆的书目数据库，大大影响了检索速度和整个联机编目系统的利用率。为提高编目员的工作效率和建立一个完整的中国社会科学院的联合目录数据库，解决编目员之间实时共享数据的问题，终于设计并建成中国社会科学院联机联合编目整体作业系统和书目总库。这是建立在互联网基础上的、庞大的、不断增长且经过筛选的高质量的数据库。

完成全院联机编目总库系统（该系统包括总库、预备库和临时库等三个全院性的数据库）的设库和建库工作后，又完成各所图书馆交来的近40万条海量数据的合库工作。工作除了利用我们和丹诚软件公司共同开发的具有自动查重、追加、覆盖和回写功能的合库软件进行数据的自动合并外，由于该项工作要在进行数据合并的同时，必须通过人工干预完成去掉重复数据并添加同一条数据中的不同馆藏事项的工作，所以在合并之初还是比较费工费时的。不过，随着对大量积存的数据集中完成合并、去重等处理之后，就进入到了按部就班地随编随合的阶段，以后的数据合库工作也就可以正常地进行了。

【总库系统现有数据量】

截至2001年2月20日，本院自编数据合计308727条，国家书目数据852749条，总计1161476条。

（1）中国社会科学院书目总库：三个库合计数据共308727条。

本院200197条（由院馆118400条，近代史所图书馆22924条，研究生院图书馆115913条，共计257237条经过数据合并、去重处理后整合而成。共计去掉重复数据57040条），国家图书馆源数据852749条。

（2）预备库：1066条。

（3）临时库：107464条。

另外，协调室的同志经过努力，还解决了联机编目员将书目记录存入临时库过程中的简化操作程序问题。该问题的解决，进一步提高了联机编目员的工作效率，加快了联机联合编目的速度。例如，由于我们在服务器端做了必要的设置，联机编目员将本工作库的记录存至临时库时，只要在开机后存入第一条记录时选择一下路径就可以了，存入第二条及其以后的记录时，只要同时按一下Ctrl+存至的热键就可以了，不必每次都选择路径。这样就最大限度地减少了编目员在工作过程中不必要的网络概念和烦琐程序。

全院联机编目总库系统的特点如下。第一，数据量大。覆盖了全院所有18个图书馆的书目数据，克服了过去单位覆盖不全的缺点。第二，实时性强。在全院范围内最大限度地实现书目数据资源的实时共享，克服了一般书目数据库时间滞后的缺点。第三，去重性好。由于经过查重操作，一种图书的记录在总库系统中只有一条，去掉了不必要的重复数据。第四，充分反映馆藏。由于追加了馆藏字段，虽然一种图书在总库系统中只有一条记录，但每条记录都反映出了其在全院范围内所有的馆藏地点。第五，数据质量好。每条记录都是从不同馆藏单位的重复记录中选择质量最好的作为总库中的正式数据。

全院联机编目总库系统的性质：机读的、在线的、动态的、可实时更新并不断扩充和完善的、供图书馆和科研人员共同使用的全院联合目录。

六　今后工作展望

今天，网络化已使多向交流、资源共享成为可能。联机联合编目已从小集团化，转为利用网络。所以网络交流将是今后图书馆业务交流的主要方式。现在，编目数据已经在向全球化迈进。无论怎样实现这一目标，馆际的相互依存都是必不可少的。由于技术的发展，目录已成为一种全球性的网络系统。在这个全球编目系统中，书目记录可以在国内、国际自由交换。

截至目前，我们的研究课题已经基本结束。但是，中国社会科学院的联机联合编目和回溯编目工作仍然是任重而道远的。从 2003 年起，全院联机编目协调室还会将这一全院性的重大、长期的工程项目继续进行下去。以后，我们将在前一段工作的基础上，主要开展以下工作。

1. 在规划、设立了全院总库系统并完成各所图书馆大量数据合库工作的基础上，按照已经制定的模式继续进行全院联机编目工程第二期目标所要求的全院书目数据库的正常运转，不断地完善和巩固在网络条件下实时的书目数据共享这一新的编目工作体制。

2. 进一步做好全院联机编目总库系统的数据维护和管理工作。要加强数据库书目质量控制，联机编目中心应设有专人对预备库的数据进行审核，同时对临时库的各馆数据要有相应的处理措施。

3. 编制适合联机编目工作状态下使用的自动统计工作量和付费额度的软件程序，使全院联机编目系统能够不断适应市场化的要求，在市场经济的条件下走良性发展的道路。

4. 进一步强化全院联机编目协调室的组织协调功能、提高协调能力，加强对全院各片、各所图书馆在网络和计算机方面的技术支持力度。

5. 本研究课题的长远目标及“十五”时期奋斗目标是：建立全国社科系统的联机图书馆中心。

6. 加强联机联合编目系统 Web 功能的开发，使读者通过万维网可以查寻到我们的书目数据库；使研究人员足不出户，即可查询我们的书目数据库。

我们将在建立全院联机图书编目系统的同时，一方面逐步建立全院联合图书采购系统、全院联合报刊采编系统、全院联合馆际互借系统、社科期刊论文题录数据库系统、多媒体数据库系统、网上资源数据库和社会科学全文机读资料库；另一方面上与国家图书馆，下与各省、市社会科学院系统图书馆，横向与高校系统图书馆、党校系统图书馆、国家有关部委图书馆，国外与美国的OCLC系统相连，逐步形成不断扩大的联机图书馆网络。如果这个雪球越滚越大，自然而然地也就形成全国社会科学院系统的联机图书馆中心。

参考文献

李晓红、索传军：《论电子图书馆的智能编目专家系统》，《中国图书馆学报》1998年第2期。

高英：《试论联机编目》，《大学图书馆学报》1998年第5期。

刘盼英、罗军：《从美国编目的发展看二十一世纪联合编目的走向》，《江苏图书馆学报》1997年第3期。

陈光祚：《从OCLC的发展看图书馆自动化的趋势》，《现代图书情报技术》1994年第4期。

罗军：《融入世界潮流的中国文献编目》，《北京高校图书馆学刊》1997年第2期。

管蔚华：《中美图书馆计算机编目工作的比较研究》，《上海高校图书情报学刊》1998年第1期。

汪媛：《邬淑珍信息技术对联合目录及编目的影响》，《图书馆建设》1998年第4期。

黄箭：《中国科学院联机联合编目作业系统的完善与推广——关于系统培训工作的初步探讨》，《现代图书情报技术》1999年第S1期。

张建勇、沈英、黄箭：《中国科学院中关村地区联机联合编目作业系统的设计与实现》，《现代图书情报技术》1999年第6期。

沈英、沈辅成：《图书馆联合作业网络及客户机/服务器技术的应用》，《情报学报》1995年第4期。

沈宝顺：《加快上海地区编目工作现代化进程的一点意见》，《上海高校图书情报学刊》1998年第3期。

张云瑾：《我国发展联机编目的障碍与对策》，《世纪之交：图书馆事业回顾与展望》，北京图书馆出版社，1999。

胡广翔、庞萱：《中国社会科学院图书馆联机联合编目系统结构特点及功能》，《情报资料工作》2001年第4期。

富平：《网络环境下国家图书馆编目工作展望》，《国家图书馆学刊》2000年第1期。

http：//202. 96. 31. 33.

http：//www. oclc. org/oclc/menu/homel. htm.

http：//www. ref. oclc. org.

http：//www. olcc. nlc. gov. cn.

http：//www. bmzx. yeah. net.

（原载于《联机编目与数字图书馆》，胡广翔主编，科学技术文献出版社，2003 年 7 月）

实现联机联合编目的基础与条件

摘　要：本文在详细阐述联机联合编目的基本概念和基本工作流程的基础上，围绕联机联合编目的软硬件要求、质量保证、组织管理，以及联机联合编目与数字图书馆的关系等四个方面的问题，充分论述了在当前网络环境下实现联机联合编目的基础与条件。

关键词：联合编目　联机编目　联机联合编目　数字图书馆

联机联合编目是图书编目界企盼已久的一件大事，是图书编目技术和手段发展的又一新阶段。进入这一阶段，图书编目工作才能适应当今网络时代对图书馆的要求，适应21世纪图书馆文献资源共建共享的要求，并为我国数字图书馆的建设打好坚实基础。现在，世界已进入了加速实现信息化的时代。就图书馆而言，尽管我国图书馆应用计算机已经达到相当普遍的程度，工作效率和服务质量有了很大提高，但图书馆一家一户、各自独立作战的封闭模式仍然远远不能适应新形势的需要。“信息爆炸”导致编目工作量的急剧上涨，从而形成图书馆无法解决的各种矛盾，只有走资源共享之路才能解决。而联机联合编目正是全面、彻底地进行书目数据资源共享的一个重要和最佳的途径。

另外，联机联合编目工作也是图书馆向自动化、网络化和数字化迈进过程中所必需的一项极其重要的基础性工作。做好这项工作，在大幅度地提高我们的新书即时编目和旧书回溯编目的速度和质量的基础上，将可能极大地改进对读者提供信息检索服务的效果，并为逐步实现包括多媒体在内的所有文献的目次、摘要乃至全文的数字化及其检索奠定重要的基础。

一 基本概念

联合编目是图书馆资源共享的一种重要形式。资源共享是“图书馆职能由一些图书馆共同分担的运作方式。目标是提高图书馆的经济和社会效益，即读者可获得更多的资料和服务；各馆可用最少的经费提供尽可能多的资料和服务。共享的资源可以是实物、人员或者资金，包括馆藏资料、图书馆目录、工作人员的专长、存储设施和计算机等设备”。[①]而联合编目则是指：“由若干图书馆分担编目工作，共享编目成果的活动。”[②] 由于很多图书馆都不同程度地入藏了相同的书刊，有的还是大量的重复，各自对它们进行编目必然要付出很多的重复性劳动，而编目又是专业性强且劳动量大的工作，显然，实现联合编目以消除这种大量的重复劳动就成为图书馆界的重大心愿。到了 20 世纪 80 年代，由于信息膨胀的日益加剧，图书馆编目工作量急剧增长而编目工作滞后甚至大量积压，对联合编目的呼声就更为强烈。

实现联合编目需要一定的条件，因而它是在图书馆发展到某一阶段时才产生的，并随着图书馆进一步的发展而演进的。早期的联合编目建立在手工编目的基础上，并和集中编目相联系。美国国会图书馆在 1902 年开始进行联合编目，1932 年发行标准目录卡片，我国在 20 世纪 50 年代由北京图书馆发行统编目录卡片，都是最早的联合编目的一种形式。

---

① 中国大百科全书总编辑委员会《本卷》编辑委员会、中国大百科全书出版社编辑部编《中国大百科全书图书馆学情报学档案学》，中国大百科全书出版社，1993，第 443 页。

② 中国大百科全书总编辑委员会《本卷》编辑委员会、中国大百科全书出版社编辑部编《中国大百科全书图书馆学情报学档案学》，中国大百科全书出版社，1993，第 181 页。

显然，由于信息交流的不及时甚至延误（这主要是由统编卡片的发行滞后于各图书馆编目工作的需求造成的）和北京图书馆的馆藏不可能涵盖全国各图书馆的馆藏等原因，这种形式的联合编目局限性大，效率低，效果不理想，很多图书馆员都期盼能有进一步的改进。然而，从当时很多图书馆使用统编卡片可以看出，这一措施在当时的确还是推动我国编目工作前进了一大步。

计算机在图书馆的应用使得图书馆工作发生根本性变革，手工联合编目自然也向计算机联合编目发展。最初是脱机联合编目（当时也称“介质传递”的联合编目，但这种称呼似乎不够确切），即编目数据是通过软盘或光盘来传递的，如北京图书馆、北京图联、上海申联、深圳图书馆等发行的书目数据软盘（后来有的发展成光盘），其中影响最大的是北京图书馆的软盘和光盘。这种形式的书目数据可以提供给各图书馆的计算机编目系统直接使用，它在信息及时交流方面较统编卡片要优越得多，并具有计算机编目的优点。但由于编目信息在即时传递上还不够理想，同时一些障碍还未能消除，因而无法达到资源共享的理想境界。

在计算机网络得到推广应用的条件下，脱机联合编目进一步发展为联机联合编目（当时也称“通信传递”的联合编目，它同样也不够确切），即编目数据生成之后，可通过网络即时发送给需要的各成员，而参加联合编目的成员也可随时了解其他单位的编目进展情况，真正实现“一馆编目，各馆共享”，达到联合编目的理想境界。

因此，可以把联机联合编目定义为：在计算机和网络环境下，由多个图书馆共同参与和分担的、编目数据可实时共享的编目作业。这种编目作业总是与高质量的联合目录和书目数据库建设同步进行的。

联机联合编目工作的总目标是：通过相互联网的各个图书馆的合作，建立一定范围内的联机联合编目系统，实现高度的书目数据共享，并为相关用户提供准确、全面的书目查询服务，为图书馆其他的业务工作和图书馆之间全面的资源共享打下基础。

这种编目作业的特点是：计算机化、在线、动态、开放、分担合作、资源互补、共建共享。

（一）联机编目（On-line cataloguing）和联机联合编目（On-line union cataloguing）的差别

在图书馆应用计算机的过程中，联机编目是一个容易接触到的概念和事物。它和联机联合编目尽管从属于相同的上位类，有着某些相同的方面——“联机”和“编目”，但其内涵却是有差别的。联机编目是和脱机编目相对立的，它们是计算机编目工作发展中的两个阶段，也是一个图书馆使用计算机进行编目的两种方式。脱机编目是最初使用的计算机编目方式，即把编目内容（数据）先记录到机读目录工作单上，或输入到计算机可读介质（一般是纸带、卡片、磁带或磁盘）上，当积累到一定数量，并经过检查校对后，再使用计算机把这些数据转换成符合机读目录格式的一条条的记录（相当于手工著录的款目）。编目人员和计算机操作人员是分开的，编目人员一般不接触计算机，所以叫作脱机方式。这是计算机编目中最先出现的工作方式。它和当时计算机应用水平低有关，也和计算机还不普及有关。联机编目则是在计算机功能进一步增强的基础上对脱机编目的改进，即输入数据和转换数据不再分开进行，而是一次完成，当然也就不必一批批地处理了。由于编目人员可以直接上机，联机编目较脱机编目有很大改进，是目前广泛使用的方式。但是在一些条件下，脱机方式也有它的某种优越性，并没有被绝对排斥。总之，按原来的意义讲，它们都不是联合编目，但它们又都是联合编目中不可缺少的一部分，或者说是联合编目的基础性工作。

联机编目可以在 1 台计算机上进行，也可以在多台计算机上进行，但不论是哪种情况，它们都是一个图书馆内部的编目工作；而联机联合编目是多个图书馆之间进行的合作编目业务。这两者是有区别的。

（二）联机联合编目的基本流程

当一个图书馆编目部门要编目一种文献时，首先要通过联机联合编目系统查询联合目录数据库，看看此待编文献是否已被别的单位所编目。如已编目，则取出其书目数据，并经过必要的修改和处理，完成编目工作；如没有已编目，则由本单位进行编目，并将结果存入联合目录和联合书目数据库。主要的步骤如下。

①查联合目录库，看待编文献是否已为别的图书馆所编目，如已编目，转②；如未编目，转③。

②套录相应记录，作必要修改，并记入本馆书目数据库，转④。

③进行编目，并将所编记录记入本馆书目数据库，转⑤。

④修改联合目录库中相应记录，然后结束本文献编目。

⑤将所编记录记入联合书目数据库，转⑥。

⑥修改联合目录数据库，然后结束本文献编目。

和单个图书馆独立编目比较：①相当于单馆编目的查重，但查的是联合目录而非本馆书目；②是新增内容；③没有差别；④是新增内容；⑤是新增内容；⑥是新增内容。可以看出，联机联合编目较独立编目的操作要复杂，但实际执行时，由于大多数文献已有编目数据，只需执行①→②→④，因而远较独立编目操作简单和迅速。

以上是最一般的流程。实际进行联合编目时，还需要加以细化，加入一些具体步骤；同时，不同机构可以有不同的做法。

（三）集中式和分布式联机联合编目

要实现联机联合编目，一般有两种基本方式，即集中式和分布式。不同的单位或系统可根据自己的实际条件选择其中之一。所谓集中式和分布式，主要是针对数据库系统（即联合书目数据库和联合目录数据库）的管理而言的，但由于数据库管理方式的不同，自然系统会涉及硬件的配置，会影响整个计算机系统的结构。

1. 集中式

所谓集中式，即书目数据集中存储于一个大计算机系统，所有的编目操作都由这个系统进行控制，其中涉及书目数据库和联合目录数据库的操作如数据检索与存取等，则由这个系统执行。这个大系统是由一台或多台功能强大的计算机组成的，它是联机联合编目的主机系统，拥有它的单位自然就是联合编目的中心。而参加联合编目的各个成员（图书馆或书目机构）的计算机都属于终端性质，它们直接和主机联系，运行编目作业时必须通过主机。这是最早出现的联机联合编目类型，计算机联机图书馆中心（OCLC）是其典型代表，它是世界上最大的图书馆资源共享中心，也是世界上最大的联机联合编目中心。

这种方式的优点是：软件的要求相对简单一些，操作和管理也比较简单和方便，终端设备也相当简单，还可统一规格型号，因而购置经费低廉。

但也有缺点，主要是：由于集中，当成员数量增加到一定限度时，将会出现瓶颈，即过多终端同时向主机请求服务时，主机受到速度的限制，无法为终端及时服务，延长了终端的等待时间，实时性受到影响；或当数据库中存储的数据量超过规定限度而无法加入新记录时，编目作业将无法进行。在这些情况下，都只能调换主机以扩大功能和性能。然而硬件设备特别是大型计算机系统的投资是很大的，其结果必然是设备开支的大大增加。例如到 2002 年，OCLC 所服务的图书馆已达 86 个国家或地区的 43559 个，所存储的书目记录达 4800 万条，而联合目录中的馆藏记录竟高达 8.73 亿条以上，每隔 15 秒钟就要增加 1 条新记录，即 1 天就要增加 5760 条新记录。就因为成员单位的快速增多和书目数据的急剧增长这两方面的原因，OCLC 已经几次更换设备。集中式另一个重要的缺点是安全性较差，当中心由于病毒攻击、硬件故障、软件缺陷等原因而不能工作时，整个联机联合编目系统立即瘫痪，影响是很大的。此外，对终端设备要求的整齐划一虽然有前述有利的一面，但如 OCLC 那样要求成员馆使用专用终端，即意味着各成员馆原有的设备需要更换，从经济上和技术上考虑不一定可取。

2. 分布式

分布式是相对于集中式而言的，即书目数据库和联合目录数据库不是集中于一个地方而是分散成几部分，每部分物理地分配给一个成员馆；相应地主机系统也不止一个而是分散在有数据库的几个成员馆，于是形成几个中心。各终端可和任何中心连接，但一般是和最近的或较近的中心连接。所有中心的主机系统则是相互连接的，并通过软件（主要是分布式数据管理系统）把物理上分散的几个目录数据库结合成一个完整的联合目录数据库，同样对任何中心的书目数据库都可以存取，形成一个完整的联合书目数据库。于是，和任何中心的连接其效果都是一样的，都相当于和集中式的中心连接。

理论上中心可以很多，甚至每个成员馆都可以成为中心，但从实际出发，根据必要和可能，合理的方案是中心不要太多，只要能够解决集中式的主要矛盾，设置少数几个中心就可以。

分布式的主要优点是克服了集中式过于集中的缺点，首先是能较好地解决瓶颈问题，保证系统的正常运转，从而也在一定程度上缓解了频繁更新计算机的困扰。其次是增强了计算机系统的安全性，当一个中心不能运行时，其他中心还可以继续运行，不会造成整个系统瘫痪。它的主要缺点是对计算机软件系统（数据库管理系统和图书情报工作应用软件系统）的性能要求更高更多，因而远比集中式复杂。由于复杂，开发的难度大大增加，开发的成本大大提高，从而也推高了市售软件系统的价格，提高了建设成本；由于复杂，出错的可能性也会加大。另外，对主机的要求较为苛刻，即各主机最好是同型号的，因为要使异型机兼容，软件开发的难度将增大，甚至无法开发出来。这些就成为建设分布式系统时很难克服甚至无法克服的矛盾。

由于分布式对计算机软硬件的要求远比集中式高，因而最初建立起来的联机联合编目系统都是集中式的，只有到计算机发展到相当发达的程度，分布式才开始出现，而且直到20世纪90年代，全世界著名的分布式计算机情报检索系统也只是个别的。从我国现有的几个全国性联机联合编目系统看，国家图书馆主持的全国图书馆联合编目中心、中国高等教育文献保障系统（CALIS）都是采用集中式，国家科技图书文献中心计划采用的分布式系统还在建设中。进入21世纪以来，由于计算机技术的发展，分布式管理技术也有相当大的进步，联机联合编目的分布式系统的推广是很有希望和前途的。

由于我国图书馆情况的千差万别，由于多样性是世界范围内图书馆联合形式的特点，可以设想我国未来的联机联合编目系统的实现方式是多种多样的。就集中式和分布式而言，也可能还有一种混合方式，即在总体是分布式的情况下，已经按集中式组成的一些单位可以保持原有的方式，作为一个结点参加到分布式系统中。

二　联机联合编目的软硬件要求

联机联合编目系统的建设过程中，硬件系统（包括网络硬件）、软件系统和信息资源三者共同构成3个重要方面和关键问题。如果打一个形象的比喻，则可以把整个联机编目网络看作“路”，软件看作“车”，而资源则可看做“货”，三者中缺少任何一方都无法构成一个实际运行的联机联合编目系统。在这三方面的建设中，硬件一直是受到重视的，因为没有硬件就没有网络。至于软件和信息资源，则对它们的认识是有过程的。在我国图书馆计算机应用的早期，重“硬”轻“软”的思想曾使一些单位在工作中吃尽苦头，一些单位只顾用高价购来性能很强的计算机，但没有认识到需要同时配备相应的、功能强大的各种软件，以致计算机的威力无法全部发挥出来，甚至发挥得很不够。有的单位买来计算机后，由于长期没有配备合适的软件，只好将计算机长期搁置不用，等到软件有可能配上时，却发现原来购置的计算机已经大大落后，不适于业务工作的需要，又要另行购买更先进的计算机。这些做法都造成极大浪费，同时也给工作造成重大损失，从中总结出的经验教训是极其深刻的。人们的认识因而有了很大提高，但还不能认为问题都解决了。在网络建设之初，个别地区、个别单位又曾出现重视配置网络硬件和构建网络线路而不同程度地忽视配置或开发软件，结果是构建起来的网络无法传递和处理信息，成为一副空架子，为此付出的代价也是沉重的。之所以把软件看作是“车”，是因为只有通过软件的驱动，信息资源才能在网上传递。事实上软件的作用不止于此。从根本上说，没有软件，一般用户就无法使用计算机和计算机网络。对于联机联合编目而言，书目信息的采集、加工、检索、分析和提供各个环节，即整个书目信息处理的过程，都离不开软件。没有软件，也就无所谓联机联合编目。所以有人说，“软件在互联网时代更能体现价值”，是“互联网发展的基础”，网络“归根到底都需要软件技术作为支撑”。[①] 对于联机联合编目，则软件是实现其系统的关键条件之一。和软件相比，信息资源建设长期以来受到的重视更差，但由于我国在信息化建设规划中把信息资源建设作为核心内容和首要任务，强调了它的重大意义，由于图书馆界在实际工作中逐步体验到“有路无车，有车无货”之苦，目前也开始有很大扭转。

由于图书馆工作和其计算机系统都是一个整体，因而需要从各成员馆全面资源共享的全局和每个图书馆自动化、网络化的全局来考虑联机联合编目的要求和软硬件配置。例如，当一个图书馆参加的资源共享系统是采用分布式时，其联机联合编目系统当然要在整个资源共享系统的基础上建立，以充分利用现有的资源，因而以采用分布式为宜，而不应该另搞一套集中式系统。反之，如果资源的共享整体采用了集中式，则联机联合编目系统不应采用分布式，因为那样不仅会无谓地浪费大量资金，而且在编目工作和其他图书馆业务工作的配合上也将造成难以解决的矛盾，严重影响整个图书馆工作。

从图书馆的角度考虑，联机联合编目系统的软硬件配置都需要聘请有关的企业或专家研究和提出方案，经图书馆方面的领导批准后执行。但在专业人员开始工作之前，图书馆方面也应该向他们介绍联机联合编目工作的有关情况，提出需要解决的问题和系统功能、性能的要求，作为专业人员的工作依据。因此，这一部分主要是分析图书馆方面需要考虑和提出的问题。由于软件部分需要图书馆做更多的工作，因而在本文中将更多讨论。

从硬件角度分析，联机联合编目系统的硬件配置需要分整个系统、主机系统（中心馆）和一般成员馆系统三个层次分别进行考虑。首先是整个系统，它是其他两个层次的基础，也对其他两个层次起决定性作用。所以只有拟订出整个系统的建设方案——即便是初步的或基本的方案，

---

① 张一方：《软件在互联网时代更能体现价值》，《光明日报》2001 年 1 月 22 日，B2 版。

才能据以考虑其他两层的方案。整个系统的关键是对系统的基本方式做出决策，即采用集中式还是分布式。进而初步确定中心馆，并估算出各种编目数据的数量，从图书馆工作的角度提出硬件系统的功能和性能以及可能提供的经费数量等。除了在整个系统的方案中已经确定的事项外，中心馆和一般成员馆需要考虑的方面和整个系统基本上是相同的。

互联网（Internet）还没有推广应用之前，图书馆之间要进行计算机联网是相当复杂的，需要为此建立专用的计算机网络，一般简称专用网，即通过专用的通信线路把专用的计算机等设备连接起来。因而在硬件上既需要相当复杂的设备、技术和高级人才，也需要大量的经费。联机联合编目系统当然也是这样，OCLC 就是通过建立一套专用的图书馆计算机网络系统来实现资源共享的。互联网开始普及之后，通用的计算机网络取代了专用的网络，问题就变得简单了。各个图书馆通过互联网就可以连接起来，只要上了互联网，并对彼此之间的连接做出某些约定（如计算机连接的协议）和安排［如在互联网的基础上建立内部网（Intranet）和外部网（Extranet）］，就建成资源共享的图书馆网，远比建设专用网简单和节约。因而在互联网普及之后，联机联合编目系统就更加迅速地发展起来。

一般认为，硬件系统的配置需要注意如下一些方面：①先进性，硬件系统应当是创新技术的产品；②开放性和兼容性，一套硬件系统是多种部件的集成，要运行多种软件，而且在运行过程中还可能增添各种零部件（包括软件），因此需要和多种主流品牌产品都能匹配，而不能只容纳一种或极少数几种产品；③实用性，即符合本单位工作的需求；④先进性必须和实用性相结合，只先进而不实用等于没用；⑤稳定性和安全性，即系统应尽可能少出或不出故障，而在故障发生后能保护各种数据特别是书目数据的安全，并能及时恢复；⑥可扩展性，计算机的发展极其迅速，现在每隔三五年（甚至更短）就要升级换代，因此要求升级换代时不必重新购买整套的硬件系统，而只需添加少量部件以节约开支；⑦可维护性，硬件系统出现问题或发生故障时要易于维护；⑧经济性，即效能/价格比应最佳。

在软件系统的建设上，对图书馆方面的要求远比硬件多。联机联合编目系统的软件有三类：一是操作系统，二是各种系统软件，三是应用软件。其中操作系统和系统软件大多是由硬件的配置决定的，图书馆方面需要考虑和选择的空间很小，关键是应用软件，图书馆方面有必要对它的配置进行更多的影响和干预，而这些影响和干预恰恰是保证应用软件达到最佳的重要因素。所以，电脑硬件配置高低是由图书馆应用软件的复杂性决定的，而这种复杂性和细致性则源于图书馆工作的复杂性和细致性。

没有实际接触过图书情报工作的软件开发者，常常会主观地认为图书馆应用软件的开发比较简单甚至很简单，然而当他们投入开发之后，经过挫折，走了弯路，才发现并非如此。文献本身就是很复杂的，在内容、形式等各方面都是这样，从而使得规范化地描述文献和有序地管理文献都具有很大的复杂性。例如编目工作为了规范地描述不同的文献，制定了各种编目条例或编目格式（包括机读目录格式），它们都是很复杂的。我们常用的中国机读目录格式（CNMARC）源自通用机读格式（UNIMARC）。UNIMARC1996 年版共有 160 个字段，近 500 个子字段，而且还不包括 9XX 各字段。同样，CNMARC 的字段和子字段也不少。又如，查重是图书馆业务工作的一个相当小却重要的工作环节，它的手工操作流程就包含了 12 个处理事项，涉及至少 5 个文档（参见《图书馆系统分析概论》，第 113 页）。如不按照它进行，就有可能无法确定图书馆是否收藏某种文献。复杂性本身就带来细致性，而计算机处理更要求严格性和准确性，这也带来细致性。所有这些，不在图书馆工作的人是难以体会到的。至于联机联合编目软件除了一般性之外，还有一些特殊要求。这主要是由联机联合编目的基本工作流程和单馆编目的差异所引起的。正如前文分析过的基本流程那样，联机联合编目在单馆计算机编目的基础上，还要处理网络上的多个计算机之间的相互关系，因而就更加复杂。显然，图书馆应用软件如果没有考虑或没有充分考虑到这些复杂性和细致性，必然不能很好地实现图书馆工作所要求的功能，圆满完成图书馆的任务。而这些都只能也必须由图书馆方面提供。另外，为了保证应用软件系统能够高质量地满足联机联合编目的全面要求，图书馆方面也应该对软件系统的需求有一个比较全面、深入的了解，以便图书馆在考察已有的各种软件并决定取舍时，心中较有把握。这就是对联机联合编目系统的硬件和软件要求有差别的主要原因。

对联机联合编目系统的功能要求可分为总体功能要求和分项功能要求两个方面。其中总体功能要求是图书馆需要特别注意的，至于分项功能要求，也应有一般了解。总体功能要求大致有11项，分别说明一下。

第一，联机联合编目系统的应用软件应该是功能强、灵活性高、方便易用的开放式系统。要以网络技术作为操作环境，且易于扩充和升级。

第二，系统采用客户端/服务器（Client/Server）模式或浏览器/服务器（Browser/Server）模式。

第三，系统应当具有如下功能：能够建立和维护机读目录（MARC或非MARC）记录，如书目记录、联合目录记录、本单位书目记录、规范记录和馆藏记录；能够方便、快速、多途径地检索各种文献的书目记录；能够根据需要灵活地设置系统参数；能够输出适合用户需要的理想的编目产品，如目录卡片、书本式目录、光盘及其他大容量移动存储器、下载等；能够输出、输入符合国际标准和国家标准的通信格式数据，如ISO2709、都柏林核心（DC）等；能够有效地处理各种编目管理信息数据；能够建立和维护编目所需资源（如各种代码、词表、分类表等）的电子文档或联机文档；能够实现联机联合编目管理；能够通过书目记录实现与互联网（Internet）上数据的连接。

第四，能够对各种文献资料如图书、连续出版物、视听资料、计算机文档、音乐、地图、档案、手稿、网络资源等进行编目。

第五，有效地处理多文种与多字符集。主要有如下几种。①能够输入、存储、修改、显示、检索、下载/上载（Downloading/Uploading）中文、西文（英、法、德、西、拉）、俄文、日文及其他东方语种的文献，不同文种的书目数据可共存于同一中央数据库。②要求在GB13000－93（即ISO/IEC：10646 UCS）字符集平台上处理各文种的数据，并且系统要具有字符集转换功能，即实现 GB13000 与 Big5（台湾使用）、GB13000 与 GB2312－80（汉字基本集）之间的转换[①]。③能较完善地处理字符集（包括图形字符集、控制功能字符集）。④数据输入方法的最佳方案是：期望不同文种能采取统一的输入方法，不必因文种不同而不断切换输入界面。如果实现不了，也可采用不同文种不同输入方法的方案，但中英文输入应兼容。⑤中文输入还应支持三种输入方法：音码、形码和音形码。而且还要考虑与 Big5、GB2312、CCCII 编码的系统共享书目数据时字符的实时转换。⑥日文、朝鲜文都应有符合标准的输入方法。⑦还要提供其他非罗马字符的输入问题，例如，Arabic（阿拉伯语）、Greek（希腊语）、Hebrew（希伯来语）和其他东方语种等。⑧录入多文种记录时，能够根据录入内容对全角和半角状态进行自动切换，至少切换要非常方便。

第六，能够处理发音符问题和一些特殊的符号（如一些数学符号、化学分子式等）。

第七，系统必须完全支持各种规范文件。①著录标准：《普通图书著录规则》（中华人民共和国国家标准）GB3792.2 、国际著录标准 ISBD；编目规则：《中国文献编目规则》、《西文文献甘肃条例》、《英美编目条例（第 2 版修订版）》（AACR2R）。②主题表（标题表）：叙词标引规则 GB/T3860－95；中文：《汉语主题词表》、《中国分类主题词表》等各种国家级和专业级的主题词表；西文：《美国国会图书馆标题表》（LCSH 最新版）。③分类法：《中国图书馆图书分类法》（第四版）。④排档规则（目录组织规则）：目前还没有标准，但可按照传统规则或规范进行。⑤MARC格式：能够按照 CNMARC（UNIMARC）和 USMARC 建立和维护书目记录、规范记录及馆藏记录，且两种 MARC 格式能够互相转换。⑥数据交换标准格式：ISO 2709 格式；系统还应能接受其他遵循 ISO 2709 格式的 MARC 记录，以实现联机编目或网上共享数据。

第八，系统界面友好。主要指屏幕的各种显示、计算机操作方式、

① ISO 即国际标准化组织，IEC 即国际电工委员会。

各级菜单的进入和退出（切换）、功能切换、对用户的提示、帮助用户等，都应该尽可能的灵活、方便、快捷、简单明了。

第九，系统要有很强的管理能力，用户的访问和数据更新要受到权限的限制，对于那些涉及数据库安全性的子功能的访问，如数据的全域更新、删除中央数据库的记录、打印各种报表、统计资料等，特别需要加强控制和管理。

第十，与其他子系统的接口。①编目子系统必须与集成系统中的其他各个子系统如采访、期刊、流通、公共目录查询（OPAC）等有接口，可方便地进行切换，以便于数据的查询、维护和使用。②能与本馆的参考数据库（主要是CD-ROM光盘系统）建立连接界面，这样，编目员可以直接从光盘上查找必要的编目参考资料。③能通过Z39.50标准接口连接到国际互联网上的其他图书馆系统和商业数据库。并能把有关数据直接下载到本馆系统，并与本系统内的采访、公共目录查询（OPAC）、流通等模块集成。数据要具有继承性。④要能安全地转换并装载现有数据库中的数据。

十一，数据文档。系统应支持下列文档。①联合书目文档，存放在编目中心的数据库。②联合目录文档，存放在编目中心的数据库。③本单位书目文档，存放在当地书目数据库。④源数据文档，如购入的国家书目数据等，一般存放在编目中心。⑤规范文档，存放在编目中心和各单位的数据库。⑥馆藏文档，存放在当地数据库。⑦编目资源文档（联机或电子文档），存放在编目中心，也可根据各单位的需要存放于当地数据库。其中包括：ⓐ分类表文档：《中图法》的分类表及其索引、《中国分类主题词表》、《杜威十进分类法》等，以及《国会图书馆分类法》与《中图法》，《杜威十进分类法》与《中图法》的自动转换；ⓑ主题表（标题表）文档：《汉语主题词表》、《国会图书馆的标题表》等；ⓒ联机帮助文档：编目用的各种格式及代码表（USMARC、CNMARC、地区代码表、语言代码表）及本馆自行设计的各种代码表，如馆藏地址代码、特藏代码、分馆代码等；ⓓ暂存书目文档，如未经校对的原始数据，可存放在编目中心的数据库，也可存放在当地数据库；ⓔ统计文档，与编目工作有关的各种统计资料，一般存放在当地数据库；ⓕ同（近）义词文档，它是根据已有的中文（或英文）同（近）词词典建立，目的是加强检索功能，提高检索效果，可视情况存放在当地数据库或编目中心的数据库；ⓖ分项功能包括业务查询、书目文档的建立与维护、规范控制、馆藏文档的建立与维护、编目输出产品、有关统计信息等六方面。它们都和编目工作密切相关，只有图书馆方面根据业务工作的实际需要提出要求，才有可能配置到比较理想的应用软件系统。

三　联机联合编目的质量保证

联机编目成败的关键在于编目质量，质量就是数据库的生命，也是编目工作的生命。

如前所述，联合编目的目的就在于通过资源共享，既减少各成员馆在编目工作上的重复劳动，又提高编目数据的质量。可以肯定，一个质量差的联合编目组织是不会有图书馆愿意参加的，它的编目产品也不会有图书馆使用，其结果只能是要么改进工作，保证并提高质量，要么坚持不改，走向萎缩直至灭亡。所以质量就成为联合编目能否健康发展甚至生存下去的关键，保证和提高质量也就成为联合编目过程中必须十分重视的严重问题。

OCLC 在这方面是有深刻教训的。当 OCLC 创建初期，收容了许多图书馆的编目数据，由于对质量重视不够，把关不严，书目数据的质量参差不齐，招致用户的很多意见。当时有人讽刺它的书目数据是：garbage in, garbage out. 意思是：进去的是垃圾，出来的还是垃圾。OCLC 接受了大家的批评，加强了质量把关，并且采用美国国会图书馆的编目数据作为其书目数据库的主要来源，严格保证了数据的质量，从而开始受到美国图书馆界的肯定和欢迎，奠定了后来发展的良好基础。垃圾会污染环境，质量差的编目数据同样会在管理和服务方面，给参加联机联合编目的图书馆造成很不好的影响，如检索的效率（查全率、查准率）下降，馆藏无法充分地提供给读者，等等。我国图书馆在计算机应用初期，不少单位对保证书目数据的质量重视不够，有的单位机读书目数据质量方面显露出的问题是惊人的。经过二十多年的实践和实践中经验教训的总结，在我国图书馆界基本树立起重视质量的观念，许多大型图书馆和全国主要的联机联合编目系统在保障书目数据质量方面都建立了比较切实有效的规章制度，取得很大成绩。如国家图书馆曾组织深圳图书馆、南京图书馆、湖南图书馆进行联合书目回溯建库，共生成新中国成立后到1997年约80万条记录，这些书目数据是按严格要求进行由印刷型向机读型的转换（或直接生成）并经过逐级审核得到的。为了保证质量，最后还请专家对全部数据作一次认真检查，因而其质量是高的。在专家最后的检查中，还发现有问题的地方达1万多处。从服务全国的角度考虑，如果没有发现，其影响还是巨大的，而且返工修改的工作量也很大。这充分说明了保证书目数据的质量是一项艰巨的任务，值得倍加重视。至于全国各个图书馆的编目质量，那就更是参差不齐，更加需要重视。

（一）坚持标准化和规范化是保证质量的关键

1988年12月29日，第七届全国人民代表大会常务委员会通过《中华人民共和国标准化法》（以下简称《标准化法》），1990年4月6日，国务院根据《标准化法》，发布了《中华人民共和国标准化法实施条例》（以下简称《标准化法实施条例》），充分说明我国对标准化的重视。标准化是社会大生产发展的客观要求，也是进行科学管理、组织生产专业化的一个重要条件。它是国民经济的一项综合性的经济技术基础工作，还是衡量一个国家生产技术水平及现代化的重要标志，因而也是提高综合国力的重要条件。《标准化法》明确指出，标准化是涉及“发展社会主义商品经济，促进技术进步，改进产品质量，提高社会经济效益，维护国家和人民的利益”的重要手段，强调标准化工作要“适应社会主义现代化建设和发展对外经济关系的需要”。国务院在1979年7月31日颁发的《中华人民共和国标准化管理条例》中也指出“标准化是组织现代化生产的重要手段，是科学管理的重要组成部分。在社会主义建设中推行标准化，是国家的一项重要技术经济政策。没有标准化，就没有专业化，就没有高质量、高速度”。

标准化对于建设图书情报（信息）软件系统也有着同样重要的意义。文献工作、图书馆工作强烈要求实现资源共享，而标准化正是减少甚至消除文献工作中的无序状态和重复加工现象以达到规范化、系列化和统一化，从而促进文献的交流和共享、实现管理科学化和现代化的重要技术手段。至于软件系统，由于它属于信息技术领域，它的标准化不仅涉及文献工作本身，还涉及计算机和通信的软、硬件的共享，对标准化的要求就更为强烈和严格。可以说，标准化是建设软件的根本前提，也是确保图书情报软件系统高效率运行的根本保证。没有标准化，就不可能建设真正的、实用的图书情报（信息）网络化软件系统，当然也就不可能把联机联合编目系统建设好。

然而在信息时代和知识经济来临的时期，有人面对社会的急剧变革，却得出标准化将会消亡的悲观结论。如美国托夫勒的《第三次浪潮》中，把多样化和标准化对立起来，认为“第三次浪潮的变革，只会使生活越来越多样化，而不是进一步标准化”。从而得出“第二次浪潮文明的另一个指导原则——标准化，也正被取而代之”和“打破标准化”的结论①。这种观点在中国大陆图书馆的一些工作人员中也有类似的反映。比如，对于标准化最主要的原则是统一，在网络进入图书馆之后，由于原有工作的某些处理标准难以适应网络信息的纷繁庞杂和数量巨大的情况，因而又引发一些新的不同认识，即对于网络环境、电子信息或时效性很强的大量信息是否还要坚持标准化？这种认识也曾对实际工作特别是联机联合编目工作产生过一些不利的影响。

实际上，多样化在认识上的统一（标准化）正是人类认识和改造客观世界的一种高级适应形式，而标准化是与社会化相联系，并随着社会的发展而发展，所以标准化就是人类活动的一种本能，一种维系社会

① 托夫勒：《第三次浪潮（第二版）》，朱志焱译，新华出版社，1996。

存在和发展的本能。自然界和人类社会的多样化一直是在发展的，但多样化越发展，越需要在认识上加以统一，只不过这种统一也是相应地发展的，从简单的标准化向科学、精确的标准化发展，从孤立的标准向标准间的联系与协调发展，从单个的标准向标准体系发展，而不是那种形而上学的统一。可以说，多样化和标准化是形影不离的一对兄弟，多样化和标准化的矛盾和统一是人类社会发展的动力之一，过去如此，今后也必然还是如此。信息时代和知识经济将更需要标准化而不是取消标准化。

如前所述，标准化是进行图书馆现代化建设的根本前提之一，也是图书馆自动化系统得以高效率运行的根本保证，网络环境的出现并没有也不可能改变这一基本事实，相反，对标准化的要求更严更高了。美国政府在其《国家信息基础设施：行动计划》一书中，把“网络标准”作为国家信息基础设施的内容之一，我国也把“信息化政策法规和标准”作为国家信息化体系的组成要素之一，都说明了在整个信息化建设中标准化的重要作用。所以，标准化是需要更加重视和强化而不是可有可无的。如果对过去所制定的有关编目工作的标准进行分析，则不外乎以下几种情况。

第一，过去行之有效的标准，当前在其所适用的范围内，仍然需要坚持，例如传统数据库建设中所坚持的机读目录格式和一系列的文献标引著录规则，在目前同类型的数据库建设中仍然是必需的、有效的。

第二，由于网络环境下资源共享和信息交流的需要，在某些方面对标准化要求更高了。例如，编辑书目数据的屏幕格式和书目数据机读格式的屏幕显示，在封闭式图书馆自动化系统的情况下，可以不需要规定标准，即使每个图书馆各不相同，只要其通信格式是标准的，也不影响任何图书馆的编目工作。但在联机联合编目和联机使用各个图书馆的自动化系统时，各不相同的屏幕格式或屏幕显示便将给用户造成极大的不便和困难，因而在这些方面也需要制定新的标准，这就是 Z39.50 问世的原因之一。又如当大家都认同传输控制协议/互联网协议（TCP/IP）作为互联网连接的协议之后，所有不符合或不具备这一协议的局域网都只能进行修改以适应 TCP/IP 的要求。从这个意义上讲，网络环境下对某些方面的标准化的要求更为严格而不是放松，需要执行的标准其数量将会增加而不是减少，更谈不到取消标准的问题。

第三，已有的标准难以应用甚至无法应用的情况是有的，信息时代的到来，现代技术的迅速发展，正不断地向某些传统的经验领域发起冲击，而首当其冲的就是标准化。然而这种冲击不是导致标准化的衰落和消亡，相反，却是促使标准化的进一步向前发展。需要研究的是，在已有标准的基础上，如何改进原有标准或创造新的标准，以适应信息处理技术发展的需要，这正是我们应该着重研究的课题。比如，前面提到的大量时效性很强的网上信息，如果按图书馆传统的标引著录规则来加工，然后才能对用户服务，显然是行不通的，将会被用户抛弃。然而，大量信息不经过一定的加工处理，用户无法方便地找到自己所需要的信息，甚至不能找到自己满意的信息，则信息再多也没有用。因此，必须利用已有的经验，研究、创造出一种适应这类信息的加工规则，使其既能满足用户的检索需求，又能快捷加工，不影响信息的即时性。这方面的研究已经在进行中，也有了一定的成果，如都柏林核心（DC）、标准通用标记语言（SGML）等。

总之，“标准化是人类智慧的认识，它既不是二次浪潮的产物，也不会在三次浪潮中消亡，标准化活动存在于人类进化的全过程中，存在于自然的深化之中。……它们是有限的，然而它们能表达无限；它们是固定的，然而又不僵化；它们凝固于事物之中，然而又永远流弘；它们是统一的，然而又不反对多样”。[①] 所以，不论信息技术如何发展，不论人类面对的信息如何变化，联机联合编目都必须坚持标准化是肯定无疑的，怀疑标准化的观点，对标准化持悲观态度是没有根据的。

（二）需要强有力的、有权威的、能承担编目工作较大份额的书目机构主持或参加

应当承认，我国各个图书馆的编目工作水平和编目文献的数量都

---

① 袁朴：《标准化纵横谈》，印刷工业出版社，1997。

是有差别的，一些大型图书馆如国家图书馆、北京大学图书馆、中国科学院图书馆、中国社会科学院图书馆等，每年编目的文献数量巨大，涵盖了全国图书馆每年入藏文献的很大一部分（如国家图书馆工作人员在20世纪90年代曾估计，他们馆每年编目的中文文献约占全国出版物的2/3），同时，它们编目质量之好，也是很多图书馆都认可的。相反，不少的图书馆其编目质量还达不到要求，通不过编目资格的评审，它们参加联机联合编目的目的主要也是分享大馆的编目成果以保证质量和减轻自己的负担。显然，那些在编目工作上强有力的、有权威的、能承担编目工作较大份额的书目机构如果主持或参加了联机联合编目，则大部分书目数据的质量就有了可靠的保证。同时，由于他们高水平的业务骨干参与了质量管理的全过程，如制定规章制度、培训业务人员、指导工作和审查书目数据等多方面的工作，就能够强有力地保障全部书目数据的高质量。这样自然也可以满足一般成员即时编目和减轻负担的要求，形成强大的吸引力。归根到底，这一切保证联机联合编目机构能够坚持下去，健康发展。我国联机联合编目的发展完全证明了这一点。例如，全国图书馆联合编目中心就是由国家图书馆主持的，中国高等教育文献保障系统（CALIS）的联合编目也是有赖于北京大学、清华大学等一批著名高校图书馆的倡导、主持和参加而兴办并发展起来的。

国外的发展情况也说明了这一点。例如，美国国会图书馆（LC）就是联合编目的首倡者和组织者，从手工编目到计算机编目，LC都提供它的书目数据作为美国联合编目的主要资源。OCLC也是这样，它使用LC的书目数据作为西文文献编目的主要资源，对于其他文种，它也采用和其他国家权威性图书馆合作的方针，例如和我国的国家图书馆等共同进行中文古籍书目的回溯和民国时期文献书目的回溯，从而保证了其书目数据的质量和及时性。

编目中尽量利用已有的、高质量的编目数据，如国家图书馆、高校图书馆、科学院图书馆和社会科学院图书馆等已有的编目数据，也属于这方面的内容。

（三）必须认真、有效地实行质量控制

要保证编目质量就必须实行质量控制，国内外的经验都充分说明了质量控制的重要性。如前所述，OCLC 开头由于没有抓质量控制，吃尽了苦头。我们的质量问题也总是和没有抓紧、没有重视甚至没有抓质量控制有关。有的单位发动学生突击编目，既没有对他们进行必要的培训，也没有对他们的工作成果严格检查，其编目质量不理想是必然的。有的单位搞回溯编目像是搞运动，让一些没有做过编目工作，甚至连计算机都不太会用的图书馆工作人员参加编目，结果问题出现一大堆，重新返工所花的时间和精力比原来的工作时间还要多。应当承认，编目工作有它自身的规律，编目任务再重，也要尊重科学，按规律办事，不能想当然，否则只会造成事倍功半的后果。这一点是值得引起图书馆的领导层、决策层重视的。

认真、有效地实行质量控制，需要注意以下几点。

1. 抓紧、抓好人员培训

由于联机联合编目是一个新事物，从这个意义上讲，任何人都必须经过培训才能上岗。

（1）培训内容：著录规则、分类法、主题标引、分类主题一体化、规范、机读目录格式（以上这些都应当是最新的标准或规范）、软件使用和计算机编目操作、联机编目知识和技能、管理制度等等。当然，对于不同水平的人员，培训的内容应当有所不同。

以上讲的是业务培训，容易忽略却非常重要的是思想培训，要让培训对象深刻理解联机联合编目重要而光荣的意义，要使他们树立强烈的事业心、高度的责任感，要求他们培养严格、认真、细致和团结合作的作风。在一定的物质条件下，精神的力量也是不可忽视的。

（2）培训的方法：理论联系实际，几次反复，逐步深入。

（3）参加培训人员的挑选很重要，应当分别不同层次提出要求。首先要抓骨干，挑选那些对编目工作已经有相当好的基础而又具有良好思想品质的人员参加。

（4）要有严格的考核，培训结束要发证书，持证上岗。

2. 层层分工负责的组织保证

编目工作分工有两重含义。

一是质量控制组织的分工。一般来说，整个联合编目中心要有质量控制组或质量控制负责人，各单位要有质量控制小组或质量检查员，最后是每个参加编目的业务人员（也是质量负责人），每一层要有明确的责任。例如，质量控制组或负责人：对整个编目质量负责；审查业务人员的资格；检查和指导工作（包括讲课）；审查编目质量；制定和修改有关文件，包括及时了解联合编目所依据的标准或规定的变动情况，向各参加单位通报；组织经验交流；提出改进的重大措施和建议。质量控制小组或质量检查员：对本单位的编目质量负责；审查并改进本单位的编目质量；指导业务人员；向质量控制组或质量控制负责人报告工作。编目业务人员：对自己的编目质量负责，提出改进建议，等等。

二是各单位编目工作的分工。作为联机联合编目的准备，有必要先通过书目回溯建库，建立起旧馆藏的联合目录。这时候比较可行的办法是根据各成员馆自己馆藏的特点和入藏量，按分类法体系分工（也可按出版单位或出版地分工，但一般似乎不太合适），各编一部分，并不断充实，形成回溯性的联合目录。回溯时应尽量利用已有的资源，如全国联合编目中心发行的数据、各成员馆已完成回溯转换的机读数据等。

3. 科学、严密的工作流程

图书馆工作流程具有很强的程序性，不论是整个图书馆还是各个工作部门，甚至是一项具体工作，几乎是环环相扣，先后井然有序。手工工作时是这样，应用计算机后更应如此，否则工作陷入混乱，质量无从谈起。只有规定了科学、严密和明确的流程与步骤，联机联合编目的质量控制才能够有条不紊地进行，工作中的问题才得以及时发现，才可能保证编目的质量。

第一节已经提出联机联合编目的工作流程，但那是相当粗糙和一般的，还很不严密，也不细致，因而具体执行的时候，需要根据不同的条件加以细化，必要时甚至还可以有所变动。

比如，在基本流程中，如经过查重，发现待编文献还未曾编目，就要进行编目，然后将所编记录记入本馆书目数据库，并记入联合书目数据库和联合目录数据库（即③→⑤→⑥）。但实际操作时，为了保证质量，编目记录进入本馆书目库特别是进入联合书目库和联合目录库之前，必须经过质量检查（校验）而不是直接进库，因而就需要细化，再增加一些手续。在联合编目的初始阶段，由于大家对掌握编目质量没有把握，质量审查就需要更加细致。一种可行的办法是，各单位按分工把自己承担的文献先编出一部分来（可以是录入的原始数据，也可以是已转换成机读格式的书目记录），经过本单位和编目中心的几重审查，并对记录中错误或不恰当之处进行修改，然后再以批处理的方式生成或进入本单位和书目中心相应的数据库。如此经过一段时间，当质量控制组经过实际考察，认为业务人员的编目质量基本合格以后，就可以不经过批处理而直接进入联机编目了（当然也不是“一刀切”）。但为了保证质量，业务人员编好的书目记录也不宜直接送入相应的数据库（统称“正式库”），而是先送入相应的临时库，经过一定的审核（如何审核可以自行研究确定）程序，确认数据合格后再送入正式库。这样的流程已经比基本流程要严密，但还可以进一步细化，主要是在审核期间要能够通知其他单位：本文献已有人编，不用再编，但需稍等。至于能否取消临时库，让编目人员编好的记录直接进入正式库，需要经过研究，慎重决定。以我国的情况，目前还没有一个联机联合编目机构能够实现这一流程。

又比如，回溯时，要找出原书进行编目，还是只根据卡片就可以？这就值得研究。一般情况下，由于过去编目水平参差不齐，也由于当时的编目条例可能和现在的不同，只凭卡片有可能根据不足，很难保证所有文献的编目都合乎要求。因此，原则上应该根据原来的资料进行编目，而不能只靠卡片，否则将来还要返工。特殊的情况则需要具体情况具体分析，采取恰当措施，但必须从保证编目质量出发，慎重对待，而且要准备好出现质量事故时的补救办法。

除了以上三方面需要重视的问题外，加强管理也是保证编目质量的重要因素。但由于管理涉及的不仅是质量保证，所以在下面专辟一节分析。

四　联机联合编目的组织管理

物质条件具备之后，能否优质地完成任务，关键是管理。只有加强管理，搞好管理，才能建设好联机联合编目系统，也才能保证编目质量。所以有人曾说，第一是管理，第二是管理，第三还是管理。

加强领导，执行政策，明确目标任务，制定规划和计划，制定规章制度，组织队伍，严格检查考核，执行纪律，奖惩分明等，这些实际上都是管理。这里着重分析几个问题。

（一）政策是进行科学管理的指导原则，管理必须体现政策

从联机联合编目的角度考虑，主要有以下一些政策。

1. 自愿互利的政策

依靠强迫命令去组织群众，任何工作都不能成功。联机联合编目是社会团体之间的合作，只能依靠各图书馆的自愿。联合编目的本意就是实现资源共享，让各成员分享编目成果，按理说对大家都是有利的，然而如果不注意处理好各方面的关系，也可能影响互利的体现。比如对编目工作有贡献的图书馆要付给其报酬，对享受编目成果的图书馆要收取费用，而且两者的比例要合适（OCLC 过去的规定是，送交一条书目记录，可以使用五条书目记录，即1∶5），才能使任何一方都没有感到吃亏，才能使所有成员馆都保持很高的积极性。

要强调自愿互利，开展联机联合编目就需要逐步推进，不要强求整齐划一。当率先参加的图书馆真正感受到联合编目的优越性时，就能促使还未参加的图书馆下定决心，使联机联合编目像滚雪球一样越滚越大。

2. 体现多样性和灵活性的政策

多样性是我国图书情报网络化和图书馆资源共享发展的特点之一。由于我国图书馆的类型多，规模、经费和服务对象不同甚至差别很大，外部条件也不一致等，导致各图书馆之间联网方式和内容、资源共享等

都是各式各样，极其复杂的，呈现出多样性。联机联合编目基本上也是这样，不同图书馆参加的具体要求不尽相同，如果不能最大限度满足这种多样性的要求，就很难做到自愿互利，促进联合编目健康发展。要体现多样性，就必然要强调灵活性。

3. 调动工作人员积极性的政策

只有参加联机联合编目的工作人员发挥出最大的积极性，联合目录和各单位书目文档的质量才有保证，工作才能做好。调动积极性要靠思想工作，更要靠正确的政策和严明的纪律。从政策上讲，一是让每个人都感到“有用武之地，无后顾之忧”；二是区别对待，严格考核，奖惩分明，对多劳者和做出特殊贡献者给予应有的奖励，对质量低劣或违反纪律者按规定进行必要的处理。

（二）规章制度是进行科学管理的依据

主要有以下几方面的规章制度。

第一，章程：章程是建设联机联合编目组织的根本性文件，也可以说是这个组织的“宪法”。它应当包括：组织的目标和任务、参加组织的条件、参加者权利义务、工作原则、组织机构、具体事项、经费等。

第二，计划：包括有关联机联合编目的整体规划、进行联合编目的工作计划、年度计划、重要项目的具体计划等。

第三，制度：包括质量控制制度、人员考核和奖惩制度、各种具体的工作制度等。

第四，工作规则或细则：整个联机联合编目系统要使用统一的著录规则和各种业务条例。

第五，必需的报表：如工作量的统计报表、数据库中各种数据的统计报表。

（三）加强领导是进行科学管理的核心

此处所说的加强领导主要指上级（参加联机联合编目的各图书馆领导和他们的上一级领导）重视和加强对联机联合编目工作的领导。如果仅仅有联机联合编目系统自身的努力，一些重大问题是难以解决的，或者是虽然最终得到解决，却耗费了过多的精力和时间。比如，联机联合编目涉及多方面的关系，是一项复杂的系统工程，要把许多方面的力量组织协调好，比较顺利地进行工作，就需要上级领导的干预。又如，数据库建设是长期的，耗费大量人力、财力、物力的工作，资金的保证极其重要，在我国图书馆界目前主要靠行政投资的情况下（当然，如果能积极开辟新的财源，争取到外界的帮助则更好），这一点就显得更为重要。然而建设资金不是联合编目系统本身所能够解决的。归根结底，上级领导的重视和支持是联机联合编目健康发展的决定性因素，而且这种重视和支持应当是坚定的和长期的。

五 联机联合编目与数字图书馆

20 世纪 90 年代开始出现数字图书馆的理论研究和系统开发。由于数字图书馆有着广泛的内涵，学者从不同的侧面考察，得出数字图书馆的不同定义，或不完全相同的定义。这一情况当然也和数字图书馆是一个远未成熟的新生事物有关。所以美国研究图书馆协会（ARL）1995 年就认为，目前对数字图书馆还没有公认的确切定义。不过 ARL 从众多定义中也概括出比较具有共性的 5 个要素，即：它不是一个简单的图书馆实体；它需要用多种技术连接众多资源；它和信息服务之间的连接对终端用户是透明的；它的目标是为广泛地存取和利用信息服务；它的馆藏并不局限于传递载体的文献替代品，它们延展到了不能以印刷形式表现或传递的数字化制品。我国的一些专著则从这些要素归纳数字图书馆的概念说明，即数字图书馆是“用来描述一个网络环境下数字化的信息资源体系结构”或“现代高新技术所支持的数字信息资源系统，是下一代互联网上信息资源的管理模式”。

虽然数字图书馆不是首先由图书馆界提出的，数字图书馆中的“图书馆”也和 20 世纪 90 年代所理解的图书馆在概念上并不完全相同，但对数字图书馆的目标、结构和功能进行仔细分析后发现，数字图书馆是网络化的图书馆自动化系统的进一步发展，是当前图书馆的高级形态，即它是新的技术条件下图书情报工作服务方式的变化和手段的改进。因而在“数字图书馆”提出之后，发达国家的图书馆界便积极参与有关数字图书馆的研究和开发，而我国不少图书馆目前也都在为发展数字图书馆而努力。这自然会引起一个问题：在数字图书馆的条件下，联机联合编目还有存在和发展的必要吗？如果有，它会向什么方向发展？以下笔者将对此做一些初步的简要分析。

一般认为，数字图书馆应当具有五大功能，即信息的获取与创建；信息的存储与管理；信息的访问与查阅；信息的动态发布；信息的权限管理。其中心或目的是向用户提供较目前图书情报工作质量更高、更有效，多层次、多方式的个性化服务，包括信息服务和知识服务，也可以用提供信息服务和知识服务来概括。既然是提供信息服务和知识服务，那就必然需要目录、索引等工具，因为这是提供服务的基础条件。另外，信息技术越发达，网络化越普及，资源共享包括联机联合编目越必要，它将会进入新的发展阶段。由此可以看出，在数字图书馆条件下，联机联合编目不是不需要而是同样需要甚至更加需要，它将随着数字图书馆的建设而发展到一个新阶段。

在数字图书馆的环境下，联机联合编目将如何发展尚在探索之中，这里只能提出一些可能的方向供参考。

图书馆的服务模式，从根本上说取决于图书馆所能提供的文献信息资源的发展水平和处理文献信息资源的手段。我国正在向图书情报工作网络化发展，预计将在短期内基本建立起全国性的图书馆网，并使其进一步发展、巩固和完善。同时我国文献信息资源的载体已呈现多样化发展的态势，而且电子型资源（包括数字化资源）正在快速增长，比重越来越大，预计经过相当一段时间之后，数字化资源（包括对印刷型资源的转换）在数量上将超过印刷型资源。然而在相当长的时间内，用数字化资源完全取代印刷型资源是不可能的。根据上述情况，在一个相当长的时期内，我国的数字图书馆将同时提供数字化资源和印刷型资源的服务，而数字化服务的比例将逐步增加直至超过印刷型。当然，服务技术和手段的网络化也将会不断地发展和改进。可以认为，我国的数字图书馆将是混合型（又称为“复合型”）的。

我国图书馆向混合型数字图书馆的发展决定了联机联合编目的发展方向。一方面，针对目前主流加工对象的联机联合编目工作还将保留，但需要随着信息技术的发展而加以改进和提高；另一方面，随着信息资源的发展变化而开辟新的工作领域。具体分析，大致有以下几方面。

1. 以机读目录（MARC）格式处理的编目工作

从美国国会图书馆（LC）开始，MARC 格式便成为计算机编目的格式。虽然其后不断地有或大或小的各种改进或增补，但其处理对象基本是以印刷型文献为主体的，只是逐渐增添了视听资料、计算机文档、音乐、地图及其他混合型资料等，后来还增添了网络文献处理对象（主要是增加了 856 字段）。由于印刷型文献的存在，也由于数据的长期积累，MARC 格式有其存在的条件。但如何更加适应网络信息资源编目的要求，还是有一些重要问题需要研究的。比如，在 MARC 格式的框架内，究竟是选择那些原有字段还是增加新的字段来著录网络文献资料为好？是否需要 MARC 格式与其他网络资源著录格式（如都柏林核心 DC）的互换？如何应用新技术（如人工智能、信息可视化、虚拟现实等技术）对联机联合编目加以改进？编目工作如何更好地满足对电视广播音像资料的专业检索的特殊需求（如具体图形、图像的检索等，这方面的研究还处于探索阶段，还有不少问题有待研究解决）等等。

2. 网络文献资料的编目工作

网络文献资料作为一种新的信息资源出现之后，很快在世界上引起轰动。由于互联网信息资源内容丰富、新颖，种类繁多，覆盖面广，而且互联网传播信息快捷及时、价格低廉，因而受到高度重视，提供信息服务的网站应运而生，搜索引擎纷纷涌现。相比之下，图书馆编目对此却关注不够，反应迟缓，面临巨大压力和严峻挑战。然而，数字图书馆正是在互联网蓬勃发展、美国和世界各地纷纷提出建设国家信息基础设施的条件下，作为信息化的重要研究课题提出来的。既然数字图书馆是一个网络环境下数字化的信息资源体系结构，它的编目对象需要扩展到数字化的网络文献资源是不言而喻的。而且，目前的信息服务提供商（ISP）和信息内容提供商（ICP）还无法对海量杂乱无序且迅速消失的信息资源进行良好的有序化处理从而为消费者提供高质量服务。之所以如此，根本的原因之一在于他们对网络信息资源有序化的处理远不及图书馆编目工作那样细致和深入。当然，这并不意味着可以一成不变地套用传统的编目格式和方法来处理这类信息资源，但这一情况却充分说明，数字图书馆更加有必要利用自己的优势，研究这类信息资源的编目工作，并将研究成果付诸实施，为数字图书馆实现五大功能奠定坚实基础。

根据以上分析，为了充分发挥网络信息资源的作用，为了更好地实行数字图书馆的各项功能，联机联合编目需要将网络文献资料的编目工作作为自己工作范围内的重要组成部分，大力开展研究并付诸实施，这是编目工作的一个发展方向，也是编目工作很有意义的创新点。

由于网络文献资料编目处于初始的探索阶段，目前还没有一套系统的、科学的和切实可行的方案和办法，当然更谈不到成熟的经验，因而只能粗略地提出一些设想。

首先是描述文献资料的规则和格式。在信息技术（IT）行业中，已提出几种描述的方法来组织网络信息资源，如都柏林核心元素集（简称都柏林核心或 DC）、互联网内容选择平台（PICS）、资源描述框架（RDF）、各种标记语言（SGML、XML、HTML）等，而且还在发展之中。图书馆界对网络文献资料的编目，由于 OCLC 的倡导和推动，除上述的在机读目录格式中增加 856 字段外，大多采用 DC 和扩展标记语言（XML）相结合的方法。我国也据此提出了一些试行意见，但目前尚未定出标准，需要在实践中总结经验教训，制订出一个符合实际的、能被广泛接受的标准。同时是否还需要采用其他方法也是值得研究的。其次，作为数字图书馆，对网络信息资源如何组织（是否完全采用虚拟方式，全部存储，还是有选择地存储一部分？对网络文献资料如何评价？等等），也是需要研究的。它们虽然不是编目工作的内容，却和编目密切相关。总之，这方面还有许多工作要做。

3. 网站的编目

传统编目工作的对象是文献，出版单位虽然是编目中的一个著录事项，却不是编目对象。而在网络信息资源中，发布信息资源的网站由于其主页包含了丰富的信息，并且常常和其他网站链接，从而包含了更多的信息资源，因而也成为信息资源的组成部分，是用户经常要访问的。于是在组织网络信息资源时，必然要把网站考虑进去。从检索的角度考虑，不少的搜索引擎都不同程度地包括了对网站进行检索的功能，一些专业或专题的虚拟图书馆也对相关的网站编制索引或主题目录。但从图书馆编目工作的要求考察，这些工作做得似乎不够深入，不尽如人意。为了提供高检索效果，这方面的问题是值得研究的。由此自然会提出联机联合编目对象是否包括网站的问题。当然，对网站的编目和对文献资料（包括网络文献资料）的编目是有相当差别的，如果需要，又必然对如何编目进行具体、深入的研究，其中包括对网站分类和评价的研究。

六　个案分析

现以中国社会科学院的联机联合编目系统为例，就其建设的发展情况做个案分析。这一系统是由该院的文献信息中心（牵头单位）和其下属各研究所的图书馆共同建设的。由于在组成这个系统之前，各研究所的图书馆在组织管理和业务指导上就是院馆的下属单位，因而在组织联机联合编目方面有着比较有利的条件。同时，在建设过程中所采用的规章制度和方式方法中，有的可能具有某种特殊性。然而，其基本思想是符合联机联合编目的普遍精神的，中国社会科学院的同人们在建设过程中也有不少自己的创造。这些还是值得国内同行借鉴和参考的。

总的来说，中国社会科学院图书馆编目工作的发展过程基本上是符合编目工作由低级到高级的发展规律的。1992 年之前的十几年，他们的手工编目工作经历了从无序到有序、从各自为政到标准化的过程。1992 年，他们开始从手工编目向计算机编目的转变。先是使用了自行开发的编目软件进行单机编目作业；1995 年改用市售商业化的编目系统，实现了院馆编目部内的联机编目作业，并利用国家书目数据等进行回溯编目；1999 年以后又开始进行全院范围内的联机联合编目系统的开发和建设，逐步开展和进行了属于全院范围内各个图书馆之间的联机联合编目作业，真正实现院馆和全院其他近 20 个所级图书馆的联机联合编目，并能随时共享国家图书馆的书目数据。这个系统于 2001 年初步建成后，一直都在为全院高质量、高效率地进行新书的即时编目和旧书的回溯编目发挥着巨大的作用。

首先，中国社会科学院图书馆系统十几年来在图书的分类和编目业务方面，走过了一个从无序到有序，从各自为政到标准化、统一化的过程。

本来，中国社会科学院是隶属于中国科学院的一个学部（哲学社会科学部），原来的 33 个研究所图书馆也都属于中国科学院图书馆领导。从 1977 年哲学社会科学部从中国科学院分离出来独自成立中国社会科学院，直到 1985 年成立院的直属机构——文献情报中心（1992 年后改为文献信息中心），在图书馆业务上一直没有一个相应的领导机构，也就形成各研究所图书馆的各自为政的状态。图书馆系统组织建设上先天不足的状况导致全院图书馆业务的混乱和无序，在文献的分类、著录、目录等各个方面不标准、不规范、不统一。例如，1984 年全院 33 个图书馆（室）使用的图书分类法竟多达 9 种。有的图书馆甚至不顾国内早已有了国家推荐使用的《中国图书馆分类法》这一事实，还在自编分类法供自家图书馆使用。同类书区别号的使用更是五花八门。

院文献情报中心成立后，通过不断的宣传、培训和研讨，相关人员逐渐认识到了实行文献的标准化著录对于做好图书馆工作，并在全院范围内最终实现图书馆自动化的重要意义。1984 年以来，中国社会科学院相继举行了 8 次有关图书标准化著录的讲座和专题报告。例如，1991 年 7 月，院文献情报中心组织了“中国社会科学院文献著录标准化研讨班”。借此东风，院里又以红头文件的形式下发了题为《关于中国社会科学院文献编目实行标准化著录的通知》的正式文件，要求全院各所图书馆从 1991 年 8 月 1 日开始，一律按照标准化的要求完成对各类文献的分类编目工作。此后，又成立了全院文献著录标准化指导小组。总之，通过这些年的不懈努力，中国社会科学院的文献编目工作终于成功地跨越到了能熟练地运用国家标准高质量地完成图书编目工作任务的新阶段。

中国社会科学院有相当丰富的文献信息资源，但由于历史的原因，其所属研究所遍布北京城的东、西、南、北，地理位置相当分散，因而造成文献信息资源的分散。再加之管理手段一直比较落后，提供高效率的服务变得十分困难，不能有效、充分地发挥这些宝贵专业资源的作用。因此，尽快建成全院书目数据库系统已迫在眉睫。

这样也就提出一个问题：现有的单馆编目或基本上是单馆编目的软件能否适应联机联合编目的要求？如果另加网络功能的一部分，并且把这两部分很好地结合起来，可不可以实现联机联合编目？现在，中国社会科学院开展联机联合编目业务的实践，证明这样做是可行的。

中国社会科学院为了做好在网络环境下开展联机联合编目标准化的工作，于 1999 年 3 月专门成立了全院联机编目协调室，统一协调、规范和组织全院的联机联合编目工作。该室根据开展全院中文图书联机联合编目进程的需要，组织编写了全院 18 个图书馆统一遵循使用的《中国社会科学院中文图书联机联合编目规则手册》（后修订、改编并正式出版为《中国社会科学院联机联合编目手册》和《中国社会科学院图书馆社会科学文献分类主题标引手册》），并以此为教材组织了 6 次培训和考核，全院中文图书编目数据的质量有了一个质的飞跃。

在中国社会科学院图书馆系统内，院馆编目部作为全院的龙头馆主持和承担了尽可能多的工作，各研究所图书馆或资料室则只承担较少工作。院馆编目部的数据也是全院 20 多个分馆主要的数据来源。中国社会科学院建立联合目录主要是靠院馆编目部率先将本馆的旧书进行回溯，建立起院馆的书目数据库，然后将该库的数据转入全院书目数据总库中向全院开放。这样，各所图书馆开始进行回溯编目时，就可先查找全院书目总库，可利用院馆的现成数据和放在全院书目总库系统中的国家书目数据；如果没有可利用的数据，再进行原始编目并提供给全院使用。

中国社会科学院的具体做法归纳起来，主要是实现了以下六个“保证”。

1. 进行大量的调研和论证，做到思想和理论保证

负责全院联机编目业务的同志，从一开始就十分重视对国内外联机编目的历史、现状和未来发展趋势进行调查和研究。他们通过网络或到国家图书馆相关资料室查阅了国内外大量有关资料。通过调查他们了解到，多少年来，我国图书馆员都在梦寐以求书目信息资源的共享。人们曾尝试多种合作活动，结果都不理想，甚至以失败告终。现代信息技术在图书馆的应用，使传统图书馆的文献加工和服务方式发生根本性的变化。联机联合编目虽然早已在美国等发达国家获得成功，但中国却在很长的时间内未实现突破。

通过以上调查，他们越发增强了作为中国的图书馆工作者的迫切感和使命感，他们应肩负起率先在本单位实现联机联合编目的责任。在调研基础上，他们提出了一项在 2000 ~ 2001 年世纪之交的两年内，在中国社会科学院的近 20 个图书馆间开展全面实现即查即用的联机联合编目业务的研究课题。

2. 成立全院联机编目协调室，做到组织和管理保证

因为全院联机联合编目不仅是图书馆界的一项理论研究课题，同时也是今后的一项长期的、不可缺少的日常工作。中国社会科学院文献信息中心的领导认识到这一点后，即于 1999 年 3 月，设立了全院联机编目协调室这一业务机构，统一筹划和运营全院各图书馆间的联机联合编目业务。该室虽然日常只有两至三名职员，但他们却承担起包括研究开发、数据维护和协调运营全院联机联合编目及回溯编目等经常性的业务工作。由于分工明确，效率很高，他们胜利完成繁重的任务，协调室成为文献信息中心不可缺少的部门和完成这些业务工作的组织和管理保证。

3. 申报全院联机编目课题，做到课题和经费保证

中国社会科学院联机编目研究与实践课题于 1999 年 11 月初由全院联机编目协调室提出申请，经中国社会科学院文献信息中心学术委员会讨论同意，于 1999 年 11 月 10 日作为中心重点课题被批准立项，于 2001 年

2月23日结项。该课题通过拨款，也为全院联机编目模式的研究、方案的制定、数据库的建设和维护等提供了一定的经费保障。

4. 编写适合全院使用的联机编目规则和主题标引规则等业务规范，做到标准和规范保证

组织编写并正式出版了适合本院使用的《中国社会科学院联机联合编目手册》和《中国社会科学院图书馆社会科学文献分类主题标引手册》等业务用工具书。这些业务必备工具书的编撰成功，为以后进行的六次对全院编目人员，尤其是参加全院联机联合编目的图书馆人员学习联机编目业务规则和分类主题标引规则的统一培训，准备好了统一的和高质量的教材，并在实际编目工作实践中起到了标准和规范保证的作用。

5. 大力开展编目人员的业务培训，做到人力和技术保证

首先，在开展联机联合编目工作之初，组织课题筹备组全体人员进行了为期两天的联机联合编目专题讲座暨研讨会。邀请有关学者为大家做了为期一天半的"关于联机联合编目"的专题讲座，然后在此基础上结合中国社会科学院实际和开展本课题研究的需要进行了半天的研讨。通过此次活动，大家都觉得增长了知识，开阔了视野，收效很大。

1998年末，中国社会科学院又组织课题筹备组和部分研究所图书馆的编目人员参加了北京图书馆第一期联机编目培训班。该培训班是1998年12月15~19日在北京图书馆召开的。当时全院共去了9位同志，均获得联机编目员资格认证。

随着全院联机编目系统的正式建成和运营，全院联机编目协调室于1999~2000年上半年及2002年对全院中文图书编目人员进行有关新版丹诚编目软件、中国机读目录格式、全院联机编目著录规则以及图书分类学、《中国图书馆分类法》（第四版）的使用、全院联机编目主题标引规则等多层次、全方位的业务培训，并在此基础上进行了严格的联机编目员资格考试和业务考核质量认证。考试的结果是令人满意的，在参加考试的32名编目员中，获得优秀成绩的同志有5名，另有25位同志达到合格。为了表彰取得优秀与合格成绩的全院图书馆工作者，联机编目协调室曾于2000年9月13日举行了全院联机编目员资格证书颁发仪式。

文献信息中心党委书记王亚田同志出席了仪式并向每位通过考试的同志颁发了荣誉证书。最后，王亚田书记发表了讲话，鼓励全院图书馆编目人员再接再厉，把全院联机编目工作做得更好，早日完成全院的回溯编目任务。

通过举办一系列的业务培训和考试等活动，全院图书编目人员的业务水平有很大提高，书目数据库的质量较两年前有了质的飞跃。这样，就为全院图书馆系统实现联机联合编目，并在此条件下完成全院图书回溯编目任务、建成全院联机书目数据总库打下良好的基础。以后，凡正式参加此项工作并向全院联机编目数据总库提交数据的人员都一律凭此证书实行持证上岗制度。

6. 抓好质量控制和管理，做到数量和质量保证

为了保证联机联合编目系统的正常运转，根据中国社会科学院机构设置和管理特点，我们采取了两级的组织结构。

（1）第一级为管理和数据质量控制层。院文献信息中心于 1998 年 10 月成立全院联机编目协调室，主要负责制定和阐明联机联合编目作业的发展目标；负责联机联合编目系统的正常运转，如数据的生产、管理维护和部门之间的协调等；负责制定数据质量要求和数据质量改进措施的全面执行；负责组织各方面专家研究和解决数据格式、有关规则和标准存在的问题；定期编制和印发全院联机编目工作简报，将课题进展情况和完成任务的情况及时通报给全院各个图书馆和课题组的每个同志，以便大家更好地了解情况，互相支持，通力协作。两年来共召开了四次业务研讨会、六次课题组全体会议和数次协调室与网络系统部负责人的业务碰头会。为了了解和掌握全院各个图书馆的数据质量状况，联机编目协调室曾组织院馆编目部成立了测评小组，由编目部资深专家组成，对全院 17 个研究所图书馆的书目数据质量进行了一次认真的核查和评价，并按照由好到差进行了严格的质量排序，为后来进行全院书目数据合库时重复信息的取舍提供了依据。

另外，由 12 位同志参加的全院联机联合编目课题组，由协调室、编目部、网络系统部的负责人及各所业务骨干组成，以便将联机联合编目工作落实到每个人身上，使工作更加具体和细化。

（2）第二级为数据生产层，由各个研究所图书馆组成，负责生产符合质量要求的数据；负责数据库的部分维护工作；负责反馈系统运行过程中出现的问题和收集用户的反馈意见。

中国社会科学院联机联合编目系统建成后，院文献信息中心曾于2001年2月23日组织图书馆界知名专家召开课题评审鉴定会。专家给予该课题充分的肯定和较高的评价，指出："完全意义下的联机联合编目工程的建设在我国是从20世纪90年代末期开始的，到目前也只有为数很少的几个。本课题的成果处于全国先进水平。"该课题正式通过后，院文献信息中心又于2001年2月27日在该院学术报告厅召开了中国社会科学院联机联合编目系统信息发布会。在发布会上，联机编目协调室的负责人向各位领导和专家汇报和演示了该系统的研发过程和成果。北京地区共有30余名图书馆界的专家到会。

总之，经过1999～2000年两年左右的努力，在中国社会科学院图书馆系统内，已经正式建成并应用联机联合编目系统。首先实现第一期目标：建成院馆系统平台，进行了大量的馆际联机联合编目试验并取得成功；然后，又实现第二期目标：按照已经制定的模式建成包括全院联机编目总库、预备库和临时库在内的联机编目数据库系统并实现正常运转。全院联机编目数据库系统的特点如下。第一，数据量大。覆盖了全院所有图书馆的书目数据，克服了过去单位覆盖不全的缺点。第二，实时性强。在全院范围内最大限度地实现了书目数据资源的实时共享，克服了一般书目数据库时间滞后的缺点。第三，去重性好。由于经过查重操作，一种图书的记录在总库系统中只有一条，去掉了不必要的重复数据。第四，充分反映馆藏。由于追加了馆藏字段，虽然一种图书在总库系统中只有一条记录，但每条记录都反映出了其在全院范围内所有的馆藏地点。第五，数据质量好。每条记录都是从不同馆藏单位的重复记录中选择质量最好的作为总库中的正式数据。全院联机编目数据库系统是机读的、在线的、动态的、可实时更新并不断扩充和完善的、供图书馆和科研人员共同使用的全院机读联合目录。

附：有关字符集的说明

中文信息处理技术涉及诸多学科和多种技术，有很多方面，而汉字字符编码是其中的一个重要方面。对于我国的信息化，对于在我国使用的计算机硬件、软件和数据库，汉字字符编码都是其基础或重要条件，影响着它们的发展。在我国图书馆自动化、现代化和网络化的过程中，都直接或间接涉及汉字字符编码，特别对计算机编目和联机联合编目，汉字字符编码是制约其发展的重要条件，因而自然会受到图书馆界的关注。

所谓汉字字符编码，一般指信息交换用的汉字编码，即交换码。实际上，计算机技术中涉及汉字编码的还有其他方面，如汉字键盘输入就有编码问题，汉字键盘输入方法也被称作输入编码。这类编码多种多样，据 1990 年估计，已达 500 多种，而且还有新的输入方法出现。但经过实践考验，为大多数人接受的并不多，在计算机上常见的也就只有拼音、五笔字型等不到 10 种。计算机显示或打印汉字时也需要编码，这种编码首先要写出一个个汉字的字型，然后根据字型编码，也叫作打印码。还有，在计算机内存储的汉字也需要编码，叫作内码或内部码，汉字信息处理技术在我国应用的较早时期，不同型号的计算机其内码各不相同，非常混乱，当计算机应用从单机发展到多用户之后，内码的不兼容便成为汉字信息交换的严重障碍，于是要求内码标准化的呼声日益高涨，内码和交换码兼容则成为其发展方向。以下将着重分析交换码，即通常所说的字符集编码或编码字符集。

字符编码是一个相当复杂的问题。自从计算机出现以来，已经有各种各样的编码字符集标准。从体系结构考虑，汉字编码字符集所依托的是 3 种，即 ISO/IEC 2022、ISO/IEC 10646 和非 ISO。ISO/IEC 2022 是由国际标准化组织（ISO）所制定的、一种用 7 位或 8 位二进制数来表示一个字母、符号等的体系结构，叫作单 8 位编码字符集。由于 8 位二进制数最多能表示256个数即256个不同的代码，编码空间非常小，对于成千上万的汉字进行编码显然是不够用的，因而需要扩充。同样，不同文种的文字也不可能编在一个这样狭小的编码空间（字符集），因而除了很相近的以外，一般是一种文字有一个标准的字符集。这样使用起来很不方便。ISO/IEC 10646则是由ISO制定的、多8位编码的体系结构，具体情况将在下面详细分析。非ISO体系结构则是指那些不是由ISO所制定的字符编码标准，如我国早期的汉字编码、日本的Shift-JIS编码等。

1992年5月31日，国际标准化组织（ISO）通过了“通用多八位编码字符集”（UCS）国际标准，即ISO/IEC DIS 10646－1：1993。这个标准已经突破交换码的局限，将过去的多种文字的字符集编码标准统一为一个单一的字符集编码，用它来实现全世界所有各种语言的书面形式（即文字）的计算机表示、传输、交换、处理、存储、输入和显示。它的显著特征是：编码空间宽阔，因而能在一个标准（一个编码字符集）中容纳很多编码，从而把所有文字的编码都统一起来；编码空间连续，即每种文字的编码区域都不会被切断，并可以几种接近的文字如汉字和日文、韩文中的汉字都安放在一个区域中（称为“CJK”）；各种文字均用等长编码（双八位）；既可以作为交换码，又可以作为处理码即内码，统一解决了内码标准化的问题；允许用组合法实现各种复杂字符的表示。这个标准对于我国信息化和我国的图书情报事业的发展都大有裨益，具有重要的意义，主要体现在四个方面。

（1）很方便地解决了我国图书情报自动化工作中的多文种处理问题。由于过去的主流计算机操作系统的信息处理都是以ISO/IEC2022体系结构下的拉丁字符集（ISO646和ISO5426－1983）为基础的，因而我国在处理汉字和拉丁字母以外的文字时，都需要将这些字符的信息处理当作操作系统外的特殊处理，为此就要另建系统（当然还是在操作系统控制下），并要解决这些处理系统和操作系统的切换以及不同处理系统间的相互切换等问题。这样既增加了系统开发的工作量，又产生很多问题，如同一应用系统的多文种切换问题等。而在计算机实际操作时还要增加字符集切换的操作，很不方便。现在有了统一的字符集，未来的操作系统自然要以它为基础，则根本不存在开发拉丁字母以外文字的特殊处理系统和多文种切换问题，我们在开发图书馆应用系统时就和西方一样方便了。

（2）统一了汉字字形。在全世界，不论是哪个国家、哪个地区、哪种民族，同一个汉字只有一种写法，一切非规范的汉字都难以存在。这样就实现了 SDSB（Single Data / Single Binary for Multilingual Platform）的全球版数字图书馆，就能够打破字符集的壁垒，让汉字交流的障碍（同字不同形）在两岸三地乃至全球都得以克服。

（3）更接近于实用。我国原制定的汉字编码标准只有常用的 6763 个汉字，对于图书馆工作是远远不够用的，这个标准中的 CJK 有 20902 个汉字，基本上可以满足图书馆书目信息处理的需要，而且还可以扩展（目前已有 CJK_ A 和 CJK_ B）。从理论上讲，完全可以解决所有中文文献的汉字需要。而且，其字符集中简体字、繁体字都有，更便于全世界图书情报工作的书目信息处理和信息交换。

（4）有利于推广中华民族汉文化。文字的统一，汉字输入的方便，将使得汉字成为英语之外的第二广泛使用语种，而语言文字是推广文化的最有力、最基础的工具。这样，即可实现 SDSB 的全球版数字图书馆，把中国数字图书馆展现的汉文化向全世界传播。

从以上四方面可以看出，和图书馆其他业务工作相比，这个标准对我国的联机联合编目工作同样具有重要意义，因为计算机编目离不开各种文字的计算机表示（字符编码）、传输、交换、处理、存储、输入和输出（显示、打印等多种方式）。

我国根据 ISO10646，制定了汉字编码的新标准 GB13000，它是等效采用 ISO10646 的，实际上就是 ISO10646。1995 年，由于当时还没有实现 ISO10646 的操作系统，我国又制定了汉字内码扩展规范（GBK），收录 ISO10646 CJK 的 20902 个汉字，但编码不同。它把现行标准 GB2312 - 95（汉字编码基本集）作为它的一个子集，使它成为向 GB13000 的过渡。

ISO/IEC DIS10646 在 1992 年 5 月制定出来后，又经过几次修订，如 ISO/IEC10646 - 1：2000、ISO/IEC10646 - 2：2000 等，而 ISO/IEC

DIS10646 中的 CJK（中、日、韩）也扩展了 CJK_ A（扩展 6582 个中、日、韩汉字）和 CJK_ B（扩展 42778 个中、日、韩汉字）。

联机联合编目的对象是古往今来的各种文献，对于中文文献而言，当然要选择汉字多的编码字符集。但这取决于商品化的发展，如果汉字最多的软件还没有研制出来，配置软件时就无法强求，还应当以产品质量高、价格适宜、商品化程度高为诉求。同时，也要从工作的实际需要出发，如果通过调查研究，所编目的文献涉及的汉字并不需要最多，那也没有必要追求最多的。总之，一切以适度为宜。

参考文献

袁名敦、耿骞编《图书馆自动化》，北京师范大学出版社，1997。

黄长著等主编《中国图书情报网络化研究》，北京图书馆出版社，2002。

袁名敦等主编《社会科学信息资源网络建设》，北京图书馆出版社，2002。

《中国高等教育文献保障系统管理中心》，《中国高等教育文献保障系统部分大学图书馆自动化信息系统联合招标标书》，1997 年。

陈源蒸、陈建新编著《图书馆系统分析概论》，书目文献出版社，1987。

http：//www. oclc. org.

张轴材主编《中文信息处理技术的现状与进展》，通用中文代码国际联合会，1991。

http：//www. unihan. com. cn/cjk/cjkhome. htm.

符绍宏等著《因特网信息资源检索与利用》，清华大学出版社，2002。

（原载于《联机编目与数字图书馆》，胡广翔主编，袁名敦、胡广翔著，科学技术文献出版社，2003）

编目工作需要更标准、更规范

——胡广翔答《新华书目报》记者问

和国内其他图书馆一样，中国社会科学院（以下简称社科院）图书馆系统的编目工作也经历了由低级到高级的发展过程：1992 年，社科院图书馆系统开始从手工编目向计算机编目转变，先是使用了自行开发的单机编目软件，1995 年改用市售商业化的编目系统，实现了院馆编目部内的联机编目作业，1999 年以后逐步开展属于全院范围内各个图书馆之间的联机联合编目作业，2001 年“联机联合编目系统”初步建成，至今一直为全院高质量、高效率地进行新书的即时编目和旧书的回溯编目发挥着巨大的作用。

据胡广翔介绍，社科院系统内的图书馆在 1985 年社科院文献情报中心（后更名为文献信息中心）成立以后才形成统一的领导机构。这种历史渊源直接导致了全院图书馆业务的混乱和无序，尤其是在文献的分类、著录、目录等方面完全是不标准、不规范、不统一。直到社科院文献情报中心成立后，专门设立了全院文献著录标准化指导小组，通过多年的工作，该院的文献编目工作成功地跨越到了能熟练地运用国家标准高质量完成图书编目工作任务的新阶段。

然而，实现统一化和标准化以后，新的问题又出现了。由于社科院各图书馆的地理位置相当分散，因而文献信息资源也非常分散。尽管总体资源十分丰富，但各馆的文献资源不能做到互通有无，无法得到充分的利用。因此，在现有的单馆编目和单馆编目的软件基础上增加网络功能，从而适应全院联机联合编目的要求成为编目工作的又一挑战。

为此，社科院文献信息中心专门成立了联机编目协调室，进行了大量的调研和论证，编写了《中国社会科学院联机联合编目手册》和《中国社会科学院图书馆社会科学文献分类主题标引手册》等业务用工具书，为联机联合编目系统创造了一系列的保证条件。在这些保证之下，社科院文献信息中心进行了馆际的联机联合编目试验并取得成功，随后又按照已经制定的模式建成包括全院联机编目总库、预备库和临时库在内的联机编目数据库系统并实现正常运转。

中国社会科学院联机联合编目系统显著的特点在于：数据量大；实时性强；去重性好；充分反映馆藏；数据质量好。此外，该系统还具有众多先进的特性，如机读的、在线的、动态的、可实时更新并不断扩充和完善的。

从 2002 年开始，中国社会科学院决定与韩国 ECO 图书馆软件公司合作开发图书馆自动化管理系统。该系统在传统功能基础上进一步开发出了一个专门支持集中式和分布式联机联合编目作业的模块。和老系统相比，ECO 系统具有多项突出优势：联机实时数据共享的自动化程度更高；书目数据库建设实现最大化的共知、共建、共享；数据转入时自动化程度更高；数据对比画面比较好，更便于操作；数据修改比较方便；增加了上传下载统计功能，这样不仅可以随时统计各馆上传和下载书目数据的数量，还能根据预先设定的收费标准自动统计出应收和应付的费用。

当然，随着图书馆事业的发展，图书馆不能仅仅满足于系统内的统一、共建和共享。对建设全国社会科学院联机联合编目系统，胡广翔有自己的设想。

建设一个社科院和全国各省（区、市）社会科学院系统联网的、数据完整的、高质量的、高水平的全国社会科学院联机联合编目系统，并在此基础上形成与社科院的地位和规模相匹配的、全国社会科学工作者共享的社会科学书目数据中心。人们不管在世界的哪个角落，只要上网访问这个中心，均可一次性地查全、查准全国范围内的人文社会科学书目信息。建成这个中心，也就自然形成一个全国范围内社会科学信息资源共建共享的基础平台。形成这个平台，以后只要有一定的经费支持，就能很容易地在这个平台上逐步实现各种文献类型的文摘、目次乃至全文和多媒体资源的共建共享业务，为全国的人文社会科学工作者提供全方位和多层次的文献信息服务，彻底改变目前社会科学文献信息服务技术和手段严重滞后的状态，从根本上提高对科研服务的质量。另外，各地社会科学院图书馆收藏的文献资料和开展的业务项目各具特色，具有很强的互补性。实现全国社会科学院图书馆系统内资源共建共享，其作用和影响不可小觑。

为达到这一目标，胡广翔从2003年开始实施一系列的前期调研和准备工作来推进全国社会科学院图书馆系统开展联机联合编目建设。几年来，他通过实地考察和调研，撰写了《省市社科院图书馆的藏书状况》和《对各省市社科院图书馆进行初步调研情况的分析》两篇调研报告；起草了《全国社科院图书馆联机联合编目系统建设方案》，并在全国社会科学院系统图书馆第九次协作暨学术研讨会上讨论通过。除此以外，他还组织了一系列专家论证会、编目人员的业务培训和课题业务研讨会。这些工作对促进全国社会科学院联合编目系统的建设起到很大的作用。

胡广翔的工作得到社科院领导极大的理解和支持。2006年，全国社会科学院图书馆系统的联机联合编目建设，已经成为他们又一项重要任务，并明确地写入社科院的“十一五”规划。当然，作为具体实施部门的社科院文献信息中心也会将这一工作在“十一五”期间贯彻到底。

（原载于2006年4月21日《新华书目报》的《图书馆专刊》中“关注第一届全国文献编目工作研讨会”［专家视点］栏目）

中国社会科学院系统联机联合编目业务建设

——历史、现状与未来展望

文献信息资源共建共享是现代图书馆普遍接受的办馆理念和发展模式。具体到图书编目业务部门，就是要在自动化和网络化的环境下，尽快创建和开展本系统范围内的联机联合编目业务。中国社会科学院图书馆系统在编目业务的发展过程中，也经历了从不标准不规范到标准化规范化，从杂乱无章到有序管理，从低级操作到高级操作，从“小农经济”到现代化资源共享阶段的发展过程。

一　历史回顾

纵观中国社会科学院（以下简称“社科院”）各图书馆发展的历史，十几年来，社科院文献资源的加工利用经过一个从无序到有序，从各自为政到标准化、规范化、统一化的过程。在1984年以前，全院的图书编目工作基本上处于混乱、无序的状态。从1984年下半年开始，在全院范围内首次进行了文献著录标准化的宣传和培训工作。通过不断地宣传、培训和研讨，全院逐渐认识到实行文献标准化的重大意义。从1992年开始，社科院在实施标准化著录的基础上，组织研制出了“中国社会科学院全院图书编目自动化管理软件系统”。自那时起，各馆便可进行单机状态下的图书编目工作了。从1995年开始，社科院图书馆进行体制改革，原社科院科研大楼内的十几个研究所图书馆与原文献信息中心合并成立了社科院图书馆，并购买使用了功能更强、效率更高的商业图书馆软件系统。这样，就使社科院图书馆的计算机集中编目工作真正得到落实，并取得巨大成效。从 1999 年开始，社科院又开始在全院范围内组织实施联机联合编目工程。回顾本院图书馆系统前五年的发展历程，可用九个字来概括：“五年，五大步，五个台阶”。第一年，告别了手工编目，直接使用微型计算机和自己编制的软件进行单机上的图书编目工作；第二年，购买和使用了功能更好、效率更高的商业编目软件进行本编目机构内部的联机编目工作；第三年，利用国家书目数据和其他书目中心的数据进行回溯编目，走资源共享的道路；第四年，进行商业软件升级，使用在 Windows 状态下的丹诚 NT 网络版软件；第五年，开始试验并实施全院联机联合编目工程。

总之，经过这些年的努力，社科院的文献编目工作取得较大成绩，例如打破了社科院 30 多个研究所分编体制，制定统一规则，实行统一管理。如今，社科院文献编目工作者能娴熟地运用文献工作的各种国家标准高质量地完成图书编目工作任务。这些，也为后来开展和实施联机联合编目业务奠定了必要的业务基础。

二　迎接挑战

随着社会的发展，图书馆文献收藏量越来越多，需要回溯编目的旧书也很多，这给编目工作带来很大压力。图书馆工作人员越来越希望借助他人的编目成果来完成自己的工作。虽然经过若干年的努力，社科院图书馆编目部的十几台计算机实现了本馆编目部内 10 台计算机的联机编目，并利用国家书目数据实现了与国家图书馆的书目资源共享。但是，如何使全院各所图书馆也能随时共享院馆的书目数据，从而推动全院各所图书馆间的合作向广度、深度发展，形成真正意义上的、全局范围内的、最充分的书目数据资源共享，这已成为一个亟须解决的问题。

从长远的发展看，解决上述问题的根本途径即在于：创建联机联合编目系统，借助计算机网络进行实时检索、编辑与利用书目数据，从而达到"一次输入，多次使用；一家输入，大家利用"的目的。而且从手工编目到机器编目，再发展到联机联合编目也正是计算机网络化进程在图书馆业务工作领域中的具体体现。美国早在20世纪70年代就实现了联机联合编目。而早日在中国实现联机合作编目，则是图书馆编目人员多年来的梦想。

1997年是全球"网络年"。各类计算机网络（如互联网）在我国发展虽是近几年的事，但其发展的速度和卓有成效是有目共睹的。网络已成为信息产业目前及未来若干年的主旋律。事实上各类计算机网络已经成为图书馆开展电子文献信息服务的良好环境。应该说，网络带给图书馆的机遇与图书馆的发展方向是一致的。OCLC是世界上最大的网络图书馆。我国编目工作现代化的目标即是尽快建成像OCLC那样的书目数据资源共享体系，而实现这一目标的基础则是实现本系统的联机联合编目。

从20世纪90年代末期开始，随着对图书编目理念认识的不断加深，国内已经有两三家大的文献情报单位开始着手考虑和开展本系统的联机联合编目业务建设。到21世纪之初的几年内，文献信息资源共建共享在国内取得明显的发展，这些，也都对我们社会科学院的编目工作提出了极大的挑战。

例如，在全国公共图书馆系统，由国家图书馆牵头，于1997年10月正式成立了全国图书馆联合编目中心，在全国范围内组织与管理图书馆计算机联合编目工作，共建网上联合目录，共享书目数据资源和文献资源。在全国高校系统，早在1998年就开始着手成立专门负责此项业务工作的机构——中国高等教育文献保障系统（China Academic Library & Information System，CALIS）。CALIS管理中心的一项很重要的基础性工作，就是主持开发联机合作编目系统。

为了迎接挑战，也为了早日实现本系统内联机联合编目的梦想，笔者也从1997年开始考虑在中国社会科学院系统内开展联机编目业务建设的问题。笔者提出在"完成院馆本身的统一编目任务"的基础上，"进一步与全院、全国和国外社科研究系统联网"的建议，并于1998年全院图书馆馆长会议上提出了开展全院联机联合编目业务建设的具体设想，并开始进行前期的调研和准备工作。1999 年 3 月，全院联机编目协调室正式成立，并申请了相关的研究课题和启动经费，开始全面开展此项工作。经过近两年的运作，我们已于 2001 年初提前完成预期计划。该课题的主要实践成果，就是构建了覆盖全院 18 个图书馆的联机联合编目系统。2001 年 2 月 23 日，该相关研究课题通过专家鉴定，认为“本课题的成果处于全国先进水平”。到 2001 年 2 月 27 日，在社科院学术报告厅召开了中国社会科学院联机联合编目系统信息发布会，宣布社科院联机联合编目系统正式建成并启用。

三　全面实施联机联合编目工程

从 1998 年底开始，社科院就已经决定开始迈出图书编目工作的第五大步、上第五个台阶，那就是进入全院联机联合编目、书目数据资源充分共建共享的新阶段。即图书编目形式、图书编目技术和手段取得重大突破的高级阶段。如果真正顺利地上到这一台阶并能正常地进行工作，就能从全局上大大提高社科院计算机书目加工工作的效率和质量，真正适应当今网络时代的要求，适应 21 世纪对图书馆共建共享工作的要求。

在 1999 年 3 月的文献信息中心全体会议上，中心领导宣布成立了全院联机编目协调室。从那时以来，我们组织全院各所图书馆有关人员主要从起草联合编目工作的标准与规范、解决联合编目软件技术问题及进行联机编目试验、联合编目的组织与管理等方面做了以下工作。

第一，研究了全院联机联合编目工作的模式，提出了全院联机联合编目工作设想。并根据本院实际，提出了当时条件下可实现最大程度实时共享的联机编目数据库模式。

第二，在院馆和院属各图书馆之间进行了大量的包括数据检索和数据下载在内的联机编目试验工作，并取得几个方面的联机试验成果。

另外，为了配合做好全院联机联合编目这一中心工作，我们还开展了以下几项活动。

1. 积极与软件开发商丹诚公司进行联系，研讨该公司对社科院联机编目业务的技术支持问题。

2. 起草并正式出版了《中国社会科学院图书馆中文编目问答手册》。

3. 成功地组织、实施了五期由全院各馆编目人员参加的联机联合编目业务培训。

4. 考察各馆的数据质量并进行质量等级排序，进行联机编目员资格考试、认证，并实行“持证上岗”制度。

5. 在全面检查了各所编目工作质量的同时，要求各所抓紧对本馆已有的编目数据按照本院标准化的要求进行统一的校对和修改，以便为全院的合库做好技术上的准备。

6. 定期地编制和印发全院联机编目工作简报。

初步实行联机联合编目及文献资源的共建共享后，其经济效益和社会效益已初步显现。例如，过去很多馆都一再要求我们把院馆的书目数据拷贝给他们。拷贝了一次后，又要求及时追加新数据。实现联机编目的图书馆，对此不再有什么后顾之忧了，现在他们可以随时随地、随心所欲地检索和下载院馆的书目数据了，从而节省了大量的人力物力和大量的时间精力。联机联合编目的实现，也给研究人员带来了极大的方便和实惠。现在，他们足不出所，就可随时查找院馆和院内绝大多数图书馆的书目数据了。其查询之快捷，丝毫不亚于查找本所图书馆的数据。例如，法学政治学所于 2005 年接到上级交办的紧急任务，急需借阅刚刚出版的《二十世纪十大邪教》一书。因该馆当时已于半个月前实现和全院其他馆之间的互联，所以很快就在本地上网在院馆的中央库里查到了此书，并立即派人来借，解决了他们科研中的燃眉之急。实现了全院的联机联合编目，也为以后尽快实现全院范围内的联机联合采购、联机联合借阅等其他工作环节的文献资源共建共享奠定了很好的基础。

四 今后展望

建设一个社科院和全国各省（区、市）社会科学院系统联网的、数据完整的，高质量、高水平的全国社会科学院联机联合编目系统，并在此基础上形成与社科院的地位和规模相匹配的全国社会科学工作共享的全国社会科学书目数据中心，人们不管在世界的任何角落，只要上网访问这个中心，均可一次性地查全、查准全国范围内的人文社会科学书目信息。建成这个中心，也就自然形成一个全国范围内社会科学信息资源共建共享的基础平台，以后只要有一定的经费支持，就能很容易地在这个平台上逐步实现各种文献类型的文摘、目次乃至全文和多媒体资源的共建共享业务，为全国的人文社会科学工作者提供全方位和各层次的文献信息服务，彻底改变目前社会科学文献信息服务技术和手段严重不足的状态，从根本上加大对科研服务的力度。另外，各地社会科学院图书馆收藏的文献资料和开展的业务项目各具特色，具有很强的互补性；通过实现全国社会科学院图书馆系统内资源共建共享，将会产生实质性的作用和影响。

相比之下，从全国性系统的联机联合编目业务建设来看，社科院已经远远地落在高校图书馆和国家公共图书馆等兄弟系统之后。这两个系统全国范围内的联机共享的书目都已经分别覆盖500多家图书馆，而我们只限于北京20多个图书馆。能否早日迈出这一步，既能在信息资源共建共享方面创造出更高、更好的社会效益和经济效益，也是关系中国社会科学院在国内外更好地树立自身形象的一件大事。

令人可喜的是，在2003年9月在福州举行的全国社会科学院系统图书馆工作协调会议上，江蓝生副院长做了重要指示：“一个地方社科院不管它多大多小，都有它的特色，都有它的长处，有些恐怕是我们中国社会科学院都比不了的，比如西藏社科院的藏学研究，云南关于东南亚国家的研究，湖北的楚文化研究，吉林对中国边疆历史的研究都有他们各自的长处。如果我们把这些长处互相共享，我们就能取得事半功倍的效果。所以从客观上来说，我们也很需要共建共享。”

本着福州会议的精神，我们从2003年底开始，陆续进行了对各省区市社会科学院图书馆基本状况的调研，研究推出了将来开展这一工作的两种模式并在2004年7月21日召开的专家论证会上通过了可行性论证。另外，负责此项工作的院图书馆联机编目协调室也起草了包括完成该项工程的工作日程、所需的各种业务标准和规范以及试点和培训计划在内的全国社会科学院系统图书馆联机联合编目建设方案，并已在2004年6月26日在西宁召开的全国社会科学院系统图书馆第九次协作及学术研讨会上讨论通过。

我们正在着手建设的全国社会科学院联机联合编目系统的组织形式、建设原则和网络结构的设想具体如下。

1. 联机联合编目系统的组织形式

常设机构：将现有中国社会科学院文献信息中心所属的“联机编目协调室”更名为“全国社会科学院图书情报系统”（Chinese Academy of Social Sciences Library & Information System，CASSLIS）联机合作编目中心，使其作为常设机构承担起研究、组织和实施建设全国社会科学院联机联合编目系统的职能。当然，随着此项业务的开展和应工程建设的需要，应适当增设必要的下属机构、增加必要的业务人员。

参考中国高校CALIS文献保障系统的经验，在CASSLIS下面，应设立联机合作编目中心专家组和联机合作编目中心质量控制组，而质量控制组还应下设中文组、西文组和日文组，或至少配备负责各文种图书编目质量控制的人员。这两个组可不以实体的形式常设在联机合作编目中心，而是作为一个松散的机构吸收各个图书馆的专家和专业人员参加，由他们在各自的单位利用较好的网络条件进行远距离的工作，必要时再召集到一起研讨有关的业务问题。

另外，还应成立“全国社会科学院联机联合编目系统建设协调委员会”或“全国社会科学院联机联合目录数据库用户委员会”，并制定相应的章程。该委员会章程应明确总则、委员会的任务、委员会的组成、组织机构、工作程序及有关的附则。该委员会应吸收中国社会科学院及文献信息中心有关部门和部分地方社会科学院的有关业务负责人和专家参加。有关系统建设中的重大决策应由该委员会研究决定。

2. 联机联合编目系统的建设原则

（1）整体提高业务水平的原则。要系统性、完整性提高编目业务质量，为今后更大范围和更大规模上的资源共享提供便利。

（2）不以营利为目的，以达到社会效益为目的原则。因为社科院和各省（区、市）社会科学院的资金条件和物质条件都不太好，我们开展这一工程项目将本着勤俭节约的原则，力争通过各方面的努力实现全国社会科学研究机构之间文献书目数据资源的共享。

（3）共建共享和责权利一致的原则。全国社会科学院系统应相互支持、通力合作，在共同享有权利的同时共同承担应尽的责任并共同履行应尽的义务。

3. 全国社会科学院图书馆联机联合编目系统的网络结构

在暂时不能添置新的大型服务器的情况下，可采取通过在社科院网防火墙中的停火区连接一台检索服务器（亦可用一台好的 PC 机代替）来共用院馆现有大型服务器的模式。其结构具体如图 1 所示。

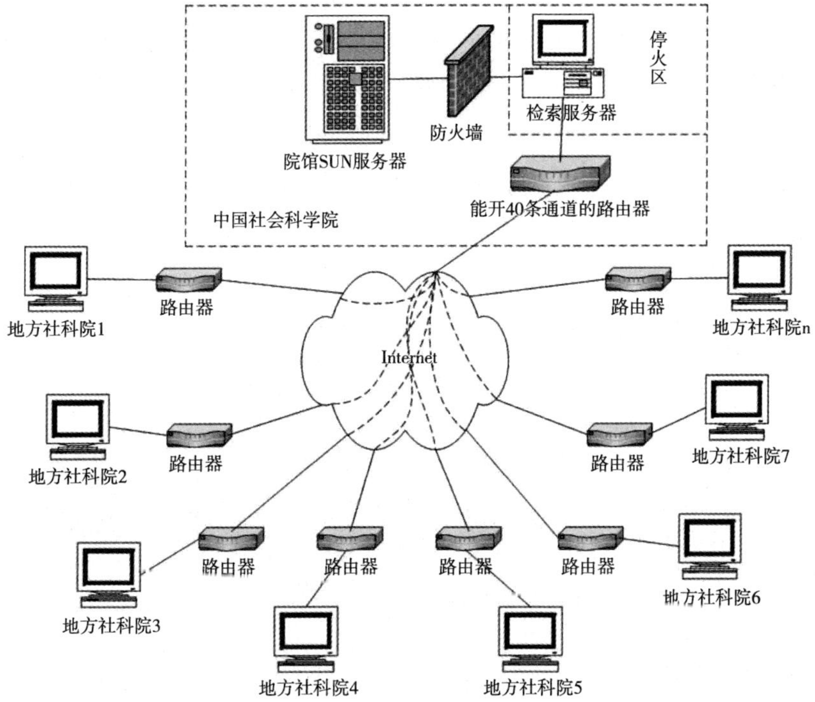

图 1　院馆和各省（区、市）社会科学院通过使用路由器组成 VPN（虚拟专线）

此模式是利用中国社会科学院图书馆原有的服务器，再将各地方社科院图书馆的书目数据整合进来，形成一个机读的、在线的、可不断更新和扩充的、共建共享的全国社会科学院联合目录数据库。如果从保证系统和数据安全的角度考虑，最多再添置一些花费不多的备份系统和存储数据用的设备。

新的图书馆软件系统为我们做好了能支持联机共享编目作业数据库的准备，软件系统中的尾号管理和数据转入统计等为将来全国社会科学院联机联合编目做好了管理上的准备。只要我们共同努力，有了困难和问题共同出主意、想办法，一定能尽快将全国社会科学院图书馆联机联合编目系统建设好。

（原载于《21世纪的信息资源编目——第一届全国文献编目工作研讨会论文集》，北京图书馆出版社，2006年8月，2006年4月在国家图书馆和中国图书馆学会标引与编目专业委员会组织的第一届全国文献编目工作研讨会上获优秀论文三等奖）

联机联合编目与社科院系统的应用研究

一　联机联合编目的基本概念

联机联合编目又称“联机合作编目”、“联机共享编目”。一般是指若干个图书馆（或其他文献机构）的馆藏信息通过计算机连接形成一个统一的联合目录数据库，与该数据库连接的所有机构都能共享数据资源并实现异地联合编目。各成员馆有义务对联合目录数据中尚不存在编目记录的文献进行高质量的原始编目，并将其上载到联合目录数据库，同时成员馆通过下载已有的书目数据来进行复本编目，从而减少重复编目，大大降低馆藏图书的总体编目成本。

也可以说，联机联合编目是指若干个文献信息机构在自愿联合的基础上，利用先进的计算机技术与网络系统，通过一定的协议建立书目信息交换关系，根据统一的编目规则与工作规程分担编目任务、共享编目成果。联机联合编目通常以一个权威机构的编目数据为主，其他参与合作机构的补充编目数据为辅，其基本目标是成员馆之间可方便地查询和利用编目资源，并且建立大型集中式数据库，为成员馆提供上载、下载服务，各馆通力协作在大范围内快速地实现目录数据资源的共建与共享。

“资源共享是我们20世纪图书馆最宝贵的遗产”，而联机联合编目则是图书馆资源共享的一种重要形式。资源共享是“图书馆职能由一些图书馆共同分担的运转方式。目标是提高图书馆的经济和社会效益，即读者可获得更多的资料和服务；各馆可用最少的经费提供尽可能多的资料和服务。共享的资源可以是实物、人员或者资金，包括馆藏资料、图书馆目录、工作人员的专长、存储设施和计算机等设备”。[①] 而联合编目则是指：“由若干图书馆分担编目工作，共享编目成果的活动。”[②] 由于很多图书馆都不同程度地入藏了相同的书刊，有的还是大量的重复，各自对它们进行编目必然要付出很多的重复性劳动，而编目又是专业性强且劳动量大的工作，显然，实现联合编目以消除这种大量的重复劳动就成为图书馆界的重大心愿之一。到了 20 世纪 80 年代，由于信息膨胀的日益加剧，图书馆编目工作量急剧增长和编目工作滞后甚至大量积压，对联合编目的呼声就更为强烈。

实现联合编目需要一定的条件，因而它是在图书馆发展到某一阶段时才产生，并随着图书馆进一步的发展而演进的。早期的联合编目建立在手工编目的基础上，并和集中编目相联系。美国国会图书馆在 1902 年开始进行，1932 年发行标准目录卡片，我国在 20 世纪 50 年代由北京图书馆发行统编目录卡片，都是最早的联合编目的一种形式。显然，由于信息交流的不及时甚至延误（这主要是统编卡片的发行滞后于各图书馆编目工作的需求而形成的）和北京图书馆的馆藏不可能涵盖全国各图书馆的馆藏等原因，这种形式的联合编目局限性大，效率低，效果不理想，很多图书馆员都期盼能有进一步的改进。然而，从当时很多图书馆都使用统编卡片可以看出，这一措施在当时的确还是推动我国的文献编目工作前进了一大步。

计算机在图书馆的应用使得图书馆工作发生根本性变革，手工联合编目自然也向计算机联合编目发展。最初是脱机联合编目（当时也称“介质传递”的联合编目，但这种称呼似乎不够确切），即编目数据是通过软盘或光盘来传递的，如北京图书馆、北京图联、上海申联、深圳图

① 中国大百科全书总编辑委员会《本卷》编辑委员会、中国大百科全书出版社编辑部编《中国大百科全书图书馆学情报学档案学》，中国大百科全书出版社，1993，第 443 页。

② 中国大百科全书总编辑委员会《本卷》编辑委员会、中国大百科全书出版社编辑部编《中国大百科全书图书馆学情报学档案学》，中国大百科全书出版社，1993，第 181 页。

书馆等发行的书目数据软盘（后来有的发展成光盘），其中影响力最大的是北京图书馆的软盘和光盘。这种形式的书目数据可以提供给各图书馆的计算机编目系统直接使用，它在信息及时交流方面较统编卡片要优越得多，并具有计算机编目的优点。但由于编目信息在即时传递上还不够理想，同时一些障碍还未能消除，因而无法达到资源共享的理想境界。

在计算机网络得到推广应用的条件下，脱机联合编目进一步发展为联机联合编目（当时也称“通讯传递”的联合编目，它同样不够确切），即编目数据生成之后，可通过网络即时发送给有需要的各成员，而参加联合编目的成员也可随时了解其他单位的编目进展情况，真正实现“一馆编目，各馆共享”，达到联合编目的理想境界。

因此，可以把联机联合编目概括地定义为：在计算机和网络环境下，由多个图书馆共同参与和分担的、编目数据可实时共享的编目作业。这种编目作业总是与高质量的联合目录和书目数据库建设同步进行的。

联机联合编目工作的总目标是：通过相互联网的各个图书馆的合作，建立一定范围内的联机联合编目系统，实现高度的书目数据共享，并为相关用户提供准确、全面的书目查询服务，为图书馆其他的业务工作和图书馆之间全面的资源共享打下基础。

这种编目作业的特点是：计算机化的、在线的、动态的、开放的、分担合作、资源互补、共建共享的。

通过联机联合编目手段实现书目数据资源共建共享是全球图书馆人孜孜不倦地奋斗几十年的目标。早在 1971 年 8 月 26 日，美国俄亥俄大学图书馆第一次以联机方式将编目记录输入了 OCLC[①] 的新系统，这一事件标志着图书馆间联机联合编目的正式实现。此后，联机联合编目便首先在西方发达国家得到迅猛发展，涌现出了诸如 OCLC、RLIN[②]、UTLAS[③]、

---

① OCLC：联机计算机图书馆中心，美国，是世界上最大的联机编目网络，其全称为：Online Computer Library Center。

② RLIN：研究图书馆信息网络，美国，其全称为：Research Libraries Information Network。

③ UTLAS：多伦多大学图书馆自动化系统，其全称为：University of Toronto Library Automation System。

WLN① 等著名的联机联合编目机构。现在，联机联合编目在图书馆事业发达的国家已成为传统文献书目控制的成熟方式。通过联机联合编目实现文献信息资源共建共享也一直是我国图书馆事业追求的目标。20 世纪 90 年代以来，随着我国计算机技术，特别是网络通信技术的飞速发展，不同图书馆之间的文献信息在网上实现共享的条件已经具备，联机联合编目也日益受到国内图书馆界的关注。

互联网技术的出现，为人们提供了更为方便的信息获取手段。特别是近年来，互联网的应用在我国各行各业以惊人的速度增长，对我们图书馆界的信息服务也提出了更高的要求。方便快捷的信息检索接口和丰富完整的文献信息资源成为衡量一个图书馆服务质量和服务效率的重要指标。但是，由于图书馆文献种类的多样性和文献信息资源的复杂性，以及不同来源信息的异构性，信息检索也变得愈加复杂和多样。由于不同的图书馆往往使用不同的自动化管理软件系统，而这些不同的软件系统又有着各自不同的检索接口和检索界面。这样，用户要想检索使用不同的自动化管理软件系统的其他图书馆的文献资源，就必须掌握所有其他异构图书馆软件的检索方式，然后再逐个检索其他各个图书馆才能查找到所需要的文献或书目信息。在这种情况下，就大大降低了用户对信息的检索效率。如果能建立一个互联网条件下的联机合作的共建共享系统，使用一个统一的访问接口和一种统一的检索方式来访问所有的文献信息源，就会使问题变得异常简单，而检索利用的效率则会呈几何级数的提高。图书馆的编目人员可以在这个系统中通过功能比较完备的客户端软件，方便快捷地访问其他同构或异构的自动化软件系统，并可以很方便地得到一条已经编制好的 MARC 机读书目记录，这就使计算机联机编目系统辅助编目工作成为可能，从而大大降低编目人员的工作强度，减少重复劳动，提高工作效率，同时也使书目数据的质量得到更好的保证。可以说，互联网环境下的联机联合编目是文献编目工作的最佳模式。

---

① WLN：西部图书馆网络，其全称为：West Libraries Network，后与 OCLC 合并。

二　联机联合编目的重要意义

早在20世纪80年代，中国科学院图书馆的阎立中老师就指出，图书馆工作现代化的标志是图书馆业务工作的社会化、专业化、自动化和标准化。谈到联机联合编目的重要意义，首先就要从有利于实现编目工作的“四化”说起。除此之外，还有其他四个方面的重要意义。下面，就从八个“有利于”来具体论述联机联合编目的重要意义。

（一）有利于实现编目工作的社会化

所谓社会化，即在一个国家的范围也好，在全世界的范围也好，图书馆的业务工作应该摆脱那种传统的、小农经济式的生产方式，而应大家协作、分工来做。以编目工作为例，过去是每个图书馆都安排一大堆编目人员，各馆编各馆的；而按照社会化的要求，应该是一个图书馆编了，其他图书馆就不用再重新编目了，只要利用首家图书馆的编目成果就可以了。社会化的编目工作不应该由一个图书馆来做，而是通过分担合作大家共同来做，然后大家共同享受工作成果，这也就是后来我们所说的共建共享。具体到书目数据的共建共享，其最终的理想状态当然是实现在国家层面上的联机合作编目。要想使这种最终的理想状态得以实现，不走编目工作社会化的路子是不行的。在网络条件下，图书馆的编目工作不再是封闭的环境里单一图书馆对文献进行手工的加工和处理，而是在计算机化的、在线的、动态的、开放的、分担合作、资源互补、共建共享的环境里对纷繁复杂的海量信息进行筛选、过滤和组织整理。如果能够最终成立全国联合编目中心，充分发挥全社会顶尖编目专家的作用，将全社会各个系统各个行业图书情报单位的书目信息都整合到该中心的国家书目数据总库，则是最为理想的结果。其好处如下。一是可以实现最大程度的资源共享，实现最大范围内书目数据的统一规范管理；二是可以大大节省全国各个图书情报单位的人力、物力，而将有限的人力、物力投入信息资源开发利用和信息咨询方面，从而使其产生更大的社会效益和经济效益。总之，开展联机联合编目工作，大大推动了本系统或本地区图书馆编目工作从传统的各自为政的封闭式操作向社会化的方向发展，书目数据制作的社会化已成为一种发展趋势。

（二）有利于实现编目工作的专业化

实现网络条件下的图书联机联合编目，是一项在各个方面都要求很高的系统工程，而绝不是一件简单易行的工作。首先，要想顺利地达到书目数据联机共享的目的，提高编目人员的业务水平至关重要。图书编目是一项技术性很强而又十分烦琐、细致的工作，从事联机编目的人员需要全面掌握文献的分类规则、主题标引规则、MARC 机读目录著录规则、著者号及索书号选取规则等一系列规则和标准。不断调整编目人员的知识结构、提高编目人员的业务素质是保证书目数据质量的重要条件。由于联机联合编目的成果是公开透明的，它促使编目人员更加重视编目质量。同时，这种双向的书目数据交流，也更加方便编目人员的业务交流，有利于提高各成员馆编目人员的整体素质。同时，编目负责人的管理水平也要适应开展联机联合编目的需要，首先要更新观念，学习和实践科学发展观，树立强烈的网络共享意识，不断提高网络环境下的联机联合编目作业管理水平。

（三）有利于实现编目工作的自动化

传统的手工编目工作业务劳动强度高、速度极慢。后来，随着 MARC 机读书目数据和计算机编目软件系统的出现，实现了计算机编目，使图书馆人看到了自动化的曙光。以后，又出现了国图、申联、图联、深图等书目机构发行的机读书目数据软盘或光盘，工作效率又有所提高，这在一定程度上实现了书目数据的共享。但是，共享软盘或光盘数据最突出的问题是时效性差，图书到馆后，要想利用这些软盘或光盘的书目数据有时要等上相当长的一段时间，这就使得离实时的数据资源共享还有相当大的距离，对编目工作的进度还是有着不小的影响。从 20 世纪 90 年代末期开始，国内也开始逐步实施网络环境下的联机联合编目。联机联合编目，使得一个成员馆对某种文献的编目成果，可以为参加到该联机共享网络系统的所有成员馆共享，成员馆只需通过本地网络终端的计算机，利用著者、书名、ISBN或ISSN号、主题、分类号、出版地、出版时间、资料类型、系统控制号等检索点，查找出联合编目中心MARC数据库中本馆所需的记录并下载，就可直接生成自己的书目记录，不必重新再进行原始编目。若没有检索到所需数据，则从终端按MARC格式对该文献进行原始编目，并把它作为网络系统书目数据库的一条新记录存储后上载到联合编目中心数据库，提供给其他成员馆使用，从而达到编目资源共享的目的。实施联机联合编目的结果是，大大减少了输入信息的手工劳动，避免重复性劳动，大大提高编目工作的效率，实现了实时的书目数据信息共享。

（四）有利于实现编目工作的标准化

在传统的手工编目工作中，标准化的问题尚未提到工作日程。就是在计算机单机工作阶段，标准化问题也在相当大的程度上没有引起足够的重视。由于书目数据不标准、不规范、不统一，编目数据的质量受到很大影响，各个图书馆之间也很难做到资源共享。随着图书馆自动化和网络化程度的不断提高和发展，联机联合编目逐渐被各个图书馆系统提到议事日程并得到具体实施，这就要求每条书目数据都要按照统一的MARC格式的标准和要求组织起来，以达到书目信息资源共享的目的。而且，联机联合编目工作一般是由联合编目中心统一组织和管理，同时有一套严格的审查校对制度，有的联编中心还定期检查各成员馆的书目数据质量，如不合格还要做降级处理。这就使得各个成员馆都不得不重视编目质量的严格把关。对于在联机编目过程中出现的在著录标准、编目规则等方面的问题，各成员馆可以随时向联编中心进行技术咨询。同时，各成员馆的编目人员也可参加由联编中心主办的各种业务培训活动，所有这些都使联机联合编目数据的质量能够得到充分的保证。

总之，联机联合编目由管理中心统一管理，中心严格检查成员馆的编目数据质量，经过联合编目中心审核的书目数据标准、规范，具有很强的通用性。各成员馆可从中心数据库套录大量数据，仅有少量需原始编目的记录。在对这些少量需进行原始编目的数据进行编目时，也会得到联合编目中心在著录标准、规则等方面的技术支持和规范控制，使上传数据质量也得以保证。开展联机联合编目工作，大大推动本系统或本地区图书馆编目工作从传统、落后的手工式操作向现代、先进的标准化、规范化方向发展，使得书目数据库的质量得到强有力的保障。

（五）有利于节省成本、提高经济效益

在图书馆都各自为政进行编目工作的时期，各个图书馆乃至各个行业图书馆系统的编目人员对同一种图书从事着相同的重复劳动，人力、物力的浪费现象相当严重。

一个系统或一个地区的联合编目中心能够以合作编目形式为本系统或本地区各中小型图书馆提供标准化书目数据，方便他们进行回溯建库和新书编目等服务，则减少了重复劳动，节省了编目开支，提高了经济效益。反之，如果各图书馆都要培养能熟练地运用《文献著录总则》、《普通图书著录规则》、《中图法》、《中国分类主题词表》、《中国机读目录格式》（即CN-MARC）等一系列标准和规则对各种文献进行原始编目的业务人员，而且各个图书馆对所收藏的图书都要各自进行原始编目的话，国家和各个图书情报单位就要投入大量的经费，其经济效益之低简直无法想象。其实，这样做也是缺乏可行性的，因为国家和图书情报单位都不可能拿出这么大的一笔经费来做这种大量重复浪费的工作。同时，这样做也不符合编制MARC机读书目记录以供在各图书馆间进行交换和共享的初衷。

联机联合编目系统的实时编辑与检索功能，使各成员馆上传的数据能为他馆所用，其他成员馆只需套录和复制记录，避免了同一种图书在各个图书馆的多次输入，达到一次制作多次使用、一方编制多方共享、一种形式输入多种形式输出的目的，使书目数据以最快的速度、最短的时差进入联机书目数据库，解决了过去长期以来存在的新书书目数据制作时滞过长的问题。在提高编目工作效率的同时，也大大节省了编目成

本，从根本上改变分散编目造成的社会资源的浪费，真正实现“低耗、高质、高效”的目标。

（六）有利于实现书目数据库的共建共享

“质量是数据库的生命”，只有通过联机共享把好质量关，建成的各种书目数据库才有存在的意义。同时，各个书目数据库的质量也直接影响着数据库之间的联机共享。试想，如果在各个书目数据库质量良莠不齐，查全率和查准率都得不到保证的前提下，又如何能实现各个书目数据库之间的联机共享呢？在实施联机联合编目业务之前，各图书馆各自为政，图书馆间规则上的分歧无法统一，加上各图书馆编目人员的水平参差不齐，致使各图书馆书目数据的质量差别不一。实现联机联合编目作业之后，由于极大地提高了编目工作的效率、书目数据的标准化程度和数据库的质量，故而大大加快了联合编目中心书目数据库的建设速度和实现书目数据库资源共享。

（七）有利于文献信息资源的合理布局

仅根据 2008 年不完全的统计，全国就有 149988 种新版图书出版，内容涉及人文社科和科学技术各个领域①，单靠一个图书馆或编目中心的力量根本无法全部收录这些图书。反之，如果由地区分中心或专业分中心负责对所在区域、所属专业新出版的图书及时编目，第一时间上传数据至联机联合编目系统，各地区、各专业的书目数据就能被所有的成员馆广泛利用。通过联机联合编目系统，就可以改善书目数据覆盖不全的状况。这样，各个地区或行业的图书馆就可以掌握全国文献资源的收藏和分布情况，用有限的经费去最大限度地发展特色馆藏。通过联机联合编目系统，读者可以了解文献收藏的具体地点，图书馆通过开展文献传递和馆际互借等服务，提高文献利用率和文献信息的辐射能力，最大化地实现资源共享，并进而提高图书馆的社会影响力。因此，建立联机联合

---

① 《2008 年全国新闻出版业基本情况》，http：//www. bkpcn. com/Web/ArticleShow. aspx? artid = 084918&cateid = A02。

编目系统，更加有利于文献信息资源的合理布局，真正实现图书馆界在书目数据资源方面的共知、共建、共享。

（八）有利于加快实现数字图书馆建设

国内外成功的联机联合编目实践证明，借助联机合作网络开展联机信息服务是一条可行的图书馆自动化之路。这样做极大地提高了一个系统或一个地区各个图书馆编目工作的效率和质量，从而快速地建成该系统或该地区量大质优的各级书目数据库。而这些数据库和联机共享平台的建立，又为联机合作采购、联机书目浏览和检索，以及联机文献传递、联机馆际互借、联机情报检索等服务打下了坚实的基础，同时也为其他各种文献信息资源的流通和共享铺好了道路。

联机联合编目系统建设也是建设数字图书馆的重要基础，未来的联机联合编目业务也应融入未来数字图书馆的总体建设工程之中。即使联机联合编目搞得再好，毕竟我们最终的目标还是要建成符合信息时代和知识经济时代要求的、超越时间和空间限制的、实体图书馆与虚拟图书馆相结合的数字图书馆。

具体到全国社会科学院图书馆系统来说，建设一个中国社会科学院图书馆系统和全国各省、自治区、直辖市社会科学院图书馆系统联网的、数据完整的、高质量、高水平的全国社会科学院联机联合编目系统，形成一个全国范围内社会科学信息资源共建共享的基础平台，是写入中国社会科学院“十一五”规划中的一项重要工作任务。建成这个联机共享系统，就形成与中国社会科学院的地位和规模相匹配的全国社会科学工作者共享的全国人文社会科学书目数据中心。人们不管在院内还是院外，也不管在国内还是国外，只要上网访问这个中心，均可一次性地查全、查准全国范围内的人文社会科学文献书目信息。这样，就为全国社会科学院图书馆编目人员和科研人员共享书目数据资源提供最便利的条件。

中国社会科学院前副院长江蓝生同志曾指出：“一个地方社科院不管它多大多小，都有它的特色，都有它的长处，有些恐怕是我们中国社会科学院都比不了的，比如西藏社科院的藏学研究，云南关于东南亚国家的研究，湖北的楚文化研究，吉林对中国边疆历史的研究都有它们各自的长处。如果我们把这些长处互相共享，我们就能取得事半功倍的效果。所以从客观上来说，我们也很需要共建共享……首先认识要到位，不要认为可做可不做，可早做可晚做，如果这样认识的话，那么工作肯定是不容易推进的。我们应该认识到，这项工作必须要做，而且必须要早做，尽早做，早做比晚做好。”①

中国社会科学院图书馆馆长杨沛超同志也指出：“我们全系统的各个单位都要重视这项工作，不能把它看作是一种可有可无的工作，因为这项工作本身的基础地位就奠定了它在我们图书馆、在我们全社科院系统的重要作用。”并指出：“我们要本着开放资源、广泛合作、实现共享、促进繁荣这样一个宗旨来推进这项事业。在现在这个环境下，图书馆要发展，关键就在于资源的共建和共享。离开了这一点，图书馆的生存就会遇到困难。”②

从以上中国社会科学院院馆两级领导的讲话即可看出他们对该项工作的重视，也说明了进行全国社会科学院联机联合编目系统建设的意义和重要性。

三　建立联机联合编目网络的必要性

有人可能会说，我国从20世纪90年代开始，西方从20世纪70年代开始③，就有图书在版编目数据可供参考和利用。近年来，越来越多的图书出版发行商也都在售书的同时提供机读书目数据，咱们还有必要研究和实施联机联合编目业务吗？笔者认为，虽然说现在进行编目作业时有在版编目数据和部分书商提供的数据做参考，但这两者的情况都有其不足，因而不能完全取代联机联合编目的功能。具体说明如下。

---

① 江蓝生于2003年9月24日在福州召开的全国社会科学院系统图书馆工作协调会上的发言。

② 杨沛超于2009年6月30日在北京召开的全国社会科学院联机联合编目建设阶段性结项会上的发言。

③ 武二伟：《国外图书在版编目（CIP）现状分析及对我国的启示》，《现代情报》2009年3月（第29卷第3期）。

（一）图书在版编目的状况和不足

图书在版编目（Cataloguing in Publication，CIP），是“文献出版过程中，利用清样进行编目”。它是根据一定的标准为在出版过程中的图书编制的书目数据，主要包括书名、著者、出版社、出版年、国际标准书号、主题词和分类号等项内容。CIP最早出现在美国和澳大利亚，20世纪70年代末被介绍到国内，历经多年的呼吁和酝酿，1990年7月30日国家技术监督局颁布了《图书在版编目数据》（GB12451－90）国家标准，并要求从1991年3月起实施。1999年3月，新闻出版总署颁发了《关于在全国各出版社实施图书在版编目（CIP）有关问题的通知》，规定了自1999年4月1日起全国统一实施图书在版编目，并对CIP数据内容和CIP数据标准实施范围等提出了具体要求。该通知明确指出：“国家标准《图书在版编目数据》（GB12451－90）系强制性标准，全国各出版社均应认真贯彻实施，定期自查，勿得缺漏。国家各级出版管理部门，应将实施图书在版编目（CIP）数据标准工作纳入图书出版行业标准化规范性管理范畴。对未实施图书在版编目（CIP）数据标准的出版单位，要根据有关规定给予行政处罚。”①

图书在版编目的实施对于图书情报界有着积极的意义和重要的作用，它推动了图书编目工作的标准化和规范化，保证了书目信息与图书出版同步传递。据2010年6月13日网上的统计，2006年我国有15437个图书馆②。按平均每个图书馆两名编目员统计，全国则有30874人在从事图书编目工作。在没有实施再版编目和联机编目业务之前，对同样一本图书可能要进行上百、上千甚至上万次重复性的编目操作。由于图书版权页上方提供了在版编目数据，就可以使众多的编目人员共享在版编目的成果，做到一次在版编目被多个图书情报单位的编目员多次利用，从而大大减少了重复性的劳动，提高了编目工作效率和经济效益和社会效益。CIP数据的出现，促使出版界和图书馆界都使用相同的著录规则、机读目

① http：//www. wenzhouglasses. com/html/news/449060. html.

② 《论信息化社会图书馆的信息服务》，河北大学硕士学位论文，2006，http：//www. dlresearch. cn/tqs/？ p＝77。

录数据格式、分类标引和规范控制规则，使出版社及书店的征订书目和图书馆目录趋于标准化和规范化。但是，由于在版编目缺乏相应的法律法规对具体的实施工作提供保障，新闻出版署1999年在颁发通知时也没有指定在版编目相应的实施方式和具体操作方法，加上CIP中心有时对出版社提供的数据不能够及时审核返回，在竞争激烈的出版发行市场上，过长的审核周期严重影响了图书的正常出版，使图书出版部门蒙受了一定的经济损失。因此，部分出版社参与CIP合作的热情不高。据相关统计，全国参与CIP合作的出版社尚不足50%。同时，由于出版社仅把在版编目作为图书出版过程中的一道必经程序，对其数据质量的要求则不太重视。再加上在版编目数据多是由出版社提供原始数据，而它们缺乏编目的专业知识，尤其缺乏图书分类、主题标引和规范控制的专业知识，更何况出版社的通行做法是由图书作者在提交书稿的同时提交在版编目数据，而负责在版编目的部门因工作压力太大也不可能做到深入细致的审核，致使在版编目数据存在不同程度的错漏问题，难以符合国家标准《图书在版编目数据》的要求。正像网上相关报道所说的："图书在版编目数据的准确度却让人不敢恭维。根据近年来图书馆利用CIP数据的情况看，该数据中确实存在着不少的错误，主要有两大类：一类是分类标引技术错误，其出错率远远超过了图书分类工作允许的范围。主要表现为主题相似的丛书分类不一致；主题标引与分类标引不一致；分类标引中总论、专论混淆；分类级别过粗，如该仿分的未仿分，该复分的未复分，该细分的未细分以及多卷书分类标引不一致，等等。另一类是排版印刷错误。如在书名、著者、字母和数字等方面的误排和漏排现象。由此可以看出CIP数据作为国家标准还存在着一些不足……以上诸种错误的出现不仅使图书馆的工作人员花费大量的时间和精力来纠正，而且还会因为CIP数据本身的权威性而产生误导，从而影响整个编目工作标准化的实现。"①

据中国社会科学院图书馆的编目人员介绍，正是由于上述原因，他们在做具体编目工作时，一般都不以图书在版编目的数据为准，最多仅

---

① http：//zhidao. baidu. com/question/18736674. html.

是把它作为参考，而一些熟练的编目员甚至基本不看在版编目数据而完全是自行编目。

（二）书商制作书目数据的状况和不足

书商和出版商为了争夺图书发行市场，也开发书目数据的制作业务，同所售图书一起赠送。例如，北京西单图书大厦作为国内最大的一家书店，同北京丹诚软件公司合作，组织和培训了一批专门人员从事书目数据的制作。数据制作依据统一标准，聘请知名专家审校把关。它到书迅速，制作数据速度快，数据覆盖面广，且有较高的性价比。但是，书商制作书目数据亦有其不足之处。在竞争激烈的图书发行市场，各图书发行商为了争取尽可能多的客户，尤其是面对购书经费相对庞大的国家级图书馆、各系统和行业的大型图书馆和高校图书馆客户群，他们不惜采用各种促销方式来满足图书馆的需求。各图书发行商为了满足这些图书馆的书目数据要求，组织专门人员负责书目数据的编制，他们在向图书馆提供图书的同时也提供较为详细的书目数据。有的图书馆甚至把盖藏书章、打登录号、粘贴书标、粘贴防盗磁条等工作也都交给了图书发行商完成，图书到馆后只需做很少量的工作就可供读者使用，从而大大减轻了图书馆的编目工作压力，加快了新书的流通。然而，由于各图书发行商的编目人员对图书编目业务只经过很简单的培训便匆匆上岗，对图书著录规则和机读目录格式了解不够、理解不深，对相关的分类、主题标引以及规范控制等知识更不可能一下就掌握，再加上书商普遍注重工作效率和追求经济效益，必然导致编目工作不可能像一些正规、专业的图书馆那样经过非常认真、严格的“三校”，结果在机读书目数据的制作过程中造成诸多不应有的错误。仅以个别书商提供的书目数据为例，错漏之处比比皆是。既有书名与责任者项、版本项、丛书项等的错、漏，也有分类、主题标引的不规范，影响了图书馆对书商提供的书目数据的利用，增加了图书馆编目人员修改数据的劳动量。

相比之下，联机联合编目系统的数据质量则没有上述问题的困扰。各地区或各系统的联合编目中心可以利用其龙头馆的专业优势和人才优势，很好地解决上述两者数据源中产生的质量问题，从而提供给该地区或该系统的各成员馆高质量的书目数据。又因为各联机联合编目系统的数据都是高度实时共享的，也很好地解决了上述两者数据提供不足或时间滞后的问题，从而保证及时地向该地区或该系统的各成员馆提供所需的书目数据。

四 建立联机联合编目网络的可行性

（一）各级政府和领导的支持

随着社会的不断进步，图书馆的社会地位和重要作用越来越受到人们的重视，各级政府对图书馆的投入在不断增加，很多全国性、区域性或专业图书馆都得到政府投入的自动化建设专项经费，这些经费不仅用于图书馆计算机软硬件设备的改善，还大量用于书目数据制作，对图书馆自动化进程产生了重大影响。

（二）计算机设备技术的发展

近年来，我国图书馆自动化建设有了长足发展，大多数图书馆装备了相应规模的计算机设备，大型计算机设备解决了联机联合编目书目数据的海量存储问题，各类计算机硬件设备价格的不断下跌，使计算机应用到各类型图书馆成为现实。同时，许多图书馆都实现了自动化管理，具有良好的稳定性和适用性的“息洋图书馆集成系统”、“丹诚图书馆集成管理系统”、“汇文图书馆集成管理系统”、“北邮图书馆管理系统”、深圳图书馆的“ILAS”系统等软件的开发，美国、以色列、韩国等国外图书馆自动化集成系统的引进，为我国联机联合编目的开展提供了平台。

（三）计算机网络环境的改善

计算机技术和网络技术在图书馆的广泛应用，现代通信技术的飞速发展，有力地推动了图书馆各项业务工作的发展与变革。中国教育科研网（cernet）、中国科学技术网（cstnet）、中国公用计算机互联网（chinanet）、中国金桥信息网（chinagbn）、中国网通高速宽带互联网（cncnrt）、中国联通公用计算机互联网（uninet）等六大网络的开通和彼此互联互通，并与互联网连接，为联机联合编目提供了良好的环境和技术保障。同时，不少图书馆都在建立局域网的基础上，实现了广域网的连接，使编目工作作为图书馆基础业务工作，由传统、手工、封闭的独立操作向现代化、计算机化、网络化、社会化方向发展。

（四）文献著录标准日趋完善

一系列国家统一文献著录标准的颁布，如《中国图书馆分类法》、《中国分类主题词表》、《中国文献编目规则》、《西文文献著录条例》、《新版中国机读目录格式使用手册》、《CALIS 联机联合编目使用手册》、《MARC21 书目数据格式使用手册》、《MARC21 规范数据格式使用手册》等的普及推广，大大推动了标准化编目的发展。

（五）图书馆专业人才的保障

目前，我国已有 20 所高校设立了图书馆学专业[①]，每年可向社会输入数千名专业人才。同时，各级业务主管部门和图书馆始终把培养专业人才放在重要位置，通过不定期举办文献著录标准化研讨班、数据库建设培训班、学科竞赛、学术交流等各种途径为基层图书馆培养了大批急需的专业人才和业务骨干，保证了各项业务工作的有效开展。

（六）大型书目数据库的建成

随着计算机编目的普及，很多图书馆都建成有价值的机读书目数据库，其中不乏高质量的书目数据库，国家图书馆的《中国国家书目数据库（1988 年后）》，国家图书馆、上海图书馆、广东省中山图书馆、深圳图书馆共同完成的《中国国家书目回溯数据库（1964～1987）》，中国科

---

① http：//edu. qq. com/a/20050310/000151. htm.

学院文献情报系统的《中国科学文献数据库》的建成，不但是对编制机读目录的充分实践，也为联合目录提供了基本书目数据源。

（七）国外成功运作模式借鉴

从20世纪60年代开始，编目理论与技术取得长足发展，机读目录（MARC）的产生与应用、《国际标准书目著录》（ISBD）和《英美编目条例》（第二版）（AACR-Ⅱ）的出版，标志着国际编目已进入标准化、国际化、网络化时期，并且形成一些著名的国际编目网络。

1971年8月，美国俄亥俄大学图书馆第一次以联机方式，将编目记录输入OCLC的新系统，标志着图书馆间联机联合编目的正式实现，此后，联机联合编目迅猛发展，目前已有112个国家和地区的71000多个图书馆使用OCLC（Online Computer Libraries Center）的服务来查询、采集、出借和保存图书馆资料以及为它们编目，其宗旨是为广大的用户发展对全世界各种信息的应用以及降低获取信息的成本，其使命是通过图书馆合作将人们和知识连接在一起。①

OCLC已成为联机合作编目的典范，它的实践对我国的联机联合编目有重要借鉴意义，可以让我们少走一些弯路，吸取成功的经验和失败的教训，具有重要的启示意义。

五　中国社会科学院联机联合编目建设的历史

（一）中国社会科学院图书馆联机联合编目系统建设初战告捷

中国社会科学院的联机联合编目系统是由中国社会科学院图书馆②组织和牵头，并与各研究所的图书馆共同建设的。由于在组成这个系统之前，各研究所的图书馆在组织管理和业务指导上就是院馆的下属单位，

---

① http：//www. oclc. org/asiapacific/zhcn/about/default. htm.

② 也称“院馆”，是中国社会科学院图书馆系统的牵头单位。

因而在组织联机联合编目方面有着比较有利的条件。同时，在建设过程中所采用的规章制度和方式方法，有的可能具有某种特殊性。然而，其基本思想是符合联机联合编目的普遍精神的，社会科学院的同人在建设过程中也有不少自己的创造。

总的来说，中国社会科学院图书馆编目工作的发展过程基本上是符合编目工作由低级到高级的发展规律的。1992 年之前的十几年，他们的手工编目工作经历了从无序到有序，从各自为政到标准化的过程。1992 年，他们开始从手工编目向计算机编目的转变。先是使用了自行开发的单机编目软件进行联机编目作业；1995 年改用市售商业化的编目系统，实现了院馆编目部内的联机编目作业，并利用国家书目数据等进行回溯编目；1999 年以后又开始进行全院范围内的联机联合编目系统的开发和建设，逐步开展和进行了全院各个图书馆之间的联机联合编目作业，真正实现了院馆和全院其他 18 个所级图书馆的联机联合编目，并能随时共享国家图书馆的书目数据。这个系统于 2001 年初步建成后，一直都在为全院高质量、高效率地进行新书的即时编目和旧书的回溯编目发挥着巨大的作用。

本来，中国社会科学院是隶属于中国科学院的一个学部（哲学社会科学部），原来的 33 个研究所图书馆在业务上也都属于中国科学院图书馆指导和管理。1977 年哲学社会科学部从中国科学院分离出来独立成中国社会科学院，直到 1985 年成立院的直属机构——文献情报中心（1992 年后改为文献信息中心），在图书馆业务上一直没有一个相应的指导和管理机构，也就形成各研究所图书馆各自为政的状态。图书馆系统组织建设上先天不足的状况导致全院图书馆业务的混乱和无序，在文献的分类、著录、目录等各个方面不标准、不规范、不统一。例如，1984 年全院 33 个图书馆（室）使用的图书分类法竟多达 9 种。有的图书馆甚至不顾国内早已有国家推荐使用的《中国图书馆分类法》这一事实，还在自编分类法供自家图书馆使用。同类书区别号的使用更是五花八门。

院文献情报中心成立后，通过不断的宣传、培训和研讨，大家逐渐认识到实行文献的标准化著录对于做好图书馆工作，并在全院范围内最终实现图书馆自动化的重要意义。1984 年以来，文献中心陆续进行了 8 次有关图书标准化著录的讲座和专题报告。例如，1991 年 7 月，院文献情报中心组织了“中国社会科学院文献著录标准化研讨班”。借此东风，院里又以红头文件的形式下发了题为《关于中国社会科学院文献编目实行标准化著录的通知》的正式文件，要求全院各所图书馆从 1991 年 8 月 1 日开始，一律按照标准化的要求完成对各类文献的分类编目工作。此后，又成立了全院文献著录标准化指导小组。总之，通过这些年的不懈努力，中国社会科学院的文献编目工作终于成功地跨越到了一个新阶段。

中国社会科学院有相当丰富的文献信息资源，但由于历史的原因，其所属研究所遍布北京城的东、西、南、北，地理位置相当分散，因而造成文献信息资源的分散。再加之管理手段一直比较落后，提供高效率的服务变得十分困难，不能有效、充分地发挥这些宝贵专业资源的作用。因此，尽快建成全院书目数据库系统已迫在眉睫。

这样也就提出一个问题，即现有的单馆编目或基本上是单馆编目的软件能否适应联机联合编目的要求？如果另加网络功能的一部分，并且把这两部分很好地结合起来，可不可以实现联机联合编目？现在，中国社会科学院开展联机联合编目业务的实践，说明这样做是可行的。

中国社会科学院为了做好在网络环境下开展联机联合编目标准化的工作，于 1999 年 3 月专门成立了全院联机编目协调室，统一协调、规范和组织全院的联机联合编目工作。该室根据开展全院中文图书联机联合编目进程的需要，组织编写了全院 18 个图书馆统一遵循使用的《中国社会科学院中文图书联机联合编目规则手册》（后修订、改编并正式出版为《中国社会科学院联机联合编目手册》和《中国社会科学院图书馆社会科学文献分类主题标引手册》），并以此为教材组织了 6 次培训和考核，使得全院中文图书编目数据的质量有了一个质的飞跃。

在中国社会科学院图书馆系统内，院馆编目部作为全院的龙头馆主持和承担了尽可能多的工作，各研究所图书馆或资料室则只承担较小份额。院馆编目部的数据也是全院 18 个分馆主要的数据来源。中国社会科学院建立联合目录主要是靠院馆编目部率先将本馆的旧书进行回溯，建立起院馆的书目数据库，然后将该库的数据转入全院书目数据总库向全院开放。这样，各所图书馆开始进行回溯编目时，就可先查找全院书目总库，有一部分书目数据就可利用院馆的现成数据和放在全院书目总库系统中的国家书目数据；如果没有可利用的数据，再进行原始编目并提供给全院使用。

（二）开发新的软件系统进一步加强联机编目功能

原来使用的图书馆软件系统开始时没有联机编目功能，后来根据联机编目课题的要求，新建了全院书目数据总库、预备库和临时库，并二次开发了一个自动查重、合库的程序，基本实现了能够支持全院 18 个图书馆联机联合编目的功能。

从 2002 年开始，中国社会科学院决定与韩国 ECO 图书馆软件公司合作开发新的图书馆自动化管理系统。我们抓住这一契机，对负责软件技术开发的韩国 ECO 公司在支持联机编目业务方面提出更高的要求。经过两年多的时间，他们在全面完成开发新系统的基础上，还开发出了一个专门支持集中式和分布式联机联合编目作业的模块，在支持全院范围内联机联合编目业务方面取得良好的效果。

ECO 系统与原系统相比，在联机编目方面的主要区别有以下几方面。

1. 联机实时数据共享的自动化程度更高

在过去的情况下，要想把实时共享的程度提高，就会在很大程度上依赖联机编目协调室和各馆编目人员的人工管理，例如，各所图书馆在做完一条新数据后，要及时转入临时库，在校对完一批数据后，要及时转入预备库。如果这些人为的工作不能做到及时处理的话，就会降低数据共享的及时性。而在 ECO 系统中，各馆数据都在同一个大型数据库内操作，不用考虑人为的因素即可确保系统能自动实施全院书目数据最佳状态的实时共享。

2. 书目数据库建设在实现最大化的共知、共建、共享的基础上，还保证了数据的安全性

使用ECO系统时，在一条数据只有本馆有馆藏，其他图书馆无馆藏的情况下，本馆有权对数据内容进行修改；而当一条数据在两个以上图书馆有馆藏的情况下，则只能由联合编目中心来修改，本馆只能修改自己的905馆藏字段内容。这种设计，既保证了全院数据的安全性，也调动了各馆的积极性；既体现了权利，也体现了义务，真正实现全院在编目业务上的共知、共建、共享。而使用老系统时，对已经上交到总库中本馆的数据，就无权进行修改了。

3. 数据转入时自动化程度更高

使用ECO系统时，除能自动追加新书目外，还能通过数据的实时上载自动追加新的馆藏和复本。而老系统只能自动追加新书目，而不能自动追加新的馆藏和复本，老系统需要追加新的馆藏时，只能通过人工确认和干预才能实现；追加新复本的工作，也只能通过数据的再更新或由联合编目中心管理员手工操作才能完成。

4. 数据对比画面比较好，更便于操作

画面大，当转入的数据与总库内的数据出现重复，需要人工确认时，自动弹出的左右两个画面占用了整个屏幕，所以一般不用上下拉动滚动条就能浏览全部数据内容；而老系统将需对比的两个画面设计为上下两个横向的窄条，每次数据对比都要频繁地上下拉动滚动条才能浏览全部数据内容。

5. 数据修改比较方便

ECO系统在数据转入和对比过程中，库内已有的数据和欲转入的数据均可即时修改，及时性好。而老系统只能在转入完成后再次进入数据库才能修改。

ECO系统还增加了虚、实字功能，即在需要人工对比的两条数据中，相同的内容显示为虚字，不同的内容则显示为实字，这就使得数据修改操作更加准确、方便和快捷。在“申请修改资料管理”环节和需经确认数据环节，都具有自动显示虚、实字的功能。这样，就使对比、修改等操作变得更加简易。而老系统则无此功能。

6. 增加了上下载统计功能

ECO系统可随时统计各馆上传和下载书目数据的数量，上载统计包括新书目、新馆藏和新复本三项统计，下载统计包括从本馆下载的统计和从他馆下载的统计，并能根据预先设定的收付费标准自动统计出应收和应付的费用。而老系统则无此功能。

现将原系统和新系统支持联机联合编目的数据库结构说明如下（见图1、图2和图3）。

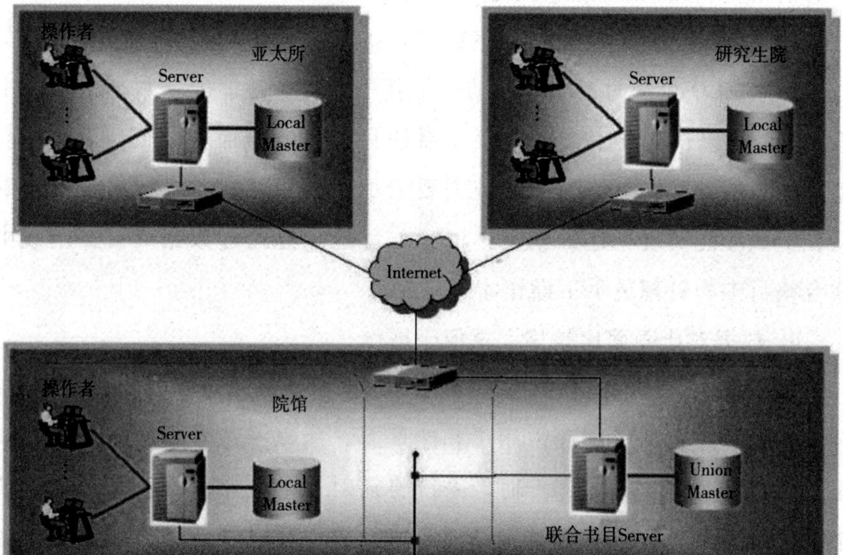

图1 中国社会科学院原系统 H/W 结构（分布式）

纵观中国社会科学院各图书馆发展的历史，十几年来，全院文献资源的加工利用工作走过了一个从无序到有序，从各自为政到统一化、标准化、规范化的过程。在1984年以前，全院共有30多个研究所级的图书馆，当时各馆的图书编目工作基本上处于不统一、不规范，甚至混乱、无序的状态。从1984年下半年开始，在全院范围内首次进行了文献著录标准化的宣传和培训工作。通过不断地宣传、培训和研讨，逐渐认识到

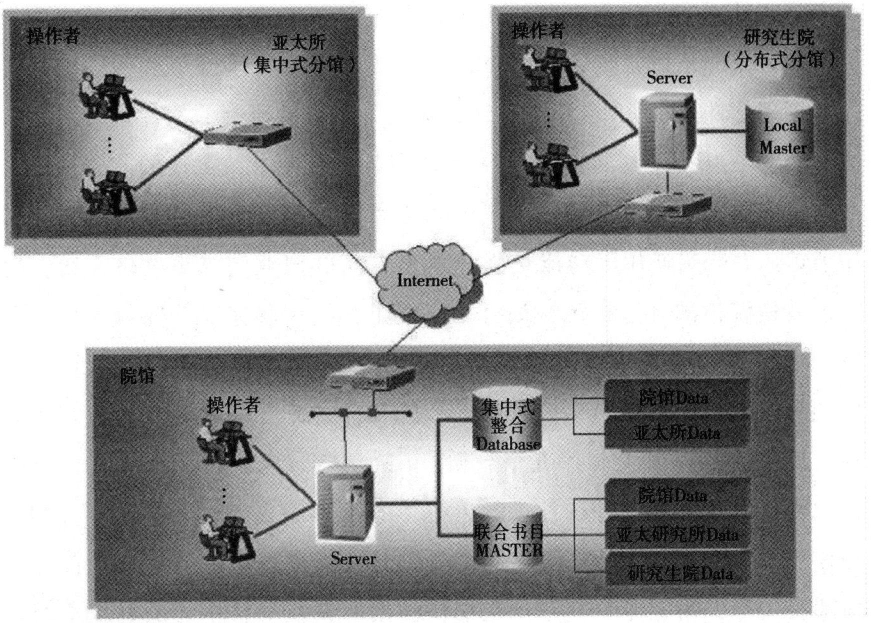

图 2　中国社会科学院新系统 H/W 结构（结合分布式和集中式）

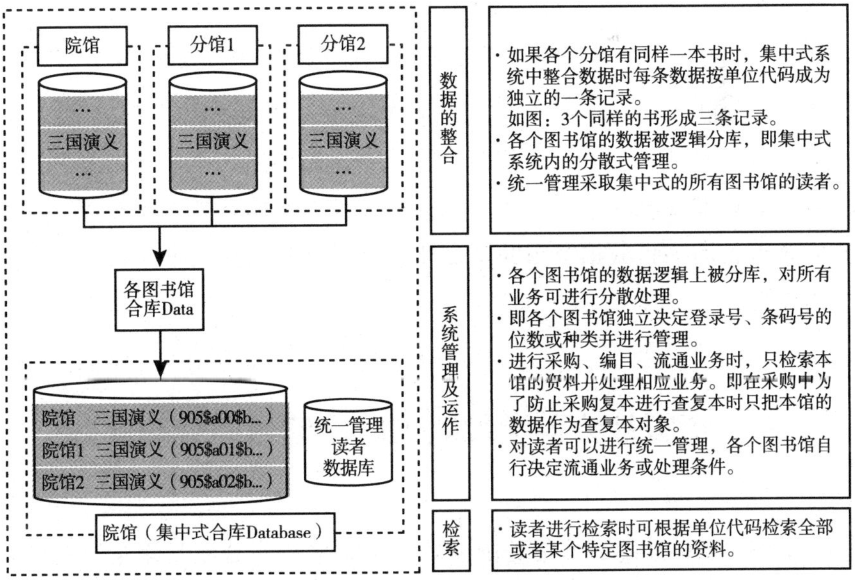

图 3　中国社会科学院集中式系统中的 Database 管理

了实施文献标准化的重要意义。从1992年开始，中国社会科学院在实施标准化著录的基础上，组织研制出了“中国社会科学院全院图书编目自动化管理软件系统”。自那时起，各馆便可用自行研制的软件进行单机状态下的图书编目工作了。从1994年开始，全院图书馆工作的改革使原院部科研大楼内的十几个研究所图书馆与原院文献信息中心合并成立了院图书馆，并购买使用了功能更强、效率更高的商业图书馆软件系统。这样，就使院馆的计算机统一编目工作真正得到了落实，并取得了巨大成效。从1999年开始，又开始在全院范围内组织实施联机联合编目工程。回顾全院图书馆系统从1999年之后五年的发展历程，可用九个字来概括，即“五年，五大步，五个台阶”。第一年，告别了手工编目，直接使用微机和自己编制的软件进行单机上的图书编目工作；第二年，购买和使用了功能更好、效率更高的商业编目软件进行本编目机构内部的联机编目工作；第三年，利用国家书目数据和其他书目中心的数据进行回溯编目，走资源共享的道路；第四年，进行商业软件升级，使用在Windows状态下的丹诚NT网络版软件；第五年，试验并实施了全院联机联合编目工程。

总之，经过1999～2004年五年时间的努力，中国社会科学院的文献编目工作从全院三十多个研究所图书馆的分编体系和规则五花八门，管理上各行其是，虽经院文献信息中心多方协调仍无法达到统一共识的旧阶段，成功地跨越到了能成熟地运用文献工作的各种国家标准，走联机联合编目的书目数据资源共享之路，高质量地完成图书编目工作任务的新阶段。

六　全国社会科学院联机联合编目研究与实践

中国社会科学院图书馆是国内较早从事联机联合编目理论研究和实践探索的单位，早在20世纪90年代末，我们就开始在院内各个研究所图书馆进行联机编目的尝试并且取得初步的成功。在此基础上，我们尝试构建全国社会科学院系统的联机联合编目的平台，逐步实现在全国社会科学院系统这一更大范围内编目作业的标准化、自动化和网络化。

（一）申请立项、批准和完成时间

本课题于2003年12月由全院联机编目协调室提出申请，经中国社会科学院图书馆学术委员会讨论同意，于2004年1月作为院馆重点课题被批准立项。现已于2010年5月结项。本课题申报的正式名称是“应用Z39.50[①]标准协议实现异构图书馆系统间的资源共享与业务合作”。需要说明的是，本课题组于2005年申请了一个名为“全国社会科学院图书馆系统联机联合编目建设”的信息化建设项目。该建设项目后来被列为中国社会科学院“十一五”计划重点信息化建设项目之一，同时也是中国社会科学院图书馆“十一五”计划重点信息化建设项目之一。它是一项涉及全国社会科学院范围的文献信息基础建设工作，同时也是中国哲学社会科学网络信息中心建设的一部分。由此也可以说明提出本课题研究项目的必要性和重要意义。本课题研究和该信息化建设项目两者之间的关系是：研究课题主要偏重于理论研究，信息化建设项目则是该课题研究结果的具体实施，二者互为理论与实践的基础，是理论与实践的高度结合和统一。前者是为后者提供理论依据，而后者是对前者理论研究进行的实践检验，其内容相辅相成，缺一不可。由于后者的信息化建设项目经费到位较晚，致使前者的完成时间也相对延后。

课题负责人对该研究课题的实践内容采用模块化管理方式，将其工作任务具体分为以下五个模块进行统筹管理。

IT硬件环境构建；

IT应用软件开发；

SSUCS（全国社科院联合编目中心[②]）网站开发；

---

① Z39.50是最初被用于网络信息检索应用服务的美国的ANSI/NISO标准，其第一版于1988年推出，并于1992年和1995年推出第二版和第三版，其第三版于1998年被采纳为Z39.50国际标准。

② “全国社科院联合编目中心”，以下简称“联合编目中心”。

培训资质认证；

数据整合加工。

（二）全国社会科学院图书馆系统文献编目历史回顾

全国社科院图书馆系统联机联合编目建设项目，是于2003年在福州召开的中国社会科学情报学会年会上正式提出的，当时得到了全国社科院系统和各图书馆同志的积极支持和响应，后经院信息化领导小组审议批准立项。项目一上马，首先就积极开展了与各省区市社科院图书馆的资源调查和现状调研。从2003年末至2004年春节，笔者共给各省区市社科院图书馆写了三四次信。第一次是和各省、自治区、直辖市社科院图书馆建立联系并尽量获得多数单位的E-mail地址以方便以后的联系；第二次是请各省区市社科院图书馆填写八个方面内容的调查问卷；第三次是给一直未收到回信的省区市社科院图书馆再次写信。2004年2月18日，以收到回信的17个省级社科院图书馆的情况为基础，笔者撰写了两篇调研分析报告。截至4月初，又陆续收到了5个省级社科院的回信，后来就以收到回信的22个省级社科院图书馆的情况为基础，再次撰写了两篇调研分析报告。两篇调研分析报告的主要内容具体如下。

1. 各个省区市社科院图书馆的藏书状况

在已回信的22个省级社科院图书馆中，藏书量最大的是上海市社科院图书馆，其各种藏书总量为930000余册；22个省级社科院图书馆各种藏书总量为2012580种，5978912册。

2. 使用分类法、著者号码表、机读目录格式的情况

各种图书全部使用《中图法》的有：重庆、山东、辽宁、江苏、福建、广州、贵州、山西、西藏等9个省区市。

【中文普通图书】使用《中图法》的有河北、重庆、山东、辽宁、江苏、青海、吉林、浙江、福建、广州、广西、广东、上海、北京、黑龙江、贵州、山西、云南、新疆、西藏等20个省区市，广东省除使用《中图法》外还使用《科图法》，只使用《科图法》的有天津、河南2个省市。

【西文图书】使用《中图法》的有重庆、山东、辽宁、江苏、北京、浙江、河北、贵州、云南、新疆等10个省区市，上海市除使用《中图法》外还使用《社科法》，只使用《科图法》的有天津、广东2个省市。

【日文图书】使用《中图法》的有重庆、山东、辽宁、江苏、浙江、河北、新疆等7个省区市，使用《科图法》的有天津、广东2个省市，使用《社科法》的有上海市。

【俄文图书】使用《中图法》的有河北、重庆、山东、辽宁、河北、新疆等6个省区市。

【古籍】使用《中图法》的有重庆、山东、辽宁、广州、福建、贵州等6个省市，使用《四部分类法》的有河北、浙江、云南、新疆等4个省区，云南省除使用《中图法》外还使用《四部分类法》，使用《中国丛书综录》的有吉林省，使用《科图法》的有天津市，使用《社科法》的有上海市。

【珍善本】使用《中图法》的有重庆、河南、贵州、云南等4个省市，使用《四库分类法》的有新疆，云南省除使用《中图法》外还使用《四部分类法》，使用《中国丛书综录》的有吉林省，使用《科图法》的有广东省，使用《社科法》的有上海市。

【学位论文】使用《中图法》的有重庆、河南2个省市。

3. 完成机读编目的情况

全部完成机读编目工作的有北京、山东、黑龙江等3个省市社科院图书馆，其中机读数据量最大的是北京市社科院图书馆，有包括中文普通图书、英文图书、日文图书、俄文图书和地方文献在内的共计113400条数据。

完成大部分机读目录工作的有江苏、广西、辽宁、福建等4个省级社科院图书馆。

只完成中文普通图书机读目录工作，尚未完成中文古籍或珍善本图书机读目录工作的有广州、河南、河北等3个省市社科院图书馆。

只完成中文普通图书和英文图书机读目录工作，尚未完成古籍和其他外文图书机读目录工作的有北京市社科院图书馆。

只完成中文普通图书机读目录工作，尚未完成英文图书机读目录工作的有上海市、黑龙江省两个省市社科院图书馆。

完成部分机读目录工作的有天津、广东、重庆、浙江、贵州、云南等6个省市社科院图书馆。

未做机读目录的有吉林、青海、山西、新疆、西藏等5个省级社科院图书馆。

4. 参加全国性或地区性联机编目业务的情况

只有山东省、上海市、北京市等3个省市社科院图书馆参加了国家图书馆联合编目中心业务，其中山东省社科院图书馆中文普通图书和古籍以及英文图书都参加了全国性联机编目业务，上海和北京市社科院图书馆只参加了中文普通图书的全国性联机编目业务。

其余19个省市社科院图书馆均未参加任何全国性或地区性联机编目业务。

5. 使用数据源的情况

使用国家图书馆数据源的有山东、北京、河北等3个省级社科院图书馆。

使用江苏省高校中文图书采编中心书目数据源的只有江苏省1个省级社科院图书馆。

未使用任何数据源，只进行原始编目的有辽宁、广州、河南、福建、吉林、黑龙江、青海、重庆、广东、广西、浙江、天津、上海、云南、贵州等15个省级社科院图书馆。

6. 人员状况

分编人员数量1~5人不等，依次如下：上海（5）、云南（5）、黑龙江（4）、贵州（4）、北京（4）、河北（3）、河南（3）、江苏（3）、广东（3）、广西（3）、浙江（3）、天津（3）、山西（3）、西藏（3）、山东（2）、广州（2）、吉林（2）、福建（2）、重庆（2）、新疆（2）、青海（1）、辽宁（1）。

技术人员数量0~31人不等，依次如下：上海（31）、广州（4）、山东（4）、河北（4）、河南（3）、福建（3）、吉林（3）、北京（2）、黑龙江（2）、江苏（2）、山西（2）、云南（2）、新疆（2）、青海（1）、重庆（1）、广东（1）、广西（1）、贵州（1）、浙江（1人兼职）、天津（0）、辽宁（0）、西藏（0）。

7. 计算机和服务器的配置状况

各省区市社科院的实际状况总的来看是不错的。

从计算机和服务器的配置来看，配置最好的山东省社科院图书馆共有77台计算机、5台服务器，计算机的最高配置达到256M内存、CPU2.66G、硬盘空间40G，操作系统使用了WindowsXP，服务器的配置达到2G内存、CPU2.0G，硬盘空间219G，操作系统使用了Windows 2000服务器。

从计算机和服务器的数量来看，最多的河北省社科院图书馆达到97台计算机、6台服务器，然后依次是山东、上海、广州、河南、江苏、西藏、北京、福建、云南、山西、重庆、广东、黑龙江、天津等14个省级社科院图书馆，其中数量最少的也有10台计算机。数量比较少的只有吉林、青海、浙江、辽宁、新疆、广西等6个省级社科院图书馆，数量在8～3台之间，但其中的青海、浙江和辽宁3个省级社科院图书馆的硬件配置还不错。配置最差的要算吉林省社科院图书馆了，计算机的配置只有64兆内存、CPU550、硬盘空间10G，操作系统使用了Windows2000，这样的配置无法运行比较大型的图书馆自动化集成系统。

8. 各省区市社科院图书馆数据库的相关数据

从统计结果看，各省区市社科院图书馆提供的"IP地址"、"端口号"、"数据库名"、"可否匿名登录"等相关数据普遍不全，其中填写最全的是广州市、山西省、云南省等3个省级社科院图书馆，相对较全的只有福建省、河南省、广东省和黑龙江省等4个省级社科院图书馆。

9. 网络环境状况

已回信的14个省级社科院图书馆的网络环境状况如下：

拥有和使用局域网的有上海、北京、广州、河北、广东、河南、天津、重庆、福建、江苏、广西、山东、辽宁、贵州、云南、山西、西藏等17个省级社科院图书馆，另有浙江、黑龙江、吉林、青海、新疆等5

个省区社科院图书馆尚无局域网可用。

服务器到桌面的网速：最高的上海、广州、江苏、广东、河北、山东、辽宁、贵州、云南等9个省级社科院图书馆可达100兆，达到10兆的有北京、广西、福建、重庆、河南、西藏等6个省级社科院图书馆，黑龙江省社科院图书馆达到6兆，最低的山西省和河南省社科院图书馆分别只有0.3兆和64K，其余4个省级图书馆网速不详。

能直接上互联网进行OPAC公共检索的有北京、广东、广州、河北、山东、河南、贵州等7个省级社科院图书馆，其他15个省级社科院图书馆均不能进行OPAC公共检索。

能通过Z39.50检索和利用外馆书目数据的有上海、北京、广东、广州、广西、山东、福建、贵州等8个省级社科院图书馆，其余14个省区市社科院图书馆均不能实现。

10. 购买、使用图书馆软件的情况

在已回信的14个省区市社科院图书馆中，使用北京丹诚软件的有上海、河北、广东、河南、山东、西藏等6个省区市社科院图书馆，使用北京清大新洋信息技术有限公司的GLIS通用图书馆集成系统的有广州、天津、浙江、重庆、云南等5个省级社科院图书馆，使用北京金沙汇公司鑫磐图书馆系统的有北京、江苏、福建、贵州4个省级社科院图书馆，使用自编“网讯图书馆管理系统”的是辽宁省社科院图书馆，与山西大学计算机所合作开发“山西省社会科学院图书馆网络管理系统”的是山西省社科院图书馆，另有黑龙江省和广西壮族自治区2个社科院图书馆虽有一定数量的机读目录数据，但未说明使用的是何种图书馆软件，还有吉林、青海、新疆等3个省级社科院图书馆没有使用图书馆软件，也没有机读目录。

天津、江苏、福建、河南和辽宁等5个省级社科院有更换新系统的意向和经费保证，并想使用和中国社科院图书馆同样的软件系统。

另外，广西壮族自治区社科院有更换新系统的意向，但经费难保证，希望中国社科院能以优惠价提供其所用的新系统；广东省社科院有更换新系统的意向，但经费保证比较困难，想使用和中国社科院图书馆同样的软件系统，但理由不充分；吉林、河北、山东、云南、山西、新疆等6个省级社科院想使用和中国社科院图书馆同样的软件系统，但没有更换新系统的意向和经费保证；上海市社科院问中国社科院图书馆使用什么软件；广州市社科院有更换新系统的意向，但不想使用和中国社科院图书馆同样的软件系统；北京市原有更换新系统的意向，但后来没有将经费落实。

（三）时代背景分析与本研究课题的提出

联机联合编目是图书编目界企盼已久的一件大事，是图书编目技术和手段发展的又一新阶段。进入这一阶段，图书编目工作才能适应当今网络时代对图书馆的要求，适应21世纪图书馆文献资源共建共享的要求，并为以后数字图书馆的建设打好坚实基础。当时，世界已进入加速实现信息化的时代。就图书馆而言，尽管当时我国图书馆应用计算机已经达到相当普遍的程度，工作效率和服务质量有了很大提高，但很多图书馆一家一户、各自独立作战的封闭模式仍然远远不能适应新形势的需要。“信息爆炸”导致编目工作量的急剧上涨，从而形成图书馆无法解决的各种矛盾，只有走资源共享之路才能从根本上解决。而联机联合编目正是全面、彻底地进行书目数据资源共享的一个最重要和最佳的途径。

另外，联机联合编目工作也是图书馆向自动化、网络化和数字化迈进过程中所必需的一项极其重要的基础性工作。做好这项工作，在大幅度地提高新书即时编目和旧书回溯编目速度和质量的基础上，将可能极大地改进对读者提供信息检索服务的效果，并为逐步实现包括多媒体在内的所有文献的目次、摘要乃至全文的数字化及其检索奠定重要的基础。

Z39.50国际通讯标准协议是一个有关信息检索的标准。根据这个标准构成的检索系统，可以检索多种不同类型的信息，如文本、图像和其他多媒体资源。这个标准的制定，是很多应用软件开发者提出需求建议并参与讨论后促成的，其设计目标是能够利用互联网通信技术，制定一个适于复杂的结构化信息检索和检索服务的数据库通信接口标准。根据这个标准构成的检索系统，能够使客户端对互联网上多个不同的数据库系统进行检索。这些数据库系统的数据结构可能各不相同，用计算机术语可称为异构系统。它还可以在不同的网络环境之间实现数据交流，这些不同的网络计算机术语称为异构网络。

图书馆界推广应用Z39.50国际通讯标准协议，已成为21世纪初我国图书馆界的一个重要发展方向。本课题研究的方向就是如何通过运用Z39.50国际通讯标准协议把中国社科院图书馆系统和其他省级社科院图书馆系统有机地联系起来。

本课题组过去担负着全院范围内20多个图书馆的书目信息资源共享和联机联合编目的工作任务，现在要扩展到全国各省级社会科学院系统，以后还要将这种合作扩展到院外有关人文社会科学的重点文献情报单位，包括全国主要的文科大学、中央各部委、国家机关和事业单位系统、全国的党校系统等。通过与这些单位的联机合作，逐步建成以中国社科院为主的全国人文社会科学书目信息数据库，为中国社科院及全国各相关单位的科研、决策等提供全方位、高水平、高效率的书目信息服务。要想实现这一目标，首先就要研究、理解和应用好Z39.50国际通讯标准协议这一在异构图书馆系统间进行信息检索的国际标准协议，同时，在充分调查研究的基础上提出一个为实现这一目标而制定的科学、合理、切实可行的推进计划和方案。以后，在经费、技术、人力等各方面条件允许的情况下，即可启动这一工程。到那时，在此基础上，还要在院馆领导的支持下，充分发挥协调部门的作用，做好各方面的组织协调和运营管理工作。

其实，做到以上这些方面，还仅仅是实现了我们应用Z39.50国际通讯标准协议的近期目标。我们要最终实现的远期目标应该是在各异构图书馆系统间实现包括以下9个方面在内的全部工作内容：①公共目录查询；②编目；③联合目录；④馆际互借；⑤光盘检索；⑥定题服务；⑦商业信息数据库应用；⑧互联网检索和信息过滤；⑨数据库内容更新。

由于ECO图书馆自动化管理系统有强大的ORACLE数据库软件作为支持，中国社会科学院的图书馆日常业务工作质量会有一个质的飞跃。

因此，如何利用好韩国 ECO 软件提供的支持 Z39.50 国际通讯标准协议的条件成为中国社科院图书馆的一项重要工作。利用好了会有事半功倍的效果，但如果利用不好，或者根本闲置不用就无法达到我们预期的目的。同样的软件在不同用户手中发挥的功效显然是不同的。我们的课题组对它进行研究、理解和消化之后，也能在一定程度上提高对该软件的应用水平和在网络条件下提供文献信息服务的水平。

基于以上理由，联机编目协调室和网络系统部将该课题作为院馆的重点课题申报。我们准备把对 Z39.50 国际通讯标准协议的研究与应用推向更加广泛的领域，最大化地提高它在中国社科院图书馆系统的利用率。为了提高研究效果，我们还准备从社会上吸收对 Z39.50 国际通讯标准协议有研究的专家作为我们课题组顾问，以便对课题研究工作进行技术上的支持和质量上的把关。

再有，本课题是紧密结合图书馆业务工作的需求与发展而提出的。前几年，为了加快回溯编目速度，我们设计了中国社科院全院联机编目研究与实践的课题。虽然课题早已结项，但建立起来的这套系统还一直在进行着其不可缺少的日常数据生产和维护的工作。

如果说全院联机编目由于院馆和各所图书馆存在着一定的所属关系，我们通过统一全院图书馆的软件系统，实现同构情况下的联机联合编目还比较容易的话，本课题要探寻的是与使用不同软件系统的其他省级社科院图书馆进行联机合作的业务，其难度肯定会更大。

图书馆学虽然是一门管理科学，但随着新技术的不断出现，这门学科的研究范围和深度都有了很大的拓展。若想将一个图书馆搞好，变成一个现代化的系统工程，就要对这些先进技术的应用进行消化和研究，正像以前我们对各种国内、国际著录标准的应用研究，对 MARC 机读目录的应用研究，对联机编目的应用研究一样。随着网络环境的改善和相应通信端口的开放，我们也应不失时机地对 Z39.50 国际通讯标准协议的应用进行研究和实际业务的操作试验，解决好各种问题，并提出可行性的实施方案。只有这样，才能使我们一旦需要开展这一工作时，能及时、快速、高质量地完成领导交给我们的任务。

在过去一段时间内，国内已有不少的图书馆工作人员开始对 Z39.50 国际通讯标准协议的应用进行研究，并在各种刊物上发表了不少有关这方面的文章，但中国社科院在这方面的研究和成果却很少，这对于像我们这样一个社会科学专业大馆来说，不能不说是一种遗憾。如果有这样一个课题，我们就可以先穷尽收集一下这方面的研究资料，并结合中国社科院实际开展有益于推动今后工作的研究。如果将这个课题完成好，就可为我们将来建成全国人文社会科学书目数据中心甚至是类似 OCLC 那样的全国社会科学联机图书馆网络打下较好的基础，其长远意义是不言而喻的。

（四）国内外研究现状及完成本课题研究的难点

1. 对国内研究状况的评述

在计算机编目领域，我国是从 20 世纪 70 年代后期开始引进美国机读目录磁带的。从 1989 年起，国家图书馆开始研制中国机读目录格式——CNMARC，随后向全国发行 CNMARC 数据，花费了近十年时间。从网络建设体制及管理上讲，许多馆仍处于自动化、集成化系统的初步试用阶段，还未实现以类似于美国 OCLC 的全国性的联合编目中心为龙头来带动整个图书馆事业发展。我国编目工作现代化的目标即是尽快建成中国的 OCLC，而实现这一目标的基础则是尽快实现联机联合编目。我国与世界发达国家在联机联合编目工作上的差距还很大，我国图书馆界的有识之士也早已多次呼吁要建立中国的“OCLC”。令人可喜的是，近十几年来中国图书馆界已在付诸行动。1997 年 10 月，“中关村地区书目文献信息共享系统”（APTLIN）已通过鉴定。该系统通过“中国教育科研计算机网”（CERNET）实现以统一的界面和命令对三大图书馆（中科院文献情报中心、北京大学图书馆、清华大学图书馆）的查询服务、网上预约服务和馆际互借服务。在珠江三角洲地区也建立起了区域性书目网络——珠江三角洲地区公共图书馆网。中国高等教育文献保障系统（China Academic Library & Information System，CALIS），是经国务院批准的我国高等教育“211 工程”“九五”“十五”总体规划中三个公共服务体系之一。CALIS 的宗旨是，在教育部的领导下，把国家的投资、现代图书馆理念、先进的技术手段、高校丰富的文献资源和人力资源整合起来，建设以中国高等教育数字图书馆为核心的教育文献联合保障体系，实现信息资源共知、共建、共享，以发挥最大的社会效益和经济效益，为中国的高等教育服务。CALIS 管理中心设在北京大学，下设文理、工程、农学、医学四个全国文献信息服务中心，华东北、华东南、华中、华南、西北、西南、东北七个地区文献信息服务中心和一个东北地区国防文献信息服务中心。从 1998 年开始建设以来，CALIS 管理中心引进和共建了一系列国内外文献数据库，包括大量的二次文献库和全文数据库；采用独立开发与引用消化相结合的道路，主持开发了联机合作编目系统、文献传递与馆际互借系统、统一检索平台、资源注册与调度系统，形成较为完整的 CALIS 文献信息服务网络。迄今参加 CALIS 项目建设和获取 CALIS 服务的成员馆已超过 500 家。从 1998 年开始，国家图书馆也已开始进行全国公共图书馆系统联机联合编目的准备和实施工作，迄今为止，参加该网络的公共图书馆已经超过 700 家。

2. 对国外研究状况的评述

在图书馆计算机编目的研究方面，美国是开展最早、进展最快，始终领导着世界计算机编目潮流的国家。因此，考察美国联机联合编目工作的先进成果和成功经验，也就能了解国外最高水平的研究现状。MARC 目录的编制和联机联合编目是图书馆编目工作现代化的两个重要标志。它们的进展速度和当前状况反映了一个国家图书馆编目工作的整体水平。美国从 1965 年开始研制 MARC 目录到 1969 年 MARC Ⅱ 格式机读目录磁带向全国公开发行只用了四年时间，到 20 世纪 80 年代初更已推广到全世界几十个国家。20 世纪 70 年代，借助通信技术的发展，美国计算机编目工作进入网络化的联机联合编目阶段，全国形成三个网络化的联合编目中心。其中资格最老、规模最大的当数美国的联机图书馆中心——OCLC。它最初的目标是建成一个联机联合目录与分编系统，现已成为世界上最大的跨国书目网络。仅据 1998 年的统计，OCLC 的服务即已遍及全球的 63 个国家和地区，成员馆为 22000 多个，联合书目数据达 3224 万条，网上已有近 60 个数据库。这些数据库以每半年 100 万种资料的更新速度提供服务。20 世纪 90 年代初，它冲破围墙，与目前世界上最大的计算机网络互联网互联，成为全球信息高速公路的一个组成部分，创造了新的高效信息交流环境。

3. 完成本课题研究的难点

首先是需要较好的上网环境和软硬件环境以及计算机方面的技术支持。

本课题的难点还在于这是一个涉及面很广、技术要求很高，既有理论研究问题又有实际应用问题的覆盖中国社科院图书馆系统和全国各省级社科院图书馆系统的课题项目。要完成好该项课题研究，一方面需要各级领导的支持，另一方面需要课题组做好各个层面（包括从业务到人员到技术到设备等）大量的协调、组织和管理工作。

（五）本课题研究目标的界定

课题一上马，首先将本课题的研究目标作了以下界定。

（1）这个课题是一个应用研究项目，而不是一个 Z39.50 技术本身的研究分析和发展的项目。

（2）课题研究要解决的问题以中国社会科学院和参加合作单位的现有技术条件为基础，并在条件许可的情况下对现有的技术条件进行有限的补充和改进。

（3）课题要将研究的重点放在如何利用现有技术条件实现中国社会科学院和与之合作的各省级社会科学院图书馆之间的书目数据交换机制，解决联合编目工作中的实际问题。

（4）本课题要实现的业务目标，是建立一个集中式联合目录协作网，合作单位的书目数据将收集到隶属于中国社会科学院图书馆的全国社会科学院联合编目中心，形成带有书目数据信息及各馆馆藏信息的联合目录，并通过网络，为各合作单位提供目录检索和下载的服务，同时也实现各合作单位向联合编目中心提供新书目实时上传的业务。

在合作单位共同努力下，初步建立了联合目录运行维护体系并使其进入正常运转状态后，可以在硬件条件许可的情况下为专业读者群提供网络联合目录查询服务和诸如文献传递、馆际互借等其他的延伸服务。

随着课题研究工作的逐步展开，课题组最终确定了该科研项目实现的五大基本目标：迅速建立起全国社科院图书馆联合编目中心书目数据库；实现地方社科院对联合编目中心书目数据的下载；实现地方社科院对联合编目中心数据库的实时上载；对联合编目中心数据库的数据进行整合作业；实现中国社科院与地方社科院之间其他相关数据资源和信息的传输和共享。

（六）运行全国社科院联机联合编目的两种模式

1. 应用 Z39.50 实现客户端/服务器模式

在过去的一段时间里，越来越多的图书馆集成系统软件宣布支持 Z39.50 国际通讯标准协议。它就像图书馆目录检索服务支持浏览器一样，成为一种发展趋势。到 2000 年底，国内已有多家图书馆系统软件提供商宣布提供支持 Z39.50 国际通讯标准协议的应用系统。

Z39.50 国际通讯标准协议在图书馆界有很多的应用领域，尤其是在文献资源共建共享协作网的建设中，涉及 Z39.50 技术的地方非常多，可以说，Z39.50 国际通讯标准协议的实现是文献资源共享的基础。Z39.50 国际通讯标准协议提供了丰富的信息资源共享接口规范，在体系结构上力求完美严谨，具有极大的潜在应用价值。Z39.50 国际通讯标准协议的作用是实现计算机系统数据库应用程序之间的通信，如管理图书馆的目录。在通信过程中，客户端可以是编目员使用的个人计算机或公共目录查询终端，服务器则是图书馆管理系统服务器。客户端与服务器可能处于不同国家的不同网络系统中。编目人员使用这种客户端，可能主要是为了更新书目数据，而读者在公共目录检索中使用这种客户端，则是为了了解各图书馆的文献收藏情况。

由于这种标准所规定的数据形态只存在于两个或多个计算机通过网络相互通信的过程中，是看不见摸不到的东西。正是因为这个标准的复杂性和抽象性，给人们造成一种错觉，似乎有关这方面的知识只是少数图书馆应用软件开发人员的秘密，而曾经参与图书馆界各种技术标准制定的专家，似乎只能处于旁观者的地位。但是，正如《Z39.50 的原理、应用与技术》一书的作者金培华等老师所说："真正能够透彻了解 Z39.50 含义，是否只能是少数从事图书馆应用软件开发者？其他人有没有必要了解这种技术？实际上，除了少数应用软件开发者外，需要有更多的人从不同的角度去认识这项技术。"因此，图书馆各部门的专家和业务人员也应努力学习和了解 Z39.50 的原理和技术，并应用其首先实现图书馆客户端/服务器模式的书目数据共建共享机制。

2. 通过 Web Service 实现浏览器/服务器模式

Web Service 接口如今已经成为一个通用的接口，有很多成熟的开发工具可以使用。Web Service 接口和 Z39.50 国际通讯标准协议接口相比，具有很多优势。

（1）Web Service 一般可以通过 HTTP 协议常用的 80 端口，而 Z39.50 国际通讯标准协议需要另开特殊端口（例如 210），这样，Web Service 接口就具有很大的便利性。

一般单位里的防火墙对 80 端口都有成熟的防黑客应对措施，80 端口肯定也是处于开放状态。如果这个端口不开放，则这个单位的 Web 页面就无法访问，而这是不可能的。对 210 等特殊端口，网络管理员则会对其心存顾忌，一般都不愿意开放，怕会带来安全风险；另外即便同意开放，因 Z39.50 国际通讯标准协议是比较不常用的协议，普通的防火墙对这个端口也没有有效的防控措施。

Z39.50 服务器的应用，涉及服务器和前端两方单位的防火墙配置。如果说服务器所在单位的网络管理员经过交涉、协调尚可以解决，而前端的那些用户单位的网络管理员协调和交涉起来，人力成本就很高了，而且一般用户不见得能给本单位网管说清楚这些复杂的问题。这么一阻碍，联合编目的应用就会受到技术层面的影响，很可能因此就萎靡不振、不能进入良性循环了。

另外，Z39.50 也是一个非常复杂、软件开发成本很高的协议。不过，从实践来看，协议的复杂性这一缺点和应用中需要配置特殊端口这一缺点相比，后者阻碍更大，是更大的缺点。

（2）Web Service 接口的软件开发成本低，而 Z39.50 国际通讯标准协议接口软件开发成本高。

（3）联合编目的数据上载功能也很重要，如果采用 Z39.50 国际通讯标准协议开发，数据上载部分无明确的规范，无具体上载标准可循（现有的扩充之间都是不兼容的）。由此看来，利用 Web Service 接口实现上载功能，技术上比较容易操作，不过需要注意制定好接口规范，并将其公布、推广。

根据以上三点，图书馆各部门的专家和业务人员在应用 Z39.50 国际通讯标准协议首先实现图书馆客户端/服务器模式的书目数据共享机制的基础上，应该努力学习和了解 Web Service 的原理和技术，并应用其实现图书馆浏览器/服务器模式的书目数据共享机制，实现更好的工作效益。

（七）联机联合编目系统的运行机制分析

联机联合编目运行机制从技术上讲有两个基本组成部分：服务器和客户机。

本项目的服务器为一个中心服务器，地点设在中国社会科学院图书馆。

客户机从职能上可分为两类，一类是以联合目录维护为主要职能的客户机（以下简称“数据维护工作站”），另一类是以数据的查询、下载和上传为主要职能的客户机（以下简称“数据工作站”）。

数据维护工作站主要设在中国社科院图书馆相关部门，即联合编目中心，但不排除在合作单位中分担联合目录维护工作的成员馆内设置数据维护工作站的可能性。除包含一般的数据查询、下载和上传等职能外，还要具有对联合目录数据库的数据进行查重、审校、合并和其他维护工作的职能。

1. 设施条件分析

由于参加联合目录合作的成员馆分布在全国各地，通过远程网络通信实现客户机与服务器的连接是首先要面对的问题，而且是作为成员馆参加联合目录建设的最基本条件。

在项目进行过程中，我们就网络通信条件的问题与 ECO 图书馆自动化系统提供商进行技术质询，得到以下回复。

（1）ECO 系统的客户端是否支持符合 Z39.50 接口规范的数据下载（即可以访问国内外诸多 Z39.50 服务器）？答：是。

（2）ECO 系统的客户端是否提供 Z39.50 接口规范的数据上传（如果有，需要说明这种规范的依据是什么，例如，是否遵照 UCP 的规范）？答：否。

（3）ECO 系统的客户端是否支持符合 Z39.50 接口规范的数据下载（即可以利用其他 Z39.50 客户端软件下载中国社科院服务器的数据）？答：是。

（4）ECO 系统的客户端是否支持符合 Z39.50 接口规范的数据上传（如果有，需要说明这种规范的依据是什么，例如，是否遵照 UCP 的规范）？答：否。

（5）ECO 系统客户端应用程序在通过互联网访问联合编目中心时对网络通信有什么要求（如：拨号/ISDN/ADSL/DDN 专线是否都可用）？答：几种方式都可用。

（6）基层单位设在单位局域网内的 ECO 系统客户端是否可以访问设在中国社科院的联合目录数据库服务器？实现这种访问对网络设置有什么要求（如，是否可以通过代理服务器或 NAT 地址转换等）？答：有待进一步核实。

通过上述调查，可以得出几个与网络设施条件相关的结论。

（1）客户端与服务器实现联机作业的最低网络条件是电话拨号网。从这一点讲，任何一台安装了与本项目有关的编目应用软件的计算机，只要能够通过电话拨号上网浏览主页或收发电子邮件，就具备基本的网络连接条件。

（2）由于通常数据库客户端应用与服务器端应用所连接的专用协议使用 TCP/IP 通信的专用端口，Z39.50 通讯协议也使用 TCP/IP 通信的专用端口，这些专用端口在电信部门提供的网络接入中通常不加以限制，但如果各单位使用的计算机需要通过内部局域网接入互联网，单位内部设立的网络路由设备和防火墙则有可能会阻止这些特殊端口的通信。换句话说，通过电话拨号、ADSL 等电信部门提供的服务直接接入互联网的计算机，在实现远程系统互联时可能会更容易一些。而通过各单位内部局域网接入互联网的计算机，则需要核实这些网络设置方面的状况。

（3）现有的环境下不具有实现异构系统的客户端应用软件与服务器应用软件实现数据双向传输的可能性，即不可能用不同软件提供商提供的编目软件实现目录数据的上传与下载，至多只能实现数据下载。如果在同一编目应用界面中要实现数据上传/下载，客户端必须安装 ECO 提供的客户端软件。

（4）服务器需要具有一个“合法”的 IP 地址，以便客户端通过互联网与服务器连接。对于设在中国社科院局域网的客户端计算机而言，也需要具有直接访问这个服务器的能力，才有可能实现对这个服务器的数据维护操作。

2. 应用需求分析

在本项目中，我们可以将应用方面的客户端需求分为两种主要类型：数据维护工作站和数据工作站。下面分别描述两种工作站类型的需求并进行进一步分析。

（1）数据维护工作站。

数据维护工作站所要实现的功能主要包括：

①常规的书目数据编目。

②对各馆提交的数据进行查重和格式审核。

③将各馆提交的重复数据中的馆藏信息合并到单一数据记录的馆藏信息字段。

这类客户机实现的功能比较复杂，采用 Z39.50 接口规范很难满足业务方面的各种需求。因此，有可能使用 ECO 系统的编目子系统的客户端应用程序来实现，客户机与服务器之间的数据通信采用 ECO 系统客户机与服务器之间专用的数据库访问协议，而不是采用 Z39.50 接口规范。

（2）数据工作站。

数据工作站所要实现的功能主要包括：

①常规的书目数据编目。

②查询本馆书目数据库和中心服务器数据库，以确定由中心数据库下载哪些可用数据。

③下载中心数据库的数据并作为本馆书目数据编目素材。

这类工作站对中心服务器而言，主要实现的是数据下载功能，可以利用本馆所使用的图书馆集成系统客户端的 Z39.50 接口，访问中心服务器。这类工作站在参与联合编目的过程中，如需要向中心服务器提交书目数据，需要选择其他的替代手段。

3. 小结

由于本项目的客户机分布在各个合作单位，可能存在的技术性问题包括：

（1）接口规范的局限性问题：Z39.50 接口没有提供数据上载的机制。

（2）各合作单位的系统差异问题：有些单位本身所使用的图书馆管理系统可能没有提供基于 Z39.50 接口规范的下载接口，无法利用本馆的编目系统下载数据。

（3）网络环境可能存在的问题：网关对专用端口的限制问题。

我国目前图书馆目录资源共享的状况与国际图书馆界利用 Z39.50 标准与相关技术建立虚拟联合目录的发展方向有差别。国外图书馆界在研究和发展 Z39.50 标准与相关技术的过程中，主要目标是建立虚拟联合目录。这种发展模式在客观上对应用软件的技术要求相对较低，只需要满足数据检索和下载的需要即可。而发展集中式联合目录，则需要解决异构数据库管理系统客户端向服务器上传数据的问题，使系统的设计面对十分复杂的技术问题。

澳大利亚国家图书馆曾开发一套基于 Z39.50 协议的扩充标准，以解决异构系统互操作中的数据上传问题，在国内已有的实践中，并没有采用这种扩充标准的先例，而是采用由服务器系统提供商开发的专用插件或专用客户端应用程序解决数据上传的问题。

在本项目的实施中，需要根据实际情况，选择一种较为现实的方案，通过多种变通的方法，规避集中式联合目录建设中所存在的技术问题。

（八）联合目录建设的阶段性发展

鉴于联合编目工作复杂多样的现实技术条件和联合编目中心人力资源的局限性，在建立联合目录的过程中要做到所有数据直接合并为唯一的、带有各馆馆藏信息的高质量联合目录数据库有很大困难。因此，联合目录的建设工作采取分步实施的策略。联合目录建设的过程，可以分为以下几个阶段。

1. 汇集数据阶段

在这个阶段，关键工作不是技术性工作，而是机构间的协调动员工作，需要消除各种数据汇集的人为障碍和技术障碍，制定各参加馆的数据资源共享的相关管理办法和政策，将各馆已经拥有的机读目录数据汇集起来，并对这些数据的编目状况和馆藏信息标识情况进行全面分析，提出今后各馆提交书目前需要针对联合目录数据所做的修改工作，提高今后收集数据内容的一致性和准确性。在这个阶段，各馆数据可以通过光盘等离线方式收集，并明确各参加馆首次提交的数据与以后更新数据的时间界定。对于这个阶段汇集的数据，可以采用分库或混合库的方式，将全部数据安装在服务器上，供各馆共享使用。这部分数据，也可以作为一种“回溯数据”长期保持这种“混合”状态，而联合编目中将主要工作精力，放在对更新数据的收集、整理、审校、合并等方面。对于这些“回溯”书目数据的整理工作，可以和新书目数据的整理工作分为两个不同的工作环节，在人力条件许可的情况下，稍后开展。

2. 联机作业推广阶段

在这个阶段，根据各参加馆的实际条件和意愿，建立适合本馆的数据工作站运行环境，并开始定期向联合编目中心提交编目数据。联合编目中心也开始保持对各馆和本馆新书目录数据进行查重、审校和合并处理，形成新书目录数据部分的联合目录数据发布作业流程。新书目录数据联合编目工作中产生的经验，可以为日后开展“回溯”书目整理工作提供参考经验。

3. 书目服务扩展阶段

在新书目录数据联合编目的工作投入正常运行，并积累了一定数量的书目数据后，可以将这部分数据向读者开放，作为“各馆新书联合目录”，为读者提供服务。这种目录检索服务通过 Web 浏览器界面实现，主要是为读者提供一个了解各馆最近收藏情况的信息。

4. 服务扩展阶段

这个阶段包括的工作内容目前暂不确定，但有多种可能的发展方向。这个阶段作为联合目录中心的长期发展目标，可能包括的扩展服务有：将“回溯”数据整理工作完成后，与新书数据合并，形成各馆的联合馆藏目录，并向读者提供相应的书目检索服务，各馆数据下载的服务质量也随着数据内容质量的提高得到相应的改善。在建立较为完善的联合馆藏目录的基础上，寻求实现计算机网络文献传递及馆际互借服务的可能性。同时，还可以制作带有检索软件的联合目录数据光盘等，为读者提供多种形式的服务。参加联合编目的成员单位和服务对象，也可以由社会科学院系统，扩大到其他社会科学研究机构和读者群。

面对建立联合目录系统中存在的各种困难和问题，以上文字试图从组织管理与技术相结合的角度，将问题分解开，对于一些技术上暂时难以解决的问题，可以通过项目组织管理中采用一些替代的组织形式和技术手段规避难点，以减少项目实施的难点和风险。

（九）全面实施联机联合编目工程

1. 系统方案选择

综观国内外成功的联机联合编目系统，实现方案一般分为三种：集中式设计、分布式设计和综合式设计。

（1）集中式设计方案：各馆保持自己完整的文献库，并与一个集中管理的中心数据库相连，建立实时的数据传送机制，中心数据库存放多馆联合目录、规范文档、主题词表等集中管理数据。具体操作步骤为：单馆编目时，首先查询联机联合目录库，如果在中心库中查到相关记录，则加入本馆馆藏字段并将该记录远程套录到本馆的库中。如果中心库没有查到相关记录，则在中心库中抢注并在本馆系统中加工形成编目数据，存入本系统的同时也传送到远程的中心数据库。

优点：设备简单，整齐划一，操作简单和方便，管理也简单方便，实时性好掌握。

缺点：过于集中易出瓶颈，即很多终端同时向主机连接（请求）时，主机速度再快也应付不了，终端只能等待（分区也忙不过来）。主机任务繁重，对终端的要求比较苛刻。

（2）分布式设计方案：各馆都保持自己完整的数据库和规范文档等，利用分布式数据库技术，建立完全的分布式数据库管理系统。在物理上不存在中心数据库或中心索引库，只存在逻辑上为全局统一模式的“单一数据库”。编目员在编目时，无须考虑复杂的网络环境，所有的操作对编目员来说都是透明的。

优点：主要是克服集中式的过于集中的缺点，能较好地解决瓶颈问题。

缺点：程序比集中式复杂，由于复杂，出错的可能性就加大。另外，各主机尽可能是同种机。

分布式对计算机软硬件的要求比集中式高，因而只有在计算机发展到相当发达的程度才有可能实现。

（3）综合式设计方案：这一方案考虑了集中式方案数据冗余量大和中心库庞大的缺点及分布式设计方案还未达到实用的问题，选择了中间道路。各馆保持各自的数据库，中心数据库存放各馆数据索引汇集成的总索引和规范文档。单馆编目时，查询目标都指向总索引，如果检到相关记录并且属于他馆的记录，则将该记录套录到本系统，同时修改记录并加馆藏字段；如果没有检到相关记录则新增编目记录，同时系统将索引传送到总索引库。

以上三种方案都有各自的优势，我们根据各自的发展环境采用合适的方案应是明智的选择。第二种方案是将来的发展方向。第三种方案适用于跨系统大型图书馆系统间的联机合作编目，不需要重复投资，利用现有设备即可实现联机合作编目。第一种方案适合于层次性的图书馆系统，即由本系统中高层次图书馆维护中心数据库，带动第二层次图书馆实现联机联合编目。就全国社科院图书馆系统来说，中国社科院图书馆自动化工作开展得比较好，书目数据资源比较丰富，具有建立和管理集中式中心数据库的条件和能力。而地方社科院图书馆的技术力量相对较弱，需要中心库的支持。在这种环境下，我们选择采取集中式设计方案。

2. 系统设计

全国社科院图书馆联机联合编目系统的上网模式可以有很多种，例如，通过建立专线来联网，其效果和安全性当然是最好的，但中国社科院系统的财政支持力度远远达不到。根据社科院系统的实际情况，准备采取以下两种方式来达到中国社科院图书馆和各省区市社科院上网访问联合编目中心书目数据库的目的。

（1）通过使用路由器组成 VPN 虚拟专线的上网模式。

（2）利用互联网 ADSL 宽带上网的模式。

总之，全国社科院图书馆联机联合编目系统的网络结构形式应该是：中国社科院图书馆的服务器与各研究所图书馆的服务器之间采用集中式的联机网络系统，联合编目中心的服务器与全国社科院系统各图书馆的服务器之间采用分布式的联机网络系统。中国社科院图书馆及各研究所图书馆和各省级社科院图书馆可通过以上两种上网模式，进行网上互联和书目数据资源的共享。

全国社科院图书馆联机联合编目系统的工作模式已通过专家论证，具体如图 4 所示。

3. 系统运行实践

在全国社科院图书馆系统间开展联机联合编目业务之前，某个省级社科院要想查找其他省区市社科院图书馆的图书，就不得不面对往复式的“进出”，不仅面对不同的用户界面、不同的检索词，甚至常常要面对零检索结果。因此，在当时大部分图书馆的书目数据规范化、标准化建设已逐步实现的情况下，连接网络成员馆的标准化协议的选择、制定和实施使用就成为当时迫在眉睫需解决的重要问题。Z39.50 协议是当时世界上应用最广泛的网络信息系统检索协议，它的一个主要应用就是提供联机书目检索。随着全国社科院联机联合编目系统的逐步建立和完善，全国各省区市社科院图书馆间的书目信息资源共建共享工作也逐渐开展

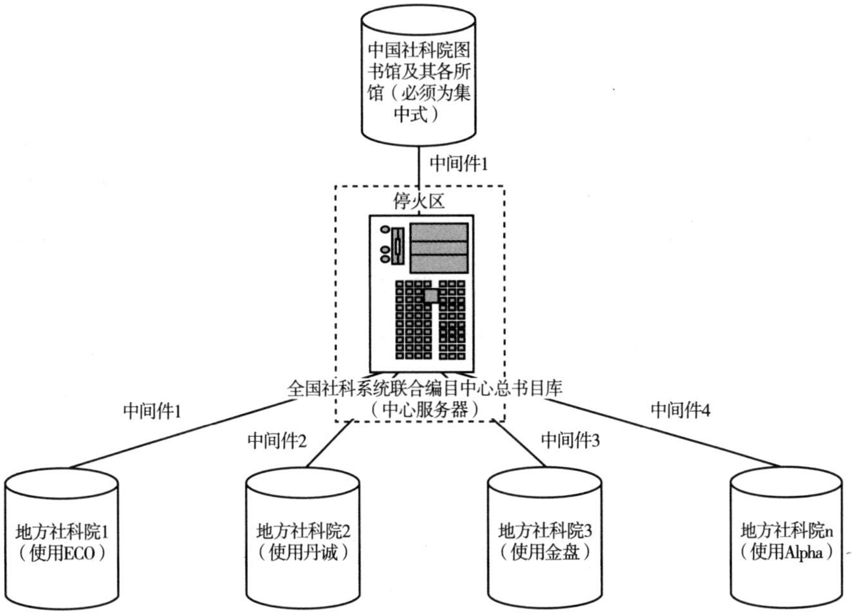

图 4　全国社科院图书馆联机联合编目系统的工作模式

起来，而 Z39. 50 协议在其中扮演了重要的角色。

本课题组于 2006 年 6 月 8 日将“申请开放全国联机编目服务器通信端口的报告”提交给院网络中心，得到批准后，即开通了网上供联机编目业务使用的 210 端口，为全国社科院范围内联机联合编目系统的技术实施打开了一扇门。

与此同时，课题组通过发行《联机编目工作动态与交流简报》等方式，要求全国各省级社科院的网络中心陆续开放供图书馆开展联机业务时进行网上通信用的 210 端口；同时，也要求各省级社科院图书馆按照我们在全国社科院图书馆系统中统一设定的馆代码要求更改本馆的代码，以便将来开展联机联合编目业务时使用。这些都是开展馆际联机联合编目业务必要的技术资源准备。全国社科院联机联合编目系统的试运行是在 2006 年中国社科院网络中心开通 210 通信端口之后。当时，课题组以中韩合作开发的 ECO 图书馆自动化系统为基础，在外网建立了 PC 机测试服务器。该服务器通过 Z39. 50 协议和使用 ECO 软件系统的多家地方社科院图书馆进行数据下载功能的联机应用测试，初步实现了地方社科院图书馆与联合编目中心异构数据库之间的联机共享。系统的正式运行是在2007年购买和安装了Windows Server操作系统的专用服务器及相关设备，并将此服务器升级到ASP. net2. 0，直接作为发布用的服务器，替代原有的供测试用的PC机服务器之后。当时，各省区市社科院图书馆只要能上互联网，即可与我们进行通信和互访。之后，遂请ECO公司的软件开发人员通过程序设计，将中国社科院服务器中现有的143万多条书目数据以库到文件的形式，转出了带有905馆藏字段内容的全部书目数据。项目组再将这些数据全部转入新建的联合编目中心书目数据库，为后来全国各省区市社科院图书馆共享社科院的书目数据资源做好了准备。接着，由课题组成员自主设计、开发出适合全国社科院图书馆系统联机编目业务需求的dp2编目系统和供全国地方社科院用户免费使用的联机联合编目系统编目前端软件。2007年下半年，课题组对已开发采用的Z39. 50服务器与dp2编目系统前端都做了升级更新，其功能和性能有了更大的提升，可以充分支持包括韩国ECO系统、以色列Aleph 500系统、数字平台公司dp2系统、北京丹诚公司DT2000系统、北京金盘图书馆软件系统在内的多种图书馆系统所带的Z39. 50前端的访问。经过多次试验和修改，实现各地方社科院图书馆和联合编目中心之间同构和异构数据库的联机检索、数据下载等功能。有不少省级社科院图书馆都能方便地利用该软件查找、下载和共享利用联合编目中心的书目数据，有部分地方社科院图书馆已经利用该软件联机查找和下载院馆已有的中、日、西、俄文的书目数据，完成本馆的回溯建库工作。例如，天津市社科院图书馆、吉林省社科院图书馆、北京市社科院图书馆等。

课题组在设计、开发出联机联合编目系统编目前端的基础上，又编写了《联机联合编目系统编目前端应用指南》。该指南是一本供全国社科院联机联合编目系统最终用户直接使用的用户手册，2008年1月1日由江汇泉开始编写，2008年3月7日由谢涛进行修改，2008年3月24日再次修改。最新版本可向全国社科院联合编目中心索取。关于安装和使用dp2编目前端的步骤和方法，登载在向全国各省区市社科院发布的《联机编目工作动态与交流简报》中，具体可见：联合编目中心网站（http：//ssucs. org）的“中心公告”。

之后，课题组又开发编辑出支持多语种（UTF-8）的公共、开放的实时上载书目数据的软件程序，首先于2008年6月由北京市社科院图书馆和联合编目中心进行实时联机上载测试的试点，并取得成功。从联机联合编目系统正式运行以来，实际社科上网享受和参与书目数据资源共建共享活动的地方社科院图书馆越来越多，他们通过上网检索和浏览，找到本馆所需要的书目数据，并将这些数据直接下载到本馆的书目数据库，大大提高了本馆未进行计算机编目图书的回溯编目工作效率，以及新增馆藏图书的编目工作效率。一部分地方院馆通过这个联机共享平台，迅速构建起了本馆的机读书目数据库。自从正式运行以来，设在中国社科院图书馆的全国社科院联合编目中心服务器每天都处于开机状态，它实际上已经成为全国社科院图书馆系统不可或缺的服务和共享平台。

截至2010年4月15日，已经批上传机读书目数据的地方社科院图书馆共计20个，具体如下：广州、贵州、湖南、西藏、安徽、河北、山西、山东、广东、广西、黑龙江、上海市、吉林、江苏、陕西、河南、重庆、北京、天津、宁夏。以上批上传的数据共计1035920条，已通过批转入的方式，全部转入联合编目中心服务器的书目数据库。再加上先期已转入该服务器的中国社科院图书馆和各研究所图书馆的1819496条中外文书目数据，可提供给全国社科院图书馆系统共享的机读书目数据总计2855416条。

4. 系统管理

联机联合编目系统的管理不依赖行政管理部门的干预，而是课题组和项目组通过协调联络等手段和共同认可的合作共享协议来实施管理。课题组指导和组织下的联合编目中心是系统的最高领导机构。

这里要说明的是，全国社科院联机编目系统从建设之初就根据中国社科院图书馆杨沛超馆长的提议，考虑到全国社科院图书馆系统经费普遍紧张的实际情况，确定了一个免费共享的原则，并从一开始就由联合编目中心牵头与各省级社科院图书馆签订《资源共享协议书》。根据该协议书的精神，在全国社科院系统内，在数据的使用上实行双向免费的政策，即各省级社科院从联合编目中心下载数据全部是免费的，同时它们向联合编目中心上传书目数据也不收取费用。这种非营利的上下载结算制度也激励了各省级社科院图书馆的合作意愿，并使联合编目中心省去许多费用结算和相关软件设计上的麻烦，可以让联合编目中心用更多的精力去做联机技术支持和协调联络工作。另外，本课题组开发的联机联合编目系统编目前端的下载和使用也是不收取任何费用的，它不但是向全国社科院系统免费开放，而且是挂在网上向全社会公开和免费使用的，国内任何图书情报单位都可用匿名登录方式访问社科院联合编目中心的服务器，免费浏览和下载数据。总之，我们追求的是最大化地实现免费的共知、共建、共享，将最大化地提高社会效益放在首位。

5. 数据质量控制

联机联合编目的书目数据质量控制，往往由各省级社科院图书馆采取一校、二校及总校来实现，使一条数据从著录开始，经过层层把关，最后经总校提交到馆藏书目库并转给联合编目中心。

目前，联合编目中心只是一个由课题组和项目组代为管理的非实体性组织，这与国内其他系统和行业的联合编目中心的管理环境有很大不同。在这种条件下，如果由中心设置专人对每一条上载数据随时进行审核，一是工作量很大，而且审校效率会很低；二是文献实体分散在全国各省区市不同的地理位置，中心审校人员很难依据原书进行审校；三是中心也没有这样的人力。在这种条件下，目前只能要求各地方社科院图书馆将数据的质量控制分布在数据生产的每一个环节，贯穿于整个数据库建设的始终。好的质量要在各道具体生产工序和工作环节中创造，书目数据的质量控制必须在这些实际业务运营中体现。为了解决质量控制所涉及的图书分类、标引、著录等标准化、规范化问题，联合编目中心所实施的措施主要包括以下四个方面。

①制定并要求各成员馆执行统一的各种业务标准和规则；

②在应用系统中设置较强的自动化校对功能；

③对编目人员进行具体的业务技术培训；

④联合编目中心在数据整合阶段进行增、删、改等人工干预处理。

6. 标准化编目业务培训

联机编目作业所需的标准化业务培训采取以下两种方式。

（1）全国社科院范围内讲大课式的集中培训。先后进行两次这样的培训，于2004年和2005年分别在河北省社科院文献信息中心和新疆维吾尔自治区社科院图书馆各进行了一次为期一周的业务培训。两次培训的授课内容如下：

①《中国社会科学院联机联合编目手册》的使用。

②中国社会科学院分类标引规则。

③图书分类的原则与方法及《中图法》的使用。

④网络条件下实现联机联合编目的基础与条件。

⑤连续出版物著录规则。

两次培训都由中国社科院图书馆的胡广翔和邵小鸥两位研究馆员担任主讲老师。

（2）各地方社科院图书馆来中国社科院图书馆实习式的分散培训。以这种形式进行培训的地方社科院图书馆有：天津市社科院图书馆、山西省社科院图书馆等。由中国社科院图书馆编目部门的老师负责带领学员进行上机操作的实习培训。

两种培训各有所长，前者可以向学员传授系统的学科知识，后者可以手把手地向学员传授实际的操作技能，而使两者结合起来进行培训，则可以达到最理想的培训效果。

7. 联机联合编目的标准与规范

以下文件作为全国社科院联机联合编目业务的标准与规范：

《中国图书分类法》（第四版）（1999年）；

《中国分类主题词表》（第2版修订版）（2005年9月）；

《国家标准：普通图书著录规则》（2006年6月30日发布，2007年2月1日实施）；

《国家标准：文献著录总则》（2009年9月30日发布，2010年2月1日实施）；

《中国社会科学院中文普通图书编目手册》（2005 年 4 月修订版）；

《中国社会科学院图书馆社会科学文献分类主题标引手册》（2001 年 12 月）；

《中国社会科学院图书馆西文普通图书编目手册》（2008 年 11 月）；

《中韩合作开发的 ECO 图书馆自动化软件系统使用手册》（2005 年 4 月）。

以上标准与规范的电子版基本上挂在联合编目中心的网页上（输入联合编目中心服务器 IP 地址“219. 141. 235. 66”，或域名：www. ssucs. org，即可进入该网页），可提供给全国各省区市社科院图书馆随时进行全文浏览和下载使用。

8. 联合编目中心的数据收集与转入

首先设计了《全国社科院系统书目数据资源共享协议书》，并先后与全国 22 个省区市社科院图书馆签署该协议。根据该协议，先后有 20 个省区市社科院图书馆给我们以批处理的方式将这些馆的机读书目数据上传到联合编目中心数据库，其中既包括旧书回溯编目的数据，也包括新书编目的数据。联合编目中心收到这些数据后，便立刻转入中心书目数据库，以便各地方社科院图书馆尽快共享这些书目数据资源。

（十）联合编目中心网站的搭建与运行模式

1. 图书馆网站发展的总体趋势

（1）技术进步给图书馆发展带来的挑战。

近年来，信息技术的不断进步为图书馆的发展创造了良好的信息环境，但同时也提出了挑战，给图书馆带来不断变革与创新的压力。随着数字技术对人们生活各个层面的渗透，以数字化、网络化为主要标志的新的信息环境给用户带来前所未有的方便和快捷，人们的信息需求以及获取和使用信息的方式发生了很大的变化，图书馆的资源结构及服务方式也相应地发生了巨大变革。信息环境在变化，用户信息行为在变化，图书馆也要不断地变化。只有这样，才能不断地满足信息技术进步对我们提出的新要求。

图书馆如何适应新的信息环境，成为摆在每一个图书馆人面前的新问题。以用户为中心构建图书馆、不断拓展图书馆的社会功能、向数字图书馆转型、应用图书馆 2.0 与 Web 3.0 技术、加强图书馆间的联合与协作、以知识管理与知识服务作为核心竞争力等应对措施已逐渐成为图书馆在新环境下的发展趋势。

（2）图书馆网站在图书馆发展中的重要地位和作用。

随着互联网的发展，用户获取信息的渠道和手段都在发生变化。互联网成为图书馆开展信息服务和发挥本职功能的重要平台，图书馆网站则成为信息提供和信息服务的主要窗口。信息用户对图书馆馆藏资源的利用，大量的是通过访问图书馆网站而实现的。英国联合信息系统委员会 JISC 开展的有关研究人员检索行为的调查报告即显示了用户的这一特点。该报告指出："当前科研人员获得图书馆的帮助大部分是通过门户实现的，而不是亲自到实体图书馆，他们使用图书馆门户网站的次数要比实际到馆的次数多很多。"

在新的信息环境中，图书馆网站为读者创造了一个利用图书馆资源和服务的平台，一个远程、全天候的虚拟信息中心，一个高度整合的信息集散地。这种网络信息环境在相当程度上突破了传统图书馆的时空以及物理条件制约，也突破了馆藏资源与馆外资源的疆界。

作为对外展示的网上窗口，网站能够全面折射出图书馆的业务、服务、管理水平，使读者有身临其境之感受。因而，网站本身就是一个图书馆科研能力、信息组织能力、管理水平、文化理念的综合体现。图书馆网站就是以网页为依托呈现给读者的。作为图书馆重要的大众传播媒介，图书馆网站介绍本馆情况、报道动态、促进文献交流和科技创新、普及读者教育、传播先进文化。在这个发散式的网络传播过程中，图书馆是传播者，而浏览网页的读者是受众，网页互动技术使两者之间形成双向信息流。

（3）新技术在图书馆网站建设中的应用。

信息技术的不断进步，为图书馆网站的建设带来了良好的发展契机。图书馆网站的主要标准可以总结为：对用户而言充分的语言、清晰的结构、不同用户群有不同的选择、最新的信息、信息简洁明快。如 Web2.0 的成功，给处于不断探索的图书馆人带来思考和更多的选择，并很快就在图书馆得到应用，产生了图书馆 2.0 的概念。同时与 Web2.0 相关的一系列技术，如 BLOG（博客）、RSS（聚合内容）、WIKI（百科）、TAG（书签）、SNS（社会网络）、P2P（对等网络）、IM（即时通信）等技术都在图书馆网站中得到广泛应用。Portal 技术的普及使图书馆网站的设计开发及信息管理变得更为简单。而 J2EE、.NET 和 LAMP 等软件构架的推出，也使得图书馆网站的灵活性、个性化和安全性等特点更容易实现，也大大降低了开发成本。目前，网络已逐渐从 Web2.0 并行发展为 Web3.0，Web3.0 指的是第三代的基于互联网的服务的智能网络，如利用语义网、微载体（microformats）、自然语言检索、数据挖掘、机器学习和人工智能技术等。图书馆网站也在探索如何通过结构化的 Web 提供更加丰富的语义资源，从而深化组织和检索服务，进而为用户提供更深层次的知识服务。

（4）联合编目网站是图书馆网站的重要组成部分。

近年来，信息技术快速发展，使图书馆各项工作发生了重大改变。技术手段的日新月异、资源种类及数量的迅速增长，使得资源的创建及维护日益走向网络化、社会化，传统的单机封闭式的工作方式已逐渐被淘汰。为适应新的形势，联合与协作成为各个图书馆普遍采用的一个工作模式。联合编目正是这种图书馆间共建共享元数据资源的一种体现。图书馆文献资源大量增加，资源种类不断丰富，使得任何一家图书馆想独立完成所有编目工作都变得非常困难。这就要求各图书馆联合起来，共同分担编目任务，共享编目成果，从而实现书目资源的共建共享。同时，网络的发展使得读者对资源的种类及获取方式要求更高，任何一家图书馆的馆藏，都难以完全满足读者的需要，只有通过创建联合目录，通过馆际互借、文献传递等服务手段，才能真正实现资源共享。联合编目网站正是在这种环境和要求下产生的。

2. 联合编目中心网站的设计理念

（1）以用户需求为中心。

在图书馆网站中，联合编目网站是业务工作的重要组成部分，也是读者服务的主要窗口之一。在联合编目网站设计中，以用户及其需求为中心是核心理念。随着网络的发展，用户需求也在不断变化。主要体现在三个方面：一是需求简单化。互联网发展使更多用户偏向于使用集成度很高的搜索引擎，希望从一个简单的入口获得一站式所有服务及检索全部信息资源。二是需求个性化。在数字化时代，人们的信息需求上升至高层次，在满足基本信息需求的基础上，希望自我被认知的愿望很强，个性化的需求大增，希望能够得到可定制、个性化的服务。需求个性化已成为用户最为主要的需求特征。三是需求互动化。由于数字化技术、网络技术等新技术为人们建起了很好的沟通渠道，人们可以比较容易地实现与对方交流，人们的互动化需求变得越来越强烈。目前，互联网上基于 Web2.0 的新应用非常丰富，具有很强的互动性，博客、社区等凭借其互动性吸引了大批互联网用户。互动性的好坏已经成为图书馆能否吸引用户的重要衡量标准。

在全国社科院联合编目网站的设计中，在首页设计了统一检索入口，通过该入口用户可以检索到全国社科院系统联合编目数据库及各成员馆编目数据库。同时针对不同用户需求，网站设计了定题服务、文献传递、馆际互借等多种个性化服务功能。同时，网站设计了 BBS 论坛及在线咨询等来实现用户间的互动，未来还将把 Web 2.0 等相关新技术应用到互动服务中。

（2）以开放共享为指导思想。

联合编目网站建设之初，开放共享就成为指导思想。书目数据作为图书馆资源中最重要的元数据一直以来都没有得到真正的开放与共享，各个图书馆开放的往往仅是 OPAC 数据。而在全国社科院系统联合编目网站的建设中，中国社科院图书馆及各成员馆所有编目数据都是完全开放的。数据的开放共享使得资源得到充分的利用，同时也让更多的用户加入到这个联合编目平台中，从而使资源的深度和广度进一步增加。

（3）以联合协作为工作模式。

图书馆之间的联合、协同与共享，是为用户提供更广泛、更有效、更灵活的服务的前提。在联合编目网站的构建中，中国社科院图书馆与成员馆建立了紧密的联合协作关系，编目数据的创建、审核、修改等工作都是由各成员馆共同参与，同时各成员馆还将共同完成包括技术支持、馆际互借、文献传递等各项任务。在联合编目网站的统一平台下，各成员馆分工协作、优势互补，使资源的共建共享成为现实，为用户打造一个涵盖全国社科院图书馆系统资源的综合信息获取平台。

3. 联合编目中心网站的实施情况

（1）网站概况。

联合编目中心网站创建于 2007 年，用于全国社科院系统联合编目工作的推广及服务工作。网站主要功能包括：①联合目录检索；②提供相关咨询服务；③发布动态信息；④提供培训与相关标准和规范；⑤BBS 论坛提供交流互动；⑥组织结构介绍等。

（2）网站内容介绍。

①多种目录检索功能。

网站在首页提供了全国社科院联合目录统一检索入口，提供包括 44 家成员馆的书目检索。同时在网站首页还提供了中国社科院图书馆相关资源检索，包括书目、期刊目次、光盘目录、自建数据库和中外文电子资源等。具体内容如下。

a. 统一检索入口。

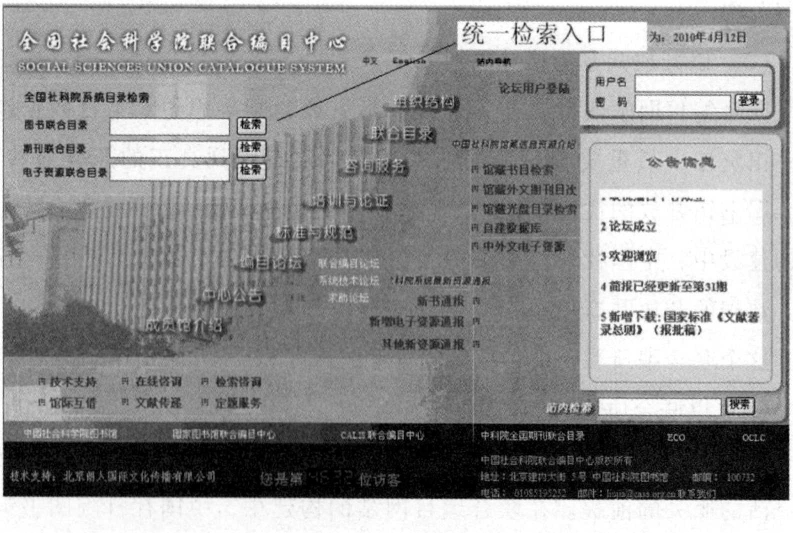

b. 中国社科院图书馆馆藏书目：点击首页链接可直接进入中国社科院馆藏书目检索界面。

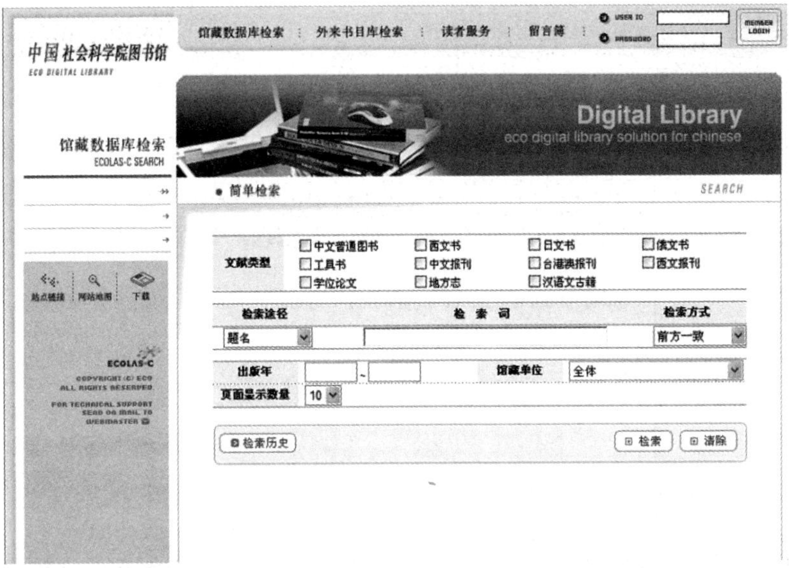

c. 期刊目次与光盘目录：首页提供了中国社会科学院主要外文期刊目次及光盘目录检索功能。

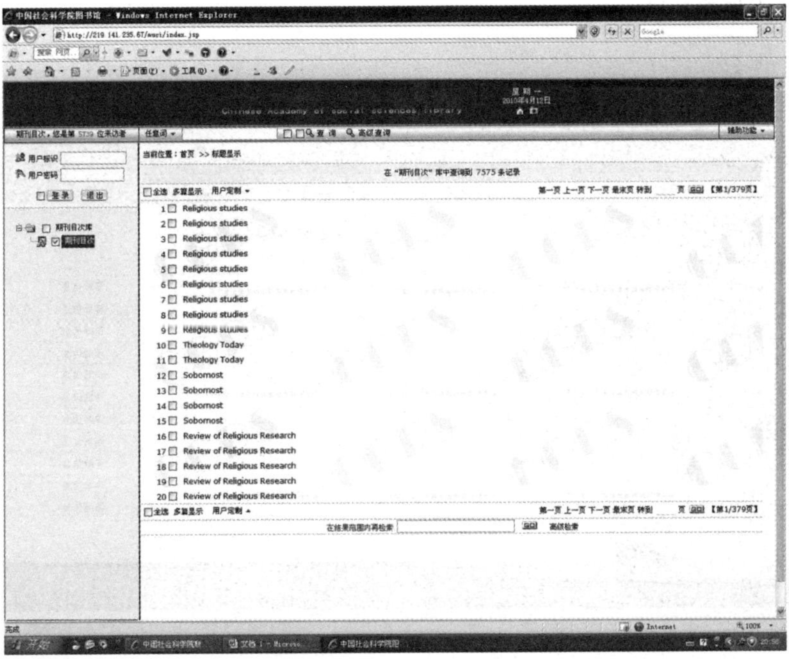

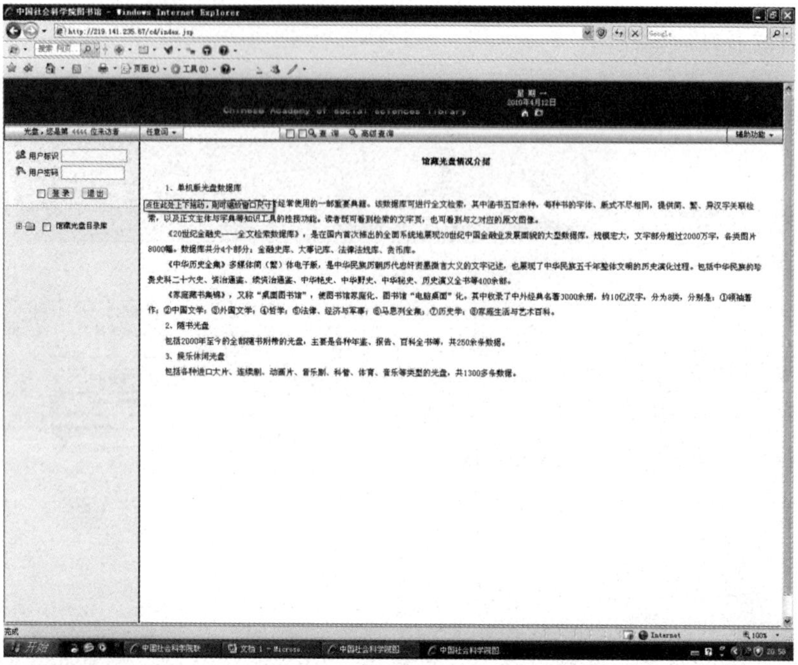

d. 自建数据库：首页提供中国社科院各研究所的主要资料型数据库的目录检索功能。

e. 中外文电子资源：首页提供了中国社科院图书馆引进的多种中外文电子资源的目录检索功能。

②提供相关咨询服务。

网站咨询服务主要包括：检索咨询、在线咨询、技术支持、定题服务、文献传递和馆际互借等。检索咨询主要针对各个联合目录库提供检索帮助；在线咨询主要提供参考咨询服务，对中国社科院图书馆及联合编目中心各种资源的使用和服务提供参考咨询；技术支持主要提供与联

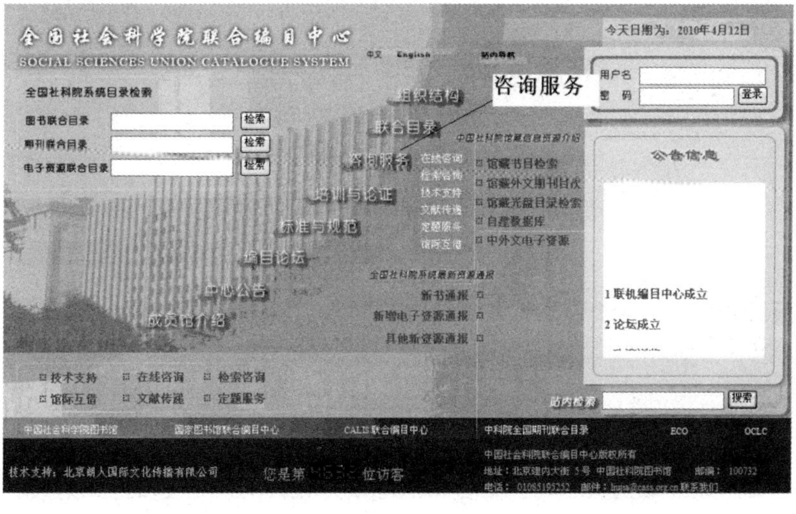

合编目系统软硬件使用及通信连接等方面的技术咨询及服务；定题服务提供针对特定命题的资源检索及信息汇总服务；文献传递和馆际互借提供成员馆间文献资源的传递服务。

③动态信息发布。

联合编目网站设立了公告信息栏目，用于发布联合编目中心的相关动态信息，联合编目中心简报，同时提供新增资源通报。

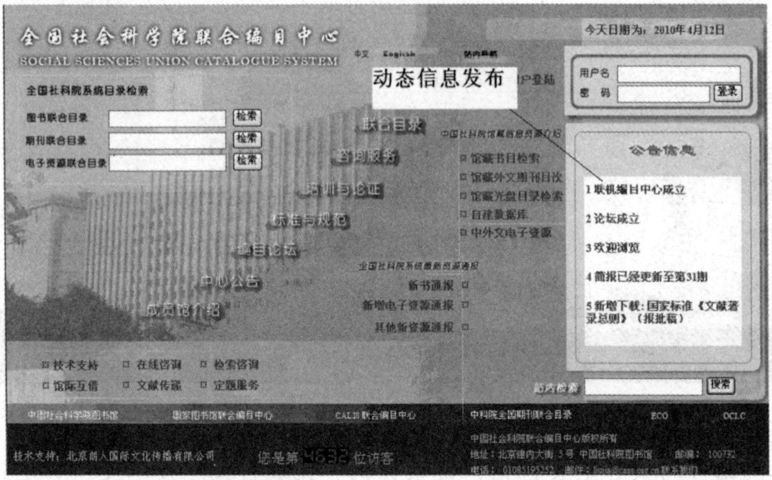

④新书通报。

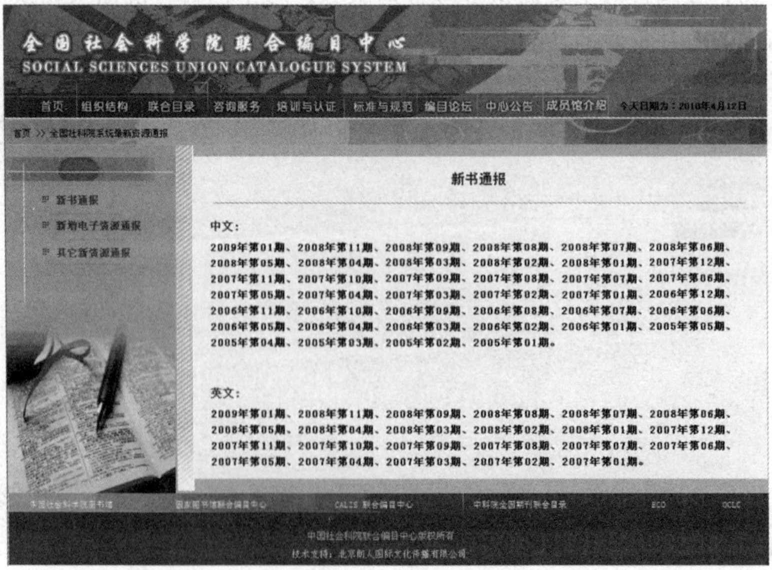

⑤提供培训与相关标准和规范。

网站提供与联合编目系统相关的培训、标准、规范和技术文档，内容包括：国家标准《文献著录总则》、国家标准《普通图书著录规则》、ECO 图书馆自动化系统软件使用手册、中国社科院中文普通图书编目手册、中科院连续出版物著录规则、中科院西文图书机读目录著录格式、中科院中文图书机读目录数据处理细则等。

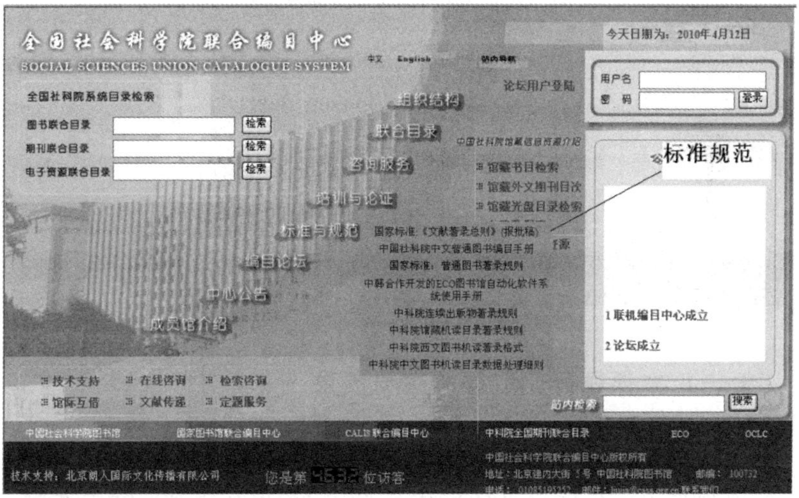

⑥相关 BBS 论坛。

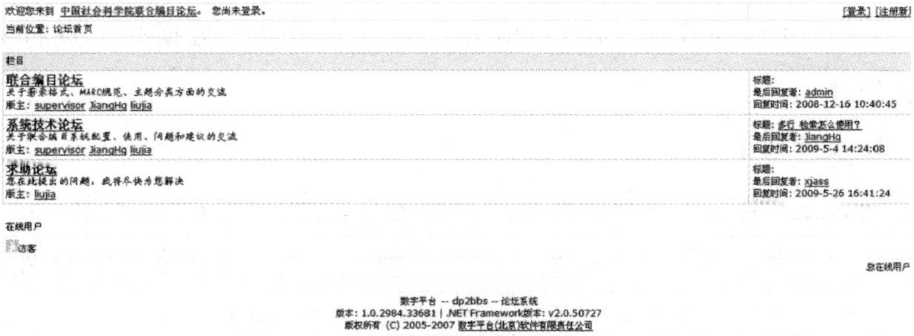

网站设计了 BBS 论坛用于为用户提供一个交流互动的平台。论坛分为联合编目论坛、系统技术论坛和求助论坛，用于交流编目经验、技巧和提供软硬件系统技术支持。

⑦组织机构介绍。

组织机构介绍主要就联合编目中心的组织结构及各成员馆进行介绍。

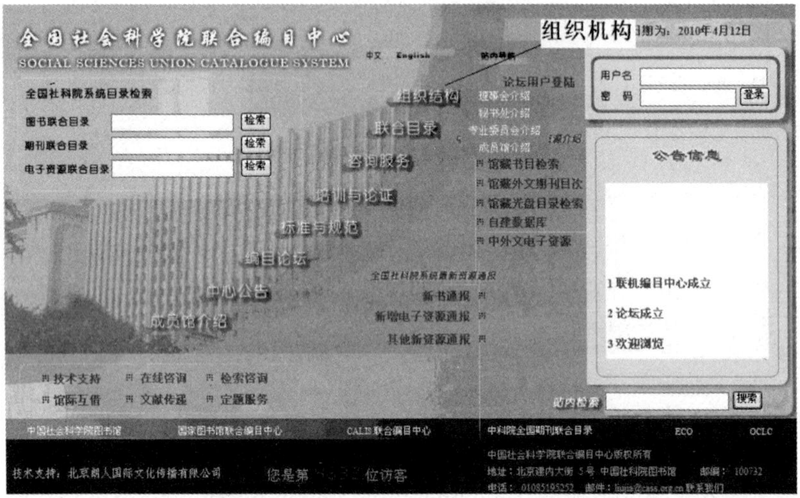

（十一）本课题研究取得的主要成果

1. 建成联合编目中心机读书目数据库

联合编目中心机读书目数据库最早于 2007 年建成，其后两年来在内容和数量上不断丰富和增加，截至 2010 年 3 月 31 日的统计，总数据量为：3579545 条，具体是：中国社科院数据：2543625 条（3282994 册），地方社科院数据：1035920 条（注：其中部分数据尚未进行去重整合处理）。

2. 文字成果

发表论文 2 篇，撰写并发布《联机编目工作动态与交流简报》18 期、调研报告 2 篇、软件应用指南（用户手册）1 部、联合编目中心网站和 BBS 论坛使用指南各 1 篇、翻译 Z39.50 相关的国际标准协议 3 篇、信息发布会文稿 1 篇、阶段性结项会结项报告文稿 1 篇、专著 1 部。文字数量共计 78 万余字。

3. 解决的主要技术难点

（1）在中国社科院网络平台开放了为 Z39.50 国际通讯协议提供服务

的“210”通信端口。

（2）建成了联机联合编目系统共享平台，并研制、开发了开放的数据实时下载和实时上载软件。

（3）开发了合库专用的“查重与合并”软件，提供了“记录替换”、“记录追加”、“字段替换”、“子字段替换”、“字段追加”、“子字段追加”、“默认处理”等功能。

4. 联机联合编目在全国社科院系统相关工作中发挥的效益和作用

通过全国社科院联机联合编目作业系统的建设及联合编目中心数据库的建成，首先实现了图书书目数据的联机编目，其效益和作用也逐渐显现出来，具体如下。

（1）联机联合编目可以使全国任何一个省级社科院图书馆的编目记录被其他31个省、市、自治区社科院图书馆利用和共享，避免了各个图书馆分别编目的重复劳动，大大降低了编目成本，节省了人力、物力和财力。

（2）联机联合编目加强了全员业务培训，确定了全国社科院图书馆系统统一的编目规则，加强了全面的数据质量控制，因而避免了以往对同种文献各个图书馆采取不同的著录级次，著录不同项目的著录方式，有利于实现书目著录标准化，提高了书目数据库的质量。

（3）联机联合编目汇集全国各个省区市社科院图书馆的藏书记录，形成联合编目中心书目数据总库，提供联机查询和藏书地址等，创造了在全国社科院范围内书目资源共享的最有利的条件，从而大大加快了全国社科院系统图书回溯编目的速度，也对加快全国各省区市社科院图书的回溯建库提供了一个最佳的手段和条件。

（4）科研人员可以在联合编目中心总库内一次性地查找到分散在全国各省区市社科院图书馆中的相关资料，真正实现了过去梦寐已久的异地查询。这样，我们也就在全国社科院范围内极大地提高了为科研服务的效率和质量。

（5）为调研有关社会科学各学科文献的研究课题提供了坚实的数据源基础。在该联机网络条件下，可以非常方便、快捷地在全国社科院范围内查找到所需的各学科文献的收藏种类和数量。

(6) 联机联合编目系统平台的建成，也为以后开展连续出版物、非书资料、电子资源等其他文献类型书目信息的共建共享，以及在全国社科院图书馆之间进一步开展文献传递、馆际互借等其他延伸服务打下了良好的基础。

(十二) 对本课题指导下的中国社科院信息化建设项目的评价

1. 专家对全国社科院联机联合编目建设项目阶段性结项的鉴定意见 (2009 年 6 月 30 日)

(1) 中国社科院学部委员、中国社科院图书馆原馆长黄长著的鉴定意见。

“全国社科院联机联合编目建设”项目，是中国社科院前副院长江蓝生同志在福州召开的中国社会科学情报学会年会上提出来的，得到全国社科院系统和各图书馆同志的积极支持和响应，后经中国社科院信息化领导小组审议批准立项。历时四年，完成重要的阶段性成果。本项成果具有如下特点。

①课题组指导思想正确，始终把坚持资源共享放在各项考虑的首位，而联机联合编目系统的建设及阶段性成果也很好地体现了这一思想，为全国社科院系统的信息资源共享奠定了良好的基础。

②课题组坚持艰苦奋斗的精神，勇于克服各种困难，在研制经费未完全到位的情况下坚持开展各项相关工作，取得较好效果。

③研究方法得当。课题负责人胡广翔研究员曾主持中国社科院联机联合编目系统的建设，有着丰富的经验和成功的实践。根据工作的特点，他采取分解任务的方法和模块化管理的方法，使资源和人员的配备达到最佳效果。

④重视基础建设。全国社科院图书馆系统资源信息化程度千差万别，全面摸清基本情况是联机联合编目建设的基础。课题一上马，首先就开展了各图书馆的资源调研和现状调研，涉及人员、业务、技术、软硬件、藏书状况、网络环境等，并撰写了相关调研报告，为联机联合编目建设

打下基础。

⑤重视人员培训和规范化建设。联机联合编目系统的建设，是一个涉及单位广、设计人员多的项目，做好人员培训，是队伍建设的重要一环，课题组开展了多种形式的培训和研讨，培养了骨干，在实现地方社科院与中国社科院数据库的联机共享中发挥了重要作用；课题组还制定了完善的技术标准和规范，如中文图书的机读目录数据加工细则，西文图书等的著录规则及分类，以及主题标引规则等多项技术规则，为实现联合编目进行了较好的技术准备。此外，在数据准备方面，将中国社科院现有130余万条书目数据成功转入新建联合编目中心数据库，为今后各地方社科院利用中国社科院书目数据资源打下基础。

希望：ⓐ在阶段性成果验收后，应立即着手全国社科院系统联机联合编目系统建设的余下工作，争取尽早完成全部工作。ⓑ书目数据的共享只是资源共享的第一步，希望对后续的服务能够提出建议，也希望院馆能切实深入推进这一工作。ⓒ英文名 Social Sciences Union Catalogue System 中的 Catalogue 建议改为 Cataloguing，以区别静态的目录系统，强调编目的活动；“广西省”改为“广西壮族自治区”；“督促”改为“推进”。

（2）中国社会科学院经济研究所图书馆馆长、研究员王砚峰的鉴定意见。

“全国社会科学院联机联合编目建设”项目，是中国社会科学院“六大工程”中“网络信息化建设工程”的重要组成部分，是适应当前网络信息技术环境下的文献信息服务的重要课题。这个项目的开展，对于全国社科院系统图书馆开展资源共建共享，全面提升文献信息保障能力大有所为，为社会科学研究提供更为优质的文献信息服务打下了坚实的基础，功在长远，可喜可贺。

回顾中国社会科学院图书馆系统自动化的历程，在开展适合社科院系统特色的文献信息自动化管理的探索和实践中，文献编目的自动化一直走在最前列。到目前为止，中国社科院图书馆和各所图书馆已经完成多文种标准书目数据120万条，这和中国社科院领导对图书馆工作的深入了解和大力支持，以及中国社科院图书馆与社科院系统各图书馆对文献编目自动化的重视程度是分不开的，更是中国社科院图书馆文献编目专家、信息网络专家不懈努力的结果。

“全国社会科学院联机联合编目信息化建设项目”为全国社科院系统建立了一个统一的平台，实现全系统的联合联机编目，其主要贡献集中在以下几个方面。

ⓐ为实现全国社科院系统图书馆联盟的建立做出了重大贡献。资源共享，是一个联盟建立最主要的目标。项目组自主研制、开发了全国社科院联机联合编目系统，建立了拥有120万条书目数据的联合编目中心书目数据库，实现成员馆书目数据的检索、下载和上传等功能，从而使全国社科院系统的书目数据共享共建进入实践阶段。从整个项目的进展情况来看，全国社科院系统图书馆编目中心已经建立包含中国社科院现有的120万条书目数据的数据库，同时，全国各地方社科院已有22个图书馆签订了资源共享协议书，16个地方社科院图书馆上传了书目数据，这是一个相当出色的成绩。通过联机联合编目系统，各图书馆间实现了书目数据的共建与共享，最大限度提高了联盟间文献信息的获取效率，并为今后社科院系统各图书馆间更多的资源共享与合作打下了坚实的基础。

ⓑ实现全国社科院系统图书馆编目标准的统一。联机联合编目中心通过制订完整的全国社科院联机联合编目系统的相关技术标准与规范，并加以推广和培训，使得全国社科院系统编目工作按照统一的标准进行操作，提高了编目工作的技术规范和水平。

ⓒ联合编目中心网站具有很高的社会价值和经济价值。联合编目中心网站结构合理、内容全面，栏目丰富，可提供检索服务的条框达到40个。通过全国社科院系统联合编目中心（SSUCS）网站，联盟成员不仅可以共享书目资源，而且也可以通过网站提供的多种专业资源，加强业务学习，并且网站设计的咨询和BBS论坛等栏目使联盟成员间开展技术合作、交流与服务变得顺畅而高效。目前，网站的社会价值正在逐渐显现，未来，其潜在的经济价值也将日益凸显。

从整体来看，此项目立意高远，富有创新，调研充分，规划科学，成果卓著，具有很高的理论和实践价值，并已获得预期效果，完全实现课题预设的阶段目标。

希望本项目加强可持续性的规划和设计，建立有效的长期发展方案，避免出现以往一些项目完成后因缺乏后续资金和维护而难以为继的局面。

（3）北京市社会科学院图书馆馆长、研究馆员王超湘的鉴定意见。

“全国社科院联机联合编目建设”课题，是落实2003年全国社科院系统图书馆馆长会议（福州会议）提出的“文献资源共建共享”重点工作而实施的项目。是“文献资源共建共享”的基础性工程，是实践性很强的课题项目。该项目的顺利实施将为社科院系统各图书馆文献资源建设减少大量的重复劳动，为编目人员和科研人员共享书目数据资源提供最便利的条件，为馆际合作和文献信息资源共享工作奠定坚实的基础。

该项目涉及全国30多家自成体系的图书馆，由于这些馆在经费、编目人员素质、组织工作、计算机应用系统、设备条件等方面，存在很大差距，该项目浩大的工作量和困难是可以想象的。项目组在调查研究的基础上，制定出缜密的、切实可行的工作方案。项目在中国社科院图书馆领导的支持下，购置硬件设备、开发应用软件，制定编目规范标准，并对地方社科院图书馆的编目人员进行系统的培训、指导，提高人员业务水平，还设计了网站，随时帮助地方社科院图书馆的同志解决遇到的各种各样的问题。目前已有16个馆上交了编目数据，并与22个馆签署了共享协议，该项目实施四年来仅有20余万元的经费，难度可想而知。

四年来，课题组成员克服种种困难，做了大量扎实有效的工作。他们不辞辛苦，多次调研、考察，召开研讨会、座谈会，制定了周密翔实的工作方案，精心设计了科学合理的数据库、网站、网页，开发设计了应用软件，并多次下基层调研、实地考察，详细指导各图书馆的工作。经过四年的努力，该项目取得可喜的成果，已经解决了核心问题。我们在实际工作中已经亲身感受到了该项目带来的巨大便利，如编目人员有了明确的相关技术标准与规范，减少了工作的盲目性；编目人员可以下载已有的编目数据，减少了大量的重复劳动。

总之，该项目是全国社科院系统图书馆文献信息资源共享工程的基础性工作，意义重大。该项目设计科学而周密，组织实施严密、科学，阶段性成果丰富。该项目的实施使我国社科院系统图书馆资源共建共享工作迈出一大步，取得突破性的进展。这凸显了项目负责人和实施人员扎实的理论功底、严谨的治学态度和精益求精的工作作风。

2. 专家对全国社会科学院联机联合编目建设项目的部分评价意见

（1）中国社会科学院学部委员、中国社会科学院图书馆原馆长黄长著于2009年5月3日发给项目负责人胡广翔的电子邮件内容。

全国社科院系统联机联合编目系统的建设工作取得了重要进展，殊不易，尤其是在克服重重困难的情况下取得的这些成绩，就更让人感佩。这首先要归功于你和全国社科院系统领导及图书馆工作人员的支持和协作精神，否则就会一事无成。联机联合编目系统的建立是资源共享的基础，不迈出这一步，资源共享永远都只能是停留在口头上的一句美丽的空话。真诚地感谢和祝贺你们，并祝取得最终的胜利。

（2）山东社科院文献信息中心查炜研究员的评价（摘自查炜研究员国家社科基金项目研究成果中的内容）。

创新能力的高低取决于对原有知识信息的积累以及对新的知识信息的猎取，而知识经济的发展，使知识信息的更新速度加快。这就造成即使是一个计算机网络化程度极高的信息部门也无法完全满足多层次读者的需求。由于社科研究机构图书馆经费紧张，馆藏资源相对贫乏，因此，非常有必要开展资源共建共享工作。

目前，由中国社科院文献信息中心牵头建设的全国社科院系统图书馆联机联合编目系统已开始试点工作。这一工作的实施，使人们不管在院内还是院外，也不管在国内还是国外，只要上网访问这个中心，均可一次性地查全、查准全国社科院范围内的人文社会科学书目信息。这样，就为各图书馆编目人员和科研人员共享书目数据资源提供了最便利的条件。

通过联合采购、联合存储、联机编目、联机检索、联合建库，网络建设追求的最重要、最直接的目标——资源共享得以实现。目前各社科研究机构图书馆信息化建设和发展的不平衡，使得马上实施资源共建共享难度很大。但我们应该明确地认识到，这是图书馆资源建设发展的一个方向。

(3) 中国科学院文献情报中心宋文研究员于2009年9月27日发给项目组负责人胡广翔的电子邮件内容。

社科院联机联合编目系统做得很好，我也专门上去看过，确实做得很好，值得一些大馆好好学习。您出版专著的想法我认为也很好，把你们这些年做联机联合编目的经验好好总结总结，供其他单位学习和借鉴。

3. 网上“编目精灵”对全国社会科学院联机联合编目的评价和推广

互联网上“编目精灵Ⅱ——On the Fly”在题为《社科院联合目录全MARC数据免费下载及dp2catalog查询软件》的文章中写道：《数字图书馆论坛》2009年第7期末整版广告：全国社会科学院联合编目中心（http：//ssucs. org）提供MARC数据免费下载。试了一下，是全MARC数据的Z39. 50下载。……在国内，提供Z39. 50匿名访问的书目数据库已属罕见，带分类主题的全MARC数据更是凤毛麟角，还要在杂志上做广告？显然是系统开发者数字平台（北京）软件公司（http：//www. dp2003. com）的广告了，二位开发者是江汇泉和谢涛。该公司还提供免费的Z39. 50前端软件，对此等好事，很乐意在此推广。[①]

---

① http：//catwizard. blogbus. com/logs/46204517. html.

（十三）今后工作展望

经过几年来的努力工作，全国社科院图书馆联机联合编目系统平台的基础已经建成，未来的工作就是对这一系统进行精雕细琢、不断充实和完善，并无一遗漏地推广应用到全国44个社科院图书馆，使全国社科院图书馆系统真正形成一个实实在在相互联系、共建共享的图书情报网络，担当起更好地为全国社会科学研究工作服务的任务。

通过调研我们了解到，发达国家在联机联合编目建设方面已达到很高的水平。尽管近10年来我们也做了很多工作，有了相当大的进步，但和国外发达国家相比，我们仍然是比较落后的，许多更广泛和更深层次的工作还远远没有开展好。联机联合编目是为满足各个图书馆更好地实现本馆藏书控制与管理，并为整个图书馆事业发挥更高效益的需要。图书馆界的这种合作，是一种互惠互利的动态组合。在这种联合体中，每个图书馆都具有平等的地位，享有平等的权利，担负平等的义务。它是图书馆资源和服务共享组织结构中的一条主线，其他如联合采购、文献传递、馆际互借、互惠交流、藏书建设与利用合作、技术开发和利用等，基本上是以联合编目为基础的。

联机联合编目活动起源于美国，它是借助计算机网络，在各成员馆达成协议的基础上提供自己的编目信息，供网络成员馆使用。书目合作要在网络环境下具有生命力和高产出率，其挑战是严峻的。信息流通的广阔空间意味着联机共享活动能够继续共存在这个非凡的基础结构中。但在过去，比较高昂的通信费用又阻碍了人们充分利用网络。然而，图书馆作为基础结构的一部分，将借助自己的大量藏书以联合编目形式达到边际效益。由于使用了共同的编目著录标准和网络协议，联合编目的质量和效率都已大大提高。联合编目使编目工作进行得更多、更快、更好、更省。今天，网络化已使多向交流、资源共享成为可能。联合编目已从单打独斗，转为利用网络协同作战。所以，网络交流将是今后图书馆业务交流的主要方式。编目数据正向全球化迈进。无论怎样实现这一目标，馆际相互依存都是必不可少的。由于技术的发展，目录已成为一种全球性的网络系统。在这个全球编目系统中，书目记录将可以实现在国内、国际自由交换。美国图书馆联合会在1993年冬季会议上，成立了联合编目委员会，负责调查联合编目未来发展方向。会议指出，即使在未来，我们仍需要联合编目。这是因为，无论新技术发展到什么水平，印刷型学术文献仍将存在相当长的时间，而充分的书目控制是科学研究的基础。文献编目能否在标准化和利用先进技术手段的基础上，进而组织各图书馆的编目力量，实现社会化，是衡量一个国家图书馆事业发展水平的重要标志之一，我们要努力向这个方向迈进。

今后，全国社科院联合编目中心将在建成全国社科院联机联合编目系统的基础上，一方面，以该系统为基础，逐步建立起全国社科院图书联合目录、全国社科院连续出版物联合目录、全国社科院非书资料联合目录、全国社科院电子资源联合目录，并在此基础上开创和建立全国社科院馆际流通与互借系统；另一方面，上与国家图书馆全国联合编目中心相连，下与中国社科院各研究所图书馆和各省、市、自治区及单列市社科院图书馆相连，横向与高校CALIS资源共享系统相连，国外与美国的OCLC等系统相连，逐步形成不断扩大的全国社会科学联机图书馆网络。

从技术方面来说，在应用Z39.50成功建设集中式的现实联合目录(Physical Union Catalog)之后，应该在全国社科院系统内的各个图书馆基本上具备所需的软硬件条件之后，进一步开发更加科学合理、资源共享程度更高的分布式的虚拟联合目录（Virtual Union Catalog)。与集中式的现实联合目录相比，分布式的虚拟联合目录有着更大的优越性。后者的主要优点是，首先，各成员馆可以独立地维护自己的书目信息资源，从而方便各成员馆对自己的本地数据库进行整合和扩充；其次，这种物理上分散的机制使得整个协作网系统结构的添加与拆卸非常容易和简便，有利于整个协作网信息资源的迅速扩充；最后，在统一界面之下，用户可以通过统一的接口同时检索多个本地或远程数据库，并对这些检索结果进行去重、修改、合并、排序等整合操作，使用户像检索单一数据库那样方便。随着网络信息技术的不断发展，成功实现从集中式现实联合目录向分布式虚拟联合目录的转变是完全可行的，也是应该从现在起就着手进行的工作。

七 结论

通过对上述相关问题的研究和实践，可以得出以下五点结论。

第一，Z39.50 通讯标准协议是支持异构图书馆系统间联机编目与书目资源共享的重要的，同时也是重量级的技术标准和手段。各个图书馆的应用系统应支持并严格遵守该协议定义的规范，以更加有效地实现图书馆间的书目资源共享，并为图书馆提供其他资源服务打下良好的基础。

Z39.50 通讯标准协议是供专业的图书馆系统通过专业开发的专用前端来实现联合编目共建共享的，这可以最大限度地应对和保障图书馆复杂的内部业务处理需求。但是，这个协议又是一个非常复杂、接口软件开发成本很高的协议。而且这个协议在数据上传方面的定义不够完备，在实施中形成各种扩充接口之间互不兼容的局面。从我们的研究和实践中，可以真实地体会到：协议实现的复杂性、应用中系统设置的复杂性和需要配置特殊的通信协议端口，这些都为应用的实现带来很多实际的困难。

第二，Z39.50 通讯标准协议不是支持异构图书馆系统间联机编目等资源共享的唯一标准和手段。一个图书馆系统还可利用网络上正常开放的、通过 HTTP 协议常用的 80 端口，以 Web Service 方式实现 B/S 模式（即浏览器/服务器模式）的共享，也可以实现类似客户机/服务器架构的应用。

这种方式的应用虽然尚未在图书馆界形成共识，但确实值得关注。采用这种协议方式的优点是，接口的软件开发成本低，技术实现相对容易，不需要占用特殊的通信协议端口。但是这种方式的采用，需要在行业内或项目中进行必要的协商、定义相关的技术规范，才能实施推广。

第三，从以上两点结论的分析可以看出，实现异构图书馆系统间联机编目等资源共享可以通过以上两种方式实现，而这两种方式各有自身的优点和局限性。图书馆联合编目系统需要在以后的发展中，兼顾不同技术手段在实际应用中的特点，提供更为便捷的服务。

第四，联机联合编目系统的建设，是通过计算机网络提供其他文献服务的基础。这个文献信息资源共享平台建成之后，不仅能实现书目数据资源的共建和共享，还能在此基础上实现其他各种类型文献信息资源乃至全文数据资源的共建和共享。作为未来数字图书馆的最基本和最重要的基础，联机联合编目系统的建设是一个图书馆系统最重要的信息化基础建设工程。

第五，通过本课题的研究与实践，我们更加明确了联机联合编目系统建设的重要性。国内文献服务的龙头馆，肩负着支配和影响整个行业或系统各成员馆业务建设的重任。所以，这些龙头馆的联合编目中心应打破条块分割的意识，将联合编目中心设置为该馆的一个重要的、正式的业务机构，配备足够的业务人员及提供相应的设备和经费等支持，将联合编目中心的业务作为该馆日常的、需长期维护和建设的业务建设内容之一。

参考文献

富平：《网络环境下国家图书馆编目工作展望》，《国家图书馆学刊》2000 年第 1 期。

陈源蒸：《中国联机编目网络的建立与发展》，《图书馆学研究》2000 年第 2 期。

刘少武：《联机编目是文献编目工作的最佳模式》，《图书情报论坛》2001 年第 4 期。

绕思军：《联机编目工作的实践与思考》，《中国图书情报科学》2004 年第 1 期。

苏华：《浅析新时期图书馆编目工作发展之路》，《山东图书馆季刊》2008 年第 1 期。

胡仲谋：《从 OCLC 的成功谈我国联机编目的发展策略》，《现代情报》2002 年第 12 期。

陈析明：《对现代图书联机编目发展的思考》，《科技与经济》2006 年第 23 期。

胡广翔主编《联机编目与数字图书馆》，科学技术文献出版社，2003。

金培华、谢涛、朱明野、金亦林编著《Z39. 50 的原理、应用与技术》，华艺出版社，2002。

周从军、许革著《Z39. 50 协议在建设分布式图书馆网络系统中的应用》，《图书情报工作》2002 年第 2 期。

刘璇著《Z39.50 协议在建设分布式图书馆网络系统中的应用》，《河南图书馆学刊》第 26 卷第 1 期（2006 年 2 月）。

胡继萍著《推广 Z39.50 标准——发展虚拟联合目录》，《图书馆建设》2003 年第 4 期。

曾新红：《联机联合编目——编目工作者面临的机遇与挑战》，《图书情报工作》2000 年第 8 期。

黄琼霞：《联机联合编目与资源共享的现状及其对策》，《科技情报开发与经济》2007 年第 17 卷第 15 期。

胡广翔编著《普通图书著录指南》，中国标准出版社，2007。

http：//www.lnlib.com.

http：//zhidao.baidu.com/question/18736674.html.

（原载于《联机联合编目与 Z39.50 标准协议应用研究》，社会科学文献出版社，2011。胡广翔负责全文的主笔撰写和统稿，其中的“联机联合编目的重要意义”和“建立联机联合编目网络的可行性”由黄丽婷撰写，其中的“全国社会科学院联机联合编目研究与实践”中的“联合编目中心网站的搭建与运行模式”由杨齐撰写）

《文献编目工作的继承与变革》一书的序

光阴似箭，日月如梭，转眼之间地方版文献联合采编协作网已经走过十年的光辉历程。在这个美好的日子里，我作为该协作网之外的图书馆人，首先向十年来为CRLNet付出聪明才智和辛勤劳动的各成员馆的领导、老师和同人，表达由衷的恭贺之情，并祝你们在今后的日子里再接再厉，取得更大的辉煌。

地方版文献联合采编协作网（China Regional Libraries Network，CRLNet）成立于2000年，并以极快的速度于当年底即开展了正式的对外服务。协作网由深圳图书馆、福建图书馆、天津图书馆、辽宁图书馆、湖南图书馆和上海图书馆联合发起，网络中心设在深圳图书馆。自成立以来，在CRLNet管理委员会领导和各成员馆的共同努力下，大家精诚团结，与时俱进，度过了十个春秋的光辉岁月。如今协作网各类型用户数已达百余家，用户遍布全国21个省、自治区、直辖市，形成一个包括各成员馆馆藏信息的200多万条记录的网上书目数据库。

CRLNet是一个非营利性的专业组织，其宗旨是积极、有效地开展地方版文献采购协作和跨地区联合编目工作，将各地方、各类型图书馆及其多种文献以网络方式组织起来，本着统一规划、统一标准，合作建设、协调管理的原则，实现图书馆界优势互补、资源共享、促进业务、提高效率、增强实力；同时，通过远程传输、网络互联等方式向社会各界提供内容丰富、形式多样的数字化信息资源。

地方版文献包括国内几个出版大省的公开出版物和各具特色的地方文献，其中部分文献为非商业出版物，也就是人们所说的“灰色文献”。CRLNet 开展的联合采编业务是联机网络环境下的文献采购/编目协作。协作网不分地域、机构的行政级别或图书馆类型，通过平等合作的方式开展工作。

CRLNet 的组织机构落实得很严密，除设有管理委员会外，还设置了网络中心和用户委员会。管理委员会由六家协作馆代表组成，其职能是制定协作网的方针政策以及决策重大事项，深圳网络中心负责日常运行维护。深圳网络中心下设技术组和业务组。技术组负责整个网络系统的硬件、软件及网络的开发/维护工作，业务组全面承担数据质量控制、用户发展等工作。在数据质量控制方面，CRLNet 实行执证编目员制度，并进行了非常正规的人员培训。十年来，CRLNet 在协作网的管理、数据质量控制、业务拓展和应用系统等方面做了大量深入、细致、务实的工作，工作业绩和成效令人刮目相看。

协作网成立十年来，不断探索，并以国际上先进的联机共享模式为榜样，以其在新技术应用和管理理念创新等方面的突出成就，成为我国文献资源共享事业中的有效实践者，已经发展成为国内举足轻重的联机合作编目中心之一。CRLNet 还于 2003 年与 OCLC 合作，建立了“OCLC 中国资源中心”，把 CRLNet 中文文献数据实时上载至 OCLC，使中国内地的中文数据真正走出国门，为中文文献在世界范围内实现共享做出贡献。2005 年经省市文化主管部门推荐，文化部组织专家严格评审，CRLNet 依靠在创新性、有效性、科学性、实践性和示范性等方面的突出表现，荣获首届文化部创新奖。总之，地方版文献联合采编协作网十年来取得的成就是有目共睹的，得到图书馆界人士的好评。

笔者在中国社会科学院系统也是负责开展联机合作编目业务的，我们在开展此项业务工作的过程中，也颇受 CRLNet 先进的信息技术和优秀的管理方法的启发，在此作序之时，也特向地方版文献联合采编协作网的老师和同行表达敬意。

CRLNet 利用这次成立十周年的机会，组织协作网成员馆的专家撰写

《文献编目工作的继承与变革》一书。该书从文献编目理论研究及工作经验交流、数字化社会化环境下文献编目工作探讨、联合编目理论与实践和联合编目业务创新与未来发展等四个方面进行了论述，系统地总结了十年来文献编目工作继承与变革过程中的经验，也围绕该项工作的诸多理论与实践问题进行了论述和探讨，对编目业务创新与未来发展也提出了各自的见解。可以说，本书的出版是理论与实践相结合，以实证和应用研究为主的一项成果，可供图书馆界广大的图书编目工作者学习、借鉴和参考。

（原载于地方版文献联合采编协作网编《文献编目工作的继承与变革》，国家图书馆出版社，2012）

中国社科院图书馆系统文献标准化与计算机编目的发展历程

中国社会科学院文献信息中心作为院直属的司局级事业单位，既要为全院科研工作提供文献信息服务，又要指导、协调组建全院的文献信息网络，建立社会科学资料库，实现网络内文献信息资源的交流。其七条具体的方针任务中的前两条都是与文献编目工作的标准化密切相关的：(1) 对院属各所图书馆的业务工作起指导协调作用。统一图书资料分类法，实现文献编目工作标准化，为建立全院文献信息检索系统创造条件。(2) 健全并统一全院图书资料工作的规章制度，组织馆际网络，尽快实现全院范围内的文献资源共享。所以说，搞好中国社科院文献的标准化和统一化编目，是完成国家赋予中国社科院的文献信息服务工作的重要一环。

文献信息加工的标准化是文献信息质量的保证和开发各项文献信息工作的基础。中国社科院对它的认识有一个渐进的过程。过去，对文献信息的加工虽然也有一个基本的做法，但由于没有一个统一标准的约束，各馆加工出来的产品极不统一。随着不断进行宣传和普及，人们越发重视并自觉执行标准了。院文献信息中心也早已把文献加工人员能否按照标准化要求进行工作列为晋升专业职务的一项重要条件。

纵观中国社科院各图书馆发展的历史，自文献情报中心于 1985 年 10 月成立以来，中国社科院文献编目工作走过一个从无序到有序，从各自为政到标准化、规范化、统一化的过程。

一 文献著录标准化在图书馆自动化中的意义

图书馆工作现代化的主要标志是计算机化。随着计算机技术的发明和应用，文献编目工作发生了革命性的变化，飞速迈入“自动化时代”。计算机编目与手工编目相比，无论在工作效率还是在工作质量（包括准确性、一致性、信息的完整性等）方面，前者都具有无可比拟的优越性。特别是从20世纪80年代末期以来，微机的性能/价格比急剧提高，使像我国这样的发展中国家的许多中、小型图书馆也有了购买和使用的可能。

我们已经步入信息社会，“信息爆炸”的冲击波已影响越来越多的图书情报部门。图书馆所面临的文献信息量巨大而又分散，且要满足社会对信息服务日益提高的要求，仅靠过去的手工操作已难如人意。早在1948年，维纳就在《控制论》一书中指出，由于科技文献急剧增长，给图书馆工作带来巨大困难，人们考虑要采用机器来处理文献。只有这样才能使图书馆成为社会全体成员的“决策支持系统”。

种种理由都足以说明，图书馆实行计算机编目是必然的发展趋势。北大图书馆学系教授刘国钧先生早在1977年发表的一篇文章里就明确指出，图书馆自动化应当从编目做起，为其他各项业务打下基础。计算机编目系统是图书馆自动化系统的基础和核心，它的好坏决定了一个图书馆书目数据的质量。有了一个好的计算机编目系统，再发展其他若干子系统也就比较容易了。正是因为如此，国内外的许多图书馆系统都是先从编制编目子系统开始做起，并投入相当大的人力物力。这种做法还有一个很大的好处就是便于建馆时间长的图书馆进行回溯录入。从中国社科院33个研究所图书馆的实际情况来看，大多数是有10万册左右藏书的老馆，最小的图书馆藏书也有上万册。在这种情况下，回溯录入的任务特别重大。所以，当时的图书馆自动化网络课题组果断地采取了先编制编目子系统的做法。

文献著录标准化的实现做好了计算机编目的前期准备工作，计算机编目工作反过来又会极大地推动和促进文献编目工作的标准化。虽然经过几年的努力，终于在全院范围内统一了思想，并真正在编目业务领域落实了标准化，但是，光是实现文献的标准化著录还是不够的。要想在全院范围内形成统一协调的自动化网络，还须在统一的机读目录格式的基础上编制出全院统一的并适合各所图书馆实际情况的系统软件。1992年以前，各所图书馆的计算机应用工作缺乏统一的指导，因而表现为进展较慢且极不平衡。在文献情报中心统一组织全院的自动化工作之前，全院已有一部分所的图书馆配备了各种不同型号的计算机。先期获得硬件的图书馆，便有条件先进行这方面的试验和摸索，有几个设备比较齐全又有技术力量的图书馆已分头编制仅供本所图书馆使用的图书馆软件，其中个别馆还引进了外单位开发的集成图书馆系统，并建成局部网络。还有少数馆初步建成一些与本所学科有关的专题数据库。在这种各自为政、分散经营的情况下编制出来的软件，当然是五花八门、互不兼容的了。但也有的研究所图书馆决定暂时不搞本所软件的开发，而是耐心等待院里有朝一日开发出统一的软件。那时，中国社会科学院图书馆系统亟须进行计算机编目工作的规范化和统一化。当时，编制全院统一软件的呼声越来越高，尽快开展这一工作已是迫在眉睫。正是在这种情况下，院文献情报中心于1992年6月正式成立了中国社会科学院自动化网络课题组，并于当年7月开始组织编制全院统一的联机MARC编目系统软件。这标志着中国社科院文献信息系统的计算机应用工作已经从分散隔绝的状态发展到统一规划和组织实施的阶段。

二　早期的历史回顾

文献情报中心正式建立于1985年10月。它的前身是在国务院科学规划委员会制定第一个发展科学技术长期规划精神指导下于1957年创办的中国科学院哲学社会科学学部情报研究室。当时的业务工作归属中共中央宣传部领导，负责收集、整理、开发国外学术情报资料工作。1963年，情报研究室更名为学术资料研究室。1975 年，以学术资料研究室为基础成立了情报研究所。1977 年 5 月，中国社会科学院成立，情报研究所的行政业务工作归属该院领导。虽然中国社会科学院是部一级的单位，但由于它是 1977 年刚从中国科学院独立出来的，所以一直到 1983 年以前一直没有一个能在业务上协调、指导各研究所图书馆（室）的院馆或中心馆。1983 年，中国社会科学院为贯彻中发〔1982〕48 号文件关于“中国社会科学院要在北京建立一个具有现代化设备的图书资料中心”的精神，适应全面开创社会主义现代化建设新局面和发展社会科学研究事业的需要，加强社会科学院系统的图书资料工作成立了图书资料中心筹备组。1984 年 9 月 20 日，经国务院批准正式成立了中国社会科学院文献情报中心。随着“图书情报一体化”思想的不断深入人心，到 1985 年 10 月，情报研究所与文献资料中心筹备组正式合并，命名为中国社会科学院文献情报中心。到 1992 年 10 月 14 日，因应改革开放、进行国际学术文化交流和社会科学事业发展的需要，又更名为中国社会科学院文献信息中心。

1. 1984 年以前的无序状态

通过以上对文献信息中心历史沿革的介绍不难看出，中国社会科学院虽然与中国科学院一样同属于国务院领导下的部级单位，但由于历史的原因，从它由中国科学院独立出来那一天起，就没有一个像中国科学院图书馆这样一个能负责协调、指导和统一全院各所图书馆业务工作的领导机构或职能机构。正是这种在中国社科院图书馆系统组织建设上先天不足的状况造成了后天全院图书馆业务的混乱和无序。虽然时间到了 1984 年 9 月 20 日，经国务院批准成立了中国社会科学院文献情报中心，但经过了从 1977 年至 1984 年各所图书馆各自为政的工作，那种小农经济式的经营已经造就了中国社科院在文献的分类、著录、目录组织等各个方面不标准、不规范、不统一的格局。例如，全院到 1984 年为止共有 33 个图书馆（室），使用的图书分类法竟达到 9 个。有的图书馆甚至不顾国内早已有国家推荐使用的分类法这一事实，还在自编分类法供自家使用。同类书区别号的使用更是五花八门，使用著者号码表的有之，使用种次号的有之，使用出版年月的有之，使用财产登录号的有之，甚至什么都不用，只使用分类号这一种分类级次的也有之。

2. 开始注意进行文献标准化著录的宣传、培训和研讨

中国社会科学院图书馆系统从20世纪80年代中期开始，通过不断地宣传、培训和研讨，逐渐认识到了实行文献的标准化著录对于做好图书馆工作，并在全院范围内最终实现图书馆自动化网络的重要意义。从1984年下半年开始，在全院范围内首次开始进行文献著录标准化的宣传和培训工作。规模较大的一次是1984年12月21～25日文献资料中心筹备组组织的为期一周的文献著录标准化讲座。当时用了整整五天时间首次大规模地向全院各所图书馆分编人员系统地宣讲了文献标准化著录的概况、意义和包括对中、外文图书和连续出版物在内的各种类型文献进行标准化著录的实施细则。此后，中国社科院负责标准化著录的胡广翔同志还先后7次在文献信息中心、中国社科院职工大学图书馆系以及民族研究所图书馆等处做了题为“图书的标准化著录”、“西文图书编目专题讲座”、“西文文献编目”、“连续出版物的标准化著录”、“中文图书的标准化著录”和“俄文图书的标准化著录”等讲课和讲座。还在院图书馆统一编目组和中国社科院世界历史研究所图书馆分别做了“介绍《中图法》（第3版）”的讲座。通过这一系列的讲课和讲座，“文献编目工作必须严格按照标准化的要求进行”这一思想逐渐被各级领导和广大图书馆工作者所接受，并日益深入人心，真正起到宣传、推广、普及和加强文献标准化工作的作用。同时，也培养出了一大批较好地掌握文献编目标准化知识和技能，能严格按照标准化的要求高质量地完成编目工作任务的文献分类编目业务人员。

3. 中国社科院和文献信息中心的领导开始重视和实施文献标准化著录的工作

在中国社科院和文献信息中心领导的关心和重视下，1991年7月11～13日，文献信息中心成功地组织和举办了为期三天的“中国社会科学院文献著录标准化研讨班”。该研讨班第一天的内容是大会发言。除文献信息中心的领导作了动员报告外，主管副院长汝信同志还做了重要讲话。

后两天由负责文献标准化著录的胡广翔同志根据各种文献类型进行了具体的讲课。14 天之后，院里即以红头文件的形式下发了《关于中国社会科学院文献编目实行标准化著录的通知》的正式红头文件，要求全院各所图书馆从 1991 年 8 月 1 日开始，一律按照标准化的要求完成对各类文献的分类编目工作。文件内容除要求各图书馆从规定之日起必须严格按标准化的要求进行文献著录外，还附有题为“中国社会科学院文献著录标准化要点”的附件。

研讨班结束后，随即成立了全院文献著录标准化指导小组。该小组除要求各所及时上交编目卡片，并对这些卡片进行认真检查外，小组负责人胡广翔同志还深入到一部分研究所图书馆去进行实地考察，并将考察结果写出了一篇题为“我院文献著录标准化工作剪影”的报道文章发表在中国社科院《文献工作通讯》1991 年第 8 期上。这些工作，对督促、检查全院各所图书馆落实文献标准化著录的情况，更好地鼓励先进，促进各馆工作的交流，都起到很大作用。通过检查了解到，全院各所图书馆（包括一些资料室）都已从院发文件规定的时间——1991 年 8 月份开始，逐步按照文献著录标准化的要求进行各种文献的著录工作了。从指导小组走访过的十多个所的图书馆中可以看到，大家对这项工作都很重视。例如，民族所、近代史所、语言所、外文所的图书馆在 7 月底开过文献著录标准化研讨班后，都曾请指导小组的同志前去辅导。民族所、马列所、外文所、技经所、西亚非所、研究生院各图书馆的同志还专门带着书或卡片向指导小组成员询问有关的疑难问题。另外，文学所、美国所、历史所等所图书馆的一些同志还经常通过电话咨询有关标准化著录的问题。这些都说明大家已经积极行动起来，并使中国社科院图书馆的这项工作有了很大进展。我们从抽查的五六个所的著录卡片的情况中了解到，外文所图书馆的标准化著录工作做得相当出色。该馆的每张卡片都美观、整洁，可以看出他们的工作是一丝不苟的。他们能做到这一点，是馆领导重视和编目人员努力的结果。尽管他们起步晚，但他们一旦起步，就以高起点要求自己，使 1991 年 8 月 1 日以后编制的第一批卡片完全实现标准化。该馆馆长冯剑秋同志说，他们在研讨班之前就组织编目人员开过几次会讨论这项工作，但一直没有定下来。这次借研讨班的东风，提高了认识，加强了开展这一工作的自觉性和紧迫感。该所负责西文编目工作的同志对待这一工作特别认真。在著录工作中，遇到问题随时研究，及时解决。该所连像韩文这样的小语种图书，也从 8 月份开始按标准化的要求进行著录了。通过实践，他们真正认识到了标准化著录工作的必要性和重要性，工作越干越有劲。他们说，现在即使再让他们退回到传统的方法去，他们也不干了。照他们的话说，“按标准化的要求做，心里踏实。”另外，在资料卡片的著录方面，就当时指导小组的同志所见到的，世经政所图书馆的资料片是完全符合标准化著录的要求的。首先，他们对参加 1991 年 7 月文献信息中心举办的这一学术研讨班非常重视，资料员中除有特殊情况者以外，其余全部参加了研讨班并听了标准化著录的辅导课。馆长郑海峰同志对这项工作十分重视，抓得很紧，要求编目人员全部采用标准化的著录格式和方法。该馆工作人员也都认真对照讲义，一丝不苟地进行著录，因此他们编制的资料卡片，既符合标准化的要求，又美观、整洁。通过了解我们看到，在院和中心领导的高度重视和支持下，在研讨班东风的推动下，中国社科院图书馆系统的工作人员在走向标准化建设方面确实向前迈进了一大步。尽管个别的馆还存在一些问题，但全院图书馆系统走向标准化编目的大潮已经是不可阻挡了。

针对中国社科院图书资料系统长期以来缺乏统一的工作条例和规章制度，难以使全院图书资料工作实现标准化、规范化、统一化和科学化管理的实际情况，在总结中国社科院图书资料工作实际经验的基础上，经过几年的努力，院馆终于编写出了适合我院使用的并附有《文献分类编目手册》的《中国社会科学院图书资料工作条例和规章制度》，并于 1993 年底出版发行。该条例对各类文献的标准化著录都规定了明确的条文。这对今后中国社科院各图书馆实现文献编目的标准化和规范化无疑会发挥巨大的作用。

著录标准的制定与应用是图书馆计算机编目重要的前期准备工作。北大的著名图书馆学家刘国钧教授早在 1975 年发表的一篇文章中就已写道："书目工作的自动化是可能的，但不是轻易（能实现）的。必须在硬件、软件、机读目录款式、各种著录标准等方面一一准备就绪，方可建立系统。"中国社科院通过上述一系列重要的举措而伴随着的标准化水平的提高，也就为文献情报工作手段的现代化做好了必要的前期准备工作，更为先期开发图书联机编目子系统打下了较好的基础。这对于早日建立全院文献书目数据库，尽快走向网络化建设，从而更好地为科研服务具有重大的意义，实践已经完全证明了这一点。

4. 中国社会科学院全院图书编目自动化管理系统

"中国社会科学院全院图书编目自动化管理系统"是由院科研局、院文献信息中心共同资助立项的全院性科研项目。它是从1992年7月开始，以文献信息中心召开的全院馆长会议为契机，通过开展广泛的调查研究、组建协作网络、软硬件技术论证、人员培训、标准化等一系列前期工作，于1993年在院科研局、院文献信息中心领导的支持下正式立项的全院图书馆系统的科研项目。本项目的目标是在全院范围内通过计算机应用、数据标准化、网络协作等手段实现中外文图书编目工作的自动化、现代化管理，建立符合国家标准的机读书目数据库，为进一步实现全面的图书信息自动化管理网络奠定基础。由于本项目不仅具有科研、探索、开发的性质，而且还需要在全院范围内进行大规模的组织实施、人员培训、设备调试安装等活动，因此是一项规模较大的系统工程。为了早日在统一的机读目录格式的基础上编制出全院统一的软件，院文献信息中心于1992年6月成立了中国社会科学院自动化网络课题组，并于当年7月开始组织编制全院统一的联机 MARC 编目系统软件。一年后即编制出了"中国社会科学院联机 MARC 编目系统软件"的第一版。全院各所图书馆从1993年7月1日起即一律使用该版软件进行计算机编目工作。半年后，针对使用第一版软件发现的问题，又开始开发该软件的第二版，并于1994年中期开始陆续被全院各所图书馆使用，并已于1995年初通过验收。经过两年多的努力，本项目如期圆满地达到预定目标，特别是开发出了能在微机、DOS 操作系统、成熟的数据库管理系统上安全运行的编目软件。与此同时，也完成对中国社科院图书书目记录工作单的设计和编印工作，并编写出版了供编目人员使用的《中国社会科学院中外文图书分编工作单填写规则》。该软件已于1995年1月16日通过了由李惠国、辛希孟、袁名敦、朱文骏、朱岩等12位高级权威人士组成的评审委员会的鉴定，并在该委员会起草的鉴定书中明确指出："认为社科院全院图书编目自动化管理系统居全国先进行列，在某些方面居国内领先水平。"该软件的开发成功，使全院图书编目工作全部脱离手工工作方式，进入计算机化工作方式阶段。在开发、研制该软件的同时，还建成1993年全院书目数据库，并对图书编目人员进行一次系统的计算机基本操作技术和使用计算机编目软件进行编目工作的大培训，培养出了一大批能较好地完成计算机编目任务的编目人员。该课题的完成还在1994年全院图书体制改革工作中完成大量中外文新书的计算机编目任务发挥了不可替代的作用。本项目得到全院各所图书馆的高度评价，龙永枢副院长也曾专门前来参观，并给予了表扬。

另外，全院编目数据处理、建立机读书目数据库和生成书目产品的工作，是本项目课题的主要内容。在网络协作、软件开发、人员培训、标准化著录等工作之后，必须将采集上来的数据汇总、校对订正并建库，最后产生各种机读的和书本式的产品。此项工作是以社科院各馆的机读书目数据为数据来源，以CNMARC为数据标准进行的。

全院编目数据处理的工作方式是：①自1993年7月开始，各工作站（各馆）分别将到馆新书按标准化要求著录书目工作单并输入计算机，各自生产本片（馆）的书目产品。日、俄文书目数据交语种工作站集中处理。②各工作站将1993年上半年手工编制的书目数据和下半年的机读数据交网络协调部门。由网络协调部门根据语种、数量情况分送各语种工作站或中心工作站进行加工。③各语种工作站和中心工作站对数据进行校对、修改、翻译、录入等工作。④项目课题组对数据进行查重、复核、汇总、建库等工作，并依据数据库生产1993年全院中、西、日、俄文新书联合目录等书目产品。⑤项目课题组对各工作站的数据进行定量分析、评估、排队，然后通报全院并反馈给各馆。

根据标准化的要求，在全院编目数据处理过程中，我们发现和解决的主要问题是：①CNMARC 格式问题，如字段、子字段标识符，字段指示符，编码字段内容的使用和选取；②标准著录规则的使用问题，如题名和责任者的选取，附注项的内容等；③检索项的选取和录入问题，如7—、4—、6—等功能块的完整性、深度；④分类号与馆藏信息分流问题，即 690 字段统一使用中图号和 905 字段保持各馆原有体系；⑤其他附加问题，如 801、541 等字段所反映信息的完整性。

汇总建库的主要内容是：①对汇总库的内容进行查重；②不同记录相同内容的合并，如不同馆收藏的同种书，需要选取著录质量较好的记录作为库记录，并收入不同馆藏信息；③对已合并的记录通过书目产品、数据检索进行复核；④更新库记录索引，库数据备份。

书目产品的生产情况：①各工作站（各馆）分别生产各自的卡片、新书通报、书本式目录、财产登录账、书标、书袋卡等；②项目课题组负责全院联合目录的生产，并进行 1993 年度中外文新书联合目录的编制工作。

总之，编目数据处理工作技术的研究、试行已为今后全院计算机统一编目工作的开展奠定了坚实的基础，并为全院图书体制改革工作做出了不可替代的贡献。

三　落实文献标准化编目的措施和状况

社会科学文献信息工作是社会科学研究的基础和重要组成部分。它的发展现状、规模、水平，以及它的工作质量、效率、成果利用程度等，都直接影响社会科学研究的水平和质量。当时，中国社科院的文献信息工作不仅与世界水平的差距很大，而且落后于国内先进的文献信息单位。为了扭转这种局面，更好地为科研工作服务，在院里的直接领导下，院图书馆工作改革领导小组解放思想、实事求是，大胆改革管理体制，努力把合并后的院图书馆建设成质量上乘、效率高的现代化的文献信息机构。同时，以实现图书馆工作的自动化为手段，通过对全院文献信息系统的联网，带动全院各所的文献信息工作实现实质性的突破。

1. 中国社科院图书馆工作的改革使文献统一编目工作真正得到落实

在院馆统编组筹建初期，该组组长胡广翔同志制定了选择人员的三条原则、五条标准和九条工作职责。该组按照这些原则和标准，吸收了包括原文献信息中心图书馆现有编目人员在内的大楼片各所编目业务骨干，组成一支高效精干的图书分类编目专业队伍。统编组于1994年7月1日正式成立后，首先对全体人员进行了使用计算机编目软件、《中图法》（第三版）和《通用汉语著者号码表》等计算机编目业务所需的各类专业培训，使他们不仅掌握标准化、规范化和统一化的分类编目业务知识，同时也能掌握现代化的业务技术手段。

与此同时，统编组正式开展了工作前的各种准备工作：包括工作用房的选定和布置，办公家具、设备及文具的配置，供各文种进行图书分类和编目用的图书分类法和著者号码表、编目条例、《中国机读目录通讯格式（CNMARC）》、工作单填写规则、上机录入规则以及各类词典等各种业务工作必需的工具书的配备。为使分编业务尽快运作起来，我们在各项筹备工作进行之中，正式开展起了统一分编工作，并尽快走上正轨。

至此，我们借助改革的春风，确实使院馆的文献统一编目真正做到人员、组织、物质和技术上的落实。

2. 制订和实施院馆文献统一编目工作的实施方案

在院馆统编组筹建初期，胡广翔同志在制定选择人员的三条原则、五条标准和九条工作职责的同时，也制定了7项工作任务、5项工作计划和17项业务工作流程。至此，院馆文献统一编目工作的实施方案已经形成。该组在实现人员、组织、物质和技术上的落实之后，紧接着便按照既定的方针任务和计划安排全面开始对院馆统一编目工作方案的实施。

3. 及早统一了全院的图书分类法和同类书区分号

统编组早在创立之初，就及时地向全院各所图书馆通报了该组采用的，同时也是要求全院各所图书馆采用的中外文图书分类法、著录标准，以及对各文种图书进行著录时使用的著者号码表等。

1994 年 7 月 1 日成立的院馆统编组，紧接着就召开了第二次全组人员会议，主要讨论并通过了该组关于统一全院图书分类法和同类书区别号的建议。当时，该组同志认为，几年来，在文献信息中心的领导下，通过对文献标准化和计算机编目工作进行不断地宣传、研讨和实践，大家对以上问题的重要性认识越来越深刻，遵照执行的自觉性越来越高。当时又适逢图书馆进行重大改革的大好形势，统一全院图书分类法和同类书区分号的时机已经成熟。据不完全了解，1994 年以来，已有好几个图书馆将原来所用的其他分类法改为《中图法》。特别是在 1994 年 6 月中下旬以后短短半个月左右的一段时间里，就已有七八个图书馆的馆长和分编人员对统编组提出了尽快统一全院图书分类法和同类书区分号的要求。为此，当时统编组特作出如下决定，并以《简报》的形式分发到全院各所图书馆编目人员手中。决定的具体内容如下。

“全院各所图书馆从接到本简报之日起，① 对中、日、西、俄等文种的普通图书（中文古籍图书除外）一律使用《中图法》（第 3 版）进行分类。② 中文图书一律使用刘湘生主编的《通用汉语著者号码表》，日文图书一律使用植村长三郎编的《著者号码简明表》，西文图书一律使用卡特编的《卡特著者号码表》，俄文图书一律使用哈芙金娜著的《俄文三位数著者号码表》。（《中图法》和《通用汉语著者号码表》可到国家图书馆购买。对其他暂时收集不到的著者号码表，本组准备收集后为大家组织复印）翌年交来的软盘的数据须一律以此为准，否则将不予受理，请大家谅解。”

这一决定无疑为今后实现全院范围内的统一编目和标准化的回溯编目提前打下了基础，创造了条件。事实已经证明并将继续证明，这一工作做得越早，对完成今后全院统编工作任务就越有利。

至此，中国社科院的文献编目工作已经从“全院三十多个研究所的分编体系、规则五花八门，管理上各行其是，虽经院文献中心多方协调仍无法达到统一的共识”的旧阶段成功地跨越到了能成熟地运用文献工作的各种国家标准和计算机编目软件高质量地完成图书编目工作任务的新阶段，并为后来应用社会上大量兴起的商业编目软件更好地完成图书的计算机编目工作奠定了坚实的基础。

（原载于《中国哲学社会科学发展历程回忆》丛书（综合卷），胡广翔主编，周用宜、孟宪范副主编，中国社会科学出版社，2014 年 5 月）

中国社科院及全国社科院图书馆系统开创联机编目工作的历史回顾

多少年来，图书馆员梦寐以求文献书目资源共享。人们曾尝试多种合作活动，结果大部分以失败告终。现代信息技术在图书馆的应用，使传统图书馆的文献加工和服务方式发生了根本性的变化。联机联合编目等文献资源的共建共享活动虽然在美国等发达国家早就获得成功，但在20世纪90年代之前的中国却没有成功的先例。

随着图书馆工作现代化进程的不断发展，文献信息资源共建共享已越来越成为现代图书馆人普遍接受的办馆理念和发展模式。从20世纪90年代末期开始，文献信息资源共建共享在国内取得明显的发展。建设一个中国社科院和全国各省级社科院系统联网的、数据完整的、高质量、高水平的全国社科院联机联合编目系统，并在此基础上形成与中国社科院的地位和规模相匹配的全国社会科学工作者共享的全国社会科学书目数据中心。有了这个中心之后，人们在世界的任何角落，只要上网访问这个中心，均可一次性地查全、查准全国范围内的人文社会科学书目信息。建成这个中心，也就自然形成一个全国范围内社会科学信息资源共建共享的基础平台。形成这个平台，以后只要有一定的经费支持，就能很容易地在这个平台上逐步上马和实现各种文献类型的文摘、目次乃至全文和多媒体资源的共建共享业务，为全院乃至全国的人文社会科学工作者提供全方位和多层次的文献信息服务，彻底改变目前社会科学文献信息服务技术和手段严重不足的状况，从根本上提高对科研服务的水平。另外，各地社科院图书馆收藏的文献资料和开展的业务项目各具特色，具有很强的互补性。实现全国社科院图书馆系统内资源共建共享，将会对提高图书馆的服务水平产生实质性的作用和影响。

一 历史的回顾

纵观中国社科院各图书馆工作的历史，从20世纪80年代以来，中国社科院文献资源的加工利用工作走过了一个从无序到有序，从各自为政到标准化、规范化、统一化的过程。在1984年以前，全院的图书编目工作基本上处于混乱、无序的状态。从1984年下半年开始，在全院范围内首次进行了文献著录标准化的宣传和培训工作。通过不断地宣传、培训和研讨，逐渐认识到了实行文献著录标准化的重要意义。从1992年开始，我们又在实施标准化著录的基础上，组织研制出了“中国社会科学院全院图书编目自动化管理软件系统”。自那时起，各馆便可进行单机状态下图书的计算机编目工作了。从1994年开始，中国社科院图书馆工作的改革使原院部科研大楼内的十几个研究所图书馆与原院文献信息中心合并成立了院图书馆，并购买使用了功能更强、效率更高的商业图书馆软件系统。这样，就使院馆的计算机统一编目工作真正得到了落实，并取得了巨大成效。从1999年开始，又开始在全院范围内组织实施联机联合编目工程。回顾中国社科院图书馆系统近五年的发展历程，可用下面九个字来概括：即“五年，五大步，五个台阶”。第一年，告别了手工编目，直接使用微型计算机和自己编制的软件进行单机上的图书编目工作；第二年，购买和使用了功能更好、效率更高的商业编目软件进行本编目机构内部的联机编目工作；第三年，利用国家书目数据和其他书目中心的数据进行回溯编目，走资源共享的道路；第四年，进行商业软件升级，使用在Windows状态下的丹诚NT网络版软件；第五年，试验并实施了全院联机联合编目工程。

总之，经过这些年的努力，中国社科院的文献编目工作终于从全院

30多个研究所的分编体系和规则五花八门，管理上各行其是，虽经院文献信息中心多方协调仍无法达到统一共识的旧阶段，成功地跨越到了能成熟地运用文献工作的各种国家标准和计算机技术高质量地完成图书编目工作任务的新阶段。

二 联机联合编目的提出

图书馆文献收藏量越来越大，需要回溯编目的旧书也越来越多，这给编目工作带来巨大的压力。图书馆工作人员越来越希望能够借助他人的编目成果来完成自己的工作。虽然经过若干年的努力，院馆实现了编目部内10台计算机的联机编目，并利用国家书目数据实现了与国家图书馆的书目资源共享。但是，如何使全院各所图书馆也能随时共享院馆的书目数据，从而推动全院各所图书馆间的合作向广度、深度发展，形成真正意义上的、全局范围内的、最充分的书目资源共享，成为当时一个亟须解决的问题。

从长远的发展看，解决上述问题的根本途径在于：创建联机联合编目系统，借助计算机网络进行实时检索、编辑与利用书目数据，从而达到“一次输入，多次使用；一家输入，大家利用”的目的。而且从手工编目到机器编目，再发展到联机联合编目也正是计算机网络化进程在图书馆编目业务领域中的具体体现。

当时，各类计算机网络（如Internet）在我国发展虽是近几年的事，但其发展的速度和卓有成效是有目共睹的。网络已成为信息产业当时及其后若干年的主旋律。事实上各类计算机网络已经成为图书馆开展电子文献信息服务的良好环境。应该说，网络带给图书馆的机遇与图书馆的发展方向是一致的。事实证明，在后来的发展中，图书馆的网络化有了极大的发展和加强。美国的OCLC是世界上最大的联机图书馆中心。我国编目工作现代化的目标即是尽快建成中国的OCLC，而实现这一目标的基础则是尽快实现联机联合编目。

联机联合编目是利用高科技手段进行远距离即查即用的检索并进行实时资源共享的编目工作模式，是编目业务手段的最高层次和最高境界。但若将这种编目业务人员的美好理想和编目工作的理想状态从理论变为现实，还需要做大量艰苦细致的调查研究、理论探讨和实验操作。而且，联机联合编目是当时在国内尚无成功先例的工作模式。可以说，全院联机联合编目既是一项重大的学术研究课题，又是一项涉及全院各所图书馆变革现有工作模式、实现最具效率和质量的现代化工作状态的大工程。可以肯定地说，全院联机联合编目系统的创建是一项使全院图书馆事业受益极大的基础建设项目。

三 当时面临的任务和我们的决心

21 世纪，世界已进入信息化的时代。一方面，图书馆一家一户、各自独立作战的工作方式已经远远不能适应新形势的需要，成百上千万张卡片的手工书目记录需要尽快按照严格的机读目录的要求输入到计算机的数据库中去。但由于社会的变革与发展，各个图书馆的上级机构又不可能大量地为图书馆的新需求调入数量可观的人员从事计算机编目工作。在这种情况下，只有走资源共建共享之路才能解决这一矛盾。而联机联合编目正是全面、彻底地进行书目资源共建共享的捷径和必要的基础。早日实现全院范围内的联机联合编目并在此基础上实现全面的共建共享是中国社科院文献信息系统在 21 世纪之初要完成的最为重要和迫切的任务。

从 1998 年底开始，我们就已经决定进入全院联机联合编目、书目数据资源充分共建共享的新阶段。这一阶段是我们图书编目界期盼已久的图书编目形式，是图书编目技术和手段发展的最高阶段。如果能真正顺利地上到这一阶段并能正常地进行工作，将能从全局上大大提高全院计算机书目加工工作的效率和质量，真正适应当今网络时代的要求，适应 21 世纪对图书馆文献资源共建共享工作的要求。

四　中国社科院图书馆联机联合编目系统建设初战告捷

中国社会科学院的联机联合编目系统是由本院的文献信息中心（牵头单位）和各研究所的图书馆共同建设的。由于在组成这个系统之前，各研究所的图书馆在组织管理和业务指导上就是院馆的下属单位，因而在组织联机联合编目方面有着比较有利的条件。同时，在建设过程中所采用的规章制度和方式方法中，有的可能具有某种特殊性。然而，其基本思想是符合联机联合编目的普遍精神的，社会科学院的同人在建设过程中也有不少自己的创造。

总的来说，中国社会科学院图书馆编目工作的发展过程基本上是符合编目工作由低级到高级的发展规律的。1992 年之前的十几年，他们的手工编目工作经历了从无序到有序，从各自为政到标准化的过程。1992 年，他们开始了从手工编目向计算机编目的转变。先是使用了自行开发的单机编目软件进行联机编目作业；1995 年改用市售商业化的编目系统，实现了院馆编目部内的联机编目作业，并利用国家书目数据等进行回溯编目；1999 年以后又开始进行全院范围内的联机联合编目系统的开发和建设，逐步开展和进行了全院各个图书馆之间的联机联合编目作业，真正实现了院馆和全院其他近 20 个所级图书馆的联机联合编目，并能随时共享国家图书馆的书目数据。这个系统于 2001 年初步建成后，一直在为全院范围内高质量、高效率地进行新书的即时编目和旧书的回溯编目发挥着巨大的作用。

首先，中国社会科学院图书馆系统近十几年来在图书的分类和编目业务方面，走过了一个从无序到有序，从各自为政到标准化、统一化的过程。

本来，中国社会科学院是隶属于中国科学院的一个学部（哲学社会科学部），原来的 33 个研究所图书馆也都属于中国科学院图书馆领导。

1977 年哲学社会科学部从中国科学院分离出来独立成中国社会科学院后，直到 1985 年成立院的直属机构——文献情报中心（1992 年后改为文献信息中心）之前，在图书馆业务上一直没有一个相应的领导机构，也就形成各研究所图书馆的各自为政的状态。图书馆系统组织建设上先天不足的状况导致全院图书馆业务的混乱和无序，在文献的分类、著录、目录等各个方面不标准、不规范、不统一。例如，1984 年全院 33 个图书馆（室）使用的图书分类法竟多达 9 种。有的图书馆甚至不顾国内早已有了国家推荐使用的《中图法》这一事实，还在自编分类法供自家图书馆使用。同类书区别号的使用更是五花八门。

院文献情报中心成立后，通过不断的宣传、培训和研讨，逐渐认识到了实行文献的标准化著录对于做好图书馆工作，并在全院范围内最终实现图书馆自动化的重要意义。1984 年以来，陆续进行了 8 次有关图书标准化著录的讲座和专题报告。例如，1991 年 7 月，院文献情报中心组织了“中国社会科学院文献著录标准化研讨班”。借此东风，院里又以红头文件的形式下发了题为《关于中国社会科学院文献编目实行标准化著录的通知》的正式文件，要求全院各所图书馆从 1991 年 8 月 1 日开始，一律按照标准化的要求完成对各类文献的分类编目工作。此后，又成立了全院文献著录标准化指导小组。总之，通过这些年的不懈努力，本院的文献编目工作终于成功地跨越到了能熟练地运用国家标准高质量地完成图书编目工作任务的新阶段。

中国社会科学院有相当丰富的文献信息资源，但由于历史的原因，其所属研究所遍布北京城的东西南北，地理位置相当分散，因而造成了文献信息资源的分散。再加之管理手段一直比较落后，提供高效率的服务变得十分困难，不能有效、充分地发挥这些宝贵专业资源的作用。因此，尽快建成全院书目数据库系统已迫在眉睫。

这样也就提出一个问题，即现有的单馆编目或基本上是单馆编目的软件能否适应联机联合编目的要求？如果另加网络功能的一部分，并且把这两部分很好地结合起来，可不可以实现联机联合编目？现在，社科院开展联机联合编目业务的实践，证明这样做是可行的。

社科院为了做好在网络环境下开展联机联合编目标准化的工作，于1999年3月专门成立了全院联机编目协调室，统一协调、规范和组织全院的联机联合编目工作。该室根据开展全院中文图书联机联合编目进程的需要，组织编写了全院18个图书馆统一遵循使用的《中国社会科学院中文图书联机联合编目规则手册》（后修订、改编并正式出版为《中国社会科学院联机联合编目手册》和《中国社会科学院图书馆社会科学文献分类主题标引手册》），并以此为教材组织了6次培训和考核，使得全院中文图书编目数据的质量有了一个质的飞跃。

在社科院图书馆系统内，院馆编目部作为全院的龙头馆主持和承担了尽可能多的份额，各研究所图书馆或资料室则只承担较小份额。院馆编目部的数据也是全院20多个分馆主要的数据来源。社科院建立联合目录主要是靠院馆编目部率先将本馆的旧书进行回溯，建立起院馆的书目数据库，然后将该库的数据转入全院书目数据总库中向全院开放。这样，各所图书馆开始进行回溯编目时，就可先查找全院书目总库，有一部分书目数据就可利用院馆的现成数据和放在全院书目总库系统中的国家书目数据；如果没有可利用的数据，再进行原始编目并提供给全院使用。

本院的联机联合编目系统建设是于1998年在全院图书馆工作会议上提出的，于1999年3月正式成立全院联机编目协调室之后，该室又于1999年11月初提出了题为“中国社会科学院联机编目的研究与实践”的重点研究课题，经本中心学术委员会讨论同意，于1999年11月10日被批准立项。历经两年多的努力，在该课题于2001年2月23日成功结项的同时，初步建成了全院图书馆联机联合编目系统，实现了在书目信息资源建设方面的共建共享。

总之，自1999年3月的中国社科院文献信息中心全体会议上，中心领导宣布成立全院联机编目协调室以来，该室组织全院各所图书馆有关人员主要从起草联机联合编目工作的标准与规范、解决联机联合编目软件技术问题及进行联机编目试验、联合编目的组织与管理等方面做了以下工作。

第一，研究了全院联机联合编目工作的模式，提出了全院联机联合编目工作设想。

我们经过充分地调研，并根据中国社科院实际，特提出了如下的数据库模式。

全院联机联合编目临时库：

本库存放的是编目员未经过校对员校对的初编数据。

本库按照全院图书馆的数量分为 18 个区段，各图书馆的编目员将工作库中的数据存盘的同时，再选择存入本库中各自馆的区间段。

因本库中的数据都是未经过校对的初编数据，故需经本馆或本片专人校对后方可转入全院联机联合编目预备库。本库中的记录虽不是校对后的最终数据，但仍有检索并提供套录的意义。

全院联机联合编目预备库：

向本库上交的数据是各馆经过专门校对员或达到一定质量标准的编目员严格校对过的。

本库按照全院图书馆的数量分为 18 个区段，只有各区段的高级管理员才有写权限，普通编目员的数据需要通过各馆的校对员校对后才能写入本库的相应区段内。具体地说，院馆、研究生院、近代史所、民族所、经济所、世界史所、东欧中亚所等图书馆的数据，通过本馆的校对员校对后即可转入本库，而其余所的图书馆由于没有校对人员，所以他们送到临时库中的数据需经过校对员校对后，才能转入本库。

本库的数据维护工作（包括将本库数据转入总库和删除本库数据）由协调室的同志负责。

全院联机联合编目总库：

本库存放的数据是从预备库的各区段通过自动查重软件输入的数据。这些数据去掉了重复的内容，并能全面反映该数据在全院的收藏地点。本库是全院统一的图书机读联合目录总库，不分区段，只有联机编目协调室的高级管理员才有写权限。

第二，在院馆和院属各所图书馆之间进行了大量的包括数据检索和下载在内的联机编目试验工作，并取得了如下十个方面的工作成果。

1. 全院所属的 14 个图书馆间的双向联机编目试验获得成功。

中国社科院大部分研究所图书馆先后完成了更换、熟悉和掌握丹诚图书馆软件的工作。过去全院同时使用着两种图书馆系统软件，为了统一并减少不必要的麻烦，我们决定在全院范围内统一使用一种软件，即“北京丹诚图书馆系统软件”。经过一段时间的努力，截止到 2000 年 3 月底，全院除了两个硬件条件不够的小馆因一些客观原因尚未能与其他各馆进行互联外，其余所有图书馆间的双向联机编目试验都已成功，即已全部开通了即查即用的联机编目业务。在这些图书馆的工作软件中都增设了院馆和其他所图书馆的服务器或单机的网址。在这些图书馆之间，都已能非常方便地相互间浏览、检索并下载对方图书馆的书目数据，实现了馆际间远距离的书目数据资源的共建共享。

2. 院馆编目部初步实现了与国家图书馆之间的联机编目业务。

院馆编目部首先于 2000 年初利用国家图书馆的文津软件与全国联机编目中心进行了联机编目的试验。在该部的一台机器上装上了国家图书馆的文津软件并做了与国家图书馆进行联机编目的试验。经过了一段时间的摸索后，不管是院馆上网查找并下载全国联机编目中心的数据、还是抢注后上载到全国联机编目中心，不管是批处理还是单条实时操作，都获得了成功。

3. 院馆编目部将中、西文图书新书通报上网。

院馆编目部除每月仍照常出版印刷型的中、西文图书的新书通报外，还于 1999 年 4 月 20 日将中文图书的新书通报（1999 年第三期）上网；又于 6 月 22 日将西文新书通报（1999 年第一期）上网。截止到 2000 年 5 月底，中文新书通报已上网至第 15 期，西文新书通报已上网至第 6 期。各所在继续利用印刷型新书通报的同时，还可随时上网利用院馆编目部的电子版新书通报信息。

4. 积极与有关公司联系，研讨对中国社科院联机编目业务的技术支持问题。

1999 年，文献信息中心联机编目协调室测试了丹诚软件在联机编目方面所需的功能，并提出了改进和完善的建议。后来，丹诚公司即根据我们的需要，开发出了适合中国社科院进行数据汇总、建立全院书目数据总库时所使用的具有自动查重并按编目质量等级自动覆盖和追加所需字段功能的程序软件，以便以后运用于全院编目数据的合库业务。

5. 组织起草并出版《中国社会科学院图书馆中文编目问答手册》。

根据开展全院联机联合编目工作的需要，我们首先组织起草并出版了《中国社会科学院图书馆中文编目问答手册》，经过了几年的工作实践之后，对该手册的内容又进行了修订，并于2005年4月再次出版，并作为统一的编目工作标准提供给全院各图书馆从事编目工作的同志使用。

该手册既是全院联机联合编目用的业务标准与工作规范，又是很好的联机联合编目业务用的培训教材，对于今后保质保量地开展全院联机联合编目和图书回溯编目工作具有重要意义。

6. 成功地组织、实施了五期全院各图书馆编目人员参加的联机联合编目业务培训。

7. 考察了院属各图书馆的数据质量并进行质量等级排序，同时还进行了联机编目员资格考试、认证，并实行“持证上岗”制度。

8. 为了适应尽快规划和建设全院联机编目数据总库的需要，在全面检查各所图书馆编目工作质量的同时，要求各所图书馆按照《中国社会科学院图书馆中文编目问答手册》的要求，在规定的期限内，抓紧对本馆已有的中文机读书目数据进行统一的校对和修改，以便为全院的合库做好数据上的准备。

9. 定期编制和印发全院联机编目工作简报。将工程进展情况和完成任务的情况及时通报给全院各图书馆的业务人员，以便大家更好地了解情况、互相支持、大力协作，尽快完成全院文献资源共建共享这一光荣而艰巨的任务。简报基本上是每季度出一期，主要内容有：联机联合编目业务进展情况及信息介绍、经联机试验后可向全院其他馆开放的各所图书馆机读书目数据库情况介绍、经验交流、心得体会、合理化建议等。

初步实行联机联合编目及文献资源的共建共享后，其经济效益和社会效益也已初步显现了出来。例如，过去很多馆都一再要求我们把院馆的书目数据拷贝给他们。拷贝了一次后，又要求及时追加新数据。实现了联机编目的馆就对此不再有什么后顾之忧了，因为他们可以随时随地、随心所欲地检索和下载院馆的书目数据了，从而节省了大量的人力物力和大量的时间精力。联机联合编目的实现，也给研究人员带来了极大的方便和实惠。他们足不出所，就可随时查找院馆和院内绝大多数研究所图书馆的书目数据了。其查询的速度之快，和查找本所图书馆的数据一样。例如，法学政治学所接到上级交办的紧急任务，亟须借阅刚刚出版的《二十世纪十大邪教》一书。因该馆当时已于半个月前实现了和全院其他馆之间的互联，所以很快就在本地上网后在院馆的中央库里查到了此书，并立即派人来借，解决了他们科研中的燃眉之急。实现了全院的联机联合编目，也为以后尽快实现全院范围内的联机联合采购、馆际联机互借等其他工作环节的文献资源共建共享奠定了基础。

10. 与韩国合作开发新的图书馆软件系统进一步加强联机编目功能。

原来使用的图书馆软件系统开始时没有联机编目功能，后来根据联机编目课题的要求，新建了全院书目数据总库、预备库和临时库，并二次开发了一个自动查重、合库的程序，基本实现了能够支持全院 18 个图书馆联机联合编目的功能。

从 2002 年开始，中国社会科学院决定与韩国 ECO 图书馆软件公司合作开发新的图书馆自动化系统。我们抓住这一契机，对负责软件技术开发的韩国 ECO 公司在支持联机编目业务方面提出了更高的要求。经过两年多的时间，他们在全面完成开发新系统的基础上，还开发出了一个专门支持集中式和分布式联机联合编目作业的模块，在支持全院范围内联机联合编目业务方面取得更加良好的效果。

ECO 系统与原系统相比，在联机编目方面的主要区别如下。

（1）联机实时数据共享的自动化程度更高。

在过去的情况下，要想把实时共享的程度提高，就会在很大程度上依赖联机编目协调室和各馆编目人员的人工管理，例如，各所图书馆在做完一条新数据后，要及时转入临时库，在校对完一批数据后，要及时转入预备库。如果这些人为的工作不能做到及时处理的话，就会降低数据共享的及时性。而在 ECO 系统中，各馆数据都在同一个大型数据库内操作，不用考虑人为的因素即可确保系统能自动实施全院书目数据最佳状态的实时共享。

（2）书目数据库建设在实现了最大化的共知、共建、共享的基础上，还保证了数据的安全性。

使用ECO系统时，当一条数据只有本馆有馆藏，其他图书馆无馆藏的情况下，本馆有权对数据内容进行修改；而当一条数据在两个以上图书馆有馆藏的情况下，则只能由联机编目中心来修改，本馆只能修改自馆的905馆藏字段内容。这种设计，既保证了全院数据的安全性，也调动了各馆的积极性；既体现了权利，也体现了义务，真正实现了全院在编目业务上的共知、共建、共享。而使用老系统时，对已经上交到总库中自馆的数据，就无权进行修改了。

（3）数据转入时自动化程度更高。

使用ECO系统时，除能自动追加新书目外，还能通过数据的实时上载自动追加新的馆藏和复本。而老系统只能自动追加新书目，而不能自动追加新的馆藏和复本，需要追加新的馆藏时，只能通过人工确认和干预才能实现；追加新复本的工作，也只能通过数据的再更新或由联机编目中心管理员手工操作才能完成。

（4）数据对比画面比较好，更便于操作。

画面大，当转入的数据与总库内的数据出现重复，需要人工确认时，自动弹出的左右两个画面占用了整个屏幕，所以一般不用上下拉动滚动条就能浏览全部数据内容；而老系统将需对比的两个画面设计为上下两个横向的窄条，每次数据对比都要频繁地上下拉动滚动条才能浏览全部数据内容。

（5）数据修改比较方便。

ECO系统在数据转入和对比过程中，库内已有的数据和欲转入的数据均可即时修改，及时性好。而老系统只能在转入完成后再次进入数据库中才能修改。

ECO系统还增加了虚、实字功能，即在需要人工对比的两条数据中，相同的内容显示为虚字，不同的内容则显示为实字，这就使得数据修改操作更加准确、方便和快捷。在“申请修改资料管理”环节和需经确认数据环节，都具有自动显示虚、实字的功能。这样，就使对比、修改等操作变得更加简易。而老系统则无此功能。

（6）增加了上下载统计功能。

ECO 系统可随时统计各馆上传和下载书目数据的数量，上载统计包括新书目、新馆藏和新复本三项统计，下载统计包括从自馆下载的统计和从他馆下载的统计，并能根据预先设定的收付费标准自动统计出应收和应付的费用。而老系统则无此功能。

五　在全国社科院图书馆系统实施联机联合编目工程

1. 该建设项目的重要意义

建设一个社科院和全国各省级社科院图书馆系统联网的、数据完整的、高质量、高水平的全国社科院联机联合编目系统，形成一个全国范围内社会科学信息资源共建共享的基础平台，是写入我院“十一五”规划中的一项重要工作任务。建成了这个联机共享系统，就形成了与我院的地位和规模相匹配的全国社会科学工作共享的全国人文社会科学书目数据中心。人们不管在院内还是院外，也不管在国内还是国外，只要上网访问各个中心，均可一次性地查全、查准全国范围内的人文社会科学书目信息。这样，就为各图书馆编目人员和科研人员共享书目数据资源提供了最便利的条件。

中国社科院前副院长江蓝生同志曾指出：“一个地方社科院不管它多大多小，都有它的特色，都有它的长处，有些恐怕是我们中国社会科学院都比不了的，比如西藏社科院的藏学研究，云南关于东南亚国家的研究，湖北的楚文化研究，吉林对中国边疆历史的研究都有他们各自的长处。如果我们把这些长处互相共享，我们就能取得事半功倍的效果。所以从客观上来说，我们也很需要共建共享。”院领导的重要讲话，更加深刻地揭示了建设全国社科院图书馆联机联合编目系统，实现全国社科院范围内书目信息资源共建共享的重要意义。

2. 前期准备工作

（1）开展了全国范围内各省级社科院图书馆的人员、业务、技术，以及软硬件环境和网络环境等诸方面情况调研，撰写了《各省市社科院图书馆的藏书状况》、《对各省市社科院图书馆进行初步调研情况的分析》等调研报告。

（2）进行了全国社科院图书馆联机联合编目系统建设的方案设计，撰写了《全国社科院图书馆联机联合编目系统建设方案》。

（3）多次召开专家论证会，对全国社科院联机联合编目系统的系统结构、业务流程、管理体制和组织机构等问题进行论证和细化。

（4）制定了完整的全国社科院联机联合编目系统的相关技术标准与规范，包括中文图书机读目录数据处理细则、西文图书、连续出版物等各种文献类型的著录规则和分类、主题标引规则等多项内容，为将来系统实施联机联合编目作业做好了先行准备工作。

（5）确定了项目实现的目标：迅速建立起全国社科院图书馆联合编目中心书目数据库，实现地方社科院对联合编目中心书目数据的下载，实现地方社科院对联合编目中心数据库的实时上载，对联合编目中心数据库的数据进行整合作业，实现我院与地方社科院之间其他相关数字资源和信息的传输和共享。

（6）利用《全国社科院联机联合编目工作简报》的形式，向各省市社科院通报我们这个建设项目的进展情况，以便沟通信息、指导和交流联机编目业务工作。近 5 年来通过电子邮件向地方院图书馆发出联机联合编目工作简报共计 19 期（第 20 ~ 38 期）。

（7）召开了本信息化建设项目的业务研讨会，布置任务、交流情况、研讨项目进展过程中所需的业务和相关的技术等问题。

（8）进行了四次全国范围内为期各一周的大规模标准化业务培训。

3. 系统实施工作

（1）于 2006 年 6 月 8 日将“申请开放全国联机编目服务器通讯端口

的报告”提交给院网络中心，后得到批准，开通了网上供联机编目业务使用的 210 端口，为全国社科院范围内联机编目作业的技术实施奠定了基础。

（2）先期以中韩合作开发的 ECO 图书馆自动化系统为基础，在外网建立了 PC 机测试服务器。该服务器通过 Z39.50 通讯标准协议和使用 ECO 软件系统的多家地方社科院图书馆系统进行了数据下载功能的联机应用测试，初步实现了地方社科院图书馆与联合编目中心同构数据库之间的联机共享。

（3）经过详细调研，于 2007 年购买了一台安装 Windows Server 操作系统的专用服务器及相关设备，并将此服务器升级到 ASP. net2.0，直接作为发布用的服务器，替代了原有的供测试用的 PC 机服务器。各省市社科院图书馆只要能上互联网，即可与我们进行通信。

（4）请韩国 ECO 公司的软件开发人员通过程序设计，将我院服务器中现有的 133 万多条书目数据以库到文件的形式，转出了带有 905 馆藏字段内容的全部数据。项目组已将这些数据全部转入了新建的联合编目中心书目数据库中，为后来全国各省市社科院图书馆共享我们的书目数据资源做好了数据上的准备。

（5）由课题组成员自主设计、开发出了适合全国社科院图书馆系统联机联合编目业务需求的 dp2 编目系统和供全国地方社科院用户免费使用的 Z39.50 通用前端软件，并将该系统安装在新购置的联合编目中心服务器上。之后，课题组对自主开发的 Z39.50 服务器端与 dp2 编目系统前端都做了升级更新，其功能和性能有了更大的提升，可以充分支持各种图书馆自动化系统 Z39.50 前端的访问。经过多次试验和修改，实现了我院与各地方社科院图书馆间同构和异构数据库的联机实时检索和数据实时下载功能。

（6）开发编辑出了支持多语种（UTF-8）的公共、开放的实时上载书目数据的软件程序，实现了数据的实时上载功能。以后又进一步修改和完善了该软件，并将其作为通用的数据上载软件免费提供给全国各省市社科院图书馆使用。

（7）确定了全国社会科学院联合编目中心的中英文名称，并注册了网上域名。

中文名称：全国社会科学院联合编目中心

英文名称缩写和全名：SSUCS（Social Sciences Union Cataloguing System）

域名：SSUCS. org　SSUCS. com

SSUCS. cn　　SSUCS. info

在中国社科院网站上的域名：

SSUCS. CASS. ORG. CN

域名所有者：全国社会科学院联合编目中心

（8）设计、开发了全国社科院系统联合编目中心 SSUCS 网站，并在该网站建设了一个 BBS 论坛，作为本机构一个信息发布和学术探讨的园地。

该网站主要是为全国社科院系统提供图书、期刊等联合目录检索，以及其他相关数字资源和网络信息内容的检索，并为编目人员提供多种形式的技术支持。

几年来联合编目中心对网站内容进行了大量的改进、更新和增加，使原网页中可以点击、打开和利用的栏目从 4 种增加到 20 多种，可提供检索服务的条框达到 40 个。

只要进入互联网，输入域名：www. SSUCS. org 或 SSUCS. org，或从百度或 Google 上搜索“中国社会科学院联合编目中心”或“中国社会科学院图书馆联合编目中心”，都可进入该网页，并实现各项功能的实时应用（见图 1）。

对于访问和利用以上的平台和网站，我们没有任何权限的限制和门槛，都是免费提供给全国社科院图书馆共享和使用的，其实也是提供给全国图书馆界和社会科学界免费共享和使用的，我们的目的一方面是为各省级社科院图书馆提供数据共享服务，同时也是为了实现社会效益的最大化。

（9）2008 年 1 月 9 日在中国社会科学院图书馆召开了“全国社会科学院联机联合编目信息化建设项目阶段性成果信息发布会”。

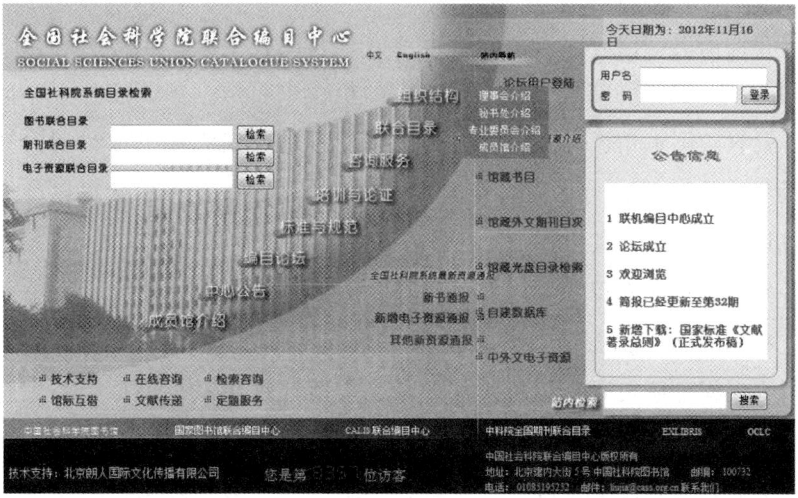

图1　全国社会科学院联合编目中心网站主页

（10）2011年12月22日在中国社会科学院图书馆召开了“全国社会科学院联机联合编目信息化建设项目结项会”。经专家组讨论，评审结果为“优秀”。总之，经过以上18项工作，全国社科院图书馆联机联合编目系统平台已经建成。

经过联合编目中心的协调联络，截止到2010年7月29日为止，已交来资源共享协议书的单位共计24个，具体如下：吉林省、上海市、河北省、江苏省、西藏自治区、安徽省、山东省、广州市、天津市、湖南省、山西省、北京市、广东省、河南省、新疆维吾尔自治区、浙江省、江西省、广西壮族自治区、贵州省、四川省、黑龙江省、重庆市、宁夏回族自治区、南京市。

截止到2010年7月29日，已交来馆藏机读书目数据的单位共计24个，具体如下：广州市、广西壮族自治区、贵州省、四川省、云南省、湖南省、西藏自治区、安徽省、河北省、山西省、山东省、广东省、广西区、黑龙江省、上海市、吉林省、江苏省、陕西省、河南省、重庆市、北京市、天津市、宁夏回族自治区、南京市。

以上交来的数据，已经全部转入了设在社科院的全国社科院联合编目中心服务器的书目数据库中。

在此前的一段时间内，各省市地方社科院，早就已经能够检索、下载和共享全国社科院联合编目数据库的机读书目数据了，而且有一部分地方社科院图书馆已经在近两三年内利用这些数据完成了本馆的回溯建库任务。截至2012年3月，全国社科院联合编目数据库的数据已经达到了将近300万条。其中，中国社科院系统中外文书目数据1819496条，加上各省级社科院上传的数据1096719条，总计2916215条。

4. 开展业务人员培训情况

为了保证联机联合编目工作质量，全国社科院联合编目中心先后共组织进行了四次全国范围内的标准化业务培训。这四次培训是2005年4月在河北省社科院举行首届业务培训，2006年5月在新疆社科院举行第二届业务培训，2011年10月在中国社科院举行第三届业务培训，2012年9月在中国社科院举行第四届业务培训。

本院联机联合编目系统建设有关文件和资料目录：

①全院联机编目系统及工作程序；

②全院联机编目业务管理程序；

③文献信息中心颁发联机编目员资格证书；

④全院联机联合编目课题用户报告；

⑤课题组关于社科院联机联合编目系统的技术报告；

⑥社科院联机联合编目系统测试报告；

⑦专家鉴定意见；

⑧本课题结项提供的各种报告；

⑨全国社科院联机编目专家论证会发言；

⑩全国社科院图书馆联机编目专家论证意见；

⑪全国社科院联机编目模式方案；

⑫全国社科院图书馆联机联合编目系统建设方案；

⑬地方社科院网络设计方案；

⑭全国社科院联机联合编目工作计划；

⑮全国社科院图书馆代码表；

⑯对各省市社科院初步调研情况的分析；

⑰各省市社科院图书馆的藏书状况。

（注：以上各文件和资料的具体内容均可找作者查阅，此处略）

参考文献

袁名敦、耿骞编著《图书馆自动化》，北京师范大学出版社，1997。

胡广翔主编《联机编目与数字图书馆》，科学技术文献出版社，2003。

袁名敦等主编《社会科学信息资源网络建设》，北京图书馆出版社，2002。

胡广翔、金培华、杨齐等著《联机联合编目与Z39.50标准协议应用研究》，社会科学文献出版社，2011。

陈源蒸、陈建新编著《图书馆系统分析概论》，书目文献出版社，1987。

《网络环境下国家图书馆编目工作展望》，《国家图书馆学刊》2000年第11期。

http：//202.96.31.33.

http：//www.oclc.org/oclc/menu/homel.htm.

http：//www.olcc.nlc.gov.cn.

http：//www.bmzx.yeah.net.

（原载于《中国哲学社会科学发展历程回忆》丛书（综合卷），胡广翔主编，周用宜、孟宪范副主编，中国社会科学出版社，2014年5月）

第二部分
韩国图书馆事业和信息化应用研究

韩国五大图书馆考察

1995 年 9～10 月，笔者应邀访问韩国，对韩国五个最大的图书馆进行了考察。这五个图书馆中，一个是国家图书馆，一个是国会图书馆，三个是大学图书馆。这里仅就考察作一简要介绍。

一　韩国政府重视图书馆建设

韩国政府重视图书馆建设。早在 1963 年，韩国政府就制定了《图书馆法》，开始对图书馆事业实行立法管理。进入 20 世纪 90 年代，为了适应信息化社会的需要，1992 年韩国政府颁布了《图书馆振兴法》。1994 年，韩国文化体育部颁布了《图书馆及读书振兴法施行规则》。这三套法律之间协调配套，互为补充，相得益彰。图书馆法制的建立和完善，极大地提高了韩国图书馆工作的严肃性、规范性和可操作性，对韩国不断发展图书馆事业，对保存、利用和发展已有的科学和文化遗产，对开发和生产出更多更好的精神和信息产品，都起到积极的促进作用。

韩国政府重视图书馆的计算机应用和现代化建设。早在 1976 年，韩国政府就一面研究图书馆业务电算化，一面着手进行韩国文献自动化目录形式开发，截至 1988 年，是为图书馆电算网打基础的阶段。接着，作为 1989 年地区均衡发展事业的一环，政府确定了早期构筑图书馆电算网的方针。这个计划是以将国内主要图书馆及海外的文献情报流通机关连接成体系为主要内容的，从 1991 年开始到 1997 年结束。目前，韩国五个图书馆都设有CD－ROM 数据库及其介绍材料，而且都有多媒体的设备和提供服务的场所。

韩国的图书馆目前都无书库紧张和经费不足之忧。我所看到的五大图书馆图书都有充足的收藏空间。例如，国会图书馆与国会大厦相比，无论外观造型和规模都相差无几。两者之间有地下通道相连接，国会议员可以很方便地从国会议事堂和议员会馆去国会图书馆利用馆藏资料。五大图书馆从 20 世纪 80 年代末以来都先后盖了规模较大的新馆，完全满足了对藏书空间的需求。在这些图书馆中，没有因经费不足而大量削减图书和期刊购置数量的现象，反而每年还在努力扩大购入量。例如，高丽大学图书馆至 1993 年底的藏书已达 120 万册，但他们考虑到科学技术的飞速发展、学术交流的国际化及学术文献信息爆炸性增加的新情况，今后的目标是到 2005 年藏书量达到 200 万册。延世大学图书馆也要从现在的年进书量 6 万册提高到今后的 8 万册。

韩国图书馆的经费来源分为两种：一是国立图书馆，不管是国家一级的，还是市一级的，或是学校一级的，其办馆所需的经费一律由国家从政府预算中拨款；二是私立图书馆，主要由办馆者自筹解决。

二　韩国五大图书馆的情况

1. 高丽大学图书馆

坐落于汉城市北区安岩洞山坡上的高丽大学图书馆是韩国最早成立的私立学校图书馆。57 年前开办的这个图书馆是以全国学问家的知识和智慧堆砌起来的民族魂的纪念塔。高丽大学图书馆现保存有 120 万余卷藏书，有东方书 70 多万卷、西方书 30 多万卷、汉书近 10 万卷和 UN 资料近 3 万卷。考虑到科学技术的飞速发展、学术交流的国际化、学术文献情报的世界化和爆炸性增加的新情况，高丽大学图书馆定下了到该校开学 100 周年的 2005 年时，藏书达到 200 万册的目标。

高丽大学图书馆有 7000 余席的阅览座位，它充分满足了高丽大学近 3 万名教授和学生的阅读使用需要。

高丽大学图书馆有 70 余名司书进行业务运营，任何时候都能成为用户查阅资料的亲切向导。

2. 延世大学图书馆

该图书馆是在 1915 年创立和开馆的。其自豪之处在于它是韩国最初开设参考图书阅览室的图书馆，也是在人文、社会、自然科学三个领域分别进行阅览室的组织，并针对各学科领域按主题分别将参考图书、定期出版物和其他一般资料集中在一个地方，给利用者提供更好服务的图书馆。

延世大学图书馆所藏图书 1986 年统计 62 万多册，其中东方书 36 万多册，西方书 26 万多册；另有杂志约 9000 种，其中东方杂志 6000 多种，西方杂志近 3000 种。该馆设有 5779 席的阅览座位。该大学除中央图书馆外，还有医学图书馆、联合神学院图书室、文理经法大学图书室、圆柱医科大学图书室和在各大学内设置的读书室。这个图书馆的藏书中值得一提的是有关国学的 10 万余卷古书，其中特别是有很多未出版的原稿本和文集类。

3. 汉城大学图书馆

该馆藏书 1995 年 6 月统计 189 万多册，其中本馆 137 万多册，其余为农学、医学、法学、社会科学、经营学等藏书。另外，还有资料性的缩微胶卷、缩微平片、唱盘、CD、录音带、录像带等约 20 万盘（卷）。汉城大学图书馆还注重学术杂志和报纸的购入收集工作，其中东方文字的杂志 700 多种、报纸 79 种，西方文字的杂志 5300 多种、报纸 16 种，共 6000 多种。这些图书资料较好地满足了该大学广大教授、学生的阅读和资料需求。

4. 国会图书馆

国会图书馆不仅具有为国会议员及有关职员收集、整理、分析、管理、提供有关国会的立法活动和国情审议所需的各种资料的基本职能，而且具有发行、分发各种国家书目（定期出版物记录索引，韩国博士及硕士学位论文总目录），提供各种国内外利用数据库的情报，通过和外国图书馆间的资料交换传播韩国文化的职能，还具有为政府机关、公共团体、研究机构、舆论机构、教育部门及其他人员提供资料等国家图书馆的职能。

图书馆馆长下设有立法调查分析室、收书整理局、参考服务局、电算室、企划监察担当官及总务课。总定员276名，由司书职、行政职、电算职和研究职构成。

该馆收藏有包含国内外硕士、博士学位论文和已装订的定期连续出版物的100万卷以上的一般图书，13000余种国内外定期出版物，750余种国内外报纸，以及缩微资料、录像带、光盘、CD－ROM等非书资料及汉籍本等。国会图书馆的藏书包括美国议会发行的听证会资料、常设委员会资料及会议记录等在内的主要国家的议会资料和各国的宪法、法令集及政府出版物。国会图书馆作为联合国代存图书馆，也收集、整理联合国及其专门机构发行的各种资料并提供服务。

现在的国会图书馆建筑物是1987年完工、1988年2月开馆的，各层总计8500平方米，书库面积为1727平方米，其中13个阅览室每个室都有300多个阅览座位。整个书库都设置了防火的洒水装置。

5. 国立中央图书馆

韩国国立中央图书馆作为国家的代表图书馆执行如下业务：（1）国内外资料的收集、整理、分析、保存、积累及对公众的利用；（2）国内资料的管理；（3）与其他图书馆间的资料流通；（4）各种书目的编制及标准化和国际标准资料号码制度的运营；（5）统辖电算化的国家文献情报体制及图书馆合作网；（6）和外国图书馆间的合作及资料的国际交流；（7）其他图书馆及文库的业务、文化活动及终生教育的指导、支援；（8）读书日常化措施的建立及实施；（9）关于图书馆运营的调查、研究；（10）图书馆及文库职员的培训；（11）作为国家代表图书馆需要完成的其他业务。

国立中央图书馆实行馆长负责制，全馆职工250多人，组织机构分为支援合作和阅览管理两个部门。图书馆的整个管理由图书馆管理委员会负责，下设行政改善、图书馆电算化、古书整理、资料选定、出版物编纂等各委员会。

该馆建筑面积5万多平方米，地上7层，地下1层。

国立中央图书馆的藏书是由根据纳本制度收集的国内资料和通过购入、受赠、国际交换收集的国外资料等构成的，1994年6月统计藏书已达220多万册，其中国内书135多万册，东洋书16多万册，西洋书19多万册，古书21多万册，非书资料30多万册，另有被视为国宝的17世纪以前刊行的贵重本资料3000多册。

（原载于《对外学术交流情况》1996年第14期（总第495期），1996年2月8日）

韩国的图书馆学教育事业

作为“亚洲四小龙”之一的韩国，从1962年经济开始有较快发展，特别是经过从1967年至1992年这25年的经济腾飞阶段，取得被国际上广泛誉为“汉江上的经济奇迹”的举世瞩目的成就。现在，韩国的经济规模已在世界上名列第十一位。据新的规划，2000年韩国将超过西班牙、加拿大、巴西，进入世界第八位，2010年将超过英国，届时韩国将成为继美国、日本、中国、德国、意大利、法国之后的世界第七位经济大国。说起韩国，它土地狭小，人口不多，其土地面积不到中国的1/90，人口不到中国的1/25。当分析其何以在这样的条件下，取得了如此快的发展速度时，许多人将韩国政府重视教育列为第一条原因。韩国一直有重视教育的优良传统。早在20世纪50年代，当时韩国的经济水平在世界上60多个国家中占第54位，而其教育水平却占第14位。因此，韩国能为国家各方面的快速发展培养和提供大量的人才。韩国在发展该国的图书馆事业过程中，也一直重视图书馆专业人才的培养和提供，优先大力开展图书馆学教育。可以说，韩国图书馆事业之所以能快速、全面地发展，主要也是由于重视图书馆学教育的结果。韩国在发展其图书馆事业的同时，在图书馆学教育方面，亦完成了一个从无到有，从起步到健全、发展的进程。

一　图书馆员的教育和图书馆员的训练的区别

说起图书馆员的教育，这和图书馆员的训练是不一样的。因为在图书馆界有将这两种说法混用的现象，所以有必要首先明确说明一下。图书馆员的教育指的是系统地讲授履行图书馆员职务的原则和方法，而图书馆员的训练指的是新入职的图书馆员在某一图书馆帮助经验丰富的图书馆员进行工作的过程中学习他们的技术和要领，亦即“在职训练”。后者是应某一图书馆的需要来进行的，因此，训练的目的主要是将在该图书馆进行工作的方法教给图书馆员，从而提高其业务能力，改善图书馆的工作状态。在图书馆的规模较小，工作方法和技术比较单纯的时代，馆长可以用一种训练的方式将基本的业务要领传授给新来的图书馆员。实际上各国长期以来通过见习图书馆员制度培养并提供了图书馆所需要的人才。在韩国，新进馆的工作人员首先要作为见习图书馆员工作 5 年，由老馆员教给他们履行职务的要领，以便逐渐胜任工作。后来，随着图书馆数量和规模的增加、图书馆员需求量的提高和图书馆业务方法的复杂化，通过传统的训练方法提供业务人员已经受到局限。另外，当某一图书馆中有能力的图书馆员调入另一图书馆后，按原来的规定再在新到的图书馆里经过一个见习过程这一点，当然也是有必要改进的。在这样的背景下，19 世纪末，首先在欧洲和美国的大学里开始了对图书馆员的教育。这种教育不是以前所进行的对某一个图书馆的原则和方法的训练，而是将很多图书馆志愿者集中起来，讲授在所有的图书馆中都采用的原则和在某一具体的图书馆中也能适用的一般方法。

韩国开始图书馆学的教育比西方晚半个世纪左右。这期间虽然有朝鲜战争等困难时期，韩国的图书馆学教育在形式和内容上都在不断地发展，并在其中 3 所大学里开设了图书馆学博士学位课程。

二　国立朝鲜图书馆学校

这个学校主要是在国立图书馆的李才旭先生和朴峰锡先生的努力下于 1946 年作为最初的图书馆学教育机构在国立图书馆（即现在的国立中央图书馆）内设立的。1945 年韩国从日本帝国主义的殖民统治下解放出来后，即讨论增设承担社会教育职能的图书馆的必要性，以及随之提出的为满足对图书馆员的需求而设立图书馆学教育机构的必要性。由于时代的需要并通过两位老先生的努力，国立朝鲜图书馆学校终于诞生了。1946 年开学后，在 5 年期间内共培养出了 77 名毕业生。1950 年战争期间，学校临时关闭后再也没有复学。该校的入学资格和大学一样，是高中或师范学校的毕业生，但学习年限是一年。公费生毕业后有在国内图书馆或校长认定的文化机关工作两年的义务。

该校历史虽然短暂，但其毕业生具有复兴图书馆事业的时代使命感和热诚。他们特别是在图书馆因战争停办时期的前后，积极制定计划并很好地完成了困难时期的诸课题，为其后打下韩国图书馆及图书馆学发展的基础做出了贡献。

三 延世大学图书馆学教育的崛起

如前所述，作为韩国最初的图书馆学教育机构出现的国立朝鲜图书馆学校开学仅 5 年就赶上了战争，从而匆匆落下了历史帷幕。1953 年停战后，一个紧迫的课题就是要为饱受破坏的图书馆事业培养大量的图书馆员以便投入图书馆复兴工作。在这种背景下，于 1957 年首次在韩国的名牌大学——延世大学内设置了图书馆学学士和硕士课程，作为大学附属机构的“韩国图书馆学堂”也在同年设立。虽然前国立朝鲜图书馆学校的短命很让人惋惜，但 7 年后韩国的图书馆学教育在大学内东山再起，则乃不幸中之大幸。延世大学图书馆学系及其附设的韩国图书馆学堂的出现，对后来发展韩国图书馆学教育有很大的影响。通过该系当时的本科及硕士学位课程用的教学课程即可知道，尽管其名称有所变化，但和今日相比，在内容上并没有什么大的差异。由此亦可看出它对其后韩国图书馆学的教育产生了多么大的影响。另外，它又基本上是美国式的图书馆学教学课程的翻版，这也是使最初编制的图书馆学教学课程能得以较长时期使用的原因。但这期间未能将韩国图书馆学教学课程改编为更加符合韩国社会要求的东西，并使之成为划时代的契机也是事实。最近，韩国正在积极进行着编制符合韩国社会与时代要求的教学课程的研究工作，相信编制出更加理想的课程内容只是迟早的事。

韩国图书馆学堂的高级图书馆员课程是为提高图书馆员的专业素质而设置的。这是为在图书馆工作多年而没有学习图书馆学机会的人们设置的为期1年的课程。头3年是白天上课，其后一段时间先是改为在星期六上课，后又改为在夜间上课，这样一直持续到1971年。入学资格是大学毕业的图书馆在职人员工作经历达3年以上者。按照规定的教学课程上课，可授予毕业者正图书馆员资格证。韩国图书馆学堂是在1950年国立朝鲜图书馆学校关闭后产生的，填补了韩国图书馆学教育的空白。图书馆学系在提供充分的专门人才、满足过渡时期的需求方面做出了很大贡献。韩国图书馆学堂还从1958年起与文教部共同运营以学校图书馆教师为对象的图书馆教师课程。这一课程利用暑假和寒假进行150学时的图书馆学教学，并授予毕业者图书馆教师资格证。这一课程持续到1963年为止，为在韩国的中等教育中引入图书馆学教育的概念做出了贡献。

四　韩国图书馆学教育的现况

韩国的图书馆学教育早已在大学特别是在像延世大学这样的名牌大学中扎下了根。随着其合理性被逐渐证实，各大学对图书馆学教育越来越重视。在延世大学设置图书馆学系后仅两年，梨花女子大学即设置了图书馆学系（该大学在1959年设置图书馆学系之前，从1956年起就已将图书馆学课程作为副科开设在本科课程里了）。随后，中央大学于1962年，成均馆大学于1964年也都先后设置了图书馆学系。总之，韩国在1957年设置第一个图书馆学系仅7年之后就增加到了4个。成均馆大学在设置图书馆学系的第二年——1965年又设置了类似上述延世大学附设的韩国图书馆学堂那样的韩国图书馆员教育院。该院设有正图书馆员、图书馆员。该院今已在30多所大学里开设了图书馆学系及准图书馆员课程，可给予包括学校图书馆在内的各种图书馆中的在职人员和没有图书馆学学历的人们以学习的机会。从这个意义上讲，该院迄今为止30年来为韩国图书馆的发展做出了很大的贡献。

20 世纪 70 年代以来，韩国图书馆教育的发展也很快。首先，又在 5 所大学里设置了新的图书馆学系，其中除淑明女子大学之外都是地方大学。作为国立大学的庆北大学设置图书馆学系尚属首次。其次，现有的图书馆学系充实了内部，在各所属的大学里均取得牢固的地位。例如，1974 年韩国最初的图书馆学博士课程被设置在成均馆大学里，1979 年同样的课程也被设置在名牌大学——延世大学校内。最后，这期间在 6 所专业大学里设置了图书馆学系。这样，在韩国范围内，图书馆的准专业人员便可主要由专业大学来提供了。

韩国在快速发展其图书馆学教育的同时，也产生了一些问题。例如，20 世纪 80 年代初，在韩国图书馆学教育领域里就发生了一件人们意想不到的事情，即在 1980 ~ 1981 年仅两年时间内便有 14 所四年制大学和 3 所专科大学设置了新的图书馆学系。这样快的发展速度，竟然使得图书馆教育界在提供教授等方面都出现了较大的混乱。当时，面对图书馆学系数量激增的现实，人们感到已经到了必须调整韩国图书馆学教育活动的时候了。韩国图书馆学教育存在的另一个问题是，全国的图书馆学系实际上都是按照同样的教学课程进行教育的，而且所有的图书馆学系都在培养大学图书馆员或计算机系统人员，这种单一的教育方式也有必要做进一步的改进。

［原载于《当代韩国》1996 年第 4 期（总第 13 期），1996 年 12 月］

简论韩国的图书馆法

作为“亚洲四小龙”之一的韩国，在20世纪60年代以来完成经济快速发展的同时，在法制建设方面，亦完成了一个从无到有，从起步到健全、发展的进程。可以说，其经济的高速度发展，为健全法制奠定了雄厚的经济基础；反之，逐渐健全和完善的法制，又进一步保障和促进了其经济的发展。纵观韩国图书馆事业的发展和图书馆事业中的法制建设，亦如是。

一　韩国图书馆法的建立与发展

韩国政府十分重视图书馆的业务建设和法制建设。早在1963年，韩国政府就制定了《图书馆法》，开始对图书馆事业实行立法管理。世界进入20世纪90年代后，受信息化社会第三次浪潮的冲击，图书馆的诸项业务和技术都面临着大量需要改革和革新的问题。为适应这一新时代的需要，1992年韩国政府又颁布了《图书馆振兴法》。之后，随着新的需求不断涌现，紧接着又进行了大量的修订工作，仅隔两年，又于1994年3月24日重新颁布了作为韩国政府“第4746号法律”的《图书馆及读书振兴法》。4个月后，又以总统的名义针对该法正则和附则的共58个条目中的有关事项，于1994年7月23日，签发了作为“第14339号大总统令”的“图书馆及读书振兴法施行令”。20天之后，韩国文化体育部又针对这两套法律中的18个条目，颁布了作为“第16号文化体育部令”的《图书馆及读书振兴法施行规则》。这三套法律之间协调配套，互为补充，相得益彰。届时，韩国关于图书馆事业发展的法令已臻于健全和完善。

由于韩国有了一套系统、全面的图书馆法，韩国各类型图书馆的所有工作的进行和发展都能做到有法可查、有法可依，所以他们的各种图书馆的规模、职能、人员和机构的设置，包括像国家图书馆和地方公共图书馆的纳本制度等都是严格按照法律规定的标准、程序和权限来进行的。图书馆法制的建立和完善，极大地提高了韩国图书馆工作的严肃性、规范性和可操作性，对韩国不断发展和壮大图书馆事业，对保存、利用和发展已有的科学和文化遗产，对开发和生产出更多更好的精神和信息产品，都已经或正在起到积极有力的监督、保障、鼓励和促进的作用。

二 韩国的图书馆法简介

韩国政府在1992年颁布的《图书馆振兴法》的基础上，将经过修订后颁布的《图书馆及读书振兴法》、韩国总统签发的《图书馆及读书振兴法施行令》和韩国文化体育部制定的《图书馆及读书振兴法施行规则》收集到一起，以三套法令中的相关条目互相对应的方式，颁布、出版了一本《图书馆及读书振兴法令集》。全书共99页，1~56页为法律正文，57~99页为各种附表。该书于1994年由韩国文化体育部出版。这本法令集已经包括韩国图书馆法的全部内容，介绍了这本法令集，实际上就是介绍了韩国的图书馆法。而这套法令集中最核心的部分就是其中的《图书馆及读书振兴法》中的“第一章 总则”部分。介绍了这一部分，也就对韩国的图书馆法的内容有了一个大致的和基本的了解。

韩国图书馆法总则所阐述或规定的基本内容有以下方面。

1. 制定该法的目的

韩国政府制订图书馆法的目的是：为图书馆及文库的设立、运营和造成读书振兴的环境规定必要的事项，为图书馆及文库的健全发展和搞活增进读书的活动，对社会提供各种领域的知识信息及提高流通的效率，对文化的发展及国民的平生教育做贡献。

2. 该法对图书馆所用术语的定义

①“图书馆”是收集、整理、分析、保存、积累图书馆资料，提供给公众和特定人进行信息利用、调查研究、学习教养等文化发展及平生教育的设施。

②“文库”是执行图书馆的一般目的和职能，但未能达到图书馆规模标准的读书设施。

③“图书馆资料”是图书馆（包括“文库”）收集、整理、分析、保存、积累的图书、记录、小册子、连续出版物、乐谱、地图、照片、图画等各种印刷资料、电影胶卷、幻灯片、磁盘、录像带、缩微制品、录音带等各种视听资料、机读资料、公文等行政资料、乡土资料及其他为图书馆服务及文库活动所需的资料。

④“公共图书馆”是以增进公众的情报利用、文化活动及平生教育为主要目的的图书馆。

⑤“大学图书馆”是依据教育法设立的大学（包括教育大学、师范大学、广播通讯大学、开放大学、专门大学及依此为准的各种学校）和依据其他法律规定设立的大学教育课程以上的教育机关以支援教授和学生的研究与教育为主要目的的图书馆。

⑥“学校图书馆”是高等学校以下的各级学校（包含依此为准的各种学校）以支援教员和学生的教学、学习活动为主要目的的图书馆或图书室。

⑦“专门图书馆”是以为其机关、团体的成员或公众提供有关特定领域的专门图书馆服务为主要目的的图书馆。

⑧“特殊图书馆”是以为残疾人的学生、教养、调查、研究及文化活动提供图书馆服务为目的的图书馆。

3. 图书馆及文库的种类

图书馆按其设立者区分为国立图书馆、公立图书馆及私立图书馆，按其设立目的区分为国立中央图书馆、公共图书馆、大学图书馆、学校图书馆、专门图书馆及特殊图书馆。文库按其设立者区分为公立文库和私立文库。

4. 对大学图书馆、学校图书馆、专门图书馆及特殊图书馆的利用

大学图书馆、学校图书馆、专门图书馆及特殊图书馆在不影响实现其设立目的的情况下可以为公众所利用。它们可以实施适合自己图书馆特性的平生教育的职能。

5. 图书馆和文库的设施与资料

图书馆和文库为了实现图书馆资料的保存、整理及方便用户，必须备齐适合的设施与资料。根据图书馆和文库的不同种类，按照“大总统令”来规定设施与资料的标准。

6. 图书馆工作人员

根据“大总统令”的规定，图书馆中应配备图书馆运营所需的司书职员、司书教师，还有实际技能教师（司书）。根据社会教育法的规定，图书馆还应配备社会教育专门要员。司书职员区分为1级司书、2级司书及准司书，具备其资格所需要的事项由“大总统令”来决定。根据“大总统令”的规定，国家应为司书职员等人的进修和素质的提高采取必要的措施。按照“大总统令”的规定，文库中应配备司书职员等工作人员。

7. 与其他文化机构的合作

图书馆和文库为实现其目的，应与文化院、博物馆、美术馆等各种文化机构进行合作。

8. 资料的交换、移管、废弃和剔除

图书馆和文库为了达到资料有效利用的目的，应该相互交换和移管资料，废弃和剔除没有利用价值或污损的资料。关于交换、移管、废弃和剔除的标准和范围等事项由“大总统令”来决定。

9. 图书馆及图书振兴基金

为补充在图书馆与文库的设立、设施与资料的扩充、司书职员的素质提高与研究，以及其他图书馆发展和读书振兴方面所需的资金，政府应设置图书馆及读书振兴基金。基金由文化体育部长管理，适用于以下各种情况：a. 在图书馆及文库的设立、运营方面所需经费的补助；b. 对地方自治团体用于读书振兴方面的补助；c. 其他由“大总统令”所规定的读书振兴事业的推进。

基金由以下几种经费构成：a. 政府出资；b. 法人、团体或个人的捐款；c. 在资金的运营过程中产生的收益；d. 其他“大总统令”所规定的收入。

10. 图书馆及读书振兴委员会

为了审议有关图书馆均衡发展和读书振兴方面的重要事项，在文化体育部内设立了图书馆及读书振兴委员会。负责审议的事项包括：图书馆发展的基本政策；图书馆合作网的构成及运营；读书振兴综合计划的制定；图书馆和文库的设立、运营及设施的扩充；基金形成的计划；基金的整理、运用计划；在基金的管理、运用上重要与否的认可；文化体育部长在其他图书馆政策和读书振兴方面提交审议的事项。为了审议有关地方图书馆均衡发展和读书振兴的重要事项，在地方自治团体内设立了地方图书馆及读书振兴委员会。关于文化体育部图书馆及读书振兴委员会和地方图书馆及读书振兴委员会的构成、运营等方面的必要事项由“大总统令”来决定。

11. 关于钱物的捐赠

法人、团体及个人可向基金会、图书馆及文库捐赠钱物，以便对图书馆及文库的设立、设施、资料及运营进行支援。

12. 对私立图书馆及私立文库的支援

国家及地方自治团体对于私立图书馆及私立文库，应在图书馆资料的特别购买、政府出版物及公共出版物的优先供给等方面进行必要的支援；对于运营健全的私立图书馆和私立文库，应在其运营经费中补助一部分。

13. 禁止类似名称的使用

不执行本法的图书馆，不能使用“图书馆”这一名称。

14. 关于图书馆协会的设立

为了相互间的资料交换、业务合作和运营管理的研究，为了和有关国际团体的相互合作，以及为了职员的素质提高与共同意识的增进，经文化体育部长官的认可，图书馆及文库可以设立图书馆协会或文库协会。协会具有法人资格。除本法的规定之外，协会还要遵照执行民法中关于社团法人的规定。

三　政府大力提倡和鼓励国民读书是韩国图书馆法的一大特点

在韩国的图书馆法中，不但严格规定了开展业务必须遵守的各种法律条文，还把大力开展国民读书活动的内容也写了进去。例如，在《图书馆法》的第 9 章里专门用 4 个条目来阐述其读书振兴的各种规定。该章首先明确规定：国家及地方自治团体应为读书振兴采取必要的措施，并要求用随后列出的 4 种方法来实现这些措施。同时还规定，国家及地方自治团体应为国民均衡地提供读书教育的机会而努力。规定有关的学校应对实施系统的读书教育所需的教育课程的编修和与教育有关的教科书的编辑和出版采取必要的措施。规定国家鼓励国民的读书愿望。为诱导国民积极参与读书的生活化等读书振兴活动，应设立和开展“读书月”活动，规定国家及地方自治团体对在读书振兴方面有功绩者和读书实绩优秀者给予褒奖、表彰或授予奖学金。规定国家和地方自治团体应尽量鼓励学校和单位的读书集会，并为之采取必要的措施。

由于韩国政府重视读书活动，韩国人热爱读书的氛围随处可感受到。例如韩国的首都汉城，不仅是一个经济发达的大都市，而且也是一个十分重视文化学习的城市。仅就书店来说，不仅在其比较繁华的大街——“钟路”两旁鳞次栉比地排列着许多大型的书店，在不少地铁车站里也都有规模相当大的书店；不仅在各大学校园内外有若干不等的书店，就连一些比较小的街道两边也都能不时地看见书店。在书店里，不仅是古今韩外的图书琳琅满目、花样翻新，看书买书的人流也是摩肩接踵，络绎不绝。在韩国的各类图书馆的阅览室里也是一样，虽然他们的图书馆在星期天也开馆，平时开馆时间也拉得很长，但即使这样，不管你什么时候去图书馆的阅览室，读者也都是坐得满满的。所有这些，都和韩国在图书馆事业和读书活动方面健全的法制以及韩国政府大力提倡和鼓励国民读书有关。

[原载于《法律文献信息与研究》1998 年第 3 期（总第 13 期），1998 年 9 月 20 日]

韩国图书馆事业

一　韩国图书馆的历史回顾与概况

（一）韩国图书馆文化的历史渊源与发展演变

1. 韩国图书馆的起源和发展（20 世纪初以前）

韩国悠久的历史形成该国丰富的图书文化，其图书馆事业也经历了从形成到发展的过程。从可以作为图书馆初期形态的三国时代开始，一直到高丽时代、朝鲜时代，都是一面受到中国的影响，一面发展以王室文库为中心的图书馆。这一时代的图书馆是为君王、贵族、学者等一部分统治阶级设立的，是以文献的收集和保存职能为中心的。但是经过开化期和日帝时代，出现了新的近代图书馆运动，并在新中国成立后实现了依靠本民族建设韩国近代图书馆的愿望。

（1）古代及三国时代。

韩国古代的先民虽然有语言，但没有标记它的固有的文字。这是诸多历史学家一致的见解。由于没有任何文物记载，当然也就没有图书馆。韩民族最初记载文物信息是在中国汉字传入以后。虽然历史上汉字传入的年代不太明确，但至少也是在箕子朝鲜时代，即公元前传入韩国的。在朝鲜半岛，文字的使用始于公元前 108 年建立汉四郡的时期。根据 20 世纪初的发掘，在土城里一带的乐浪、带方出土或被发现的古迹遗物有瓦当、封泥、铜镜及各种漆器类等。通过点蝉县神祠碑等碑上刻的铭文可以知道，在当时就具有图书馆性质的文库。但这些是否真是韩人的东西还未能完全肯定。后来到了三国时代，于高句丽小兽林王二年（372年）设立了最初的教育机关——太学。在差不多相同的时期还设立了可作为韩国最初的图书馆的“扃堂”，以供人们集中起来读书诵经。同年，前秦僧顺道携带佛像和经文到韩国，开始传授佛教。其后，广开土王三年（344年），晋僧昙始携带经部第10部到韩国传授。因此，高句丽一度盛兴佛教。后来，由于信奉道教，佛教被迫在南方的百济布教，新罗也受到很大的影响。于是，百济和新罗的学问僧频繁地来往于中国和韩国，带来很多佛书收藏在寺院或僧房里，专心进行佛教教育，佛教得以昌盛，学问僧的著作也大量出现。另外，在汉学中的五经三史和各种子类、集类也被引进，于是教育发展、著作日增。神武王二年（682年）设置了国学，教授五经、农业、孝经、三史、文选、诸子百家。法兴王十五年（528年）佛教被公认后，通过学问僧等传布佛教文化繁荣发展的新罗也有了具有图书馆形态的书库，但仅仅是关于书籍的记录，关于图书馆的记录还未看到。只是到了统一新罗时代，才在记录中大体上看到了先是称为“秽官”，后又叫作“珍阁省”的王宫文库这一事实。渤海（699～926年）时期的文籍院、后三国中泰封国（901～908年）的校书馆等的情况也与上述的王宫文库相仿。

从上述的史实可以推断，在古朝鲜时代引进汉文后，三国时代的太学或扃堂及国学等教育机关和寺院或僧房等兼具图书馆的职能。

（2）高丽时代

不管是在实际上还是在记录上，人们所看到的真正的图书或图书馆文化是在和中国历史上具有最昌盛的图书文化的宋朝差不多同时期的高丽时代（918～1392年）实现的。光宗九年（958年）科举制度的实施、成宗九年（990年）西京的修书院的设置等都鼓励对各种经史、医书和卜书的编纂和阅读，并全力进行收集和保存。

因为高丽的文化以儒教为基础，以佛教为国教，所以佛学得以昌盛，汉学也有很大发展。在高丽时代，为了满足对有关儒、佛两教文献的需求，木版印刷术很早就发展起来了。这种刻版印刷术是从10世纪开始的。在显宗四年（1011 年）刻印了五百卷的大藏经，在第 10 代靖宗八年（1042 年），东京（现在的庆州）副留守崔颢等又印制了两汉书和唐书，以后逐渐完成了汉籍和佛书的刻印事业。

从三国时代以后，为保存从中国传播并引进的文献和国内生产的文献，在建国初期就设置了秘阁（也叫“秘书阁”）和秘书省。位于宫阙内的秘阁是编纂、保存王室图书及讲学的地方，位于宫阙外的秘书省是在代为保管经籍和香祝的同时，管理印书和版本的地方。秘阁是指宫内的宝文阁、天章阁、清宴阁等，合称为“三阁”。此外，阙内还有多种作为高丽时代代表的王室文库，一面保管图书，一面也作为供宫内卓越的文臣和学者讲学的场所。这些王室文库有肃宗时代的文德殿（后改称为“右文馆”、“修文殿”等）、重光殿（在仁宗十六年改名为安康殿）、长龄殿、延英殿（后改称为“集贤殿”），艺宗时代的清宴阁、宝文阁（后改称“宝文署”，后又复称“宝文阁”）及其附设的文牒所、天章阁、临川阁，仁宗时代的书籍所等，还有在宫外西京设置的修书院。

成宗九年（990 年）在西京设置了修书院，院中的儒士们可边抄写和收藏历代史籍，边进行讲学。可以说，当时的修书院兼有学术图书馆及国立大学图书馆的性质和职能。

成宗十一年（992 年）设置了相当于国立大学的国子监（后改称为国学），用来教育上流阶层的子弟。为了供应这些教授和学生所需要的书籍，设立了书籍铺摹印图书。这样，书籍铺便具有兼做出版教材的大学图书馆的职能。在私学九齐中也有类似大学图书馆性质的机构。在仁宗年间设立了国立的京师六学制度和地方的乡学，促进了私学的发展，设立了 12 公徒。

在高丽时代，儒教也普遍化了，寺庙的数量也进一步增加，仅在开京（开城）就有 70 余个寺庙，全国合计达数千个。很多在三国时代或高丽时代建立的大寺庙都留存到现在。在这种大寺庙中设立了经板阁或藏经阁，以便于雕刻、保存经板和佛书。这些实际上也就是人们所称之为“寺刹文库”的地方。像开城的兴王寺、合川的海印寺、大邱的符仁寺、江华岛的藏经都监等都是较具代表性的。比较有名的经板和藏经有高丽大藏经和义天的续藏经。高丽大藏经共经过两次刻版发行。第一次是因契丹的入侵而处于困境时为了用佛力击退契丹而发行的。显宗朝时，在开城的玄化寺设立了都监，首次编制大般若经600卷和华严经、金光明经、妙法莲花经等。文宗代时，在开城的开国寺、兴王寺、归法寺等编制完成，保存在兴王寺，其后又保存在大邱八空山的符仁寺。壬辰年（1232年）被蒙古兵焚灭。第2次的刻版是在受到蒙古的入侵后，王室被迫迁移到江华岛避难之时。为了用佛力阻挡这一灾祸，编制了《八万大藏经》。高宗二十三年（1236年）在江华岛设置了藏经都监并着手刻版，高宗三十八年（1251年）完成，总共81137张，至今仍保存在海印寺的藏经阁。

续藏经是高丽14代王文宗的第4个儿子大觉国师在义天完成的。1090年在开京的兴王寺设置了教藏都监，编制发行了佛经1010部4740余卷。尽管续藏经是为永久保存用的，但也于壬辰年（1232年）和正藏一起在符仁寺被焚灭。其影印本大约也只剩下一成分散在各处。高丽大藏经于1976年由东国大学校译经院再次缩微影印，以48卷本发行。

此外在高丽还有很多个人文库。

（3）朝鲜时代

朝鲜的文化实际上是从第三代太宗，尤其是从第四代世宗开始的。太宗是好学的才士，为清除前期存在的佛教的弊端而抑制佛教、破除迷信并积极鼓励儒学。把儒教定为国教的朝鲜朝比起以前的王朝来，虽然出现佛教书籍的衰退，但也出现儒教多样化的著述。特别是通过全朝推行的活字铸造又使其他图书文化繁荣发展起来。在太宗三年（1403年）重新设置了铸字所，铸造铜活字印刷、发行书籍，编纂《法典元六典》和续六典及《东国史略》。作为朝鲜朝的王立图书馆可以说是校书馆、集贤殿、弘文馆、艺文馆、春秋馆、奎章阁等。承担国家图书出版任务的校书馆于世宗十二年（1430年）改称为“典校署”，到成宗时代又复称为“校书馆”。在校书馆中保管图书的建筑物称为“文武馆”。

作为韩国历史上最伟大的圣君，世宗的业绩很多，例如设置集贤殿、制定训民正音、整理雅乐、配备史库、发明测量器等。在这里，只谈及集贤殿和史库。

集贤殿作为王室的学术和文化政策的中心机构，具有图书馆的职能。集贤殿整理和收藏历代的贵重文献，设立学士文献士（即学术图书馆员），调查研究国家政策所需的制度、法律以及史实或原理等，主要具有解答王的咨询的职能，也为王室和朝廷的学术和教育提供服务。训民正音也是以集贤殿为中心而制定的。集贤殿四周的墙壁上摆满的图书是按照经、史、子、集的四部分类法井然有序地排列着，连目录也配备好了。集贤殿在世宗时代特别兴盛。随着其藏书的增多，在世宗十年（1428 年）新建了藏书阁。死六臣的檀宗复位失败后，集贤殿于世祖二年（1456 年）被废止，其职能移交给世祖九年（1463 年）设置的弘文馆，其所藏图书被迁移至艺文馆。艺文馆最初是以艺文春秋馆开始的，到太宗十四年以前分为艺文馆和春秋馆。前者掌管集贤殿的事，但在成宗十年（1479 年）时将其业务移交至弘文馆，本身仅承担辞令的撰制工作；后者承担实录的编纂，并起收藏实录的史库的作用。后来，先是在艺文馆，接着是在承担集贤殿业务的弘文馆中另外设立的藏书阁，称为“登瀛阁”。弘文馆的职能又在正祖时被移交给了奎章阁。

作为名副其实独立机构的王立图书馆奎章阁是永祖五十二年、正祖即位年（1776 年）在昌德宫北苑首次建立的，翌年它把校书馆继续作为王立图书馆掌管并掌管印刷出版业务。奎章阁由内阁和外阁构成，外阁有校书馆和江华外阁，内阁有奉谟堂、移安阁（一名“书香阁”）、阅古观、皆有韫、四库等附属设施。奎章阁中所保存的有历朝的写真、御制、御书、显命、遗话、密教、璇谱、宝鉴、状志等。阁中所藏图书都是按经、史、子、集四部分类法进行整理和排列的，其藏书数在定祖五年即已达 4 万余卷。因此，奎章阁可以说是贯穿李朝全代的国立图书馆，在文献的保存方面起了重要的作用，同时在图书馆思想方面具有重要的意义。奎章阁编纂了很多文献，印刷、颁布了很多经书和史籍，掀起了李朝后期的文化运动。在日帝统治之下，奎章阁隶属于朝鲜总督府和京城帝国大学，解放后隶属于汉城大学图书馆。1990 年迁移到大学内独立的建筑物内，到 1992 年在行政机构编制上也完全分离出来了。汉城大学中央图书馆内现收藏的奎章阁的藏书和兴文馆、集玉斋、史库、北汉山行宫、春坊等王室所属的诸藏书共有 14 万余册。

“史库”顾名思义是历代王朝的史料保存文库之意。韩国从高丽时代创设了春秋馆和艺文馆，并在馆里设立史官，每天记录时政。如果一个国王逝世，下一个国王一定要编纂前一个国王时代的历史，并把它作为“实录”安放在特别设置的史库里。世宗二十七年（1445 年）分别编成太祖、定祖、太宗的实录各 4 部设置在内史库的春秋馆，还在忠州、全州、星州等地分别设置史库并把它作为外史库。为了避免战乱之祸，外史库所在地都选址在深山灵地。但在壬乱中，除全州史库外的其他史库都历经了很多变乱。从太祖到哲宗 25 代 472 年间的全部李朝的实录 1893 卷 888 册现都收藏在汉城大学中央图书馆内，并出版了其影印本收藏在其他图书馆内。

李朝时代也有相当于大学图书馆的成均馆的尊经阁，是成宗六年（1475 年）设立的。成均馆可以看作是继承三国时代的太学、高丽时代的国学、国子监等的李朝时代的国立大学。尊经阁收集和保存各种文献，并作为教育资料提供服务。

尊经阁将四书五经各 100 套作为基本藏书，印行、收集典校署（校书馆）和全国的书板，加上经、史、诸子百家及杂书达数万卷。还设立了司艺、学正各 1 名，担任藏书的出纳业务。它在中宗九年（1514 年）因大火被烧光，但后来从校书馆、文武楼和明朝补充与购买文献，现保存在成均馆大学的尊经阁。

李朝时代继续保持了在高丽时代由国家设立的地方乡学，同时设立了很多私学书院。这些书院都有收藏文献的书库，供学生们利用。迄今为止留存下来的有苏修书院和安东的陶山书院等。此外，在地方还有门中书库，可以看作门中图书馆，其中的寿峰精舍文库和映奎轩文库至今还保留着。

从 19 世纪中叶开始引入西欧文物，在韩国的图书馆中也开始引入西欧的样式。早期都称为 × × 府、× × 库、× × 堂等。但在光武十年（1906 年），李范九、李根湘、尹致昊等受谕旨设立了韩国图书馆，图书馆的名称首次被使用。当时来自世界各地的图书都被寄赠到这里，并选出了图书馆长闵泳绎、评议长李载克、书籍委员长李完用及其以下25人的评议员。4年后（1910年），移交至宗正府成为大韩图书馆。它作为国立图书馆也供一般市民利用。在1910年8月，大韩帝国的国运结束了。日本吞并朝鲜后，1911年5月，大韩图书馆的所有10万余卷藏书都被总督府的审讯局没收。

在同一时期，1906年秦文王、郭龙舜、金兴润等在平壤市平壤中路建立了相当于公共图书馆开端的名为“大同书观”的私立图书馆和汉城同志文艺馆，供一般市民利用。

随着大量初、中、高、大学校的设立，真正的学校图书馆和大学图书馆也纷纷建立起来。

2. 韩国近代图书馆的状况（1910～1945年）

韩国近代的图书馆事业以1901年在釜山创设的读书俱乐部为开端。它是现在的釜山市立图书馆的前身，在当时具有公共图书馆的性质。1919年李范升在汉城佛塔公园的一角设立了名为京城图书馆的私立图书馆，但它于1926年被移交给京城市，解放后又移交给汉城市立钟路图书馆至今。

韩国在1910年受到日本的侵略，在日本帝国主义的统治之下，所有的文化活动都停滞并受到日本人的制约。1925年，日本人为了纪念标榜其文化政策的朝鲜教育会的成立，设立了朝鲜总督府图书馆。它作为日本行政部的参考图书馆，也作为中央图书馆，得到比较着实的发展。1945年8月15日解放后，总督府图书馆便继承为国立中央图书馆。此外，日本人还在1920年设立了铁道图书馆。朝鲜总督府图书馆和铁道图书馆是两个官立的图书馆。1931年，平壤的金仁贞女士为纪念自己的花甲而设立了仁贞图书馆。在日本帝国主义统治时期，共有26个公立公共图书馆、15个私立公共图书馆，总计有41个图书馆。

学校图书馆以京城帝国大学附属图书馆为首，在延禧专门、普成专门、梨花女子专门、成均馆、惠化专门等各专业学校设置了图书馆（室），供教师和学生利用。到解放前的1945年，韩国的图书馆数是：京畿道（包括汉城）有 9 个，忠南道有 4 个，全北道有 4 个，全南道有 6 个，庆南道有 2 个，庆北道有 9 个，黄海道有 1 个，平南道有 4 个，平北道有 2 个，咸南道有 3 个，咸北道有 2 个，总共有 46 个。

3. 韩国现代图书馆的发展（1945～1990 年）

"二战"结束后，韩国的图书馆界面临新的局面。韩国人接管了日本人管理的所有图书馆，要建立新的运营体制。1945 年一解放，朝鲜总督府的朴峰锡接管了总督府图书馆，并于同年 10 月 15 日以国立图书馆的名义开馆。朝鲜图书馆协会准备委员会随之成立，并于 1947 年 4 月 21 日召开了图书馆协会创立总会。1946 年 4 月在国立中央图书馆内设置了朝鲜图书馆学校，开始对现职图书馆员的图书馆教育。

但是，在图书馆的新体制刚刚确立，图书馆事业刚刚开始的 1950 年，便爆发了 6・25 事变。接着，国立图书馆为躲避战乱，迁移到釜山市立图书馆，汉城大学图书馆迁移到庆南道厅图书馆，汉城及市郊的各个图书馆都分别迁移到釜山。直到返回首都的 1952 年为止，所有的图书馆都处于关闭状态。在这期间大概只有釜山市立图书馆、庆州市立图书馆以及镇海的海军士官学校图书馆开馆。但是在当时的避难地釜山却设立了大韩民国国会图书馆，还设立了战乱中的陆军大学图书馆和陆军士官学校图书馆。

另外，因爆发战争，交通图书馆、春川市立图书馆、镇州市民图书馆等完全消失了，主要大学图书馆的建筑物及资料散失，韩国的文化遗产蒙受了巨大的损失。

返回首都后，图书馆界的活动从 1955 年重新展开。同年 4 月组成韩国图书馆协会，重新开始培养图书馆专门人才。1957 年在延世大学创设了图书馆学系，1959 年在梨花女子大学、1963 年在中央大学、1964 年在成均馆大学、1973 年在庆北大学、1975 年在淑明女子大学分别创设了图书馆学系。

1963 年，随着《图书馆法》的制定和公布，国立图书馆升格为国立中央图书馆。1974 年从小功洞的旧馆舍迁移到南山，1988 年定位于现在的瑞草洞。

1965年和1966年分别公布《图书馆法》的实行令和实行细则，尽管不太完善，但毕竟打下了图书馆的发展基础。另外，以图书馆协会为中心，致力于以《韩国十进分类法》、《韩国目录规则》、《图书馆学、情报学用语词典》等为首的图书馆界基本文献的出版，为韩国图书馆事业的发展做出了贡献。

以大学图书馆为首，20世纪60年代学校图书馆或公共图书馆的数量都有所增加。

1987年10月30日修订了《图书馆法》，随后的1988年8月16日公布了修订的《图书馆法》施行令，并于1989年3月25日公布了修订的《图书馆法》规则。根据修订的《图书馆法》第9条规定，于1989年9月在文教部长官下属产生了图书馆发展委员会。

在1991年重新制定《图书馆振兴法》，图书馆业务也随之移交给新设的文化部。同时在大家的期望之下，文化部设置了全权负责图书馆业务的部门。

韩国制定了发展图书馆的国家基本政策，使图书馆事业得以迅速发展。韩国图书馆的每一个工作人员也为更好地服务国民而努力，图书馆泽被任何一个国民，通过图书馆来激发振兴学术和文化的热情。这些表现被称为“乡村文库”或“单位文库”的韩国特有的图书馆普及运动。以曾任韩国图书馆协会事务局长的严大燮为首的几个图书馆工作者在1960年创设了“乡村文库振兴会”，献身于为韩国的农村和渔村服务的乡村文库普及运动，取得了到1979年为止使韩国35000个农村和渔村的行政面、洞设置35011个乡村文库的惊人成果。“乡村文库振兴会”从1967年开始开展了设置“单位文库”的运动，到1990年为止共设置了125个文库。

乡村文库是为提高韩国落后的农村和渔村文化的需要，通过使用选定的30余卷好书和为保存、管理它们所用的一个小型的木制书柜来实现的。乡村文库的价格在创设初期不过15000韩元，它们或是通过各自然村民的合作来设置该文库，或是通过有志者的捐献而将文库设置在他们所希望的村庄。一旦设置乡村文库，则将使农村、渔村之间互相鼓励读书，并通过村庄共同的合作不断增加图书，从而逐渐发展该文库。如果乡村文库能像韩国图书馆界所期待的那样发展，并能和面一级的公共图书馆设置运动相结合，韩国将成为世界上的图书馆国，并成为名副其实的先进国。

到1994年底为止，韩国已达到拥有1个国立图书馆及其分馆，1个国会图书馆，304个公共图书馆，378个大学图书馆，6656个学校图书馆和418个专门、特殊图书馆，总计有7758个图书馆。

（二）正在走向现代化的韩国图书馆事业

1. 韩国政府重视图书馆的计算机应用工作

早在1976年，韩国政府就一面研讨图书馆业务电算化，一面着手进行韩国文献自动化目录形式开发—计算机应用—输入目录数据—提供印刷卡片—拟定电算化综合发展计划等。1989年之前，是为图书馆电算网打基础的阶段。1989年，政府确定了尽早构筑图书馆情报自动化网络（Korean Library Information System Network）的方针，这是图书馆自动化事业中最关键的一步。这个计划是以将国内主要图书馆及海外的文献情报流通机关连接成一体为主要内容的。该网络的构筑被作为国家基干计算机网络之一的“教育研究自动化网络”计划的一环来推进。1989年政府还制定了为使各地区均衡发展的图书馆情报自动化网络的详细的推进计划。

按照政府的这一推进计划，从1991年到1997年，实施一项“图书馆情报自动化网络构筑计划”。为了这个作为七年计划来推进的事业，首先要做到文献信息处理的标准化，研究、开发KORMARC格式（即“韩国机读目录格式”）技术规则，检索用语集的主题名标日表和词汇表，构筑文献情报数据库及利用国外MARC数据库。还有，按不同机器规模和不同资料提供给图书馆业务用的软件包。为了确保担负编目任务的专门人力，要继续实施图书馆自动化教育，充分保证运行网络业务的人力，所需的228.89亿韩元预算（合人民币2.3亿元）已从政府方面得到支援。

推进体系是将主管机关国立中央图书馆下面按馆种别的运行机关（共3个馆：公共图书馆运行机关——国立中央图书馆，大学图书馆运行机关——汉城大学中央图书馆，专门图书馆运行机关——研究开发情报中心）和468个单位图书馆作为一个网进行连接，和外国文献情报流通机关也连接起来，使韩国图书情报系统网络（KOLIS－NET）形成运转国家情报的能力，这就为以后将全国中小图书馆全部连接起来的国家文献情报体制的形成奠定了基础。所需预算229亿韩元（合人民币2.3亿元）已从政府方面得到支援。

2. 韩国图书馆系统的现代化建设不断迈上新台阶

韩国图书馆业务计算机化是以馆内业务计算机化总系统的实现和将国内所有图书馆连接为一个网的国家文献情报体制的构筑为内容来进行的。他们先期开展了如下几项工作。①开发、提供了文献情报处理标准化工具。为了实现对共同利用文献情报数据库所必需的文献情报处理的标准化，按各种资料类别分别开发了韩国各种类型文献所使用的机读目录格式和技术规则，并尽最大可能提供给全国各图书馆使用。②开发出了能将收书、整理、资料查询、资料管理、书目发行等图书馆业务作为一个总系统来运行的图书馆业务软件。③为了支援全国图书馆的计算机化，开发出了能按不同机器规模将图书馆业务作为一个总系统来处理的图书馆计算机化软件包。④各个图书馆积极构筑图书馆数据库。例如，国立中央图书馆的书目数据库，至1995年12月31日为止录入的数据已达到1083335条，其中国内资料680025条。1945年以来的国内专著图书数据为616411条。还录入了一部分古书和历史档案，为63611条。国外资料总共录入了403312条，其中录入了所藏的全部西文图书数据202685条，日文图书的一部分数据11079条，录入了非图书资料GPO缩微资料数据189548条。

韩国图书馆系统在取得已有成果的基础上，又大力开展了国内学术资料信息扫描的研究，并且已经开始提供该种资料的扫描信息服务。例如，韩国的国家图书馆——国立中央图书馆已从1995年开始构筑在超高速信息通信网环境下，能检索国内主要资料的目录信息、目次、文摘及全文内容的数据库，并已提供给国内外用户使用。他们是分为三个阶段完成这一计划的。第一阶段：在1995年开发了运行软件，全文扫描信息数据库。开发全文内容软件，构筑了共200种全文文献数据库。其中学术性报纸43种，博士学位论文107种，古书50种。第二阶段：预定1996～1999年全文录入博士学位论文3万篇、学术性报纸15000种。第三阶段：计划到2000年以后将全文扫描信息数据库向馆藏的全部藏书发展。

由于开展了上述一系列工作，韩国的图书馆系统可以通过情报通信网对读者进行比较理想的文献情报服务。韩国有110万余个PC机通信用户。这些用户能在家里或工作单位检索图书馆所藏的资料，利用韩国产的TICOM主机的“千里眼”（通信网的名称）和韩国名为“Hitel”的PC机通信网免费得到文献情报服务。

此外，韩国比较大的图书馆都设有CD－ROM数据库及其介绍材料，而且都有多媒体的设备和提供服务的场所。像汉城大学图书馆设有专门的图书馆电算化中心和SLARS（Seoul Library Automation and Research System）检索中心，并备有25种CD－ROM目录，其中16种供学术研究用，10种供本馆业务用。连高丽大学图书馆医学图书馆的医学情报室都可通过CD－ROM MEDLINE检索从1966年至今的外国医学论文书目和记录等；通过和美国国立医学图书馆数据库的MEDLARS联机，可得到与最新医学信息在一起的原文。像国会图书馆专门设有多媒体资料室，设置了能检索利用CD－ROM的CD－ROM室，其中备有供学术研究用的CD－ROM目录16种。此外，还设有能利用图形构筑数据库的光盘室、能利用音像资料的音像室等。

在韩国，像国立中央图书馆、国会图书馆、汉城大学图书馆等主要的图书馆都设立了非图书资料室。它又叫“电子图书馆”。这种资料室有用各种尖端机器构成的总控室、综合影像音响室、影像资料室、多媒体室等，收藏有缩微胶卷、缩微平片、LD大碟光盘、CD光盘、CD－i交互式光盘，CD－G计算机图像和文字光盘等非图书资料35万种。该资料室也于一定时间举办电影放映、音乐鉴赏等文化教育节目，也能利用韩国“千里眼”的Hitel微机通信网和国际互联网等。

3. 韩国图书馆系统应用计算机情况统计（截止到1994年12月31日）

已实现计算机应用的图书馆数量：520个。使用机器的类型和数量：

主机：80 台；工作站：42 个；PC 机：399 台。配备计算机的时间：1980 ~ 1994 年。计算机内存容量：0.64 兆 ~ 535 兆不等。计算机外存容量：16 兆 ~ 135000 兆不等。终端机数量：8559 台。从事计算机应用工作的专业人员数量：图书馆业务人员 1399 名，计算机专业人员 184 名。1994 年度自动化工作预算：国立中央图书馆：1269844000 韩元（合人民币 12698440 元）；公共图书馆系统：1060672000 韩元（合人民币 10606720 元）；大学图书馆系统：14046325000 韩元（合人民币 140463250 元）；专门、特殊图书馆：1914552000 韩元（合人民币 19145520 元），以上共计 18291393000 韩元（合人民币 182913930 元）。

4. 韩国图书馆情况统计（截止到 1994 年 12 月 31 日）

馆种别	馆数	工作人数	阅览席数	年增书册数	藏书数量	年利用册数	年读者数量	预算（千韩元）
国立中央图书馆	1	245	4315	191323	2019211	3998763	1971686	10882403
国会图书馆	1	257	344	74206	855426	1069320	172274	8784314
公共图书馆	304	4440	172532	1736696	11222029	34392627	37254689	105784330
大学图书馆	378	3766	308091	3608002	40023787	35278856	93583915	107106516
学校图书馆	6656	660	409419	—	19647301	13986424	13480726	12393995
专门、特殊图书馆	418	1736	18614	706017	8141132	5526795	4861556	41572819
合　　计	7758	11104	913315	6316244	81908886	94252785	151324846	286524377

（三）韩国图书馆事业中的法制建设

作为亚洲四小龙之一的韩国，从 1962 年以来，特别是经过从 1967 年至 1992 年这 25 年的经济腾飞阶段，取得被国际上广泛誉为“汉江上的经济奇迹”的举世瞩目的成就。韩国在完成其经济发展的同时，在法制建设方面，也完成一个从无到有，从起步到健全、发展的进程。可以说，其经济的高速度发展，为健全法制奠定了雄厚的经济基础；反之，逐渐健全和完善的法制，又进一步保障和促进了其经济的发展。纵观韩国图书馆事业的发展历程和图书馆事业中的法制建设，情况也是如此。

1. 韩国图书馆立法的沿革与发展

韩国政府十分重视图书馆的业务建设和法制建设。早在1963年，韩国政府就制定了《图书馆法》，并开始对图书馆事业实行立法管理。进入20世纪90年代，受信息化社会第三次浪潮的冲击，图书馆的诸项业务和技术都面临着大量需要改革和革新的问题。为适应这一新时代的需要，1992年韩国政府又颁布了《图书馆振兴法》。此后，随着新的需求不断涌现，又进行了大量的修订工作，在两年之后于1994年3月24日重新颁布了作为韩国政府"第4746号法律"的《图书馆及读书振兴法》。4个月之后，又以总统的名义针对该法正则和附则的共58个条目中的有关事项，于1994年7月23日，签发了作为"第14339号总统令"的《图书馆及读书振兴法施行令》。20天之后，韩国文化体育部又针对这两套法律中的18个条目，颁布了作为"第16号文化体育部令"的《图书馆及读书振兴法施行规则》。这三套法律之间协调配套，互为补充，相得益彰。届时，韩国关于图书馆事业发展的法令已臻于健全和完善。

韩国政府制定图书馆法的目的是：为图书馆及文库的设立、运营和造成读书振兴的环境规定必要的事项，为了图书馆及文库的健全发展和搞活读书增进活动，对社会提供各种领域的知识情报及提高流通的效率，为文化的发展及国民的终生教育做贡献。由于韩国有了一套系统、全面的图书馆法，韩国各种类型图书馆所有工作的进行和发展都能做到有法可查、有法可依，因而他们的各种图书馆的规模、职能、人员和机构的设置，包括像国家图书馆和地方公共图书馆的纳本制度等，都是严格按照法律规定的标准、程序和权限来进行的。为适应20世纪90年代信息社会的需要，政府还把构筑图书馆计算机网络的业务作为地区均衡发展事业的一环，制定了周密的发展计划并严格按其发展阶段实施完成。例如，其最大的国立中央图书馆目前就正在实施和促进"图书馆情报电算网构筑计划"。这个计划是以将国内主要图书馆与海外的文献情报流通机关连接成体系为主要内容的。图书馆法制的建立和完善，极大地提高了韩国图书馆工作的严肃性、规范性和可操作性，对韩国不断发展和壮大图书馆事业，对保存、利用和发展已有的科学和文化遗产，对开发和生产出更多更好的精神和信息产品，都起到积极和有力的监督、保障、鼓励和促进的作用。

2. 韩国《图书馆及读书振兴法令集》（以下简称《法令集》）简介

《法令集》是在韩国政府1992年颁布的《图书馆振兴法》的基础上，将经过修订后颁布的《图书馆及读书振兴法》、韩国总统签发的《图书馆及读书振兴法施行令》和韩国文化体育部制定的《图书馆及读书振兴法施行规则》收集到一起，以三套法令中的相关条目互相对应的方式，用一本《法令集》书本的形式颁布、出版的。全书共99页，1~56页为法律正文，57~99页为各种附表。该书于1994年由韩国文化体育部出版。下面分四个部分对该法令集做一简要介绍。

第一部分：《图书馆及读书振兴法》（以下简称《振兴法》）

该《振兴法》共分为以下10章和4条附则。

第1章，总则。共分14个条目阐述或规定了以下内容：①制定该法的目的及该法所使用的8条用语的精确定义；②图书馆文库的种类；③各类型图书馆要提供能充分地为公众所利用和为公众实施终生教育的职能；④图书馆及文库为了实现图书馆资料的保存、整理和方便用户，必须备齐适合的设施及资料；⑤图书馆及文库应与文化院、博物馆、美术馆等各种文化部门进行协作；⑥资料的交换、移管、废弃及销毁等事宜；⑦图书馆及读书振兴基金的设立和使用事项；⑧各级图书馆及读书振兴委员会的构成、运营等事项；⑨规定法人、团体及个人可向图书馆及文库捐赠钱物，以便对图书馆事业的发展进行支援；⑩对私立图书馆及文库进行支援的有关规定；⑪使用图书馆名称的规定；⑫设立图书馆协会的有关规定。

第2章，国立中央图书馆。共分4个条目阐述或规定了以下内容：①设立国立中央图书馆及其分馆的有关规定；②规定了其作为国家代表图书馆的11项业务职能；③从该馆提出资料的有关规定；④规定了该馆应与出版部门相互协作，承担对国内出版的图书和连续出版物赋予国际标准文献编号的职责。

第3章，公共图书馆。共分12个条目阐述或规定了如下内容：①规定了法人、团体或个人均可设立公共图书馆；②规定了公共图书馆作为信息及文化教育中心应充分发挥的 8 种职能；③公立公共图书馆的设立、运营、指导、支援、馆长及运营委员会的有关规定；④法人等设立的公共图书馆登记等事宜的规定；⑤私立公共图书馆的指导、支援、闭馆申告、补助等事宜的规定；⑥公共图书馆收取用户使用费用事宜的规定；⑦国内出版物上缴当地公共图书馆的时限和册数的有关规定。

第 4 章和第 5 章，分别为大学图书馆和学校图书馆。各分 3 条阐述或规定了大学图书馆和各种初等、中等学校图书馆的设置、业务职能及接受指导、监督的有关事项。

第 6 章，专门图书馆及特殊图书馆。共分 12 个条目阐述或规定了各种专门图书馆及特殊图书馆的设立、登记、准用等有关事项。

第 7 章，文库。共分两个条目阐述或规定了各级公立或私立文库的设立、运营、申告、指导、支援等有关事项。

第 8 章，图书馆合作网。共分 5 个条目阐述或规定了韩国图书馆合作网的构成、中央馆和地域代表馆的业务职能及其相互关系、合作网的组织及运营等有关事项。

第 9 章，读书振兴。共分 4 个条目阐述或规定了国家及地方自治团体对读书振兴的 4 项任务，读书教育的企划、运营，“读书月”的设立，对读书实绩优秀者的褒奖甚至表彰，开展学校和单位的读书振兴活动等有关事项。

第 10 章，补则和附则。补则共分 5 个条目阐述和规定了各部门长官权限的委任、有关部处的协助、年度报告及各种罚金的有关事项。附则共分 7 个条目阐述或规定了该法的执行日期和关于图书馆登记、行政处分等诸多事项的具体执行措施。

第二部分：《图书馆及读书振兴法施行令》（以下简称《施行令》）

该《施行令》共分为 39 条正则和 8 条附则。

颁布施行令的目的是对“振兴法”中的诸多事项及其施行细则再提出一些必要的明确规定。该令明确规定了图书馆及文库的设施和资料的标准，司书职员的配置标准和资格条件，为提高司书职员的业务能力所应采取的措施，资料的交换、移管、废弃及销毁的标准和范围，图书馆及读书振兴基金的管理和运用，国家和地方图书馆及读书振兴委员会的构成及委员长等的职能，与国内外图书馆间资料的流通，为国际交流资料的提供、国立中央图书馆的指导和支援、读书生活化采取的措施，图书馆及文库职员的进修，提出馆藏资料的各种制度，赋予国际标准文献编号的各种制度，公共图书馆的设立和发展，图书馆运营委员会的构成和职能，私立公共图书馆的登记，市立公共图书馆的闭馆申告，公共图书馆的使用费用，公共和私立文库的设立，图书馆合作网的构成及运营计划，读书月，奖励，权限的委任，罚金的交付等问题。

第三部分：《图书馆及读书振兴法施行规则》（以下简称《施行规则》）

该《施行规则》共分16条正则和两条附则。

颁布施行规则的目的是根据《振兴法》及其《施行令》赋予的事项及施行细则再提出一些必要的规定事项。施行规则详细规定了司书职员资格证的公文程式、研究经历的认定机关、司书资格的教育课程、教育课程履修证的颁发、提出资料的公文程式、对提出资料进行补偿的请求、资料提出业务、赋予国际标准文献编号申请书、设立图书馆用的登记申请书、图书馆闭馆申告书、设立文库申告书、罚金的征收方法等问题。

第四部分：附表

该法令集正文后还列出了《施行令》的3个附表和施行规则的18个附表。这些附表是对上述三个法令的具体诠释和说明，并使上述法令中的诸多事项实现了可操作性。这些附表内容依次是：按图书馆及文库种类规定的设施及资料的具体标准、图书馆中司书职员的配置标准、司书职员的资格条件、司书资格教育课程的科目表、司书资格证（样式）、司书资格证发给（和再发给）申请书（样式）、司书资格证记载事项变更申请书（样式）、司书资格教育课程履修证（样式）、图书馆文献提出单（样式）、提出文献补偿请求单（样式）及对该请求单的处理步骤、国际标准文献编号赋予申请单（样式）及对该申请单的处理步骤、图书馆设立登记申请单（样式）及对该申请单的处理步骤、图书馆设施明细表

（样式）、图书馆设立登记证（样式）、图书馆闭馆申告单（样式）及对该申告单的处理步骤、文库设立申告单（样式）及对该申告单的处理步骤、文库设施明细表（样式）、文库设立申告证（样式）。

3. 韩国政府大力提倡和鼓励读书

在韩国的图书馆法中，不但严格规定了开展图书馆业务必须遵守的各种法律条文，还把大力开展国民读书活动的内容也写了进去。例如，在《振兴法》的第9章里专门用4个条目来阐述其读书振兴的各种规定。该章首先明确规定，国家及地方自治团体应为读书振兴采取必要的措施，并要求用随后列出的4种方法来实现这些措施。《振兴法》还规定，国家及地方自治团体应为国民均衡地提供读书教育的机会而努力。有关的学校应对实施系统的读书教育所需的教育课程的编修和与读书有关的教科书的编辑和出版采取必要的措施。国家鼓励国民的读书。为诱导国民积极参与读书的生活化等读书振兴活动，应设立和开展“读书月”活动。国家及地方自治团体对在读书振兴方面有功绩者和读书实绩优秀者给予褒奖、表彰或授予奖学金，还应尽量鼓励学校和单位的读书集会，并为之采取必要的措施。

韩国政府重视读书活动，韩国人热爱读书的氛围随处可见。例如，韩国的首都汉城不仅是一个经济发达的大都市，而且是一个十分重视文化学习的城市。仅就书店来说，不仅在其比较繁华的大街——“钟路”两旁鳞次栉比地排列着许多大型的书店，在不少地铁车站里也有规模相当大的书店；不仅在各大学校园内外有若干不等的书店，就连一些比较小的街道两边也都能不时地看见书店。在书店里，不仅是“古今韩外”的图书琳琅满目、花样翻新，看书买书的人流也是摩肩接踵，络绎不绝。在韩国的各类图书馆的阅览室里也是一样。虽然他们的图书馆在星期天也开馆，平时开馆时间也很长，但即使这样，不管你什么时候去图书馆的阅览室，读者也都是坐得满满的。所有这些，都和韩国在图书馆事业和读书活动方面健全的法制以及韩国政府大力提倡和鼓励读书有关。

（四）韩国的图书馆学教育事业

韩国在发展该国的图书馆事业过程中，也一直重视图书馆专业人才的培养和提供，优先大力开展图书馆学教育。可以说，韩国图书馆事业之所以能快速、全面地发展，主要也是重视图书馆学教育的结果。韩国在发展其图书馆事业的同时，在图书馆学教育方面，也完成一个从无到有，从起步到健全、发展的进程。

图书馆员的教育和图书馆员的训练是不一样的。因为在韩国图书馆界有将这两种说法混用的现象，所以有必要首先明确说明一下。图书馆员的教育指的是系统地讲授履行图书馆员职务的原则和方法，而图书馆员的训练指的是初入职的馆员在某一图书馆帮助经验丰富的图书馆员进行工作的过程中学习他们的技术和要领，亦即“在职训练”。后者是应某一图书馆的需要来进行的，因此，训练的目的主要是将在该图书馆进行工作的方法教给图书馆员，从而提高其业务能力，改善图书馆的工作状态。在图书馆的规模较小、工作方法和技术比较单纯的时代，馆长可以用一种训练的方式将基本的业务要领传授给新来的图书馆员。各国长期以来实际上通过见习图书馆员制度培养并提供了图书馆所需要的人才。在韩国，新进馆的工作人员首先要作为见习图书馆员工作 5 年，由老馆员教给他们履行职务的要领，以便逐渐胜任工作。后来，随着图书馆数量和规模的增加、图书馆员需求量的提高和图书馆业务方法的复杂化，通过传统的训练方法提供业务人员已经受到局限。另外，当某一图书馆中有能力的图书馆员调入另一图书馆后，按原来的规定再在新来到图书馆里经过一个见习过程这一点当然也是有必要改进的。在这样的背景下，19 世纪末，首先在欧洲和美国的大学里开始了对图书馆员的教育。这种教育不是以前所进行的对某一个图书馆的原则和方法的训练，而是将很多图书馆志愿者集中起来，讲授在所有的图书馆中都采用的原则和在某一具体的图书馆中也能适用的一般方法。

韩国开始图书馆学的教育比西方晚半个世纪左右。这期间虽然遇有朝鲜战争等困难时期，但其图书馆学教育在形式和内容上都在不断地发展，至今已在 30 多个大学里开设了图书馆学系，并在其中的 3 个大学里开设了图书馆学博士学位课程。

1. 国立朝鲜图书馆学校

这个学校主要是在国立图书馆的李才旭先生和朴峰锡先生的努力下

于1946年作为最初的图书馆学教育机构在国立图书馆（即现在的国立中央图书馆）内设立的。1945年韩国从日本帝国主义的殖民统治下解放出来后，即讨论了增设承担社会教育职能的图书馆的必要性，以及随之提出的为满足图书馆员需求而设立图书馆学教育机构的必要性。由于时代的需要并通过两位老先生的努力，国立朝鲜图书馆学校终于诞生了。该校1946年开学后在5年期间内共培养出了77名毕业生。1950年朝鲜战争期间，学校临时关闭后再也没有复学。该校的入学资格和大学一样，是高中或师范学校的毕业生，但学习年限是一年。公费生毕业后有在国内图书馆或校长认定的文化机关工作两年的义务。这一学校虽然存在时间不长，但其毕业生具有复兴图书馆事业的时代使命感和热诚。他们特别是在图书馆因战争停办时期的前后，积极制定计划并很好地完成了困难时期的诸课程，对其后打下韩国图书馆及图书馆学发展的基础做出了贡献。这个学校的教学课程（1946年）内容如下：《图书馆管理法》、《图书馆史》、《图书分类法》、《图书编目法》、图书编目实习、《西文图书编目法》、西文图书编目实习、《书志学》、《印刷及装订法》、《社会教育概论》、《韩国史》、《外国史》、《国语及国语史》、《国文及国文史》、《汉学》、《文学概论》、外国语（英、德、法）。

2. 延世大学图书馆学教育的崛起

如前所述，作为韩国最初的图书馆学教育机构出现的国立朝鲜图书馆学校开学仅5年就赶上了朝鲜战争，未能经得起失去两位领导者等大的考验而落下了短暂的历史帷幕。1953年停战后，一个紧迫的课题就是要为饱受破坏的图书馆界培养大量的图书馆员以便投入图书馆复兴工作。在这种背景下，1957年3月首次在韩国的名牌大学——延世大学文学院内设立了图书馆学系，作为大学附属机构的“韩国图书馆学堂”也在同年设立。延世大学图书馆学系最初是与美国乔治·皮博迪教师团（The George Peabody College for Teachers）合作共同创办的，设有图书馆学本科生与硕士生两个教育层次。虽然前国立朝鲜图书馆学校的短命很让人惋惜，但7年后韩国的图书馆学教育在大学范围内东山再起，则乃不幸中之大幸。延世大学图书馆学系及其附设的韩国图书馆学堂的出现，对后来发展韩国图书馆学教育有很大的影响。通过下列当时（1957 年）的图书馆教学课程即可知道，尽管其名称多少有所变化，但和今日相比，在内容上并没有什么大的差异。

本科教学课程：《初级语文》、《文学概论》、《社会科学》、《国语》、《保健》、《英语》、《德语》、《初级日本图书》、《韩国典籍解题》、《图书馆学原论》、《东洋典籍解题》、《美术鉴赏》、《基督教概论》、《分类和目录（Ⅰ、Ⅱ)》、《图书馆的组织管理》、《英文书讲读》、《图书及印刷史》、《古书和特殊资料》、《高级日本图书（Ⅰ、Ⅱ)》、《日文书特讲（Ⅰ、Ⅱ)》、《社会科学书志》、《汉书讲读》（Ⅰ、Ⅱ)、大学图书馆服务、《英文书讲读Ⅰ》、《英文书特讲（Ⅰ、Ⅱ)》、《分类编目特讲》、《人文科学书志》、《自然科学书志》、《图书馆服务的特殊问题》、学校图书馆服务、公共图书馆服务、非书资料、图书馆员实习。

硕士教学课程：《韩国书志学的诸问题》、《冒号分类法》、《图书馆哲学》、《分类编目讲习》、《论文写作法》、《汉籍书志讲习》、《韩国图书馆管理的特殊问题》、《韩国书志学》、《大学图书馆行政》、《公共图书馆行政》、《图书馆学的特殊问题》、《明清的丛书》、《特殊图书馆的业务》、《文献学》。

从以上内容即可看出，延世大学初期规划的图书馆学教育课程对其后韩国图书馆学的教育产生了多么大的影响。另外，它又基本上是美国式图书馆学教学课程的翻版，这也是最初编制的图书馆学教育课程得以较长时期使用的原因。

韩国图书馆学堂的高级图书馆员课程是为提高图书馆员的专业素质设置的。这是为在图书馆工作多年而没有学习图书馆学机会的人们设置的为期 1 年的课程。头三年是白天上课，其后一段时间先是改为在星期六上课后又改为在夜间上课，这样一直持续到 1971 年。入学资格是大学毕业的图书馆在职人员工作经历达 3 年以上者。按照教学课程上课，可授予毕业者正图书馆员资格证。韩国图书馆学堂是在 1950 年国立朝鲜图书馆学校关闭后产生的，它填补了韩国图书馆学教育的空白。图书馆学系在提供充分的专门人才、满足过渡时期的需求方面做出了很大贡献。韩国图书馆学堂还从 1958 年起与文教部共同运营以学校图书馆教师为对象的图书馆教师课程。这一课程利用暑假和寒假进行 150 学时的图书馆学教学，并授予毕业者图书馆教师资格证。这一课程持续到 1963 年，并在韩国的中等教育中引入图书馆教育的概念做出了贡献。

3. 韩国图书馆学教育机构的设立、发展和图书馆学教育的现状

韩国的图书馆学教育早已在大学、特别是在像延世大学这样的名牌大学中站住了脚。随着其合理性被逐渐证实，各大学对图书馆学教育越来越关心了。在延世大学设置图书馆学系后仅两年，梨花女子大学即设置了图书馆学系（该大学在 1959 年设置图书馆学系之前，从 1956 年起就已将图书馆学课程作为副科开设在本科课程里了）。随后，中央大学于 1962 年、成均馆大学于 1964 年也先后设置了图书馆学系。总之，韩国在 1957 年设置第一个图书馆学系仅 7 年之后就增加到了 4 个。成均馆大学在设置图书馆学系的第二年（1965 年）又设置了类似上述延世大学附设的韩国图书馆学堂那样的韩国图书馆员教育院。该院设有正图书馆员、图书馆员及准图书馆员课程，可给予包括学校图书馆在内的各种图书馆在职人员和没有图书馆学学历的人们以学习的机会。从这个意义上讲，该院迄今 30 年来为韩国图书馆的发展做出了贡献。此后，又相继有 28 所大学设立了图书馆学系或文献情报学系。

20 世纪 80 年代是韩国进入第 3 次产业结构调整和产业政策变革时期，也是韩国图书馆学教育发展的鼎盛时期，有 19 所大学设立了图书馆学系。尤其是根据 80 年代后本国科技和工业升级的需要，韩国采取了相应的教育措施，着重培养高科技产业所需的高级技术人才。图书馆学教育也加强了图书馆学高级人才的培养。在这一时期，韩国有 7 所高校设立了图书馆学硕士点，约占现有硕士点总数的 44%，特别是延世大学、梨花女子大学以及中央大学 3 所高校还设立了博士点，占现有博士点的 50%。至 1995 年 1 月底为止，韩国已有 32 所大学设立了文献情报学系或图书馆学系，其中有 16 所高校设立了硕士点，6 所高校设立了博士点（详见表 1）。

表 1 20 世纪 40～80 年代韩国图书馆学教育机构按年代别的设立状况

教育机构		40 年代	50 年代	60 年代	70 年代	80 年代
本科			延世大学(1957)、梨花女子大学(1959)	中央大学(1962)、成均馆大学(1964)	庆北大学(1974)、淑明大学(1976)、晓星大学(1977)、釜山女子大学(1979)、清州大学(1979)	启明大学(1980) 德成大学(1980) 同德大学(1980) 明知大学(1980) 祥明大学(1980) 全南大学(1980) 全北大学(1980) 忠南大学(1980) 东义大学(1980) 釜山产业大学(1981) 汉城女子大学(1981) 大邱大学(1981) 汉南大学(1981) 汉城大学(1981) 京畿大学(1983) 公州师大(1983) 釜山大学(1984)
研究生院	博士				成均馆大学(1974)、延世大学(1979)	中央大学(1983)
	硕士		延世大学(1957)、梨花女子大学(1959)		成均馆大学(1971)、中央大学(1973)、庆北大学(1978)	清州大学(1983) 淑明大学(1984)
	教育学硕士(图书馆员教育专业)				延世大学研究生院(1971～1977)、梨花女子大学研究生院(1973)	汉阳大学研究生院(1982)
专门大学					釜山女专(1970)、崇义女专(1972)、启明实业专(1974)、大邱大并设专(1974)	

续表

教育机构	40 年代	50 年代	60 年代	70 年代	80 年代
专门大学				汉城女子初大(1978)、昌原经商专(1979)	
各种学校				江南社会福利学校(1979)	
短期课程	国立朝鲜图书馆学校(1946～1950)	延世大学韩国图书馆学堂(1957～1971)	成均馆大学韩国司书教育院(1965) 国立中央图书馆司书讲习(1967)		

表 2 韩国图书馆学情报学教育机构状况一览（截至 1995 年 1 月底）

序号	单位名称	系主任	各类学位设立年份			教师
			学士	硕士	博士	人数
1	延世大学文学院文献情报学系	郑瑛美	1957	1957	1980	5
2	梨花女子大学人文科学学院	金凤姬	1959	1959	1988	5
3	中央大学文学院文献情报学系	金孝贞	1963	1972	1983	5
4	成均馆大学文学院文献情报学系	权起远	1964	1971	1974	4
5	庆北大学文献情报学系	南权熙	1974	1978		5
6	淑明女子大学文学院文献情报学系	金成赫	1976	1983		4
7	晓星女子大学图书馆学系	严英爱	1976			4
8	江南大学社会科学学院文献情报学系	梁桂凤	1978			4
9	釜山女子大学人文社会学学院文献情报系	刘吉镐	1979			5
10	清州大学人文学学院文献情报学系	朴文烈	1979	1983		3
11	祥明女子大学人文社会科学学院文献情报学系	金钟天	1979	1984	1992	5
12	启明大学社会科学学院文献情报学系	金南硕	1980	1989		4
13	同德女子大学社会科学学院文献情报学系	成耆珠	1980			3
14	明知大学人文学学院文献情报学系	金容成	1980	1991		4
15	全南大学社会科学学院文献情报学系	郑遵民	1980	1990		4
16	全北大学人文学学院文献情报学系	金抱玉	1980			4
17	忠南大学社会科学学院文献情报学系	尹炳泰	1980	1991		4
18	德成女子大学社会科学学院图书馆学系	柳在玉	1981			3
19	汉城女子大学社会科学学院文献情报学系	刘思罗	1981	1989		3
20	韩南大学文学院文献情报学系	金永信	1981			4
21	汉城大学社会科学学院文献情报学系	曹仁淑	1981			6
22	大邱大学社会科学学院文献情报学系	金相淏	1981			5

续表

序号	单位名称	系主任	各类学位设立年份			教师
			学士	硕士	博士	人数
23	东义大学人文学学院文献情报学系	宋英姬	1982			4
24	公州大学师范学院图书馆教育系	边宇烈	1983	1987		5
25	京畿大学人文学学院文献情报学系	朴尚均	1983			4
26	庆星大学文学院文献情报学系	林泰三	1983			4
27	全州大学人文学院文献情报学系	柳寅锡	1983	1993		4
28	建国大学人文科学学院文献情报学系	吴东禹	1984			2
29	釜山国立大学社会科学学院文献情报学系	金正根	1984	1989	1993	5
30	光州大学文理学院文献情报学系	尹定起	1984			5
31	大真大学经商学院文献情报学系	李万洙	1994			2
32	中部大学文献情报学系	金东焕	1995			2

表1列出的32所大学中有6所国立大学、1所公立大学、25所私立大学。

（五）韩国图书馆的布局

根据1995年的统计，韩国共有各种类型的图书馆7758个，分布在韩国的一个特别市、五个大城市和九个道内。其中，以首都汉城特别市最为集中，共有1354个，约占全国总数的17.5%。其次为全罗南道，共有914个，约占全国总数的12%。再次为庆尚南道和京畿道，分别为893个和887个，各约占全国总数的11.5%和11.4%。这一个特别市和三个道共有各类图书馆4048个，约占全国总数的52%；而其余73%的行政区域（包括五个大城市和六个道）仅拥有48%的图书馆数量。图书馆拥有量最少的道是全罗北道，全道总计仅有50个图书馆，约占全国总数的0.6%。

韩国共有公共图书馆304个，其中以京畿道、庆尚北道和庆尚南道最为集中，分别为38个、38个和36个，三地共有公共图书馆112个，约占全国总数的37%，而其余80%的行政区域（包括一个特别市、五个大城市和六个道）却仅拥有约63%的公共图书馆数量。公共图书馆拥有量最少的城市是大邱和光州，分别仅各有6个，各约占全国总数的2%。

韩国共有大学图书馆378个，其中以汉城、京畿道和庆尚北道最为集中，分别为73个、59个和32个，三地共有大学图书馆164个，约占全国总数的 43%；而其余 80% 的行政区域（包括五个大城市和七个道）仅拥有约 57% 的大学图书馆数量。大学图书馆拥有量最少的道是济州道，仅有 5 个，约占全国总数的 1.3%。

韩国共有学校图书馆 6656 个，是拥有图书馆数量最多的馆种。其中，以汉城、全罗南道和庆尚南道最为集中，分别为 1004 个、867 个和 807 个，三地共计有学校图书馆 2678 个，约占全国总数的 40%；而其余 80% 的行政区域（包括五个大城市和七个道）仅拥有约 60% 的学校图书馆数量。学校图书馆拥有量最少的道是济州道，仅有 107 个，约占全国总数的 1.6%。

韩国共有专门、特殊图书馆 418 个，以汉城和京畿道最为集中，分别为 247 个和 54 个，共有专门、特殊图书馆 301 个，约占全国总数的 72%；而其余 87% 的行政区域（包括五个大城市和八个道）仅拥有约 28% 的专门、特殊图书馆数量。专门、特殊图书馆拥有量最少的道是济州道，仅有 2 个，约占全国总数的 0.5%。

（六）韩国图书馆的经费

韩国的图书馆似乎无书库紧张和经费不足之虞。像作为韩国国家图书馆的韩国国立中央图书馆和韩国国会图书馆，以及作为韩国国立大学的汉城大学图书馆和作为私立大学代表的高丽大学图书馆及延世大学图书馆，各馆不管藏书多少，都有充足的收藏空间。例如，国会图书馆 1987 年 10 月 30 日竣工的新馆与国会大厦建筑物相比，无论外观造型和规模上都相差无几，前者只比后者略小一圈而已。两者之间有地下通道相连接。国会议员可以很方便地从国会议事堂和议员会馆去国会图书馆利用馆藏资料。韩国的国立中央图书馆、国会图书馆、汉城大学图书馆、高丽大学图书馆、延世大学图书馆等大型图书馆从 20 世纪 80 年代末以来全盖了规模较大的新馆，完全满足了对藏书空间的需求。在韩国的五大图书馆中，尚无因购书经费不足而大量削减图书和期刊购置数量的现象。反之，每年还努力扩大购入量。例如，在私立大学图书馆中藏书公认第一的高丽大学图书馆至 1993 年底的藏书统计数字已经是 120 万册，但它考虑到科学技术的飞速发展、学术交流的国际化、学术文献情报的世界化和爆炸性增加的新情况，其今后的目标是到高丽大学开学100周年的2005年，把其藏书量将近翻一番，达到200万册。延世大学图书馆也要从现在的年进书量6万册提高到今后的8万册。

1. 韩国图书馆的经费来源

国立图书馆：在韩国，只要是国立图书馆，不管是国家一级的，还是市一级的，还是学校一级的，其办馆所需的经费一律由国家从政府预算中拨款。

私立图书馆：主要由办馆者自己解决。例如，像高丽大学和延世大学这样的私立大学，都有自己的学校财政。而学校财政主要有以下四种来源：（1）学生的学费；（2）学校收益事业；（3）捐款；（4）国家对教育费用的支援。

韩国图书馆的经费主要用于以下三种支出：（1）学校中各种设施、设备的运营和使用；（2）教职员工的工资支出；（3）对学生教育费用的支援。

2. 韩国图书馆的经费预算变化情况（货币数量均已折合为人民币）

1964年韩国图书馆经费预算数量：

公共图书馆：71660元

大学图书馆：420400元

学校图书馆：377540元

专门、特殊图书馆：192610元

1992年韩国图书馆经费预算数量：

公共图书馆：612812980元

大学图书馆：529444780元

学校图书馆：58224130元

专门、特殊图书馆：301114790元

从以上数量不难看出，与1964年相比，1992年的预算增加最多的是公共图书馆，其增加值为612741320元，前后相差8550倍。公共图书馆经费预算增幅的增大是从1977年开始的，1989～1992年增加得更为集中。韩国的大学图书馆和特殊图书馆也是从1977年开始增加较多。与它们相比，韩国的学校图书馆的经费预算虽然也增加了，但它是渐进式的，增幅较小。

根据1992年按馆种别的预算统计，按平均预算来说，公共图书馆为2244730元，大学图书馆为1619090元，专门、特殊图书馆为778070元。

（七）韩国图书馆的合作体制

最近各领域的文献数量在急剧增加，文献的价格也在急剧上涨，而预算又不是按照价格上涨的情况成比例地增加，韩国面对这种现代情况的要求，采取的做法之一是实行图书馆合作体制。各个图书馆要放弃一部分独立性，从属于合作体制。一方面，本单位的用户群可以方便地利用各成员馆的藏书；另一方面，也允许成员馆的用户利用本馆的资源。

最近，韩国的图书馆界也理解了合作体制的概念，正在按地区别以及领域别形成初步的合作体制，像汉城弘陵研究小区内图书馆间的合作体制、汉城新村地区三个大学图书馆间的合作体制、全国医学图书馆间的合作体制等。但这种按地区别以及按领域别的合作体制作用还是有限的，因而人们期望能建立全国范围的合作体制。全国的合作体制当然也是最终有希望连接到国家间的合作体制和全世界的合作体制，因后者是以前者的存在为前提的。所以可以说，首要的课题是形成全国图书馆合作体制。在韩国，充分收藏学术及研究用文献的图书馆在各地区都有相当的数量。但是，一个孤立的图书馆，不管它怎样充实馆藏，其服务效果仅仅限于所属的机关或所处的地区之内。全国的主要图书馆以及所有的图书馆有机地合作，在各图书馆间准备有效的通信和文献传送手段，赋予各图书馆文献互借的义务和权利，当这些活动在国家层次中调整的时候，即是全国图书馆合作体制形成、运营的时候。只有到这时，在全国各处工作的研究人员、技术人员及其他用户才能不受其活动地区的限制，根据需要方便地利用国内所有图书馆收藏的文献。这样，也可以把图书馆合作体制的形成视为图书馆资源民主化的一种措施。

1. 合作体制的运用工具

由于图书馆合作体制是自发形成的，其组织的结合力较弱，因而有效运用各类工具的程度决定着合作体制的成败。图书馆合作体制的主要工具是综合目录、互借规定、计算机、通信设施等。

综合目录是将两个以上的图书馆藏书目录合并收录到一个目录体系中的目录。综合目录在外形上和一个图书馆的藏书目录相似，只是在收录文献记录中的馆藏代码不同，这在馆际互借时可用来指示文献收藏的地点，因而是在图书馆间进行文献互借时必不可少的工具。图书馆合作体制的组织不管多么出色，如果没有准备能有效查找成员馆藏书内容的综合目录，则意义不大。综合目录在合作收集、合作保存及情报服务中也是基本工具。

在韩国出版的重要的综合目录中有国立中央图书馆的《外国图书综合目录》、研究开发小区图书馆协议会的《科学团体藏书综合目录》、产业研究院的《科学技术杂志综合目录》、韩国学术振兴财团的《外国学术杂志综合目录》、汉城大学图书馆的《国立大学收藏的连续出版物综合目录》、全国私立大学图书馆协议会的《全国私立大学收藏的外国学术杂志综合目录》等。这类综合目录在韩国出版并不断修订的事实意味着其图书馆间的合作气氛是相当浓厚的。

综合目录通常分为如下 6 种：①完全的综合目录；②部分综合目录；③新到文献目录；④特殊藏书目录；⑤连续出版物综合目录；⑥机读综合目录。

2. 合作体制的种类

按功能区分的合作体制有：①相互出借；②合作收集；③合作收藏；④合作编目；⑤合作参考服务。

按馆种别分的合作体制有：①公共图书馆间的合作体制；②专门图书馆间的合作体制；③大学图书馆间的合作体制。

二 韩国图书馆学的主要研究领域

在韩国图书馆协会出版的用语词典中，图书馆学被定义为“认识并收集、整理、组织、运用文献的知识和技术”（韩国图书馆协会，1966年）。韩国图书馆学研究活动的大部分是为解决问题而进行的应用研究，因为研究者对图书馆现场中产生的实际问题比对理论上的讨论更关心。这一倾向在研究报告中已充分反映出来。看一下对计算机化的图书馆业务系统的最新学术杂志的记载即可知道，它们大多不是理论上的东西，而是对新引入系统的现况分析。这里只介绍韩国图书馆学各研究领域的范围和特性。

（一）图书馆史

管理者要想使图书馆正常运转，就应具备历史意识。管理者应该知道，图书馆作为一个社会服务机构，在历史上是怎样发展过来的，是用怎样的方式适应各种环境变化并得到成功的；或者，是用怎样的方式来应付并经历了失败的。到若干年前为止，对图书馆史的研究还不过是叙述过去出现的大量图书馆发展过程的故事。今天的图书馆史，已经不是有关个别图书馆兴衰的故事，而是随着各时代独特的社会环境而出现的各类图书馆面貌。只有这样的图书馆史才能帮助管理者对图书馆的社会作用产生新的认识。

（二）藏书构成

如果持续地选择、收集文献，其结果就构成藏书。这样看，文献的选择和藏书的构成虽然在逻辑上是同样的职能，但实际上两者之间有若干差异。作为藏书选择者首先是想满足用户的要求，而藏书构成者则是要广泛、系统地收集某一领域的文献，并作为一个整体形成有用的资源。因此，选择者所完成和认为最好的收集结果并不一定是最好的藏书构成。既能满足用户的要求，又有助于合理的藏书构成的文献收集当然是最理想的。为实现这种理想的藏书选择原则和藏书构成法的研究早就是图书馆学研究的重要领域。

（三）文献的组织

若要有效地利用图书馆的藏书，就需要组织好这些文献。这一点无论在过去还是现在都是不变的事实。早在公元前 17 世纪，有的图书馆就将所藏文献进行系统地分类和排列。人类有按照一定的意义或价值的标准对事物、知识等系统地进行排列的习惯。图书馆早就是人类行使这种排列习惯的地方。世界上使用最多的分类法是 1876 年首次出版并在其后连续修订出版的杜威（Melvil Dewey）《十进分类法》,《韩国十进分类法》也是根据它编制出来的。《韩国十进分类法》的基本构架是将人类记录的所有知识集中在十个主类里。再将这 10 个主类分别分为 10 个纲，再将各个纲分为 10 个目。表示各个类目的符号均使用阿拉伯数字。

《韩国十进分类法》的 10 个主类如下所示：

000　总类；100　哲学；200　宗教；300　社会科学；400　自然科学；500　技术科学；600　艺术；700　语言学；800　文学；900　历史。

（四）文献的利用

交响乐团给人们以快乐的手段是演奏音乐。博物馆教给人们过去文化的手段是收集、展示遗物。图书馆服务也是为达到一定目的的一种手段。这目的就是使用户通过图书馆服务，能从世界的文献中得到所需要的知识和信息。在图书馆实际运营中，有相当数量的司书不顾文献利用的重要性，认为图书馆是由藏书、职员及设施三种要素构成的。这实际上是忽略了作为最重要因素的用户的作用。这种认识没有把图书馆看作一个过程。没有用户的图书馆不过是供整理或保存文献的场所，而不能成为实现信息交流的地方。与信息交流无关的图书馆是没有社会意义的。

（五）参考服务

参考服务是在图书馆中利用其资源，给用户提供所需信息的服务。参考服务大约是从一个世纪前开始主要在公共图书馆和大学图书馆的范围内发展起来的一种服务。世界进入 21 世纪以来，不仅是科学技术领域，其他所有的领域的研究活动也都很活跃，其结果是文献产量急剧上升，图书馆藏书量的增长也令人瞠目。文献内容更专门化、文献形态更多样化，以查找各种书志、索引等文献为目的所发行的二次文献的种数急剧增加，用户提出的要求内容也越来越多样化。图书馆内外产生的这一系列变化是参考服务急速发展的背景和推动力。

（六）合作体制

由于图书馆数量日益增加，特别是文献量急剧增加的趋势还在继续，图书馆员长期以来要构成完全藏书的梦想几乎成为泡影。从今天的状况看，图书馆的规模不管怎样大，其藏书的主题范围不管怎样限制，完全的藏书构成几乎是不可能的。另外，像电传或传真等通信技术正在高度发展，作为某一个图书馆的完全的藏书构成实际上已不太需要。由于通信技术的发展，图书馆员可以从国家的甚至国际的水平上来构成完全的藏书。另外，由于复制技术特别是缩微复制技术的发展，已经打开图书馆间合作和相互依存体制的新篇章。

（七）图书馆自动化

图书馆自动化的历史是从 1936 年美国得克萨斯大学图书馆为完成出借业务引入穿孔卡片机开始的。20 世纪 60 年代随着民用计算机的发展，图书馆迎来了自动化划时代发展的机会。一旦资料被输入计算机后所显示出来的效果是大不一样的。计算机可将虽已订购但还未到的文献、藏书中所包含的文献、正在出借的文献等各种信息记载在自己的磁带上，根据需要随时可以再利用。再有，对资料的处理显著地高速化和高性能化。在 70 年代，图书馆利用计算机的自动化进一步加速了。这一时期的图书馆自动化值得一提的事实是，通过连接计算机的远程终端，可以输入输出数据的所谓联机系统被开发，并已从 20 世纪 60 年代开始使用，原来的脱机系统也开始逐渐被这一新的方式所取代。

（八）图书馆管理

一个世纪以来，绝大多数图书馆的规模都比较小，其职能也主要是保存文献。那时，图书馆的经营方法也比较单纯。大学图书馆的馆长不是从具有经营背景的教授中任命，而是从学问卓越的教授中任命。现在虽然大部分图书馆的规模也小，组织也单纯，但在过去的数十年时间里，许多国立图书馆、政府机关图书馆、大学图书馆、专门图书馆等的情况已大不一样了。由于财政投资的规模大幅度加大，藏书规模和经管藏书的职员数也显著地增加，其结果是图书馆的组织大型化、复杂化。再加上图书馆合作体制的发展，结果是给图书馆学研究者提出研究图书馆经营的理论和技术的课题。

（九）书志学

书志学的说法随着地域不同被理解为各种意思。总之，在中国，书志学是包括传统的目录学、校勘学及版本学的概念。即研究书目的编制方法；一面将古典原文中错写的地方和错抄的部分和其他书籍对照，一面将问题搞清楚；决定相同的古典异本的出版顺序，或按照图书形态的发展过程推定其出版年代。在韩国，书志学的概念被理解为系统书志学和原文书志学合并的概念。系统书志学相当于中国的目录学，形态书志学相当于中国的版本学，原文书志学相当于校勘学。总之，韩国的书志学基本上可以看作是和中国书志学的传统概念相一致的概念。

三　韩国各类型图书馆

（一）国家图书馆

在韩国，国家图书馆是由国家设立、运营的，为全体国民服务的图书馆。韩国的国家图书馆是国立中央图书馆和国会图书馆。虽然由国家设立、运营，但其基本的服务对象只是某一机关而又局限于从事某种活动的人群的国立大学图书馆、政府机关所属的图书馆等不是国家图书馆，那仅仅是由国家运营的图书馆而已。也有用这种观点将国会图书馆也看作是国家图书馆的理论。为什么呢？因为在国会办公厅的法律第 11 条中规定，国会图书馆“为支援国会的立法活动，给议员及专门委员提供图书及其他立法资料，同时也将收集、整理、保存图书及其他图书馆资料并进行图书馆服务作为其任务”。它明确指出，国会图书馆基本的使用对象是国会议员和专门委员。但是，如果细看这一条文，国会图书馆一方面服务于国会议员和专门委员，“同时也将收集、整理、保存图书及其他图书馆资料并进行图书馆服务作为其任务”。这个任务除针对国会议员和专门委员以外，也可解释为是针对全国的研究者而言的。因此，国会图书馆也将藏书和其他资料向全国的研究者开放。特别是图书馆的《定期刊物记录索引》、《人文科学论文记录索引》、《社会科学论文记录索引》、《政府出版物目录》、《韩国硕士及博士学位论文总目录》等分别是按照对全体国民进行服务的意图出版发行的。这样看来，国会图书馆至少也是在部分地履行国家图书馆的职能。可以说，在韩国，国立中央图书馆和国会图书馆相互补充，共同履行着国家图书馆的职能。

1. 韩国国立中央图书馆

韩国国立中央图书馆作为韩国的国家代表图书馆，于 1945 年 10 月 15 日接收了位于汉城市中区小功洞的藏书，并以国立图书馆的名义开馆。在 1963 年制定《图书馆法》的同时改称国立中央图书馆，并依法开始实施纳本制度（即呈缴本制度），收集国家文献。1974 年 12 月它迁至汉城市中心的南山。由于国民对图书馆服务的要求和该馆藏书量的增加等原因，在瑞草区盘浦洞盖了新馆并于 1988 年 5 月 28 日开馆。1991 年修订图书馆振兴法的同时，该馆的所属关系由文教部（即现在的教育部）变更为文化体育部。依据新修订的《图书馆振兴法》，结束了对当时存在的国会图书馆科的位置问题的争论，国立图书馆被赋予了国家代表图书馆的资格。（《图书馆振兴法》后来于 1994 年被修订，并改名为《图书馆及读书振兴法》）

开馆 51 周年的国立图书馆在 21 世纪信息化社会到来之前已经超出单纯收集、保管、流通资料的职能，而达到生产、分析和传递信息的职能，该馆正在进行作为信息中心而开展的各项工作。虽然它尚未达到欧美先进国家的水平，但为使该馆作为支援国民精神生活的信息服务机关以新的面貌出现，在政府的支援和图书馆方面的努力下，该馆未来将成为信息集散地的想法显然是可以实现的。

2. 韩国国会图书馆

韩国国会图书馆现位于汉城市永登浦区汝矣岛洞，是韩国规模位居第2的国家图书馆。该馆在1952年2月始建于战时的首都釜山市，称为“国会图书室”。后于1955年11月升格改称为“国会图书馆”，并于1975年迁址到现在位于汝矣岛洞的国会议事堂旁的新馆。

（二）公共图书馆

在韩国，各种图书馆是在大体相近的时期开始发展的，虽然大学图书馆、专业图书馆等达到与各国相差不多的水准，但唯独公共图书馆发展停滞，没有找到复兴的契机。约一个世纪之前出现的韩国近代公共图书馆，在数年后由于国家沦丧，36年间被盗用为日本帝国主义殖民统治的工具。1945年被恢复为民族文化机关时，开馆仅数日，1万余卷的藏书就差不多被借走了4000余卷。直到那时它也没有恢复公共图书馆的生气和成功。在20世纪初，为对付逐渐增加的外国势力的威胁、保全独立，使无知的国民觉悟，先觉者们开展了集中书籍建立公共图书馆的运动。这是迫切的社会要求，也是全体国民的同感。公共图书馆开始出现生机。但是，从解放到“6·25动乱”后的3年间的破坏，使公共图书馆要想找到发展的契机是很困难的。迄今为止公共图书馆也未能找到自己在社会中的位置，这是一件令人遗憾的事。

1. 韩国公共图书馆的现状

韩国公共图书馆1986～1995年的统计情况见表3。

表3　韩国公共图书馆1986～1995年的统计情况

统计年份	各年度统计的截止日期	图书馆数（座）	职员总数（人）	阅览座位数（个）	本年度增加册数（册）	图书馆藏书总册数（册）	本年度利用册数（册）	本年度利用人数	预算（千韩元）
1986	4月1日	168	2078	75837	356402	3187664	9796429	17948820	6395673
1987	4月1日	175	2308	87684	492849	3700085	11225916	21996589	7668911
1988	4月1日	175	2331	88695	510237	4103400	11883428	22261587	8631316
1989	4月1日	195	2756	108598	637622	4661541	13302110	26838956	28759904
1990	4月1日	231	3133	129732	721152	5483207	13910672	25007833	38193506

续表

统计年份	各年度统计的截止日期	图书馆数（座）	职员总数（人）	阅览座位数（个）	本年度增加册数（册）	图书馆藏书总册数（册）	本年度利用册数（册）	本年度利用人数	预算（千韩元）
1991	4月1日	262	3587	147822	878047	6219349	15004564	25366208	49800186
1992	4月1日	273	3794	157961	821314	7143282	17244341	26726018	61281298
1993	4月1日	277	4092	160302	1165690	8442529	22207709	30525908	76130090
1994	12月31日	279	4229	161207	1357336	9484966	28049488	34638074	87115205
1995	12月31日	304	4440	172532	1736696	11222029	34392627	37254689	105784330

2. 韩国公共图书馆系统应用计算机情况统计（截止到1994年12月31日）

已实现计算机应用的图书馆数量：共192个，占全部公共图书馆数量的63%。

各馆使用机器的类型和数量：主机4台；工作站2个；PC机186台。

配备计算机的时间：1989~1994年。

计算机操作系统：UNIX，DOS，MS－DOS，Novell Netware，IBM DOS等。

计算机内存容量：0.64兆~128兆不等。

计算机外存容量：16兆~3328兆不等。

终端机数量：855台。

工作系统名称：BOOK，CARD MASTER，KOLAS，LIBRARI－AN－PLUS，MAE，图书馆管理软件等。

从事计算机应用工作的专业人员数量：图书馆业务人员356名，计算机专业人员33名。

1994年度自动化工作预算：1060672000韩元（合人民币10606720元）。

（三）大学图书馆

韩国的大学图书馆是为达到其大学的目的而设立的工具。在大学的基本目的中，知识的传播是教给在未来社会各个领域中担当指导作用的年轻人所需要的高水准的知识和正确的态度；知识的生产是教授、研究生及其他研究者对各种课题的研究活动；对社会的服务是利用大学中集中的优秀知识资源解决和满足社会中产生的各种问题和需求。因这 3 种职能都是以知识为基础的，要想很好地实现它，就应以尽量接近世界最前沿的知识为前提。所以，“大学图书馆是大学的心脏”的说法绝不仅仅是一句空洞的赞词。

虽然一般用一个“大学”的词来称呼，但实际上在韩国的大学中有 2 年制专科大学、4 年制单科大学和综合大学等各种类别。同样的 4 年制大学中也有以理论为主的一般大学和着重技术的教育大学、音乐大学、美术大学等。但是，从大学图书馆服务的角度看，可将所有的大学分为以传授现有知识的教育活动为主和其中研究活动占较大比重的两类。如果这样分类，专科大学和单科大学属于前者，综合大学属于后者。

在专科大学和单科大学中没有研究生课程和附设的研究所，其研究活动受到制约，重要的研究者群仅仅是教授。在综合大学中，有在教授指导下进行研究的许多研究生、作为该国各个领域学问权威的教授和在附设的研究所中从事各种课题研究的专任研究员构成的大规模的研究者群体。这两种大学图书馆在藏书构成或服务上是有差异的，即以进行教育活动为主的大学图书馆是以支持该大学教学课程的藏书和服务为中心来运营的，而教育活动和研究活动的比重相差不多的大学图书馆是将专门图书馆的职能合并到以上支持教育活动的职能中来运营的。所以，优秀的综合大学图书馆大部分也是优秀的专门图书馆。

韩国的大学非常重视图书馆建设。从介绍各大学图书馆的资料中经常可以见到如下所述的说法。例如，在高丽大学图书馆自我介绍的材料中写道：“名牌大学的象征是具有数百万藏书的大学图书馆”，高丽大学图书馆是“显示高丽大学建学意志的象征”，“高丽大学图书馆是以全国学问家金石堆砌起来的民族魂的纪念塔，迄今为止培养出了大量的人才和骨干”，“大学发展的原动力在图书馆”等等。这些思想已化作韩国大学图书馆坚定不移的办馆信念。

1. 韩国大学图书馆的现状

韩国大学图书馆 1986～1995 年的统计情况见表 4。

表 4 1986～1995 年韩国大学图书馆的统计情况

统计年份	各年度统计的截止日期	图书馆数（座）	职员总数（人）	阅览座位数（个）	本年度增加册数（册）	图书馆藏书总册数（册）	本年度利用册数（册）	本年度利用人数（人）	预算（千韩元）
1986	4 月 1 日	262	2844	199898	1949737	20327853	16832173	83924927	26989927
1987	4 月 1 日	268	2932	211873	2004631	21649641	16879413	87104761	27641662
1988	4 月 1 日	274	3013	221136	2128850	23805343	19243570	92745938	29544804
1989	4 月 1 日	301	3303	242834	2268326	26060009	17849849	100678777	38606013
1990	4 月 1 日	305	3282	244757	2206158	27468776	21702581	97256056	41166958
1991	4 月 1 日	310	3301	254237	2298680	29645480	25443513	93547787	46549999
1992	4 月 1 日	327	3450	265085	2388612	32413198	44363948	72270450	52944478
1993	4 月 1 日	340	3525	285827	10311631	36758269	45495895	61559059	101475898
1994	12 月 31 日	343	3579	288177	2720499	37152952	33412097	93441125	102889384
1995	12 月 31 日	378	3766	308091	3608002	40023787	35278856	93583915	107106516

2. 韩国大学图书馆系统应用计算机情况统计（截止到 1994 年 12 月 31 日）

已实现计算机应用的图书馆数量：共 211 个，占全部大学图书馆数量的 56%。

各馆使用机器的类型和数量：主机 44 台；工作站 29 个；PC 机 138 台。

配备计算机的时间：1988～1994 年。

计算机操作系统：AIX（UNIX），AOS/VS，DOS，GUARDIAN，HP-UX，MAE，MS-DOS，MS NETWARE，Netware，Nonstop-UX，NOS/VE，Novell，PRIMOS，Solaris，SON OS，UNIX，VAX/VMS，VMS，VSE/SP，WINDOW N. T 等。

计算机内存容量：0.64 兆～535 兆不等。

计算机外存容量：16 兆～42500 兆不等。

终端机数量：3245 台。

工作系统名称：AIMS，DALIS，DELIAS，DOBIS/E，DOSEO，ELIS，FILES Ⅴ，HULIS，ILIS，ITIS，ITLIS，Keiymyung Med，KIMS KOLAS，

KOLIS，KULIS，LIAN，Lib，LIBRARIAN - PLUS LINNET，MAE，MMS，OROM，SAM，SOLARS，TINLIB，ULAS，国防图书信息系统，图书管理，图书借出管理系统，图书资料信息系统，西江大学资料借还系统等。

从事计算机应用工作的专业人员数量：图书馆业务人员607名，计算机专业人员47名。

1994年度自动化工作预算：14046325000韩元（合人民币140463250元）。

（四）专门、特殊图书馆

1. 专门图书馆

不仅在自然科学领域，在行为科学、社会科学、人文科学领域也有进行研究的必要性。通过研究活动得到的信息和知识，特别是科学技术领域的新的更多更高水准的信息和知识，是使国家经济发展的基本要素，能加强国防、增强国力、提高国际竞争力。因此，在各国都建立了很多新的研究所，现有的研究所的规模也在扩大。另外，为了支持急剧增加的研究活动，很多新的专门图书馆产生了，现有的专门图书馆的服务活动也在扩大和改善。

专门图书馆是为研究者收集提供在研究开发活动中所需的各种形态和种类的文献的图书馆。但是，一个国家的研究者并不是在某一个地方集中工作的，而是散布在大学、政府机关、企业等实体中进行工作的。从这种意义上讲，大学图书馆、政府机关图书馆、企业图书馆都可以说成是专门图书馆。当然，只为研究者独立运营的纯粹的专门图书馆也不是没有，但很多专门图书馆支持研究活动的职能是和图书馆的其他职能合并在一起的。

韩国专门图书馆的情况也在短期内发生了令人刮目相看的变化。为了得到支持研究用的藏书，在政府设立、支援的研究所中附设了国际水准的图书馆；为了支持开发制造新产品所需要的技术，在企业中设立了无数个研究所图书馆。关于改善服务方法的问题，通过韩国专门图书馆协会进行了热烈讨论并取得相当的成果。韩国专门图书馆协会有几种重要的职能。其中之一是，因为韩国重要的专门图书馆大多数是以团体会员的名义加入该协会中的，所以可以很自然地以协会为中心讨论形成它们之间的互借体制的问题。如能实现，则会员图书馆资源有限的问题可通过其合作体制得到解决。

在社会上，将专门图书馆和特殊图书馆混为一谈是常有的事。但从利用目的方面来看，两者分明是不一样的。虽然两者一般都是用某一主题领域或有限的主题范围的文献来构成藏书，但也不全是那样。虽然它们有时是利用某一同样的文献，但特殊图书馆用户是为在某种情况下的某一具体活动中得到帮助来找这一文献，而专门图书馆用户是为用于研究目的来找这一文献的。前者的目的是要解决某一个具体的问题，而后者的目的是要弄清楚事物的本质和一般原理。例如，法科大学的研究生院图书馆是专门图书馆，而法律事务所的附属图书馆是特殊图书馆。两者基本的差异可以说是用户群的差异。

2. 特殊图书馆

特殊图书馆是为在机关中从事各种业务工作的人们提供所需信息进行服务的图书馆。特殊图书馆和其他图书馆的差别有如下几点。①其他图书馆中所藏的文献单位是图书、杂志等，其体积比较大、内容也比较复杂，而在特殊图书馆中积累的是图书或其他文献中包含的片段的信息或数据单位。②其他图书馆以用户自己查找为原则，特殊图书馆是以图书馆员代用户查找为原则。实际上很多机关就是因为通过图书馆员查找所需信息比用户自己直接查找更加迅速有效才设置图书馆的。③其他图书馆是等待文献以出版或其他方式产生后才进行收集、提供的，而特殊图书馆对不包含在文献中的信息也通过接近各种信息源进行收集、提供。④特殊图书馆的馆员能经常注意其所属机关活动的变化过程，事先了解其未来的信息需求，并采取有效的对策。而其他图书馆由于这种需求广泛而又多样，要事先采取措施实际上是很困难的。

3. 韩国专门、特殊图书馆的现状

韩国专门、特殊图书馆 1986～1995 年的统计情况见表 5。

表 5 1986～1995 年韩国专门、特殊图书馆的统计情况

统计年份	各年度统计的截止日期	图书馆数（座）	职员总数（人）	阅览座位数（个）	本年度增加册数（册）	图书馆藏书总册数（册）	本年度利用册数（册）	本年度利用人数（人）	预算（千韩元）
1986	4 月 1 日	247	1004	8474	318836	3965343	2096130	1724046	8139324
1987	4 月 1 日	262	1015	9985	384160	4839990	17351347	202070966	12536679
1988	4 月 1 日	250	1016	10678	401862	4901680	2056708	1950459	13450343
1989	4 月 1 日	334	1234	11780	447746	5034098	2645239	2233705	16475962
1990	4 月 1 日	358	1481	16130	567193	6037322	3940921	4319922	20727499
1991	4 月 1 日	369	1488	15640	532617	6310092	3944330	3826909	22760103
1992	4 月 1 日	387	1815	16897	694708	6829161	5217872	3560737	30111479
1993	4 月 1 日	409	1817	17804	470414	7430947	6466822	4105273	29953047
1994	12 月 31 日	414	1705	17269	645669	7445841	5031186	4553018	38741225
1995	12 月 31 日	418	1736	18614	706017	8141132	5526795	4861556	41572819

4. 韩国专门、特殊图书馆系统应用计算机情况统计（截止到 1994 年 12 月 31 日）

已实现计算机应用的图书馆数量：共 116 个，占全部专门、特殊图书馆数量的 28%。

各馆使用机器的类型和数量：主机 30 台；工作站 11 个；PC 机 75 台。

配备计算机的时间：1980～1994 年。

计算机操作系统：AOS/VS，DG/UX5.4，DOS，GDC425M，MS - DOS，MVS/ESA，MVS/XA，Novell Netware，OPEN VMS，OS/2，PRI MCS，PRIMOS，RISCOS，SUNOS，UNIX，VAX，VM，VMS，VSE/SP，Windows，WMCS 等。

计算机内存容量：0.64 兆～500 兆不等。

计算机外存容量：40 兆～135000 兆不等。

终端机数量：4358 台。

工作系统名称：BOOK，CDS/ISIS. DALIS，DOSEO，FAIS，FILES - V，K2，HITIMS，KAILIS，KDI LIBRARY，KAERI - TIPS，KFTA - LIS，KINITI - LIS，KOLAS，KREILAS，KRISTAL，LBRR，LIBRARIAN - PLUS，LIBSK2，LIMS，LOCAL - CATT，MAE，NOVELL NETWARE，OIRS，

OROM 2000，PHOTO－BASE，SALIS，SIRAS，VLIB，技术资料管理软件，开发工作系统软件，连续出版物自动化系统，视听资料管理系统，文献信息系统软件，图书馆管理软件，图书情报管理软件等。

从事计算机应用工作的专业人员数量：

图书馆业务人员 428 名，计算机专业人员 97 名。

1994 年度自动化工作预算：1914552000 韩元（合人民币 19145520 元）。

（五）学校图书馆

学校图书馆指的是在小学、初中及高中，即初等教育机关和中等教育机关中设置的图书馆，它们本来是为了便利教师进行授课准备设立的。通过对教师进行服务也间接地支持学生的学习活动，这也是学校图书馆的基本职能之一。和大学图书馆的情况一样，学校图书馆的目的、职能和问题与其所属的学校的目的、职能和问题是分不开的。教科书、教师和学校图书馆的职能把全部现有的知识和要学习这些知识的学生连接了起来。教师和图书馆是互相补充的关系而不是显示优劣的竞争关系。现代学校很关心学生的能力差异、广泛的教学课程和自我教育等问题。这些问题都应有充分的和多样学习参考文献的支持才能解决。总之，韩国的学校图书馆是其现代学校教育活动中与教师、教科书一起相互作用和补充的核心要素。

韩国学校图书馆 1986～1995 年的统计情况见表 6。

表 6　1986～1995 年韩国学校图书馆的统计情况

统计年份	各年份统计的截止日期	图书馆数（座）	职员总数（人）	阅览座位数（个）	本年度增加册数（册）	图书馆藏书总册数（册）	本年度利用册数（册）	本年度利用人数（人）	预算（千韩元）
1986	4 月 1 日	4758	911	371317	1126961	15618466	18242827	32887908	3033526
1987	4 月 1 日	6055	7191	512526	1709513	22173748	28222916	39221463	4694167
1988	4 月 1 日	6055	7191	512526	1709513	22173748	28222916	39321463	4694167
1989	4 月 1 日	6055	7191	512526	1709513	22173748	28222916	39321463	4694167
1990	4 月 1 日	6468	7889	529037	152907	27675092	25247532	27307624	4461801

续表

统计年份	各年份统计的截止日期	图书馆数（座）	职员总数（人）	阅览座位数（个）	本年度增加册数（册）	图书馆藏书总册数（册）	本年度利用册数（册）	本年度利用人数（人）	预算（千韩元）
1991	4月1日	6729	7618	520833	1289456	20641081	17200986	22699934	4035093
1992	4月1日	9117	3749	492563	2224664	29725256	13816913	16794773	5822413
1993	4月1日	9117	3749	492563	2216364	29725256	13816913	16794773	5822413
1994	12月31日	6656	660	409419	—	19647301	13986424	13480726	12393995
1995	12月31日	6656	660	409419	—	19647301	13986424	13480726	12393995

参考文献

崔成镇：《图书馆学通论》，亚细亚文化社，1988。
郑驰谟、吴东根：《图书馆文化史》，九美贸易出版部，1991。
《韩国图书馆统计》，1994，1995，韩国图书馆协会，1996。
段明莲：《韩国图书馆学情报学教育》，《中国图书馆学报》1996年第3期。
胡广翔：《简论韩国的图书馆法》，《法律文献信息与研究》1998年第3期。
胡广翔：《韩国的图书馆学教育事业》，《当代韩国》1996年第4期。

（原载于《当代韩国社会科学手册》，李惠国主编，商务印书馆，1999年5月）

韩国国会图书馆简介

一　韩国国会图书馆的沿革

韩国国会图书馆最早建于1952年2月20日，当时在朝鲜半岛东南部城市釜山成立了由国会图书馆和阅览科组成的国会图书馆。1963年，韩国政府在制定《国会图书馆法》的同时，国会图书馆开始成为国会的独立机关，下设两个局八个科。1975年9月，该图书馆迁移到汉城永登浦区汝矣岛洞国会议事堂院内。1981年2月，因修订国会法，该馆改编为国会事务处的附属机关。1988年底，因《国会图书馆法》的制定和公布，该馆又还原为立法部的独立机关。

二　韩国国会图书馆的组织和职能

1. 国会图书馆的组织和人员

馆长下设有立法调查分析室、收书整理局、参考服务局，电算室、企划监察担当官及总务课。总定员276名，由司书职、行政职、电算职和研究职构成。组织序列具体如下。

图书馆长下设：企划监察担当官、总务科、立法调查分析室、收书整理局、参考服务局、电算室。

立法调查分析室下设：审议官、总括担当官、政治外交担当官、法事行政担当官、教育科学担当官、财政经济担当官、产业经济担当官、社会环境担当官。

收书整理局下设：收书科、整理科、书目科、索引科。

参考服务局下设：阅览科、订刊科、议会法令资料科、情报服务科。

电算室下设：电算管理担当官、电算开发担当官。

2. 国会图书馆的职能

国会图书馆不仅具有为国会议员及有关职员收集、整理、分析、管理、提供有关国会的立法活动和国情审议所需的各种情报的基本职能，而且具有发行、分发各种国家书目（定期出版物记录索引，韩国博士及硕士学位论文总目录），提供各种国内外利用数据库的信息，通过和外国图书馆间的材料交换传播韩国文化的职能，同时还具有为政府机关、公共团体、研究机构、舆论机构、教育机构及其他人群提供资料服务等项职能。

三 韩国国会图书馆资料的收集、整理和利用

1. 图书馆资料的收集

国会图书馆资料收集的方针是：首先收集国会议员的立法活动和国情审议所需的资料，并使资料的收集最大限度地满足用户的信息需求。作为资料收集的结果，要使国会图书馆的大部分藏书着重于社会科学和人文科学领域。

资料的收集一般是采用购入、呈缴、受赠、交换等方法。外国出版物，是通过驻美、日、法等国的国会立法官、外国图书代理商和各种研究机关图书馆间的交换活动进行收集的。

2. 图书馆资料的整理

在国会图书馆，东西方图书都是采用《杜威十进分类表（19 版）》进行分类的，涉及韩国及东方的主题领域时再采用国会图书馆的《东方

图书细分展开表》进行分类。至于目录规则，东西方图书都是采用《韩国目录规则（第3版）》，著者号码采用李春禧编的《东方著者号码表》和《卡特3位数著者号码表》，并依据国会图书馆自身开发的系统将图书目录电算化。

3. 图书馆及其资料的利用

（1）服务对象：包括前职和现职的国会议员及国会公务员，政党、政府机关、公共团体、研究机关及舆论机关的人士，各级教育机构的教授和教师，正在履修硕士和博士课程的研究生，以及其他特别需要国会图书馆所藏资料的一般人。

（2）阅览室：在国会图书馆里设有按资料类别区分的多种阅览室，大部分阅览室采用开架式运营。阅览室类别利用的资料及数据库分布如下所示：

议员阅览室：主要参考书，国会会议录，最新出版的国内外图书、杂志及报纸；

参考阅览室：年鉴、总览、年报、词典、百科辞典等参考书；

定期连续出版物室：国内外定期连续出版物；

报纸阅览室：国内外日报、大学学报、特殊报纸及韩国舆论研究院的报纸记录数据库（kINDS）；

多媒体资料室：CD－ROM及外部联机数据库（JOINS，NATIS），光盘、录音、录像资料；

硕士、博士学位论文室：韩国硕士、博士学位论文；

法令资料室：有关各国法令集等方面的资料及政府向议会提出的资料；

UN资料室：联合国发行并寄存在本馆的图书、参考资料、会议录、报告书、定期出版物等；

特殊资料室：根据特殊资料处理方针出借及阅览的资料；

缩微品资料室：缩微胶卷及缩微平片资料；

视听资料室：字画、屏风、绘画、地图等资料。

（3）资料的检索、阅览、出借和复印服务。

关于本馆所藏资料的利用方法和数据库的检索方法，均设有专门人员进行具体的指导和服务。

国会图书馆对国会议员和国会所属公务员1次限借图书5册（参考书、法令集、硕士和博士学位论文、视听资料等除外），期限为20天。其他用户则不能享受此项外借服务，而只能对资料进行阅览和复印。只有当政党、政府机关、公共团体、研究机构、舆论机构、教育机构有外借要求时，在不影响本馆日常服务的前提下，也可进行资料的出借服务。

国会图书馆为国会议员和立法辅助人员在报纸阅览室提供免费复印服务。其余用户可以在报纸阅览室、定期出版物阅览室阅览和复印资料，但要根据规定付费。

4. 馆藏资料状况

国会图书馆收藏有包含国内外硕士、博士学位论文和已装订的定期连续出版物在内的100万卷以上的一般图书，13000余种国内外定期出版物，750余种国内外报纸，以及缩微资料、录像带、光盘、CD-ROM等非书资料及汉籍本等。国会图书馆的藏书包括美国议会发行的听证会资料、常任委员会资料及会议录等在内的主要国家的议会资料和各国的宪法、法令集及政府出版物。国会图书馆作为联合国代存图书馆也收集、整理联合国及专门机构发行的各种资料并提供服务（见表1）。

表1 国会图书馆馆藏资料状况

一般图书	1046290册(国内712321册)(国外333969册)	视听资料	3886件
连续出版物	12857种(国内8802种)(国外4055种)	CD-ROM	26种
报　　纸	758种(国内652种)(国外106种)	地　　图	1626件
缩微品资料	15540件	美术品,其他	581件

5. 资料刊行及发行业务

国会图书馆刊行调查、研究和分析国会的立法及国情审议所需的资料及各种书目资料，并免费分发给国会议员和辅助机关、政府机关、地方自治团体、大学图书馆及研究机关等。本馆刊行和分发的资料内容如下：

①定期出版物记录索引（季刊）；②收书记录（年刊）；③国际问题分析（不定期）；④韩国博士及硕士学位论文总目录（年刊）；⑤《国会图书馆报》（每年8期）；⑥立法调查研究（双月刊）；⑦国会会议录索引（不定期）；⑧悬案分析（不定期）；⑨参考资料（不定期）；⑩国情监查会议录索引（不定期）；⑪Info-Brief（不定期）。

6. 其他服务项目

（1）立法调查分析业务。

国会图书馆有专门负责支援国会的立法及国情审议活动的立法调查分析室。该室由两名审议官和7名担当官进行组织，有23名具备博士学位的各个领域的调查研究官对国会议员提出的参考质疑进行解答。本馆还发行提供调研分析国会议员议政活动所需的主要悬案问题的资料和摘要、分析与介绍外国的制度或政策的资料，其他国会的立法及国情审议所需的参考资料等。

（2）即时参考服务。

该馆信息服务科利用所藏资料信息的指南和统计资料、百科辞典、年鉴等参考书即时调查简要的信息并进行解答服务。

（3）书目信息服务。

该馆信息服务科调查立法预告的法案，并做成与该法案有关的定期出版物记录索引、报纸专栏、Seminar资料、外国有关法律等书目资料。如果方案商定，即提供给有关常任委员及职员等。

（4）最新外国报纸记事翻译服务。

该馆从1995年起，对在美国、日本、俄罗斯、中国、法国等5国发行的主要10种报纸中刊载的社论、评论、解说记录和议会及有关法律方面的记录进行摘录、翻译后，通过国会内的近距离通信网（LAN），以电子邮件形式提供服务。

（5）新到资料介绍。

该馆在新收集到的图书、录像带、录音带和磁盘资料中，对国会议员的议政活动所需的资料，通过国会内近距离通信网用电子布告牌进行介绍。

四　韩国国会图书馆的电算化业务

国会图书馆从20世纪80年代初期即开始推进立法信息中心及图书馆业务的电算化，1989年设置了计算机主机，构成定期出版物记录索引等各种数据库，开创了能统一检索这些数据库的国会信息检索系统（NOLIS）。1994年构筑了在议员会馆、国会事务处和国会图书馆间的近距离通信网（LAN），到1995年即能通过450余台终端机检索国会图书馆生产的数据库、国际互联网及其他国内外数据库中的信息。到1995年5月31日为止，国会图书馆生产、维持和管理数据库内容如下：

- 定期出版物记录索引（1977年以来）；
- 韩国博士及硕士学位论文总目录（1978年以来）；
- 连续出版物目录（馆藏部分）；
- 普通图书目录（东方书1981年以来，西方书1985年以来）；
- 国会会议录索引（制宪以来）；
- 国情监查会议录索引（第13大部分）；
- 政府出版资料目录（馆藏部分）；
- 议案沿革（制定以来）；
- 议员外交活动资料（1950年以来）；
- 有关国会方面的法规（有关国会的法律集收录部分）；
- 国情监查议员要求资料索引（1988年以来）；
- 议会用语（议会大词典收录部分）。

五　韩国国会图书馆的建筑与设施

现在的国会图书馆建筑物是1987年10月完工，1988年2月20日开馆的。该建筑物的规模为地下一层，地上五层，各层总计 28099.3 平方米。其中 13 个阅览室（共 332 个座席）的总面积为 4414.07 平方米，书库面积为 5709.12 平方米，设置了预防火灾的洒水装置。

多媒体资料设置了能检索的 CD - ROM 室，能利用图形构筑数据库的光文件室，能利用音像资料的音像室（个人用 8 套，团体隔音室 1 个），在贵重书库和缩微胶卷资料室设置了自动调节温度、湿度的恒温湿机和瓦斯排出机，在书库和出纳台间设置了迅速进行资料运送的图书传送带。

此外，还有一个以各种教育、讲演、学术会议为目的，具有 311 个座席的礼堂并通过地下通道与国会议事堂建筑物和议员会馆连接。

［原载于《法律文献信息与研究》1999 年第 4 期（总第 18 期）］

韩国社会信息化的发展

当今世界已进入信息化时代，信息高速通信网络的建设和利用正对世界各国的经济建设和社会文化产生着日益重大的影响。特别是连接全世界的互联网的出现和迅速发展，极大地提高了科研和生产的效率，并为国家间的文化交流提供了很大的方便。对此，许多国家的政府和学术界已给予极大关注。本文拟从以下三个方面介绍韩国信息化发展的概貌。

一　韩国信息技术和信息通信产业的发展与现状

1. 韩国信息技术发展的历史回顾

韩国信息通信技术的发展过程大体上可分为三个阶段。

第一阶段是从 20 世纪 70 年代中期到 80 年代中期，主要致力于发展以电话为主的基本通信技术。70 年代中期以后，韩国苦于电话通信不畅。为解决这一问题，韩国政府建立了交换机生产机构和共同开发体制，开发了作为韩国型数字交换机的 TDX 交换机。80 年代中期韩国成功地开发并持续发展了小型 TDX 交换机。截止到 1997 年 11 月，TDX 交换机在韩国已突破 1000 万线。据韩国通信公社 1997 年 4 月 28 日披露，1988 年安装有线电话的部数，包括家用和工作用在内，首次超过 1000 万。九年之后，即到 1997 年 5 月，韩国安装有线电话的部数超过 2000 万，进入“一个家庭两部电话”的时代。①

第二阶段是20世纪80年代中期到90年代初，主要致力于开发计算机附件和中型计算机。此项开发与交换机的开发在形式上有所不同，是以民间企业为中心，由政府加以支援；而交换机的开发则采取以政府为中心，民间企业参与的推进方式。1995年韩国的半导体生产值是247.97亿美元，输出值是176.27亿美元，成为韩国的核心产业。中型计算机的生产值1995年是4400万美元，其发展速度虽然不如半导体，但也达到年平均30%以上的增长率。

第三阶段是从20世纪90年代初到现在，致力于开发高速信息通信服务。为发展移动通信技术，开发了作为最新技术的CDMA技术。现在，作为移动通信的主力技术，CDMA完成交换机及终端机技术的开发。另外，为了实现卫星广播，从1989年起开发了“无穷花”卫星1号和2号，并使之进入太空运行轨道。但在1997年底之前，卫星广播的利用率还很低，仅用于教育广播等部分节目。

今天，由于以信息信号的合并和数字化、通信的相互作用和以网络化等为特征的新的多媒体环境的出现，韩国的大众通信环境正在急剧改变。其特征是：①信息的内容发生变化；②信息的传达方式发生变化；③信息的形式发生变化。

通过信息化过程出现的通信的重要变化是从单向的通信变为双向通信以及互动通信，从面对面的通信变为虚拟空间的虚拟接力通信，从有限频道的通信变为无限制的通信。这些都使韩国的通信业在量和质上发生了很大改变。

2. 韩国信息通信技术开发利用现状

韩国的计算机生产发展很快。1981年第一台韩国生产的计算机问世。到1997年上半年，其销售量累计已达到1031.8万台，平均每4人一台。计算机的普及意味着韩国已经正式进入信息化时代。

从20世纪80年代后半期开始，依靠政府积极推进技术开发和企业积

① 韩国驻华大使馆文化新闻处：《每周韩国》1997年第17期。

极投资，韩国的信息通信产业才达到现在的阶段。1986～1996年，开发了TDX－1A/1B和TDX－10/10A型时分交换机，充实了国内市场并向海外出口。其结果是使韩国成为世界上第十个拥有全电子交换技术的国家，并上升为第六个全电子交换机输出国（279.9万线，约9.36亿美元）。此外，在记忆装置半导体领域，开发生产了16/64M动态随机存储器，上升为世界第二位的生产国；开发155Mbps、565Mbps、2.5Gbps等光缆通信装置，促进了信息通信网的高质化；开发行政电算网用的主机TICOM Ⅰ、Ⅱ、Ⅲ，确保了计算机技术的自立基础；将世界最初的数字移动通信技术（CDMA）商业化（1996），使韩国进入移动通信领域技术先进国家成为可能。

虽然在上述领域里取得可喜的成果，但“信息通信研究管理团”、“韩国电子通信研究所”、“三星经济研究所”等的共同见解是，韩国的整体技术水准与先进国家相比仍落后三四年，尤其是在交换机领域落后约5年。从表1可以看到，韩国有关通信、信息、配件的技术与先进国家尚有较大的差距。

表1 主要核心技术水准的比较

部门	先进国家水准	韩国水准
通信	ATM交换机商用试制品开发中 10Gbps光通信装置开发完毕 1:8可视电话机开发中 CDMA核心集成电路块商业化	ATM交换机实验试制品开发中 2.5Gbps光通信装置开发完毕 1:1可视电话机开发中 CDMA核心集成电路块开发中
信息	超大型超高速计算机技术商业化 21英寸计算机彩色监视器生产 声音翻译1500个单词，翻译60% 拥有OS等尖端技术	中型计算机技术商业化 14英寸计算机彩色监视器生产 声音翻译1000个单词，翻译60% 应用S/W开发水准
配件	1G DRAM开发中 2.5伏低电压集成电路开发中 16－18芯光连接器开发中	1G DRAM开发中 3.3伏低电压集成电路开发中 8芯光连接器开发中

资料来源：韩国信息通信部：《信息通信产业发展综合对策》，1996。

为缩短与先进国家在技术水平上的差距，韩国确定了涉及4个领域的发展战略。第一，在有线通信领域将主要发展能高速收发多媒体信息的超高速信息通信基础技术（ATM 交换技术，数十、数百 Gbps 光缆通信技术）。第二，无线通信技术使在任何时候、任何地方和任何人通信都成为可能，从以声音为主向数据、影像通信发展。为此，正致力于提高个人携带通信（PCS）及下一代移动通信（FPLMTS）技术，以及电波发送的数字化、高清晰度电视，应用有线/无线的双向电视技术开发。第三，使信息机器向智能化、高速化、多媒体化方向发展，努力发展以互联网为基础的 S/W 技术和日常生活中容易使用的知识处理技术。第四，发展半导体及配件技术，实现信息通信机器及终端机的小型化、轻便化和低廉化的高集成化。

为实现这些目标，韩国拟从 1996 年到 2000 年集中投资 19598 亿韩元用于研究开发。投资的大部分（15847 亿韩元）将用于技术开发，同时也用于人才培养（1298 亿韩元）及标准化作业（538 亿韩元）等。第一批战略投资项目是预计到 2001 年国内市场规模可达 1 万亿韩元以上，而且市场可持续增长的产品；第二批战略投资项目是到 2001 年国内市场规模可达到 5000 亿韩元以上、然后市场可取得快速增长的产品（见表 2）。

表 2　韩国国内市场按市场规模划分的战略投资项目

市场规模	1 万亿韩元以上	5000 亿韩元以上	不足 5000 亿韩元
有限通信机　器	新交换机 光通信装置及光缆 有/无线电话机	市外交换机 私设交换机 WLL	国际交换机 国际线路设备
传播・广播机器	CDMA 系统及终端机 PCS 系统及终端机 CATV 广播设备 数字卫星广播收信装置	无线寻呼系统及终端机 数字 TRS 系统及终端机 CT2 系统及终端机	数字卫星广播发送装置 卫星体，低轨道卫星通信终端机 VSAT
信息机器及软件	微、中、大型计算机 辅助记忆装置，输入输出装置 LAN 装备，应用 S/W	模型 LAN，S/W	

资料来源：李大宇：《韩国信息通信产业的现在和未来》，1997。

韩国尤其积极地推进 FPLMTS（Future Public Land Mobile Telecommunication System）的技术开发。这是新一代移动通信技术（移动通信技术发展的第一代是模拟通信，第二代是数字通信［TDMA，CDMA），第 2.5 代是个人携带通信（PCS）］。韩国电子通信研究所从 1995 年起将它作为政府提出的课题，一直在进行无线接力基础技术的研究。CDMA 数字移动电话事业在韩国发展很快。1996 年 1 月正式兴办 CDMA 数字移动电话服务事业，到 1997 年 1 月，仅一年时间，入网人数即超过 100 万。1996 年 1 月，韩国通信公司率先开办 CDMA 数字移动电话服务事业。到 1997 年 5 月 26 日，入网人数已达 135 万。比韩国通信公司晚开业 3 个月的新世纪通信公司，到 1997 年 5 月 26 日为止，入网人数已达 54 万。1997 年 6 月，两个公司每天入网的人数合计达 1 万余人。韩国已成为 CDMA 数字移动电话最大的市场之一。①

由于 CDMA 移动电话的开发完成，150 ~ 160 名专业人员投入新的课题研究。到 1999 年，为开发 FPLMTS 标准模型，韩国政府及参与的企事业单位计划总投入 630 亿韩元。其后，即从 1999 年到 2001 年预计将投入 1000 亿韩元致力于 FPLMTS 的商用系统开发，实现示范服务，为商用服务作准备。

韩国政府还正在加快发展卫星事业。现在韩国的卫星产业虽然还停留在初级阶段，但卫星正作为在网络构成及通信形态方面与地上网络有显著差别的、崭新的通信工具出现。随着应用技术的持续开发和初高速通信与卫星广播等新需求的出现，有关市场的规模正在急速扩大。目前世界卫星通信机器及服务的市场正以年均 19.3% 的高速度增长。韩国也积极参与到这一领域，已发射了两次“无穷花卫星”，并且在进行确保 1999 年下半年发射第 3 号卫星的准备工作。根据国际电信联盟的轨道分配计划，已确保韩国拥有 4 个国内卫星用的定点轨道。此外，韩国还申请了 5 个为地区广播用的广播卫星轨道。现在韩国的“韩国通信”、“数据通信”、“韩国移动通信”、“新世纪通信”等主要以国际合作形式向卫星移动通信事业投资，并提供国际通信服务。“韩国通信”、“新世纪通

① 韩国驻华大使馆文化新闻处：《每周韩国》1997 年第 21 期。

信”和“三星”共同为ICO卫星事业出资8000万美元（占5.5%）。“韩国移动通信”为Iridium卫星事业投资8177万美元（占4.5%）。“数据通信”和“现代”共同为Globalstar卫星事业投资3750万美元（占6.1%）。但是，目前韩国的卫星通信事业从国内来看，在制度上还不够完善；在国际上的竞争力还比较低。这些都是韩国现存的问题。

韩国对信息通信技术的应用发展迅速。以互联网为例，近年来，韩国互联网用户以每年平均131.89%的速度递增（见表3）。联网主机数从1993年12月的7650个发展到1997年9月的117231个，增加了约15倍；与此同时，域名数从61个发展到6326个，增加了约104倍（见表4）。

表3　韩国互联网用户增加趋势（每万人用户数）

单位：户

年份	1991	1992	1993	1994	1995	1996	年均增长率
每万人用户数	1.8	6.6	12.8	27.2	53.0	106.0	131.89%

资料来源：朴东镇：《情报媒体产业的发展和韩中日的未来》，1997。

表4　互联网在韩国的普及状况（1993～1997）

单位：%

年份	1993	1994	1995	1996	1997
主机数	7650	13856	36644	73191	117231
域名数	61	192	579	2664	6326

资料来源：黄钟性：《韩国信息技术的发展历史及现况》，1997。

近年来，韩国在开发其他信息通信技术方面也取得显著进展，例如，韩国的LG电子公司于1996年下半年开发成功CRD－8160B型的超高速CD－ROM。其传送速度比过去使用的IDE方式光盘的速度提高16倍，即由每秒150千兆位提高到每秒2400千兆位。[①]

韩国“现代”电子公司于1997年5月12日披露，利用S01方式生产G级芯片已经获得成功，并且已生产出1G芯片的试产品。这种芯片比

① 韩国驻华大使馆文化新闻处：《每周韩国》1996年第31期。

“三星”电子公司1996年末研制成功的1G芯片处理速度要快20%，使用的电压也可以降低30%。因此，在21世纪的移动通信时代有着广阔的用途。现代电子公司社长金荣焕说：“一些先进的企业都在研究利用S01制造G级芯片，‘现代’电子公司获得成功，这在全世界还是首次。最近，已经获得国际电器电子学会的认可。这证明，现代电子公司已具备世界尖端的技术能力。”①

在图书馆系统，韩国首家电子图书馆已于1997年12月25日开馆。韩国国立中央图书馆于该日起利用互联网把国会图书馆、研究开发信息中心、韩国科学技术院科学图书馆、韩国学术振兴财团等5家图书馆保存的图书目录和一部分图书全部上网提供服务，所提供的图书信息包括国立中央图书馆收藏的69万种书刊及3000卷古籍；韩国科学技术院科学图书馆收藏的硕士、博士学位论文及195篇教授的研究论文；韩国学术振兴财团所藏的1000篇在国外取得博士学位的论文，计525000余页。国立中央图书馆1998年还将朝鲜总督府发行的韩国学资料465种，硕士、博士学位论文200余篇，计118万余页放到网上。②

此外，韩国国内最大的自动控制图书馆即将落成。韩国学术振兴财团附属机构——高新学术信息中心于1997年9月21日成功地开发了学术信息软件。依靠这个软件就可以使164个大学图书馆的重要文献信息及海外重要的学术信息通过联网计算机进行检索。到1999年1月份将正式对外开放。开放后，除这些大学的信息外，还可以检索其他40个部门的专业信息、海外信息及研究人员简历等。该中心还要与美国OCLC等信息中心联网，以使韩国人能方便地利用世界各国的技术资料。

韩国电算院于1996年6月4日发表的《1996国家信息化白皮书》指出，到1994年末，韩国的信息化水平相当于美国的1/8，日本的1/4。从1988年到1994年，韩国的信息化年平均增长率高达33%。假定1990年韩国的信息化水平为100%，1994年则是377%。从比较的角度看，1990年，美国是韩国的9.3倍，日本是韩国的4.5倍；而1994年，美国是韩

① 韩国驻华大使馆文化新闻处：《每周韩国》1997年第19期。

② 韩国驻华大使馆文化新闻处：《每周韩国》1997年第47期。

国的8.3倍，日本是韩国的3.6倍，差距显著缩小。特别是在计算机联网、移动电话、无线传呼等尖端信息通信技术领域的增长率，韩国高达85%，远远超出美国的40%、日本的30%的水平。但是，在国际联网等信息设备领域，韩国仍落后于其他发达国家。[①]

3. 韩国信息通信产业总产值

信息通信产业是包括生产软件和硬件的制造业和以通信为媒介提供信息的服务业在内的产业。表5和表6显示了韩国信息通信产业的现状及其在世界信息通信产业中的比重。

从表5可以看出韩国信息通信产业在世界所占比重。另外，韩国信息通信产业在20世纪90年代保持着年均16.9%的持续增长率。特别是在通信服务领域和配件生产领域，增长率更高，分别达46.2%和27.8%。韩国政府的目标是到2001年信息通信产业总产值达到1365.8亿美元。为此，这段时间要保持19.65%的年平均增长率。特别是要致力于促进软件生产的发展。政府对于在韩国信息通信产业中起中枢作用的配件生产（半导体）也将给予较多的投资。

表5　韩国信息通信产业生产市场规模

年　　份	1991	1992	1993	1994	1995	1996	2001	1991~2001年均增长率(%)
通信设备(百万美元)	2650	2681	2966	3678	4187	4659	8775	
增长率(%)		1.2	10.6	24.0	13.8	11.3	13.1	13.89
比重(%)	10.1	9.4	9.4	9.2	8.4	8.2	6.4	
信息设施(百万美元)	3499	3647	4212	4876	5461	6062	10843	
增长率(%)		4.2	15.5	15.8	12.0	11.0	12.1	12.51
比重(%)	13.8	12.8	13.3	12.2	10.9	10.7	7.9	
配件(百万美元)	11781	12793	14151	19305	23882	26084	65.835	
增长率(%)		8.6	10.6	36.4	23.7	9.2	19.3	20.77
比重(%)	45.4	44.9	44.7	48.1	47.8	48.2	48.2	
软件(百万美元)	917	1073	1401	1022	2847	3780	17196	
增长率(%)		17.1	30.5	44.3	40.8	32.7	34.9	36.06
比重(%)	3.5	3.8	4.4	5.0	5.7	6.7	12.6	

① 韩国驻华大使馆文化新闻处：《每周韩国》1996年第14期。

续表

年　　份	1991	1992	1993	1994	1995	1996	2001	1991～2001 年均增长率(%)
通信服务(百万美元)	7350	8306	8962	10220	13591	16183	33930	
增长率(%)		13.0	7.9	14.0	33.0	19.1	16.6	16.07
比重(%)	28.1	29.1	28.3	25.5	27.2	28.5	24.8	
合计(百万美元)	26197	28500	31692	40101	49968	56767	136580	
增长率(%)		8.8	11.2	26.5	24.6	13.6	19.3	19.65

资料来源：李大宇：《韩国信息通信产业的现在和未来》，1997。

表 6 说明了世界信息通信产业与韩国的比较。1996 年底，世界信息通信产业的市场规模约达 18901 亿美元，其中通信服务领域的市场规模是 8518 亿美元，占 45.1%。硬件（信息、通信机器、配件）和软件市场分别为 7337 亿美元（占 38.8%）和 3046 亿美元（占 16.1%）（见表 6）。

表 6　1996 年韩国及世界信息通信产业生产规模比较

	韩国	世界
通信机器(百万美元)	4659	186019
增长率(%)	11.3	2.6
信息机器(百万美元)	6062	260353
增长率(%)	11.0	6.6
配件(百万美元)	26084	287310
增长率(%)	9.2	8.0
软件(百万美元)	3780	304600
增长率(%)	32.7	10.6
通信服务(百万美元)	16183	851784
增长率(%)	19.1	9.2
合计(百万美元)	56767	1890066
增长率(%)	13.6	8.2

资料来源：李大宇：《韩国信息通信产业的现在和未来》，1997。

与其他产业相比，韩国信息通信产业在世界市场中的位置偏低。如果根据“三星”经济研究所的资料，1995 年韩国信息通信机器产业的生产量居世界第九位，造船业居世界第二位，家电制品生产和半导体生产居世界第三位，纤维生产居世界第四位，汽车和石油化学生产居世界第五位。

总之，目前韩国通信产业还很脆弱。韩国信息通信部正在制订如下的目标：到 2001 年，韩国信息通信产业在世界市场中的比重要提高到 4.57%，其中，通信机器的世界市场占有率将为 3.8%（居世界第 6 位），信息机器 2.4%（居世界第 8 位），配件 12.8%（居世界第 3 位）。

4. 信息通信领域的人才需求

随着国家社会信息化的急速发展和大量新型通信技术进入市场，信息通信产业规模急剧扩大，对信息通信专业人才的需求激增。根据通信开发研究院对 150 个企业进行问卷调查（1995 年 6 月）的结果，52.0% 的回答者认为信息通信企业活动的最大困难是资金短缺，49.3% 的回答者认为最大的困难是人才不足。对于人力有效利用的呼声也很高。特别是 80% 以上的研究人才在大学，这些高级人才中的大部分由于研究条件及研究环境恶劣而未能充分发挥作用，未能跟上技术发展的步伐。此外，信息通信学科的毕业生中只有 55% 就业于相关领域，其余 45% 全部就业于与所学专业无关的领域或找不到工作。信息系统没能充分发挥专业人才的作用，也未能保持一支稳定的专业队伍。其结果是 57.1% 的企事业无法满足自身的人才需求。

造成上述问题的主要原因是师资不足和设备不完善。韩国大学里讲授信息专业课的教师不多，利用信息系统授课的情况也不能令人满意。韩国的 11 所教育大学中只有两所大学（仁川教育大学和光州教育大学）开设了高级计算机课程。42 所师范大学中只有 14 所设立了计算机教育系。1996 年初、中、高等学校教师中进修计算机专业课程者约为 7800 名，平均每所学校不过 0.68 名。再加上教学中没有充分的实习机会，而是以理论教学为主，因此无法满足产业界的要求，达不到应有的质量标准。

目前，韩国政府正在推进综合、系统的人才培养工作。信息通信部正在制定培养信息通信专业人才的计划，致力于执行“信息化推进委员会”确定的信息化施行计划。教育部正在尽可能地将信息化教育包含在各级学校的教育课程中，结合教育信息化培养教育部门的信息化人才，引导大学加强对信息通信学科的支持。第一，为培养信息化专业人才，在初、中、高等学校中实行“每校一名负责教师制”，在各级学校中配置一名以上的专职信息化教师。第二，为落实实业界高等学校和专门大学的专业教育，在1997年拨款15亿韩元，从1998年到2000年每年拨款35亿韩元用于构筑师范学校的实验实习设施、开发教学课程及派遣教师出国进修等。第三，支援有关信息通信的大学约300亿韩元（1997年已支出约80亿韩元）。每年选定4~5所大学，支援其校内信息通信网络的建设、超高速国家网的连接、研究器材及研究课题经费等。考虑到1996年有关信息通信学科的定员增加率下降，将支援大学研究经费。这样，大学自然就会增加有关学科的定员。第四，“电子信息研究所”附设的信息通信专门研究生院于1998年3月开学。约花费1010亿韩元设立的这个研究生院，计划招收600名信息通信工科硕士生、博士生和技术—商科硕士生，并在积极研究设立“信息通信奖学金”，提出为派遣留学生去先进国家学习而设置奖学金的必要性。

由于信息通信制品的开发周期和生命周期很短，需要依靠具有创新意识的企业和人士来发展。信息通信产业的成败在很大程度上取决于专业人才的培养，韩国研究信息通信的专家中已经有人认识到这一点。

5. 韩国企业的海外运作

如前所述，韩国的信息通信产业对韩国的贸易收支给予了很大的帮助。信息通信产业的出口以1991年将540万美元的TDX交换机输出到菲律宾作为开端，达到32.8%的年平均增长率。出口范围也在逐步扩大，从初期的单纯装备出口（截止到1996年9月，向20个国家出口了1.3亿美元）到通信服务事业出口（向14个国家出口了26.09亿美元）、通信网建设输出（向10个国家输出了2.85亿美元）、合作建厂（向8个国家输出了1100美元）和CDMA输出（向两个国家输出了5.51亿美元）。特别是半导体的出口增长最大，1995年的出口额高达143亿美元。如果这样的趋势能够继续，到2001年将可望达到约642.17亿美元。

但是，韩国企业的海外活动也还存在许多问题，包括：①海外事业的专门成功经验不足；②国内通信业和制造业的战略协同经验不足；

③对于各对象国的需求调查及投资环境分析不足；④海外事业投资资金不足；⑤输出保险适用对象国及适用物品的限制；⑥与先进国家的ODA相比，EDCF资金的支援规模，条件及手续等相对处于劣势。特别是中小企业由于对海外活动的方法、手续、竞争企业及制品的信息不足而面临着许多困难。

不解决这些问题，韩国制品在规模不断增加的世界信息通信市场中的占有率是不会提高的。韩国政府正在强化政府级对外合作活动。1996年11月成立了信息通信产业海外活动支援协议会（会长为信息通信部次官），收集国内企业对海外活动难点的意见，检查制定推进扩大海外活动对策的详细施行计划的情况，抑制国内企业间的过热竞争等。还有，加强多国间的合作和互访、通商等外交活动，为支援新市场的开拓和海外进出口活动，向世界各地派遣民间合同使节团。

二　韩国政府与韩国的信息化

20世纪80年代的世界经济奇迹之一就是包括韩国在内的亚洲“四小龙”的崛起。继美国、日本、加拿大等国之后，韩国和新加坡确定了建设“信息高速公路”的计划，其制定计划的时间甚至早于欧洲各国。

1. 韩国的“信息高速公路”计划

韩国的“信息高速公路”类似于美国和日本，其正式名称是“超高速信息通信网”。韩国政府计划将投资44.8万亿韩元（合807亿美元）兴建“信息高速公路”，于2015年全面建成。其中的33亿美元由政府提供，其余由民间集资。建设“信息高速公路”的时间分为三个阶段，其内容包括三个部分：一是计划建设覆盖全国每个家庭的光缆通信网络；二是建立以广域综合信息通信网为目标的超高速空中信息通信网；三是研制具有高清晰度的PCTV。

第一阶段是从1994年到1997年的打基础阶段。投资5600亿韩元扩大现有的综合信息通信网服务。投资2000亿韩元建立超高速国家信息通信网的基础设施，把全国划分为首都圈、中部圈、湖南圈、釜山圈和大邱圈等五大区域分头开始行动。投资 8000 亿韩元，开发数控交换机和光缆通信装备。在这一阶段，将把 155 兆位到 622 兆位 BPS 级的高速光缆网络建到全国中小城市，并以国家机关、地方政府和研究所等为对象，提供传送建筑设计图、诉讼信访和电视会议服务。第一阶段还包括现有的行政、国防、公安和教育研究电子计算机网络等所有公共电子计算机网络。

第二阶段是从 1998 年到 2001 年的发展阶段。该阶段将投资 2000 亿韩元建立 2.5 千兆位光缆和新一代数控交换系统交换机。投资 3.8 万亿韩元，在大城市地区建立数控示范交换网，提供 10 千兆位级的光缆传送装置。投入 4000 亿韩元，研制数字式高清晰度电视的信息处理系统。在这一阶段，可以利用数控交换网提供各种尖端通信服务，并提供如下的增值服务，包括远程医疗、远程教育、电子信访服务、电子图书馆和地理信息系统等。

第三阶段是从 2003 年到 2010 年的信息高速公路的完成阶段。将投资 4900 亿韩元，建立数十千兆位级的光缆。投资 6000 亿韩元，研制新一代高清晰度电视的信息处理系统。投资 37.6 万亿韩元，扩建超高速空中网，提供 100 千兆位级的光缆传送装置，把光缆架设到一般用户的家中。在这个阶段，可以提供多媒体服务和高清晰度电视画面信息交换服务，可以进行立体电视会议和分散数据库的并列检索等。

1994 年是韩国“信息高速公路”计划实施的第一年，韩国政府从 7 月开始筹建从首都汉城到忠清南道的大德科学园的信息网。这个信息网用光缆连接，每秒传送 10 亿位数据。也就是说，在一秒钟之内传送相当于 4000 页报纸的信息量。此外，政府将积极推进最终达到 1000 万台终端的计划，并从 1994 年开始，每年发展 100 个公用数据库。

为了保证“信息高速公路”计划的顺利实施，韩国分别成立了“信息高速公路”建设促进委员会、工作小组委员会和计划管理小组。促进委员会由国务总理担任委员长，17 个部处长官担任委员；工作小组委员会由政府有关部门的 25 位官员组成，并由经济企划院次长牵头；计划管理小组则由著名专家、学者、技术人员等组成，负责“信息高速公路”计划的具体实施。

韩国邮电部长官尹东润指出，“信息高速公路”的建设将促进其他相关技术的开发和完善，提高行政系统的工作效率，增加政府工作管理的透明度，有利于防止腐化和不正当行为的发生，对全国各地区的均衡发展大有好处。建设“信息高速公路”无疑地会创造更多的就业机会，促进整个国家的经济快速发展。

信息通信产业在支援道路、港湾、机场等现有社会间接资本的有效活动的同时，还期待着发挥信息社会核心基础的作用，即信息通信产业可望作为韩国信息社会的核心的社会间接资本，使之增进信息的生产、处理、传达、利用的效率，为信息社会的发展做出贡献。

2. 韩国的“促进信息化”计划

韩国政府于 1996 年 6 月 11 日由前国务总理李寿成主持召开首次促进信息化委员会会议，通过促进信息化的具体计划。并决定从 1996 年至 2000 年，由政府投资 10 亿韩元，建成“电子政府”，建立信息公路网，加强信息通信产业的基础。这项计划从 1996 年至 2010 年，分为以下三个阶段实施，每个阶段为 5 年。

在第一阶段，即 1996 ~ 2000 年，主要是建成“电子政府”，为推动信息化奠定基础。特别是到 2000 年，要做到通过 PC 通信，发放各种证明书。其中，到 1998 年，将发放居民电子身份卡，将居民户籍、驾驶证、医疗保险证等 7 种证明汇集在一张卡上。同时，为了实现教育信息化，在每个小学、初中、高中都有两个以上的实习室普及 PC 通信。到 2000 年，有 7000 多所学校（占学校总数的 70%）与信息高速公路联网。到 2002 年，所有学校都与信息高速公路联网。为迎接 2000 年亚欧首脑会议（ASEM）和 2002 年世界杯足球赛的举行，研究机构的全部、教育机关的 70%、政府机关的 60%、医疗机关的 50%、产业组织的 90%，都将加入信息高速公路网。

在第二阶段，即 2001 ~ 2005 年，将重点促进个人生活信息化和产业信息化，扩大信息的应用范围。

在第三阶段，即2006～2010年，通过社会一切领域的信息化和世界信息流通的基地化，信息的应用达到更高的水平。①

3. 韩国政府的信息化计划要点

1997年5月28日韩国前总统金泳三主持召开了信息化报告会。前国务总理高建、信息通信部长官康奉等均参加了会议。会议决定集中培育软件产业，积极推动教育、货运、国防、建设等领域的信息化。有关计划具体如下。

（1）教育方面：到1999年，向10400多所学校提供88万台高性能计算机，利用民间资金在4000所学校设多媒体教室，实现“每所学校有一个计算机室”，到2000年全部实现联网。每个教师有一台计算机，做到信息教育义务化、综合生活记录簿计算机化。从1997年起，学校的计算机网络费降低到普通收费标准的20%～30%。从1998年起，通过计算机网络免费提供各种课外学习资料，发行电子教科书。

（2）货运方面：到2015年，总投资5000亿韩元建设电子文书交换系统等，减少报关、货运文书处理费用25%。

（3）保健福利方面：建立医疗保健综合计算机网，做到即使当事人没带医疗保险证，也能当场予以确认，及时得到治疗。建立国民年薪计算机系统，通过电话自动查询即可确认年薪的有关情况。

（4）地区方面：到2001年，投资316亿韩元，建成不动产综合信息系统，处理土地和建筑物方面的民事纠纷。将内务部和自治团体间的地方行政综合信息网改造成超高速网，发放电子居民卡，将户口、医疗保险、驾驶执照等统一在一张卡上。

（5）法律方面：修改国家公务员法、高等教育法，承认在家庭办公和自学成绩。在1998年，制定出电子交易法等。

（6）软件方面：到2000年，拿出432亿韩元，支援信息通信优秀学校。从1998年起，公共机关购买个人计算机，增加20%的软件购买费。1998年要成立振兴软件出口组织。据韩国信息通信部发表的《信息通信

① 韩国驻华大使馆文化新闻处：《每周韩国》1996年第14期。

发展中期展望（1997～2001）》，韩国的信息通信产业每年以19.6%的速度增长。预计到2001年，产值将达到122万亿韩元。信息通信产业在国内生产总值（GDP）中所占比重，将从1996年的6.9%提高到2001年的10%。以后5年，将增加43万个就业机会。从事信息通信产业的人员将从1996年的85万名增加到2001年的128万名，占韩国就业人口总数的5.3%。信息通信产业（半导体除外）的贸易顺差，将从1996年的21亿美元增加到2001年的64亿美元，成为对韩国经济注入活力的产业。

据韩国信息公社发表的《通信网高质化特别计划》，在从1997年到2006年的10年内，该公社将投资26.9万亿韩元，提早建成多媒体通信网，利用电话线提供高速通信服务。从1998年起，在汉城、首都圈、釜山提供高速通信网服务，到1999年再扩大到全国范围。这样，电视会议、可视电话等比原计划提前三四年成为现实。

另据报道，韩国政府于1997年6月3日召开了由前国务总理高建任委员长的促进信息化委员会会议，审议批准了外务、内务、法务等16个部处和韩国银行等4个单位提出的1998年信息化实施计划。据此，到1998年将使用IC卡型电子货币，集信用卡、直付卡等功能于一卡。同时，还要建立汽车管理综合信息网，以便车主在全国任何地方都能接受检查。韩国信息通信部的计划是，为在2001年将信息通信产业提高到发达国家水平，1998年将投入6200亿韩元，开发移动通信、超高速信息通信、卫星通信等核心技术。并提供200亿韩元作资金，建立信息通信专门创业投资组合。文化体育部的计划是，1998年要在全国中学配备教育用个人计算机13万台，使学校生活记录簿计算机化；将全国1.7万余处文艺会馆、青少年学习设施、体育设施，编写成介绍资料输入计算机；将国立中央图书馆和主要图书馆的文献资料输入计算机并进入互联网，以便于读者随时查阅。国务事务处计划将国会议员为监督国政索要的资料和提交给政府的资料做成数据库，向普通群众提供。

4. 构筑开放的通信事业竞争体制

为了构筑1998年通信市场的全面竞争体制，韩国政府正在继续推进“先国内竞争，后国际竞争”的政策。进入20世纪90年代以后，韩国政府构筑了阶段性的竞争体制。从 1991 年到 1996 年，先后将国际电话、无线传呼、移动电话和长途电话转换为自由竞争体制。1996 年从个人携带通信等 7 个领域中选定了 27 家经营者。1997 年修订《关系法》，进入全面的国内竞争体制。国际竞争体制随着 1998 年世界贸易组织协商的结果，也将有所加强。

此外，韩国政府正积极完善信息通信规则，即通过加强企业活动的自律性和确保经营的效率，提高信息通信产业的竞争力。特别是在 1997 年新设的“信息通信政策审议会”中，由消费者、有关企业界、学术界等专家为不断完善这些规则而组成完备信息通信规则促进委员会。这是与增进国民的通信利用收益直接有关的问题。

韩国通信经营的改革也要尽快完成。作为发展信息通信产业时间较短的韩国，在其国内外经营中尚存在很多问题。韩国通信企业内部经营的问题可以归纳为以下 4 点：第一，在经营总体上缺乏专门性。第二，对企业内部提高效率的改革努力不够。劳资关系上也存在一些问题。第三，现在的管理方式不能适应全面竞争的形势。第四，尚存在与出资公司的非生产性的关系，即，信息通信产业和出资公司维持着官僚式的上下级关系，而后者的干涉过多，妨碍着经营的效率。这些问题不解决，就不能期望韩国信息通信产业有飞跃的发展。

韩国信息产业为在世界市场竞争求得生存制定了“三阶段战略”：第一阶段（1996 ~ 2000 年），扩充国内信息通信产业的需要基地和供给能力；第二阶段（2001 ~ 2005 年），继续扩大和发展供给能力，创造和扩大新市场；第三阶段（2006 年以后），以被扩大和发展的国内供给能力为基础，积极开展进出口活动。

为了适应不断扩大的市场需求，韩国的基本政策可归纳为以下 5 种：第一，推进作为泛国家社会的信息化事业，确保信息化技术，提供信息通信产业的需要；第二，信息时代的核心是谋求早期确保社会间接资本、支援国家社会信息化和扩大信息通信产业的市场，搞活超高速信息通信网建设事业；第三，由于通信竞争的扩大及新型服务的引进，努力创造出信息通信服务新的需求规模，扩大信息通信机器的市场；第四，通过早期采用 CATV 和数字卫星广播追求信息通信产业市场的高质化；第五，营造有助于扩大信息通信需求的市场环境。

纵观全部过程，韩国政府应采取措施不断完善规则，以便治理信息通信事业活动的环境。这是因为要使企业减少其承担的危险，即制品寿命的短暂性、世界标准的不确定性、竞争市场的世界化、新需求的不断出现等。

三　韩国信息通信法律和法规

韩国过去对信息技术的利用基本上处于自由化状态。韩国政府认为，过分严格的规定将妨碍信息通信的发展和信息技术的利用。基于这种认识，创造自由的利用环境是有关信息化法律和法规的基本精神。但是为了应对信息社会中出现的问题，韩国也加强了对域名、个人信息的保护以及色情内容传播等方面的管理。以下是几个有代表性的法规。

1. 公共机关保护个人信息的法律

随着信息化的发展，为了保护正在受到威胁的个人隐私，于 1994 年 1 月制定了该法律。依据该法，应限制对个人信息中可能侵犯基本人权的信息的收集，禁止将个人信息用于本来的收集目的以外。该法还提出了旨在保护个人信息的管理方针。

该法将国家行政机关、地方自治团体、政府投资机关、各级学校、特殊法人等共达 29000 余个公共机关作为对象。目前正在制定另外的法律解决在金融信息等民间部门保护个人信息的问题。

2. 公共机关信息公开的法律

为了保障国民接近和利用公共机关保存的信息的权利，于 1996 年 11 月制定了该法律。依据该法，对公共机关保存的所有信息，国民如果请求公开，公共机关应尽可能地允许。由于该法正在借用“不准进口的商品单”的原则规定不能公开的信息，所以，对原来不公开的信息，如果事前没有做出不能公开的规定，则所有这些信息都可以按照被认为是可以公开的信息来处理。

3. 计算机软件保护法

虽然正在禁止非法复制的计算机软件和盗版制品的流通，但为了鼓励对信息的利用，正在放松对出于教育目的的软件著作权的限制（1995年12月修订）。

4. 刑法

1995年12月修订了刑法，新规定了对各种互联网犯罪的处罚条例。

参考文献

韩国电算院：《1996国家信息化白皮书》：1996年6月4日。

韩国驻华大使馆文化新闻处：《每周韩国》1996年第14期、第16期、第31期，1997年第17期、第19期、第21期、第47期。

韩国信息通信部：《信息通信产业发展综合对策》，1996。

李大宇：《韩国信息通信产业的现在和未来》，1997年10月在“东亚（中、日、韩）信息产业与经济发展：亚洲论坛”2005年中国学术研讨会上发表的论文。

〔韩〕朴东镇：《情报媒体产业的发展和韩中日的未来》，1997。

吕本富：《通向21世纪的信息高速公路》，北京大学出版社，1995。

（原载于《世界问题最新报告——经济与社会》，经济管理出版社，2000年1月）

韩国数字图书馆研究

摘　要： 本文在分析韩国发展数字图书馆历史背景的基础上，全面介绍了韩国建设数字图书馆的目的、数字图书馆事业的运营和发展方向、筹备建立国立数字图书馆的计划和实施状况。

关键词： 数字图书馆　韩国图书馆事业　图书馆信息化

一　韩国建设“国立数字图书馆”事业概要

（一）背景

世界各国从过去的20余年前就进入了无限技术竞争时代，从那时起，一些国家就已开始为提高国家资源信息化的竞争力，拟订本国的战略。以美国为中心的欧美和日本等先进国家，为发展国家全面的信息化，完成信息高速公路建设事业。韩国也在1993年以后开展了超高速信息通信基础的建设事业，为信息化的基础建设和多样性事业做准备。

在21世纪，能够有效地利用信息和知识，并将它变为高附加值经济资源的国家将主导世界。为了有效地利用信息和知识，作为知识产业集合体的图书馆的信息化及其资料的数字化正在作为最紧迫的课题来认识，各先进国家都将数字图书馆的建设事业选定为国家的优先课题来发展。

由于韩国前些年没有能够总体调整、管理国家信息资源的机构，当时要制定像国家数字图书馆建设事业这样的具有一贯性的国家政策也确实是比较困难的。因此，按照各部门或机关局部开发的政策导致国家资源的浪费和重复投资的现象，使得他们比较难于利用统一的知识资源。

后来，根据这样的实际情况，在2000年2月1日的国务会议上，金大中总统发出了建立“国立数字图书馆”（National Digital Library）的指示。金大中总统指示的主要内容是，“图书馆要尽量满足国民的信息需求，与有关部门协商，确立和发展图书馆信息化综合对策”。总统的指示为实现将韩国最终建成21世纪信息强国的目标具有重要作用。

在此基础上，文化观光部和国立中央图书馆指出了建立“国立数字图书馆”的必要性，具体内容如下。

第一，迄今为止，图书馆仍提供以印刷图书为中心的知识信息。随着信息技术的发达，利用“数字化的资料”，生产、流通和利用知识信息的趋势将会加强。

第二，互联网时代，国民通过计算机，可接收到高品质的知识信息，要求图书馆成为具有系统地收集提供多样化信息条件的中心。

第三，将看作单纯阅览空间的图书馆的应用系统和环境尽可能地信息化，要让作为数字时代主角的青少年养成通过图书馆获得、利用知识信息的习惯。

第四，对从互联网上生产的数字资料的收集、保存及提供固然紧迫，但按照现有的图书馆体制，对其进行处理也是有困难的。

第五，先进国家的情况是，为早期进入以知识为基础的社会和开发知识资源，将主要知识信息集中地进行数字化处理，并使之通过互联网流通的大规模方案正在发展中。

（二）事业目的

虽然信息通过与不同特性的其他信息相结合，来创造附加价值和扩大再生产是可能的，但信息载体和能够传递信息的流通体制还不发达，不可能创出有效的附加价值和扩大再生产。为了信息的有效利用，确有必要在国家级层次上建设信息的生产、管理和流通体制。

在高度的信息化社会里，图书馆也要具有收集、组织和利用包括无论是印刷媒体还是电子媒体在内的人间知识产品的固有功能，而这些功能的实现与媒体的形态无关。随着对信息本身经济价值和知识载体发展的再认识，以及对建设现代信息流通体制必要性认识的提高，从建设国家级层次上的超高速信息通信网的角度来看，推进建设韩国国立数字图书馆是很有希望的。通过建设国立数字图书馆，统合各处散在的信息并加以有效地利用，创造出新的附加价值，可以大大提高国家的经济力和国民的生活质量。

为了顺应这一点，国立中央图书馆确定了利用信息通信技术等新技术的功能和作用，建设以21世纪新型数字文化为先导的国立数字图书馆的方向，并要达到以下五个目的。

第一，创造新的数字信息服务。数字图书馆的建设要能适应新媒体时代，在保存、传承、数字化现有印刷媒体的同时，收集并加工多样化的电子媒体，并不断地利用、保存处理之，使信息的加工领域不断拓宽。要能按照每个读者要求的形态提供合适的信息。对于在现有的条件下不可能实现的新的信息服务，在没有大量资源投入的情况下也是可能实现的。

第二，通过确保利用信息的平等性，能够担当消除在利用信息上贫富差别的社会政治功能。建设国立数字图书馆，不管信息的所在地在哪里，尽可能做到无论每个人的职位、身份、贫富的差别如何，在信息的利用上都是平等的、没有差别的。数字图书馆就是制度化的设备。由于现在的信息提供不是一律以全体国民为对象来实现的，因而不能平等地利用所有的信息。国立数字图书馆的建设，对于想要利用信息的所有阶层的人们来说，不管他在哪里都可以利用信息，从而保障信息利用的平等性，实现信息利用的大众化，能充分满足国民的知情权和充分体现信息公开的宗旨。

第三，确保信息利用的便利性，解决了时间和空间的制约问题。迄今为止，大部分图书馆需要读者直接去访问，而在过去要想了解图书馆收藏的资料确实也是比较困难的。同时，对于有些资料来说，即使知道其收藏地点，但由于图书馆位置的局限性，而只能受到时间和空间的制约。由于国立数字图书馆有可以实现多样化新技术的设施，不用说简略的书目信息，就是全文信息也能进行储存和提供，并大大减少了读者在时间上和经济上的损失，打破了信息利用空间的界限。

第四，可确立国家信息系统的标准化。现在各图书馆以相互不同的体制和系统生产信息，在国家的信息流通上暴露出很多问题，成为国家的浪费因素。国立电子图书馆的建设，在国家级层次上信息生产和流通形式的标准化，使图书馆相互间有机的信息交换、信息利用效果的极大化成为可能，同时也能防止国家信息资源的浪费。

第五，国立数字图书馆的建设，使现在具有350余万卷书籍收藏能力的国立中央图书馆具有能够收藏1000万卷以上藏书空间的效果，使之确立名副其实的国家代表图书馆的体制和提高国际声望和地位成为可能。同时，该馆也作为能够确立、实行为韩国的知识信息流通的目标做贡献的总体文献信息部门的战略机构而以新的面貌出现。

（三）事业内容

1. 概要

数字图书馆的诞生是由于生产、记录信息媒体的变化，是收集、储存等一系列信息管理系统的变化，也是利用和服务于信息的信息流通系统的变化等各种信息环境的变化引起的。国立数字图书馆的基本概念是，在知识社会中作为“国民的网络”和每个国民一生学习的场所，应起到一般国民作为学习利用点的作用。

它应该提供以下基本内容：能够满足国民教育课程的多媒体学习资源，自学核心技术的软件包，网络化百科词典的数据库，关于业余活动和所关心领域的专门资源，各种网站的检索点，网络化的电子出版物，数字化的图像、电影等影像资料和音像资料，韩国图书馆的各种目录，主要图书馆的数字化资料等国家生产的各种知识产品。

提供的服务应区别大国民服务和大图书馆服务来完成业务工作。大国民服务应能提供对图书馆虚拟访问者的支持，提供和专家相互作用的支持，信息咨询，还有与专家的网络合作关系，能够历史地查看信息媒体变迁推移的媒体博物馆等的服务。大图书馆服务基本上应该完成通过商业用数字内容的中央统一购买和契约方式，提供对韩国公共图书馆的供给、政府及公共信息资源，公共图书馆信息资源的创立等服务。

建设国立数字图书馆的基本方向是：第一，利用最新信息通信技术、信息管理方法等，建设能有效地生产、管理、流通作为国家主要资源的信息；第二，调查、分析建设国立数字图书馆所需的各种环境要素，优先实现可能实现的部分和必要的事项；第三，建设国立数字图书馆的阶段区分为基础组成阶段、发展阶段、成熟阶段，并按阶段来进行工作。

与此同时，建设国立数字图书馆时还应该考虑的事项如下。

第一，通过建设国立数字图书馆来防止国家资源的重复投资，通过韩国图书馆和有关机构的信息交流，来建设国家信息资源的共同利用体制；

第二，应为新形态的电子媒体信息的生产、管理、流通所需的信息技术的发展和推广做贡献；

第三，承担资料数字化及生产数据库工作的机构对所生产的数据库的质量负责，才可能有效地利用作为国家资源的信息；

第四，通过建立国立数字图书馆，为伸张国民的“知情权”和提高生活质量做贡献；

第五，国立数字图书馆建设事业是在不侵犯知识产权的前提下发展的，努力保护知识产权才能保障丰富的新信息的生产，我们应该创造这样一种环境。

总起来说，国立数字图书馆是国民能够通过数字图书馆，利用高质量的多样性的数字知识信息，这也是知识社会的具体体现（见图1）。

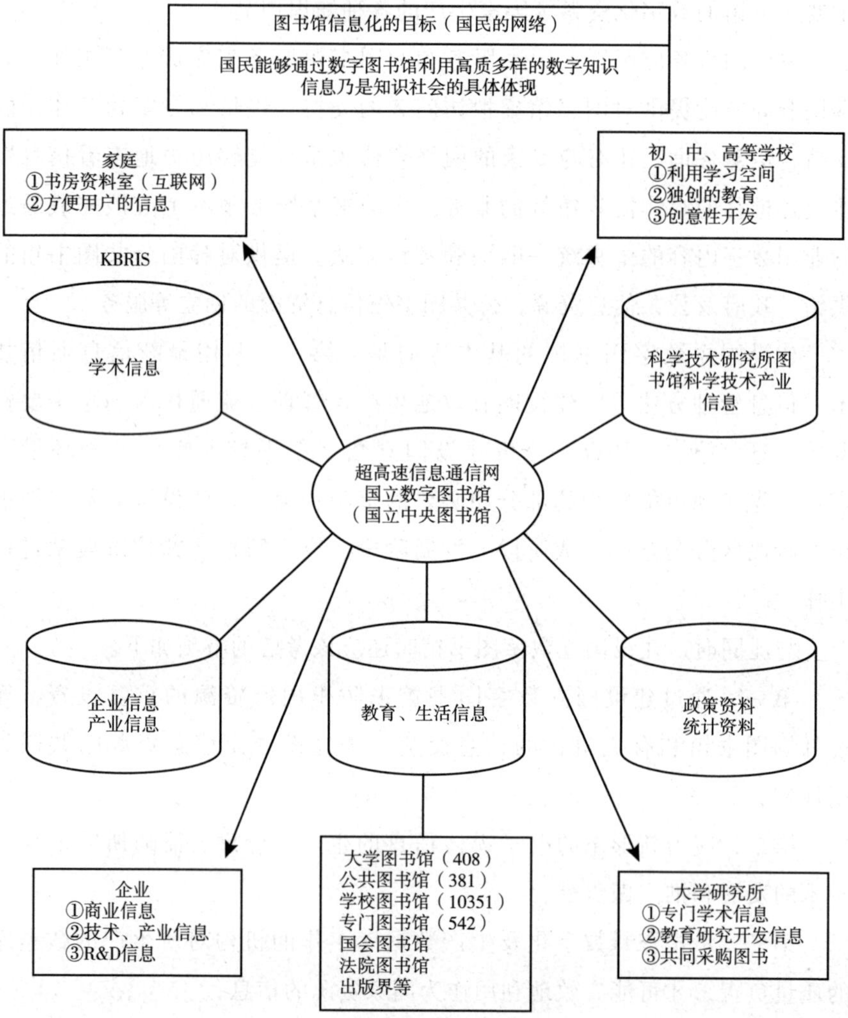

图1　国立数字图书馆的概念

2. 设施的主要内容

国立数字图书馆的主要设施由数字知识信息的制作、收藏、流通、利用及其他有关设施，还有数字知识信息管理所需的各种系统构成。

（1）设施构成概要

构成数字图书馆的主要知识信息大部分是以全文信息为首的音像等多媒体形态。与资料的形态无关，数字图书馆应该建设可以让读者不受地域或时间的制约远距离利用一切信息的网络环境。表1所列举的是数字图书馆的功能所必需的主要设施。

表1　数字图书馆的主要设施

设施构成要素	设施内容
与信息制作有关的设施	• 各种数据库制作设施 • DBMS(DB Management System)装备,H/W,S/W,图像扫描仪,电子图书制作设施
与信息收藏有关的设施	• 电子媒体多媒体储存设施 • 与储存有关的环境设施(恒温恒湿设施等)
与信息利用有关的设施	• 书目、目录及全文信息利用设施(PC、工作站、网络等) • 光电子信息利用设施(自动唱片点唱机,各种光盘播放装备等) • 数据库利用设施(网络等) • 多媒体利用设施
其他有关设施	• 数字图书馆综合调整设施 • 多媒体教育设施 • 图书馆指导设施等

（2）系统构成概要

作为构成数字图书馆的各种系统分为信息提供服务、信息通信技术、硬件及通信网构成、数字图书馆功能要求事项。

为了建设信息利用者不用直接去图书馆即可查找、阅览所需的信息，并且将所需的内容打印出来的数字图书馆，应构建如下的系统。

A. 信息提供系统：

• 根据使用者的环境尽可能便利地检索、连接www和商用网并提供依据GUI（图像用户界面）的使用者界面；

• 建设可阅览甚至输出打印索引及全文信息的服务系统；

• 建设利用通信网和电子媒体的阅览，多数使用者可同时检索相同信息的共享体制；

• 个别无关键词，可通过全文检索自动抽取索引词及自动生成索引集使业务简化的系统；

• 提供根据逻辑演算符号进行的多样的检索条件，有效地提供信息检索；

- 用资料录入及检索的分散化、标准化来提高信息流通的效果。

B. 信息通信技术：

- 建设利用 www 的信息服务系统；
- 建设客户机/服务器系统的分散体制；
- 应用超高速信息通信网，实现快速检索；
- 应用标准文件形式（SGML，XML）摸索信息的标准化；
- 使用信息检索的标准协议（Z39.50），建设分散数据库检索系统；
- 建设利用文档自动变换技术的标准文档生产系统；
- 提供全文和图像并行处理技术的系统。

C. 硬件及通信网的构成：

- 应用超高速信息通信网，实现快速检索；
- 建设利用 www 的信息服务系统；
- 建设客户机/服务器系统的分散体制。

D. 数字图书馆功能要求事项：

- 用户界面：以 www 浏览器为基础；
- 建设给使用者便利与亲切感的利用 www 的信息服务系统；
- 与时间、场所无关，无论何时何地，都能通过网络检索和利用所需的书目、文摘和全文信息；
- 建设客户机/服务器系统的分散体制；
- 利用超高速信息通信网实现基础构造的快速服务系统；
- 给使用者提供画面联机帮助功能；
- 使用标准浏览器的使用者界面；
- MARC 形式的目录信息，SGML 形式的全文信息及其他有关信息；
- 能支持图像资料服务的全文数据库的建设和更新；
- 使用信息检索的标准协议（Z39.50），建设不受异构数据库可能有的相异性限制的系统，这种系统可以实现异构分散数据库的联机检索；
- 提供应用多样化逻辑演算的全文检索功能；
- 提供联机管理使用者的功能；

- 提供可管理各种服务使用记录的功能。

（3）事业费及设施规模

确定建设作为国家级目标的数字图书馆的预算规模是很困难的，但通过参考外国建设国家数字图书馆的预算规模，则可有助于做出比较合理的估算。

韩国国立数字图书馆建设很像日本的情况，建立作为国立数字图书馆的日本 Kansaikan 国立图书馆（位于大阪），除工资支出、运营费和维持费外，建筑物、硬件、软件及对文献数字化的费用约为 3342 亿韩元①。美国国会图书馆独自建立关于美国历史的国家数字图书馆需要 6000 万美元的经费。美国国家基金会（NSF）主管的 6 个大学的数字图书馆建设费用约为 3000 万美元。

无论是美国的国会图书馆，还是美国 6 个大学图书馆的数字化，由于均不属于国家全盘的事业，而是对特定领域资料的数字化，所以就不需要构建另外的建筑物。但是像日本那样在现有的国立图书馆以外建设另外的国立数字图书馆，除了国家全部文献的业务外，还要开展与国外图书馆有关系的作业，这就要投入比较大的经费预算。

通过参考外国的例子，为使韩国能够加入世界知识先进国的行列，比起国立中央图书馆的部分改造来，另外再独立建造国立数字图书馆的方案还是值得考虑的。韩国文化观光部暨国立中央图书馆经分析计算后，提出了以 1200 亿韩元的预算建设另外的国立数字图书馆的方案。

国立数字图书馆建设时需要的设施规模、装备及系统，应按照图书馆应完成的目标和提供信息的内容和方法等进行。日本 Kansaikan 国立数字图书馆位于与东京的主要图书馆相距约 500 公里的位置，为了顺利地进行议事沟通和信息提供，构筑高速网络，在约 90000 平方米的面积内，建立了信息资料的数字化、收集、储存、检索及联网的多媒体系统。韩国国立数字图书馆虽然计划了约 43200 平方米的规模，但这连日本的一半都不到，从长期来看还有扩大的必要性。

---

① 按照 2001 年的兑换率，韩元与美元的比率约为 1300∶1。

（四）事业运营及发展方向

1. 事业运营方向

为建设国立数字图书馆，事业运营方向应分为信息的生产、管理、流通及环境等部门来推进。

（1）生产部门

建设数字图书馆时最重要的问题之一是数字信息的生产，即现有印刷型资料的数字化或直接生产数字信息。图书馆资料的数字化应以国立中央图书馆为中心，和相关图书馆形成网络来分担发展任务。应在开展信息资料的数字化之前通过国立中央图书馆和相关图书馆间的协议和研究，制定国家的数字化标准。所有相关图书馆都应使用已制定的数字化标准方案，实现用于数字图书馆建设的各种支持。

（2）管理部门

为了国立数字图书馆的有效利用，对国立数字图书馆和有关图书馆生产的信息的索引、文摘等国家书目信息的质量保证应该先行一步，因为这是直接决定用户有效地进行信息检索、管理及利用的问题。

国立数字图书馆应制定确保文摘和索引等书目信息的质量水平的方针，要求各图书馆能够尽量生产标准化的书目信息。同时，也应制定运营和维持信息利用有关装备的指南和方案，并要求各图书馆遵照执行。

（3）流通部门

应该制定全体国民通过国立数字图书馆有效使用各种知识资源的流通政策。应该制定能够通过国立数字图书馆的基础构造，利用国家超高速信息通信网的方案。应该制定以使用者环境及界面为中心的、为各图书馆的信息流通所使用的技术连接方案。应该制定各图书馆通过国立数字图书馆发展的综合目录服务使用户的书目信息检索过程最短化的方案。

（4）环境部门

应该解决国立数字图书馆建设中的法律及制度问题，例如，像软件或硬件等技术问题，数字信息生产者和信息用户的教育问题，与其他部门的联系及协助等各种环境问题，都需要通过法律及制度来解决。完善适合数字时代的知识信息资源管理法和著作权的工作也应并行。应要求大学、研究所、民间企业等尽可能参与、支持数字图书馆中必要的标准软件的研究和开发。为了国立数字图书馆事业的持续发展，应制定对图书馆人员的系统教育和对用户的教育计划。

2. 事业发展方向及日程

国立数字图书馆事业的运营，应通过最有效地利用国家的知识资源，以给国民提供高附加价值的信息作为其根本目的，以作为国家代表图书馆的国立中央图书馆为中心来发展。过去数年间很多图书馆虽然制定了数字图书馆计划，但从国家级层次上的效果来看，尚处于不足的状态。将信息国家资源化的基本方向是，依据如何设定国立数字图书馆的事业主体，其内容可以出现不同的情况。在国立数字图书馆建设事业中，可考虑以下三种方案。

第一，所有图书馆分别建设数字图书馆的方案属重复投资，其资源的浪费是巨大的。如果看一下外国建设数字图书馆的事例，其趋势是，个别图书馆重点是在依据国家标准进行信息资料的数字化，全部信息资料的联系是由国家中央信息中心来建立的。

第二，在韩国各图书馆间构成合作形态，分散建设数字图书馆的方案。

第三，在国家级层次上，以国家代表图书馆为中心，尽量以国立数字图书馆为先导的方案正在大部分国家发展，并可能成为标准模式（benchmarking）。国家代表图书馆在一般领域或对共同的部分进行数字化处理，有关的一些主要图书馆以各图书馆的特性化信息为中心进行数字化处理，并建设相互联系的网络。

从韩国的情况来说，国立数字图书馆的建设适合于第二种方案。国立数字图书馆应维持基本的框架发展事业，积极地采用特性化、差别化战略。发展国家知识信息资源的数字化，不以所有的知识信息为对象，建设数字图书馆的大学、研究机关、信息机关等，而是要积极地推进技术及内容的共享，在国家级层次上极大化地向利用资源的综合效果的方向发展。如果必要，也可发展海外有关机关的合作体制。国立数字图书馆的建设，不是结束其本身，而是作为提供广泛适用超高速信息通信网基础的应用服务之一的范例，来进行维持和管理。

国立数字图书馆规划阶段的图书馆设计，应充分考虑现在急速发展的信息通信技术、知识社会的变化及社会变迁来制定。现在与图书馆有关的所有知识信息，都与数字图书馆的发展计划有关，需要将它们向能够特性化的方向集中。当然，国立数字图书馆建设事业在中长期计划下，阶段性的建设所需的最新技术保障和对世界数字图书馆运营的标准模式，应该通过与有关企业、政府机关、研究所、学界等的合作及共同研究，来实现有效的数字图书馆建设。

应该组建国立数字图书馆建设协议会并以其作为推进主体，担当总揽业务的角色。协议会是以作为主管机关的国立中央图书馆为中心，由韩国教育学术信息院、韩国科学技术情报研究院、国会图书馆、法院图书馆、大学图书馆、公共图书馆等能代表各领域的单位构成，并设立了馆长所辖的为国立数字图书馆建设事业服务的、管理各种行政事务的分科委员会。

协议会的主要作用如下（见图2）：

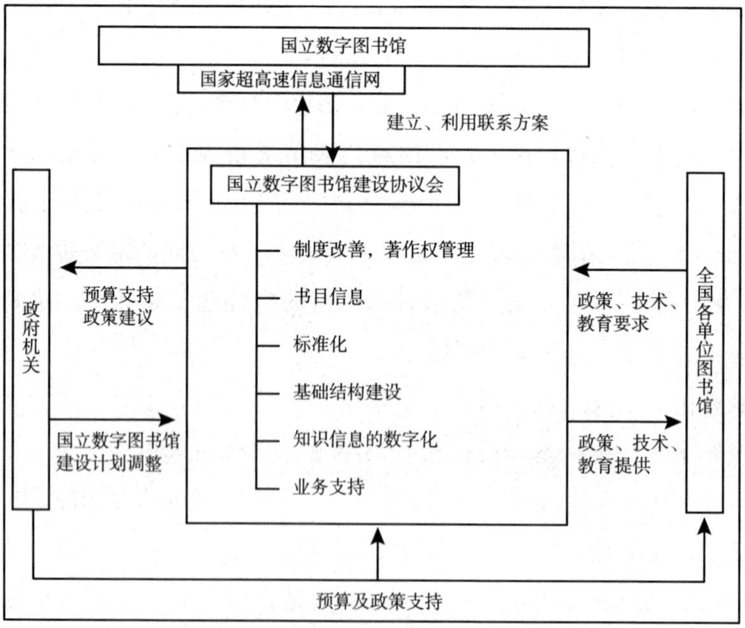

图2 国立数字图书馆建设协议会的作用

- 持续推进对国立数字图书馆建设事业的政策、实行方案等的开发；
- 制定与国立数字图书馆有关的国家标准方案；
- 为了清除单位图书馆在数字化方面的重复浪费，主要的推进机构要发挥作用，提出图书馆信息的数字化方案及标准软件方案等；
- 揭示为建设国立数字图书馆的各种环境（有关法规及制度、电子著作权等）的形成和改善情况等；
- 建设、发展主要推进机构和单位图书馆间的相互制约体制；
- 建设、发展和具备主要专业功能的民间企业的合作体制。

文化观光部暨国立中央图书馆关于国立数字图书馆的建设日程如下。

- 2001 年：预备妥当性调查；
- 2002 年：决定对建馆的支持及进行基础设计；
- 2003 年：实施设计；
- 2004 年：工程开始；
- 2007 年：工程结束；
- 2008 年：国立数字图书馆开馆。

二　韩国数字图书馆基本状况分析及其主要争论焦点

（一）韩国知识信息环境及图书馆信息化现状分析

1. 以知识为基础的信息环境的变化

知识信息环境的变化如何影响国家的发展？可以预见，为迎接真正的数字时代，可能在数年内将知识信息的一半以上变为电子形态，图书馆的大部分用户可通过个人用的计算机利用知识信息。现实的情况是，通信网和电子信息的持续发展正在给知识信息的利用环境以决定性的影响。为了给图书馆利用者迅速地提供适合的知识信息，帮助教育、研究、学习和产业活动，在图书馆的信息提供业务中，要求比现在要更系统地进行信息的选择、整理、分析、储存和利用。

知识信息的生产量和信息媒体的激增及多样化，以及虚拟信息空间的出现，是最近图书馆信息环境变化的主要原因。

随着信息技术的高速发展，知识信息的产量和信息媒体急剧增加。根据统计，当前研究论文的数量每10年翻一番，学术报纸的种数每15年翻一番，包括印刷媒体和电子媒体的总体知识信息产量每4年翻一番。关于韩国的出版环境，很多学者预测，到2005年为止，联机出版物将上升到全部出版物的50%，韩国学术信息的90%以上将被数字化。根据2000年末的预测，由于电子图书（e-book）的出现，现在3兆多韩元的传统图书市场规模，在5年以内，将有1兆韩元的市场规模转向电子图书市场。这种知识信息激增的现象，随着知识信息的收集、经济方面的变化、信息接触及利用方法上的变化、新的信息系统的出现等，将对图书馆和用户的知识信息活动产生诸多方面的影响。

虚拟信息空间，成为建设应用信息通信技术的信息网络，能储存、流通、利用在物理上不存在的三维空间中庞大知识信息的媒体。特别是最近，图书馆环境随着用户对信息需求的细化和具体化、信息媒体的多样化、信息接触渠道及提供方法的多元化，信息检索及全文信息获得技术的复杂性，以互联网为首的虚拟空间的出现导致服务范围的扩张性等，正在以非常复杂和多样的面貌展开。

2. 图书馆信息环境的变化

从互联网革命给图书馆创造新文化的电子信息环境的特点来看，分散在全世界的知识信息将超越时间和空间的限制，在虚拟空间里实现信息流通。同时，为有效地进行电子信息管理，必须应用数据库管理系统，使用文本、图像、图形、音频、视频、动画等多样化形式表现的全文信息的流通正在成为可能。还有，实现异构信息系统相互间的实时联网，通过多媒体和超文本功能的知识信息的有效检索，可以构成用户友好界面的良好环境。

那么，知识时代的图书馆将以什么样的面貌来发展呢？展望未来图书馆的作用和功能，与现在没有特别的差异，即虽然在电子信息环境下带来了知识信息在外形上的急速变化，但仍保持着知识信息本质的内容和性质，只不过归结为其表现方式上的多样化而已。构成图书馆的信息资料的形态，要从现在的以印刷媒体为中心转变为以电子媒体为中心。这意味着要从印刷文献的固有方式向利用电子媒体的多媒体文献方式转变。利用网络和超文本的信息技术，带来对知识信息检索、流通和利用技术的一大革新。那时，将可以通过大部分国家正在建设、运营的超高速信息通信网，进行学术信息的自由流通。不用说个别图书馆收藏的单行本和学术杂志，就是各种数据库资料相互共享和分担的体制也将会实现。

国立数字图书馆的建成最少需要 7 年时间。到 2008 年，以国家知识为基础的韩国图书馆信息环境将会与现在有相当大的差异。预计现有的 381 个公共图书馆将变为 500 个以上，依据“图书馆信息化发展综合计划”政策设置的“数字资料室”等公共图书馆信息基础结构的建设将达到相当的水准。在一万多个学校图书馆中，有五千余所学校将作为媒体中心，其教育用的数字资料的需求当然会激增。研究所或企业的专门图书馆对需要高技术的专门领域的数字信息检索和服务的需求也将会激增，并将开发多种技术和方法。在学术信息数字化方面已经发展到相当程度的大学图书馆，其自身数字资料的生产及学术信息服务的提供正在成为其基本业务。就全国所有的大学图书馆来说，高品质的信息基础结构建设已经完成，并将作为先头部队向名副其实的信息最强国前进。

随着全国所有图书馆的数字化建设的推进，国立数字图书馆的作用是要将全国所有图书馆的数字建设连接到一个中央的网络，报告国家知识信息，并将国立数字图书馆发展为国民的网络。预计到 2008 年，国立中央图书馆的藏书将达到 750 万卷以上（是 2000 年末藏书量的 2 倍）。这样，在空间、设施和人力方面无疑将不能进行正常的业务处理。同时，国立数字图书馆作为全国公共图书馆数字资料室中央馆的要求，对系统地管理全文信息和多样形态信息设施的要求，为尽可能地对所有的数字资料进行高水平检索和提供系统等要求都会激增。这些都说明，国立数字图书馆的建立确实是一个非常切合实际的课题。

3. 韩国图书馆信息化发展的实际状况

为了国家知识信息资源的数字化建设实现无论何时何地，谁都可以便利地获得和利用所需知识信息的体制，韩国虽经数年时间倾注了很多努力，但实际的发展状况仍是不能令人满意的。看一下韩国图书馆信息化的实际情况，即可知道有以下几个重要原因。

第一，基本的信息化装备和数字资料利用空间不足。社会上的信息化正在快速发展，虽然作为一般国民主要利用对象的公共图书馆已有172个设置数字资料室，但仍处于装备老化、信息化设施质量低劣的状态。一万多个中小学图书馆及文库连图书管理自动化等基本的信息设施都不具备，几乎没有信息化。

第二，文献资料中心的信息提供落后于信息化时代。虽然通过互联网提供各种资料，但图书馆的文献数据库建设大大落后于信息化的速度，公共图书馆、大学图书馆、特殊图书馆的总收藏资料（9700万册）中只有56%（5400万册）建设了书目数据库，只有8.5万册古书和日本的学位论文可以用数据库阅览全文。特别是先进国家图书馆利用度很高的目次、关键词、文摘数据库，韩国在几年前还几乎没有建设。

第三，7个图书馆收藏资料的有效共享是不能令人满意的。数字化的多样性知识信息的共享受到限制，利用国家知识资源的效率很低。这是由于机关及民间的作用分担体制尚未确立，从而造成部分重复建设及共享不力引起的。从1996年开始，国立中央图书馆等7个主要图书馆协作构建了国家电子图书馆数据库（www. dlibrary. go. kr），通过互联网可提供联合目录服务。但图书馆间的分工合作不明确、协调机构不力，信息提供及使用体制等诸多方面亦需要改善。

第四，图书馆收藏资料不足，资料内容匮乏、利用效果不令人满意。公共图书馆的情况，资料购入预算不足（1998年共185亿韩元，平均一个馆只有4900万韩元），藏书量小，信息化事业预算总括起来不过15亿韩元（平均一个馆只有394万韩元）。

第五，实现家庭资料室的制度和技术不令人满意。通过互联网提供数字知识信息的数字著作权保护制度及有关基础技术也不令人满意，只有书目数据库是可以利用的。不仅这样，还需要对部分数字信息做系统的分析和再编辑，使之成为附加价值高的优质知识信息来保存并提供服务。对于这种“信息知识化”作业等领域，还需要持续地进行研究开发和投资。

4. 图书馆信息化发展计划

文化观光部暨国立中央图书馆向国务会议报告的图书馆信息化发展计划和所需预算如下（见表2）。

表2 图书馆信息化所需经费细目（2000～2002年）

单位：亿韩元

区分		预算额	经费			
			国库(1670)		地方经费(1398)	
			文化部	教育部	地区	教育厅
总计		3068	1266	404	585	813
信息化环境		1753	864	46	346	497
国立中央图书馆	○装备扩充	60	60	—	—	—
	○运营要员特别研修	6	6	—	—	—
公共图书馆(381)	○数字资料室	1395	698	—	300	397
	○建主页等	154	77	—	33	44
	○购入检索引擎	38	19	—	8	11
学校图书馆(10351)	○数字资料室（试点运营215个）	91	—	46	—	45
文库(3763)	○数字资料室（试点运营160个）	9	4	—	5	—
信息化内容		1195	332	308	239	316
公共图书馆书目数据库(3300万册)		67	67	—	—	—
大学图书馆目录等数据库建设(6500万册)		308	—	308	—	—
目次数据库(100万册)		75	75	—	—	—
全文数据库(38.5万册)		90	90	—	—	—
购入国内外全文数据库		100	100	—	—	—
购入数字资料等		555	—	—	239	316
数字图书馆		120	70	50	—	—
研究开发数字图书馆基础领域		50	50	—		
开发利用民间数据库的软件		20	20	—	—	—
开发韩国教育学术信息院标准软件		50	—	50		

* 在国库负担额中，对建设数据库和开发软件用基金负担。

（1）到2002年为止的图书馆信息化计划

A. 形成数字资料专用空间：

- 在381个公共图书馆设置“数字资料室”

——用最新计算机装备进行扩充和替换（根据规模等情况各配备5~10台）

• 在学校图书馆和文库试点后分阶段扩散

——给215所学校图书馆配备图书馆学教师，使160个优秀文库达到基本条件

• 为检索国内外各种数据库设置软件

——检索引擎及英语和日语等外国语自动翻译装置等

B. 图书馆数字资料的扩充：

• 联合目录及目次数据库建设（已于2000年完成）

——全部图书馆所藏文献目录（9700万册）

——国内出版的主要文献目次（100万册）

• 全文数据库建设（2001~2002年，30万册）

——组建并运行专家参与的“全文数据库建设委员会”

——考虑利用价值和保存价值选定优先建设对象

• 关键词及文摘数据库建设（2001~2002年，30万册）

——人文·社会领域等保存及利用价值高的学术研究图书中心

——收集新出版资料时，实现标引关键词和编写文摘义务化

• 购入、利用民间建设的数据库及数字资料

——学会报纸、连续出版物等国内外全文数据库（850个学会1100种）

——朝鲜王朝实录，各种词典CD-ROM等已经开发的专门数字资料

——以新的数字形态出版的电子图书（e-book）等

C. 扩大数字资料的服务：

• 目录及目次的检索·阅览服务（2000年始）

——家庭、单位、学校、PC房等不管在哪里通过互联网免费阅览

——对全国图书馆所有收藏文献资料的有效指导作用

• 为社会上的数字著作物的顺利服务打基础（2000年始）

——著作权信息管理系统的开发和数字著作权集中管理团体的培训

——通过互联网开展对社会上的数字著作物阅览，设立为保护著作

权者的全文付费阅览的大型机构

——国民通过个人最小费用利用社会上的数字著作物

- 全文阅览服务（2001 年始）

——公共著作物（免费），社会著作物（图书馆内免费，互联网付费）

- 关键词和文摘阅览服务（2002 年始）

——方便地检索·利用大量的知识信息资料

D. 数字资料的共享：

- 建设公共·大学·专门图书馆等的收藏资料共享网络

——谋求通过数字资料共享，有效地利用国家知识资源

- 为使图书馆间能够互换信息，开发·提供标准化的“联合目录系统”，强化数字时代的图书馆作用及功能

主管机构	图书馆类别
国立中央图书馆	公共及特殊图书馆
韩国教育学术信息院	大学及学校图书馆
韩国科学技术信息研究院	专门图书馆

- 大幅度地强化国立中央图书馆的数字信息供给中心

——收集·分类国内外的数字信息，补给各图书馆

——为提高对多样化的数字信息的检索水准和系统化，加强研究开发必备的《专门用语词典》等

——通过制作《多国语词典》，提高通过互联网对外国信息的利用程度

- 形成有效运营数字图书馆的基础（2000 年始）

——制定《国立数字图书馆》计划

E. 与图书馆信息化有关职业的出现及专门人力的培养：

- 有关文献资料数据库建设的职业大量出现

——按一年 200 天的标准，雇用 5300 余名有关人员

- 图书馆要尽量减少补充新的职员

——对现有图书馆员进行信息化特别研修（5500 余名）

——各种计算机系统开发和运营最大限度地利用社会力量

- 通过改进馆员资格制度培养具有信息化能力的专门馆员

——履行专门数字知识信息指导者的职责

（2）中长期（2003 年始）图书馆信息化发展方向

A. 扩大学校图书馆（10351 个）及文库（3763 个）的信息化事业：

- 建设利用合理的数字资料室人员培养基础

B. 强化数字图书馆运营：

- 收集片断的数字信息并使之系统化，保存·利用有价值的知识信息
- 研发依靠专门馆员的数字资料分类中心功能及有关领域
- 履行全国图书馆信息网运营根据地的作用

C. 实现通过互联网的家庭资料室：

- 利用数字图书馆提供的高品质知识信息
- 超高速网运营费，各机关用自身预算负担

5. 今后图书馆信息化发展战略

图书馆信息化发展战略的基本状况是，通过全国全部知识信息资源的数字化创造并共享知识和信息，有效地进行各种社会经济活动（见图 3）。以建设 2008 年国立数字图书馆为目标，今后 7 年时间图书馆信息化发展战略可看作是对国家知识信息资源的所有软件和内容的准备阶段。

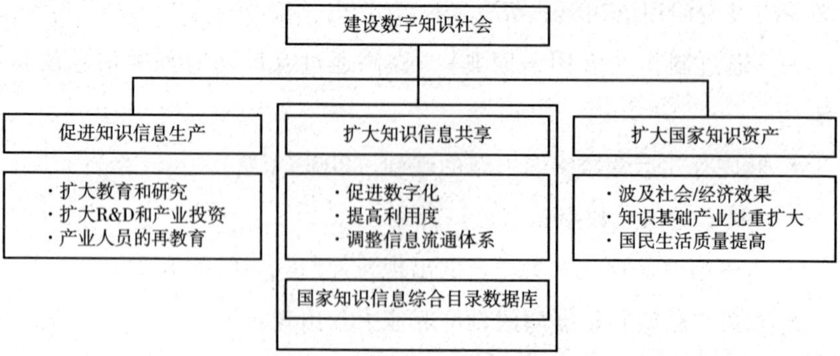

图 3　图书馆信息化状况

（1）数字知识信息资源的扩大

2000年韩国公共部门的数字化达15%。从学科领域来看，教育·学术、古文献、文化·艺术等的数字化比例较低，而科学技术产业、交通·观光领域的数字化比例较高。从1998年起，政府采取积极支持的政策，向信息化工作投入了6000亿韩元。预计随着数字化的快速进展，国家主要信息的信息化将提前5年，因早期构筑的收益大约有2兆韩元。在这样的情况下，为了扩大政府机关、个别单位图书馆、研究所、企业等的数字知识信息资源，需要以下两种战略。

第一，选定国家战略性数据库建设领域，集中地进行数字化。

- 以公共性强或商业性强的信息，符合客观性和公正性的信息，有作为文化遗产价值等为标准选定战略性数据库建设领域；
- 对与学术研究有关的知识信息、科学技术、文化艺术领域等，优先集中投资；
- 对最近生产的信息，已解决著作权问题的信息，资料经过整理的信息优先数字化；
- 从现在开始生产的信息，要使依据数字形态的知识信息的收集制度化，从生产阶段就开始进行数字化；
- 现在正在建设的各种数据库，应尽量具有国家基础构造的功能，不断提高质量，符合标准化和现代化要求；
- 单纯进行图像处理的全文信息，要向能进行内容检索的全文信息转换；
- 整顿知识信息资源的数字化发展体制，系统地开展数字化，防止重复投资；
- 知识信息的生产机构（者）要整顿发展体制，尽量开展直接的数字化；不具备相应条件的知识信息生产机构，开展外部采办（outsourcing）或由收藏机关进行数字化。

第二，要积极地培育信息提供单位（IP）和与信息有关的企业（Venture Business）等信息提供产业。

- 为扩充民间部门的数字知识信息资源，积极培育数据库产业等信息提供产业；

- 通过对信息提供机构的高度共享活动提供装备支持、形成信息提供产业的创业环境；
- 通过对影像资料数字化事业和公共信息的商业化支持，支持知识信息资源的开发；
- 促进对各种文献进行电子化的编辑、整理、加工、记录的出版，以实现知识信息资源的数字化。

（2）知识信息资源的流通活性化

国立数字图书馆的基本作用之一，是可将分散的个别单位图书馆的数据库连接为一个网络。为了运营具有各种知识信息资源的国家网站，国立数字图书馆必须构筑国家的统合检索系统。

首先，国家网站是构筑国家综合目录数据库的先行条件。各个单位图书馆可以建立本馆的书目数据库并相互连接。可以尽量将一些时期生成的知识信息目录自动建成国家综合目录数据库。只有推进目录数据库建设的标准化，才能带来费用减少化的效果。

为了搞活流通，要求改善个别数字知识信息资源的利用体系。以美国为首的先进国正在研究可以接近现在知识信息资源所在位置的 URL 体系的问题。例如，作为赋予知识信息资源自身固有识别番号的 URN（Uniform Resource Name）体系之一的 DOI（Digital Object Identifier），应该制定为国际标准。

只有构筑这样的国家综合目录数据库及其接近体系，才能运营对国家所有知识信息资源的信息所在提供指导服务的国家综合检索系统。国立数字图书馆应运营综合检索系统所需的标准化要素、各种技术要素、掌握利用步骤及方法等，并以此为基础制定管理方针或数据库开发方针，履行补给提供业务。

（3）维持国家数字知识信息资源的管理体制

国立数字图书馆作为综合/调整大学图书馆、公共图书馆、政府机关、研究所等开发单位图书馆的国立数字图书馆运营委员会的主管机关，应该维持综合、系统地管理国家知识信息资源的体制。即应该实现从个人用户到国家单位，从数字知识信息资源的收集到利用的有机网络（见图 4）。

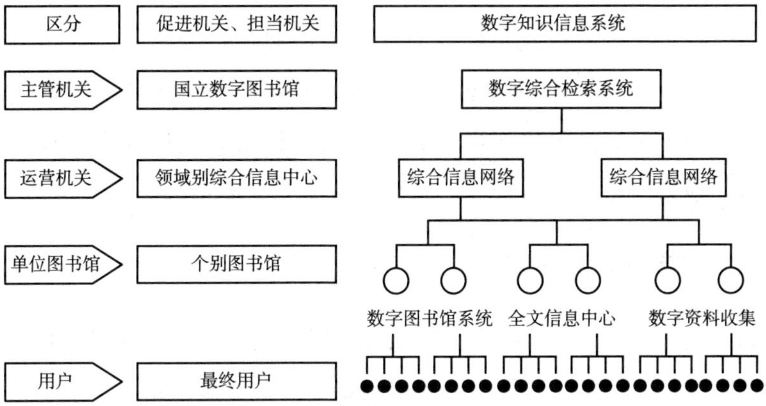

图 4　国家数字知识信息资源管理体系概念

国立数字图书馆为了系统地管理知识信息资源，应维持与各领域综合及全文信息中心的紧密的相互协调。例如，担当研究所图书馆综合全文信息中心功能的韩国科学技术信息研究院（KISTI）、承担大学图书馆入口作用的韩国教育学术信息院（KERIS），还有国会图书馆和法院图书馆等应该作为国立数字图书馆的主要节点起作用。

（4）改善数字知识信息管理的制度

数字知识信息作为国家的战略资源，需要改善管理·流通·利用上的许多有关的法律和制度。例如，《图书馆及读书振兴法》（第 17 条），《著作权法》（第 51 ~60 条），《知识信息资源管理法》（第 12 条）等虽然有与数字知识信息资源管理有关的规定，但在系统地收集、分类加工激增的数字知识信息资源方面是不令人满意的，以数字形态存在的知识信息资源的保存办法和管理体系也是不足的，都需要完善有关的法令。现有模拟计算机为了系统地管理知识信息资源的数字化和作为数字形态存在的知识信息资源，应使收集数字形态知识信息的工作制度化，应修订图书馆及读书振兴法等，制定适用于所有领域的方案。

国家数字知识信息资源的共享和流通中最优先要做的工作就是各种

业务的标准化。应该制定提高异构环境下分散建设的知识信息数据库间相互运用性的标准。虽然从 1997 年以来通过国立中央图书馆等 7 个公共图书馆和信息流通中心参与完成的国家电子图书馆对 KORMARC、Z39.50 等进行了标准化，但标准化的实绩是微不足道的。1999 年以后也只是参与机关个别地开展工作，国家电子图书馆的事业开展仍处于很不兴旺的状态。对知识信息的代码标准、表现形式、数据库设计方法、数据库储存构造、检索语言、传送方式、元数据等标准应优先制定。

（二）韩国实例分析

韩国数字图书馆建设的实际情况是，用连接大多数馆藏资料目录或文摘信息服务和互联网上的信息源或信息系统的节点服务信息，负责建设并服务于数字藏书系统的机构可以说几乎没有。20 世纪 90 年代中期以后，政府和民间团体支援的数字图书馆建设事业虽然还在进行，但评价其结果为时尚早。虽然开始建设数字图书馆的大学和研究所等正在建设不同于图书馆电算化系统的数字图书馆，但数字图书馆的内容仍显得很贫乏。

可作为韩国数字图书馆代表的是 LG 上南图书馆，可作为国家数字图书馆示范事业的是韩国教育学术信息院的 RISS 等。此外还有电子通信研究院的电子图书馆建设事业和韩国科学技术院的国家科学技术电子图书馆方案等也在进行之中。实际的情况是，大部分的韩国数字图书馆建设事业是将重点放在将现有印刷媒体形态的信息进行数字化处理上。

韩国科学技术信息研究院（KISTI）决定建设国家科学技术电子图书馆，该馆将前产业技术信息院和研究开发信息中心统合的 2001 年 1 月至 2003 年学术及研究活动所需的所有信息，通过互联网系统地提供服务。其方针是构筑能实时管理和流通韩国开发的与科学技术及产业有关的资料及学术期刊的基础，使之具备与科学技术领域有关的数据库等相连接的总体服务体制。

1. LG 上南图书馆

1995 年韩国最初建设数字图书馆信息系统（Electronic Library Information Tour，ELIT），使用以万维网为基础的企业内部互联网（Intranet）系统，将学术杂志和会议资料等的原文，用图像形态（TIFF）进行数字化和服务。45000 多名会员中直接去该馆访问的用户不到 1%，绝大多数的用户在通过网络利用该馆的信息。数字图书馆系统的资料输入及会员管理部分采用“客户端/服务器”形式，检索部分以万维网为基础，将作为关系型数据库管理系统的赛贝斯（Sybase）搭载在 3000 个企事业单位的服务器上，检索引擎通过支持标准检索协议的 Z39.50 系统使用 BRS（Bibliographic Retrieval Services）。

2. 国家数字图书馆示范事业

用信息通信部的预算支持（7.78 亿韩元），从 1996 年 12 月开始，国立中央图书馆、国会图书馆、韩国科学技术院科学图书馆、韩国学术振兴财团、研究开发信息中心（现为韩国科学技术信息研究院）等 5 个机构共同促进的国家数字图书馆示范事业是最初合作形态的数字图书馆方案。为了统合数字图书馆系统的开发、全文数据库的 SGML（通用结构语言标准）处理和 Z39.50 的应用，5 个机构以 T1（传输速率可达 1.544Mb/s 的通信线路）联网，可通过互联网相互利用数字资料。

从 1998 年 3 月到 11 月末的 2 次事业（预算支持 16.5 亿韩元），奠定了国家电子图书馆建设的基础。法院图书馆和产业技术信息院（现为韩国科学技术信息研究院）追加参与，继续开发了分散检索支持、著作权管理系统、电子出版系统等功能。系统环境按照各个机关，分别将数据库软件（Informix）搭载在 4000 个企事业单位的服务器上，检索引擎使用 KRISTAL Ⅱ。

3. 韩国教育学术信息中心的 RISS

韩国教育学术信息中心的 RISS（Research Information Service System）构成大学图书馆的馆藏图书综合目录，海外学术信息，学术期刊论文、学术信息，互联网信息分类等系统。以数字内容提供的外国博士学位论文可以用图像阅览书目、文摘及全文。RISS 的构造是，输入部分采用客户端服务器，检索部分以万维网为基础，主服务器搭载在 HP EPS 和 Oracle 数据管理系统和 BRS（Bibliographic Retrieval Services）引擎上。后来，还继续完成馆际互借系统和全文提供服务系统，定题情报提供服务（SDI）。

（三）主要争论焦点的评价

在促进国立数字图书馆建设事业过程中，分析其内在的和潜在的争论焦点，对于有效地促进事业和确保稳定性来说是必需的。在建设国立数字图书馆方面提出的主要争论焦点归纳如下。

第一，对于国立数字图书馆的建设来说，决策者的正确认识和持续的关心与支持应该先行一步。国立数字图书馆建设是需要有长期的计划和预算、技术和人力支持的事业，决策者只有具有对国家知识信息资源的重要性及数字图书馆必要性的坚定认识时，数字图书馆的建设才有可能实现。

第二，促进数字图书馆事业的主管图书馆和单位图书馆的各种环境应该优先得到改善。数字图书馆的建设按照开发利用全文、活动影像、三维信息等尖端多媒体信息的储存与检索技术的方向进行是值得欢迎的。为促进这样的事业，必然要投入人力和预算。但是现在大部分单位图书馆都急于完成现有的业务、履行现有的功能，而完成国立数字图书馆下级组织的功能则比较困难。

第三，应尽量履行国立数字图书馆促进机构和单位图书馆分担的业务和功能，具备相应的制度体系。应该实现和运营数字图书馆所必需的技术与制度标准，建立相互作用和信息共享的体制。

第四，有效地利用国家知识信息资源，确切设定国立数字图书馆的建设范围和领域，并应在事前杜绝重复建设带来的国家预算的浪费因素。将对教育、学术活动和研究开发提供实质性帮助的大量学术资料开发为数字化的内容，并以低廉的价格提供给用户，这应成为建设的重点。预计通过数字期刊的共同合作购买等经济效果将达到数兆韩元的波及经济效果。

三　韩国最有代表性的数字图书馆：LG 上南图书馆个案分析

（一）LG 上南图书馆的概况

LG 上南图书馆是该财团法人 LG 莲庵文化财团为发展韩国的科学技

术而设立的专门图书馆。该馆是以LG集团名誉会长具滋暻赠送的私宅为基础，为韩国科学技术领域学术发展和人才培养而设立的韩国最初的数字图书馆。LG上南图书馆为韩国研究者提供以化学·电气·电子领域为中心的自然科学技术领域的最新信息。LG上南图书馆收集自然科学技术领域的各种最新信息，通过储存到与互联网相连接的电子书库，远地的会员也能24小时地得到信息服务。该馆于1996年4月17日开馆，对韩国难以找到的国外科技信息集中提供服务。该馆是科学技术领域的私立公共图书馆，实行会员制的运营方式，其主要用户是全国大学的理工系教授及研究生院/大学、政府出资的研究所和企业研究所的研究员等，他们在任何时候、任何地方都能检索、利用该图书馆的信息，并能申请得到所需资料的原文。

该馆从1997年4月17日开馆一周年开始，网络连接及信息利用环境大幅度改善。可通过Web浏览器进行全文的检索与利用，通过万维网提供信息服务。该馆因将计算机和通信技术相结合，使之成为可进行远距离信息利用的韩国最早的数字图书馆而受到瞩目。随着该馆向通过万维网提供服务的转变，会员可在世界任何地方利用Web浏览器方便地检索和利用信息。该馆运营所需资金均由LG集团提供，除对用户收取一定的打印费用和按次收费的全文信息邮寄费用外，其他服务均为免费。

（二）LG上南图书馆建设发展方向

1. 图书馆概要

（1）运营主体：财团法人LG莲庵文化财团

（2）开馆日：1996年4月17日

（3）所在地：汉城钟路区苑西洞136番地

（4）规模：地基1626平方米，实际占地面积1531平方米（地上3层，地下1层）

（5）特征：①科学技术领域的专门图书馆；②可通过计算机网络远程利用的数字图书馆；③会员制图书馆

2. 主要设施

层　别	主　要　设　施
3层	影像资料室:可申请阅览世界各国制作的学术影像资料,可看海外有名的科学技术领域学会录像资料(1人用的房间2个,2人用的房间2个,4人用的房间1个) 会议室:可供10人使用
2层	视听觉讨论室:配备视频方案和100英寸屏幕及PC、TV、VTR、LDP、实物投影仪的多用途讨论室(可供40人使用) 馆长室、接待室、办公室
1层	参考信息室:负责收集CD－ROM参考资料,可检索收录在CD－ROM和CD－Ⅰ中的百科词典等参考信息(7个座位) 信息商谈室:负责帮助用户的信息检索专家根据会员用户要求进行商谈、指导化学和电气·电子主题的信息检索 信息检索室(A,B):配备为来访用户的多媒体PC终端(17个座位) 电算管理室(计算机中心):管理构成数字图书馆的所有信息系统和网络,运营图书馆所有电子信息处理和通信机器 休息室,纪念厅
地下层	DB制作室:配备了内部的数据库生产设备,可制作学术期刊和会议录等的书目数据库,提供全文邮寄服务 书库:保管完成数据库制作后的资料原文

3. 建设背景和目的

(1) 建设背景

原来LG上南图书馆的建筑物是LG的创业者、已故的莲庵具仁会先生1967年建造的为其家族居住的住宅，他的儿子LG名誉会长具滋暻1992年在LG莲庵文化财团改变了其用途，将其作为用于公益事业的实物贡献了出来。财团经过将该建筑物用于各种公益事业的研讨，最后决定建设科学技术领域的专门图书馆。

(2) 建设目的

将LG上南图书馆建设成为科学技术专门图书馆的目的有两个。第一，LG是以化学和电气电子产业为基础成长发展起来的，所以要起到直接为该领域的韩国学术和技术发展做贡献的信息中心的作用。LG认识到，没有学术发展的后援，事业的发展也只能是有限的。该馆的建设，也是谋求学问和产业的均衡发展。第二，建设能同时体现LG莲庵文化财团关于“人才培养”和“科学技术振兴”设立宗旨的科学技术专门图书馆。

4. 发展方向

从决定建设 LG 上南图书馆、成立施工队的 1993 ~ 1996 年 4 月 17 日开馆，前后只用了 3 年的时间。其中一年主要是为设定建设方向所需的基础调查工作，进行了对文献的调查，对国内外图书馆现场实地考察，对实际利用图书馆的用户调查等。该过程与企业开发、上市有些产品时对市场和顾客所做的市场调查完全一样。这些调查得到的结论是，如果不具备与现有图书馆完全不同的图书馆服务系统，就很难有存在的价值。以这样的认识为基础，莲庵文化财团拟定了以下 3 种差别化的战略。

（1）资料的差别化

在考虑建筑物的规模等各种问题的时候，决定克服与现有公共图书馆或大学图书馆不能相比的不利条件。尽管需要进行学术和技术研究的场所，但还是拟定了选择、收集现有图书馆不够充足的核心高级学术信息的方针。再有，就是决定将公共图书馆或大学图书馆容易得到的资料排除在收集对象之外。

（2）系统的差别化

基于“如果有了好的资料用户也很难找到，或者有了好的资料也不能充分地吸引用户，则只有失败”的认识，对图书馆的建设进行了研讨。当时，在世界上能看作是数字图书馆建设的例子还没有。“用远远落后于先进国的韩国技术能否实现数字图书馆建设”的议论也不是没有，但咨询专家的结果还是得到充分可行的结论，所以财团决定果敢地进行挑战。

（3）运营的差别化

作为提供高级学术信息的专门图书馆，随着通过图书馆的形态和网络进行远距离服务的方针的拟定，自然就研讨了会员制运营的问题。主要根据以下两种分析。一是在对所有的人开放服务的情况下，过重的网络负荷（通信量）实际上会给需要信息的用户带来不便。二是用外国语记述的全文信息，对一般人来说阅读起来也比较困难。在图书馆的人员构成上，也配备了具有理工领域知识背景的信息专家以提供高水平信息服务。

（三）数字图书馆系统建设

1. 资料构成

如前所述，LG 上南图书馆的资料对用户的研究活动肯定是需要的，它是以现有图书馆不能充分提供的资料为中心构成的。这些资料是，大的学术刊物、国际学术会议录（Proceedings）、学术录像资料、CD - ROM 等 4 种。该馆收集的全部是国外发行的资料。

（1）学术期刊

对于研究者要求最多的学术期刊，虽然大学图书馆也收集，但因特别是理工系统的期刊订购费太贵，而不能充分地提供。LG 上南图书馆收集提供了 1995 年度以来的 1000 种海外期刊。最初选定订购期刊是参考美国 ISI 发行的 JCR（Journal Citation Reports），以在科学技术各领域中引用率高、登载论文数量多的期刊为中心选择的。现在，以原文的实际利用统计为基础，用户利用多的期刊则继续订购，利用率低的期刊则替换为用户推荐的其他期刊。目前该馆共有约 5870 余种海外期刊（其中科学技术领域的期刊共 2700 余种）。对这些期刊，读者均可通过该馆的“海外期刊数据库”主页免费利用其目次和文摘。另外，对科学技术领域的 150 余种期刊，来访者还可免费利用其全文信息。对其他所需论文的全文信息，可利用按次收费服务便利地获得。

（2）学术会议资料（Proceedings）

作为发表最新研究成果的媒体，学术会议资料研究信息的价值反而比期刊更高，因与会者分别拿着自己的一份资料，而会议资料往往具有不能正式流通的特点，图书馆收集这种资料就比较困难。LG 上南图书馆以国内学者为对象，与开展支持参加海外学术会议的韩国科学财团缔结学术信息交流协定，科学财团将收集的学术会议资料全部赠送 LG 上南图书馆。还构筑了通过主管学术会议的学会直接得到学术会议资料的渠道，最大限度地收集分布在权威学术会议中的资料。实际上，如果统计 LG 上南图书馆用户的论文需求结果，他们对学术会议资料中登载的论文的利用频度高于期刊论文。

（3）录像资料

与学术会议资料一样，学术录像资料是韩国唯一由 LG 上南图书馆直接收入配备的资料。至今主要偏重科学和电气电子领域，特别是全部确保 IEEE、IEE、ACS 等世界性学会发行的资料。但是，录像资料与其他资料不同，对它不进行数字服务而进行录像原件的馆内外借阅服务。当然，资料的目录检索、出借契约及申请是通过联机实现的，和录像一起制作的手册（讲义教材）用图像文件进行了数字化处理后提供原文。

（4）CD - ROM 资料

科学技术领域的 CD - ROM 一般来说收录全文的情况很少，主要是包含书目事项和参考信息。为弥补 LG 上南图书馆不配备 1995 年以前资料的不足，配备收录科学技术文献书目数据库的 CD - ROM 并进行网上服务。特别是收集了自 1988 年以来产业界所需求的收录有美国专利明细原文的 CD - ROM。但是 CD - ROM 的媒体特性在远距离服务上有其困难的方面，图书馆只在内部通过局域网提供服务。

2. 数据库建设

建设数字图书馆当然需要数字化的资料。虽然也有 CD - ROM 等从一开始就以数字形态出版的资料，但大部分资料还是以书的形态出版的。印刷形态的资料经过数字化处理变成计算机可读信息的作业是必要的。LG 上南图书馆具有自己的数字信息制作系统，将期刊和学术会议资料等以书的形态收集的资料原文转换为图像数据的形态，并制作能查找他们的索引数据库。截止到 2001 年 5 月，LG 上南图书馆存有的数据库如表 3 所示。

表 3　LG 上南图书馆数据库现状统计（截至 2001 年 5 月）

数据库名称	收录内容	件　数
期刊数据库	学术杂志中收录的论文目录	1062960
学术会议资料数据库	学术会议资料中收录的论文目录	182705
录像资料数据库	学术录像目录	759
CD - ROM 数据库	CD - ROM 的当前内容(可访问利用)	70

续表

数据库名称	收录内容	件　数
学术会议召开信息数据库	科学技术领域学术会议预定召开信息	1131
学会/协会信息数据库	科学技术领域学会及协会信息	1514
附加服务数据库	互联网资源，讲义资料信息等	7116
总　　计		1256255

注：①月平均追加 15000 余条新的信息。
②总件数比两年前（1999 年 2 月）统计的 771560 件增加了将近 1 倍。

3. 信息系统

应该构成为数字图书馆服务的相当复杂的电算系统，信息系统不稳定马上就会中断服务。信息技术小组必须参与数字图书馆建设计划，他们也必须密切参与运营过程。图书馆员和电算专家的合作非常重要。

（1）资料输入系统

图书馆得到的期刊和会议录等印刷媒体利用高速扫描仪，转换为图像数据（200dpi，G4 传真 TIFF 文件），以全文形态输入与其对应的书目事项和文摘等书目数据库。为此，LG 上南图书馆配备了双面和单面各两台高速扫描仪和 4 名从事编辑、输入作业的人员。

书目数据库登录到主服务器，图像经过图像服务器，进入起“电子书库”作用的数据储存装置的磁盘系统保管之后，即可按照用户的要求来提供服务。现在的储存能力是约 4000 亿字节（400 个 Gigabyte）。

（2）系统构成

LG 上南图书馆的系统是以“服务器—客户机”构造的系统和以与 www 相链接的内联网系统进行设计的。开馆时只有“服务器—客户机”构造，后来到 1997 年构筑了 www 服务系统后才有了现在的构造。

该系统是以用户为中心的，要利用图书馆的会员，首先通过万维网服务器登录 ID 后即可利用信息，在检索引擎的帮助下查找所需的资料目录。如果要求全文图像，则可传送到自己的电脑中。目录检索是通过数据库服务器，图像检索是在与图像服务器相连接的储存装置的帮助下进行的（见图 5）。

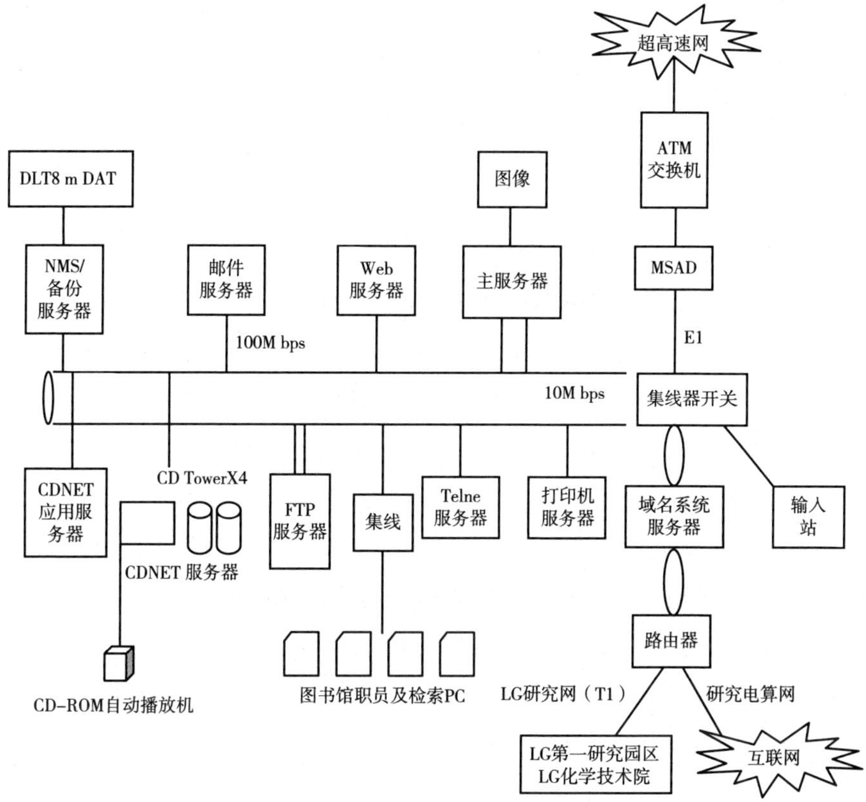

图 5　LG 上南图书馆系统构成

构成各系统的装置如下：

主机（DB 服务器及图像服务器）：SUN Ultra Enterprise 3000

Web 服务器：SUN Ultra 2

邮件服务器及 FTP 服务器：SUN　Sparc 1000

NMS：SUN　Sparc 20

保安及 DNS（Domain Name System，域名系统）服务器：SUN　Sparc 20

CD－NET AP 服务器：IBM 320 PC 服务器

打印服务器：PC 486DX－66Mhz

储存装置：SUN Network Array A－5000

检索引擎：BRS/Search

RDBMS（Relational Data Base Management System，关系型数据库管理系统）：Sybase

CD－NET服务器：CD－ROM（14驱动＊4），CD－ROM自动播放机（100张用）

4. 服务网络

LG上南图书馆在构筑Web服务器的同时，将连接Internet的专用线从过去的256Kbps提高到T1级（1544Mbps，即1544兆每秒比特数）的高速线路。该图书馆为使用户通过互联网接收信息，一方面用T1级的高速专用线与国家基干电算网之一的研究电算网（KREO－NET）连接，另一方面用T1级的专用线与LG集团的研究网连接。特别是政府1995年将汉城和大德研究园区之间示范连接的超高速信息通信网作为信息提供机关后，也用E1级（2048Mbps）高速专用线与该网连接。

在开馆初期，作为主要利用机构的大学的网络情况不好。从支持家庭利用方面来说，为了尽可能通过PC通信来利用信息而与HiNet－P连接，韩国的网络情况也渐渐好转，但通过该网络利用信息的用户不到1%，并从1998年1月起中断服务。

在规划阶段，除利用网络之外，也有少量会员直接来图书馆访问。虽然这里也配备有来访者利用的设备，但实际上上门来访的用户一天也就是一两名，绝大多数是通过计算机网络远程利用信息的。

5. 用户界面

最初开馆时命名为“电子图书馆信息漫游”（Electroniic Library Information Tour，ELIT）的LG上南图书馆开发了信息检索专用软件提供给用户使用。该软件尽管有各种优点，但用户调查结果表明其不便之处也很多。用户呼吁最多的一点是软件设置上的困难，软件大，PC容量的需要也大，与其他软件的冲突也时有发生。所以，LG上南图书馆从一开馆，就研讨了转换为www服务的问题，后于开馆1周年的1997年4月17日正式开通了Web服务。从此，用户即使没有特定的软件，只要有以“网景”为首的广域网浏览器，就能方便地利用图书馆信息。只要追加安装上为阅览图像用的简单的插件软件阅读器，即可进行远程连接和信息检索，得到阅览图像和输出的服务，利用环境进一步好转。

向 www 服务的转换不仅给用户，而且给管理层带来相当大的便利。构筑企业内部互联网系统，会员管理、出借资料管理、信息商谈、利用统计等所有的管理都在网上进行，另一方面，与会员间的通信也顺利，可给会员更贴心的服务。

（四）运营状况

1. 会员现况

LG 上南图书馆的入会资格是理工系统的大学教授和硕士、博士课程的研究生，以及政府出资研究所及民间企业研究所的研究员等。例外的情况是，大学和公共图书馆的馆员中希望加入者也可加入，这是为了使没有加入资格的大学本科生和一般人能够得到服务而创造的间接的途径。

开馆后约一年时间，提出会员申请并入会的人有 15000 余名。但其中实际利用图书馆信息的人不过 7000 余名，剩下的过半数的会员只是加入了但没有实际利用。从 1997 年 7 月 1 日起，对一定期间内没有使用实绩的会员情况全部进行整理。以后申请加入的数量不断增加，到 1999 年 2 月底已有 20562 名登录为会员，月平均 700 名以上。到 2001 年 5 月底会员数增加至 56570 名，月平均增加 1334 名。全体会员中约 61% 是大学所属的研究生和教授，这些大学会员的比重逐渐增加。与此相反，政府出资的研究所或企业研究所的会员增加很慢。截至 2001 年 5 月会员情况如下（见表 4）。

表 4　LG 上南图书馆会员情况（2001 年 5 月）

用户集团别	机关数	会员数	构成比(%)
大学	331	36457	65
政府出资研究机关	162	3720	7
民间企业研究机关	428	16393	28
合　　计	921	56570	100

2. 信息服务情况

LG 上南图书馆主页（http：//www. lg. or. kr）的日访问者数量最近达

2500 名以上，实际具有会员资格进行信息检索的频度是每日 2000 次左右。要求原文图像服务的频度约为登录次数的 2.2 倍，每日约 4500 件。截止到 2001 年 5 月的信息服务情况如下（见表 5）。

表 5　LG 上南图书馆信息服务情况（2001 年 5 月）

单位：次

区　　分	2001 年 5 月	月平均
主页连接	105691	79354
书目信息利用	57238	56509
元数据检索利用	96927	97910
附加服务利用	20602	16150
资源数据库利用	1478	1258
原文邮寄服务	5289	5716
合　　计	287225	256897

如果按会员的所属别来分析信息利用量，大学的利用量显得比其他用户集团高得多。表 6 反映了 1999 年 3 月用户集团别的利用情况。

表 6　LG 上南图书馆用户集团别利用情况（1999 年 3 月）

用户集团	登录(次)	构成比(%)	原文约请	构成比(%)
大学	31157	82.7	60852	83.9
政府出资研究所	1439	3.8	3535	4.9
民间企业研究所	2606	6.9	3779	5.2
LG 职员	2465	6.6	4342	6.0
合　　计	37667	100	72508	100

从表 6 可以知道，全体会员中的大学教授、研究生的登录比例是 82.7%，原文要求量更高，是 83.9%，比其他用户群的利用量要高得多。相反，LG 研究院的会员虽然占 24.0%，但其登录次数和原文要求量分别只占 6.6% 和 6.0%。政府出资研究所和除 LG 之外的民间企业研究所的利用率虽有一定程度的差异，但比大学还是低。

分析大学会员比其他用户群利用 LG 上南图书馆的信息更活跃的原因

主要有两个。第一，图书馆的资料主要以学术信息的价值为中心选择，比起对实用信息的依存度较高的其他用户群来受惠要多。第二，大学图书馆比起企业体或政府出资研究所的资料室，教授和研究生可利用的信息相对要少。不管怎么说，LG 上南图书馆作为对大学提供最新学术信息的理工学术信息中心的位置是定下来了。

3. 运营人力和预算

（1）人力

LG 上南图书馆的职员由 10 名正式职员、6 名特约职员及临时工组成。根据业务特点分为：具有文献信息学专业和馆员资格证的馆员和电算管理与按主题别担任信息商谈服务的专门人员，以及担任图书馆一般行政管理的行政人员等。

但是，事实上按照数字图书馆的运营经验来看，因为大学文献信息学系学习的技术几乎没有适用的领域，将所有的职员都看成是信息专家也不是没有道理，因为所有的业务都实行电算化，用计算机处理如果不具备较高信息技术水平，完成业务本身是不可能的。

正式职员中有 6 名是在 LG 的其他公司工作，通过公司内部商议选拔的人员，其他 4 名是为保证图书馆运营另外公开考试招聘的。机构的编制引入“部长—科长—代理—科员”等企业体使用的方式，其“人事—福利”制度也是使用 LG 的，这也可说是其特殊之处。

现在的组织按照计划管理组和电算管理组两个部门构成，如图 6 所示。

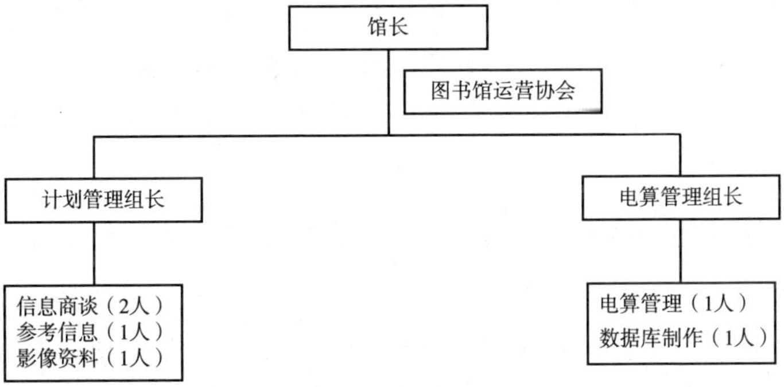

图 6　LG 上南图书馆的组织构成

（2）预算

LG上南图书馆的年度预算是按照1996年13亿韩元，1997年14亿韩元（另有企业内部互联网建设费用4亿韩元），1998年17亿韩元持续增加的。按项目别预算的百分率虽然每年稍有不同，大量新资料的购入费占50%～60%，工资支出将近20%，管理费占20%～30%。

这种情况与现有图书馆存在相当大的差异。首先，作为给用户实质利益的资料购入费的比重很高，而工资支出的比重较低可以说是它的一个特征。从运营庞大的电算系统和通信网络来看，管理费中约60%是作为其系统的维持管理费投入的，这是其另一个特征。

图书馆的运营预算中占最大比重的资料购入费中足有80%投入到期刊的订购中，CD－ROM资料约占11%，录像资料占9%。所有的资料全部是从外国进口的，肯定会受货币汇率变动的影响。就是没有汇率的变动，每年期刊的订购价格也要上涨12%～15%，现在又和悲剧性的汇率暴涨凑在一起，资料购入量的调整是不可避免的。

4. 运营效率分析

随着数字图书馆的建设推进，用户和图书馆都希望看到明显的效果。还有，虽然有以上关于预算运营效率的分析研究，但通过LG上南图书馆的运营，还是能够确认数字图书馆比传统图书馆具有更多的优点。

LG上南图书馆一年的用户数量按40万名推断，如果建设能容纳这种规模用户的传统图书馆，大概需要建设面积为4297.5平方米、有1200余个阅览席位的建筑物，怎么说至少也得有40名左右的工作人员。但是，LG上南图书馆几乎是维持原样地使用原来作为个人住宅使用的建筑物，用10名左右的人力，轻松地容纳消化了中等公共图书馆规模的用户。

实际上，比起用眼睛可以看到、用数值可以计量的效果，全国范围的信息服务和任何时间、地点都可远程利用的社会费用节减的效果更大。特别是利用该图书馆的人不是单纯的信息消费者，而是具有创造新的信息和开发新的技术能力的研究者群，从这点来说，我们可以高度评价LG上南图书馆的存在价值。

另外，从称为韩国最初的数字图书馆这点来看，得到舆论集中报道的 LG 上南图书馆仅其宣传效果本身，也即是企业的公益事业投资价值的例证。更要说明的是，开馆后尚不足两年半的短暂期间，足有 780 余次、3500 余名图书馆有关人员去 LG 上南图书馆参观学习。达 20 余次的全国各大学的文献信息学系 900 余名学生得到参观学习的现场教育机会。

5. 来馆进行参观学习和实地考察的情况统计（见表 7）

表 7　来 LG 上南图书馆参观学习和实地考察情况（2001 年 5 月）

项　　目	机关数	人员数	构成比（%）
大　　学	306	2456	51
政府出资机关	388	1359	31
民间企业	237	769	18
合　　计	931	4584	100

四　对韩国发展数字图书馆的政策分析

（一）国家知识基础产业的影响效果

国立数字图书馆的建立对国家知识基础产业发生的影响效果，从经济性和费用性分析来看，从国家全局来说都是很大的。由于国立数字图书馆的波及效果产生不能按照特定领域区分的多方面的影响，国家知识信息资源的有效利用效果要在全局和细节上对学术研究活动的效果、对产业活动全局的效果、对利用国际社会知识信息的效果，以及对利用互联网的国民文化生活的效果进行分析。

1. 对国家知识信息资源有效利用的效果

对国家知识信息资源有效利用的效果可从各个方面进行分析，和国立数字图书馆的直接关联性高的事项如下。

第一，制定、开发以国立数字图书馆为中心的数字图书馆建设所需的各种标准方案是共享国家知识信息资源的先行条件。可通过开发、补给标准软件，防止各机关的重复开发，提出对信息流通的方式、电子出版的标准、通信网的协议、书目信息数据库的构筑方式等一系列标准，对预算、人力等各种资源进行有效利用。

第二，可防止各图书馆重复构筑文献信息数据库。各图书馆的数字化对象资料按照各机关固有的特性化领域和类型来分担，防止对资料数字化的重复作业，通过标准化实现对文献信息的有效管理和运营。

第三，提高对文献信息数据库研究和教育的竞争力。通过对信息或数据库的统合利用，可以创造出新的信息和实现高附加价值化，通过信息费用的节减和信息利用的增加，可以提高研究和教育的竞争力。

第四，邻接领域可能有多种关联效果及相关贡献。为总体管理和利用国家知识信息资源建立的国立数字图书馆使国家所有领域呈现出波及效果。在学术方面，与产业界的专利、政策信息、统计、设计、医疗等多样的领域相结合，可使研究开发成果极大化，新技术的引进可提高韩国的技术实力，超高速信息通信网的服务可直接帮助增进国家的技术实力。

2. 学术活动贡献效果

不管国内外情况如何，国立数字图书馆的作用中最重要的问题是建设为支持学术研究活动的信息资源共享体制。通过使需要学术信息的研究者及时得到资料、缩短调查文献时间、广泛的资料检索支持等，可直接对提高研究活动做贡献。通过利用网络的相互合作服务的极大化，对内通过连接大学和企业研究所的全文中心即可实现相互合作，导致产学连带关系。特别是对内对外来说，大学和大学之间，大学和研究所之间，国家和国家之间的特定领域的全文中心用网络连接提供信息，使相互间的竞争力提高并实现共享。

3. 产业活动贡献效果

在国立数字图书馆的作用中，与学术活动同样重要的问题，是可以看到对研究开发活动的贡献。企业和研究所的研究开发（R&D）所需的多样的技术和产业信息可迅速、准确地提供，可做到提高整个产业的生产性和创造性。

可以看到最近发生的数字产业或最新产业（Venture Industry）通过活用数字信息资源创出典型的雇用效果。以图书馆为首的文化机关、教育机关等的全国知识信息服务基础建设，其波及的附加价值和创出的雇用效果，通过基础信息化事业失业者的生活保障及职业训练的信息化教育的扩散等典型事例体现出来。

通过与知识信息有关的使产业活性化的国家经济上升作用或通过知识信息化基础建设产生的国家竞争力的提高，可以看到解决信息资料重复造成的国家预算的浪费等宏观方面的产业·经济效果。

4. 国际社会贡献效果

知识信息资源的数字化在活用知识信息方面超越了时间和空间的概念，是贡献给国际社会的最有效的体制。将韩国多样的知识信息资源提供给外国，可以增进国际社会对韩国的了解和发展学术研究。反之，查找外国资料的便利性也可使韩国人得到迅速、准确的信息，最大限度地利用外国信息。这样，就能迅速得到各先进国的科学技术研究动向和信息，使韩国的科学技术研究能力得到提高，还能从多角度得到外国的各种信息，并反映到制定国家政策上。

通过韩国图书馆信息化之后的对外信息服务，可加强国家竞争力和对外关系，参与全世界的信息共享计划，成为提高韩国世界地位的契机。这样，才能在先进国的行列中参与和数字图书馆建设有关的多样性国际标准的制定，保护和培育韩国的知识信息产业。

5. 对国民文化生活的贡献效果

随着国立数字图书馆庞大的信息提供，当然也能对提高互联网的网络文化质量做出贡献。图书馆用户们通过远程服务在自己家里或办公室里也能利用信息，消除了在利用信息上的差别。《知识信息资源管理法》第11条中关于“政府保障对知识信息资源的自由接近和利用，将尽可能提供没有经济、社会及地域差别的均等条件的普遍服务”的说法已经条文化，即作为数字知识信息的共享，信息需要者可没有时空制约地通过接触广泛的信息资源来获得信息。由此防止由区域差别导致的资源偏重性，可图谋地区间的均衡发展。同时，泛国民的信息化和世界化精神的扩散，给国民提供接近、利用、获得世界信息的服务，能宣传作为参与者加入信息化和世界化行列的精神。

（二）国家政策考虑的问题

1. 国库支援的适当性

国立数字图书馆的建设不是以营利为目的的事业，而是所有的国民通过利用知识信息资源，提高国家全盘知识能力的教育事业，同时也是文化事业。

通过对海外先进国的事例分析，可产生相当于投入到国立数字图书馆建设经费数十倍的正向效果。国立数字图书馆的建设是超越特定地区或阶层，使所有国民能够从中受益的事业，因此，当然要评价国库支持的适当性。

2. 和相左计划的联系性及其他考虑事项

国立数字图书馆等 7 个主要图书馆共同从 1997 年到 1998 年末构筑的国家电子图书馆（www. dlibrary. go. kr）数据库，是通过互联网以统合目录服务为目的推进的，是连接国内主要图书馆、提高国家信息能力、谋求地区间均衡发展、扩大发展国家信息资源的共享体制，给研究者乃至一般国民通过联机提供其所需的信息，推进强化 21 世纪知识信息社会国家竞争力的事业。

但是，为图书馆间的连接服务，各机关分担的作用不明确，可调整统管全体事业的协调机构发挥作用不够，致使效果甚微。前一阶段虽在一定程度上推进了自身开发图书馆信息资料的数据库化，但在统合的信息提供内容或体制上还有很多问题。

国立数字图书馆建设事业和国家电子图书馆事业，是从局部的、消极的数字图书馆构筑事业扩大到泛国家的积极的国家数字图书馆建设的紧迫事业。国家电子图书馆成立两年多，逐渐构成国立数字图书馆必要的基础是值得称道的。然后，两个事业互相补充和同质化，将积累的经验和不足的方面当作教训，会有很多能够创出协同效果的方面。

3. 事业责任者的决心

比起将国立数字图书馆建设事业的推进主体限定为文化观光部或国

立中央图书馆，将全国所有的个别单位图书馆都看作推进主体则更理想。当然，事业主体的中心作用应该由文化观光部和国立中央图书馆来承担。从对事业的妥当性调查到完工之时，长达 7 年的时间，推进主体若没有强有力的发展意旨和使命感，事业将很难发展。文化观光部和国立中央图书馆不管地位如何，都要将国立数字图书馆建设看作是实现国民夙愿的事业，并对此怀有很强的决心。

特别要指出的是，金大中总统为了图书馆的信息化，从 2000 年到 2002 年拨款 3068 亿韩元，这是正在开展大量工作的国立数字图书馆建设的重要一环。学界和技术产业界及一般国民都一致认为，这是可有效利用国家知识信息资源体制建设的最好机会，并可真实地感受到这种气氛正在成熟。

五　韩国图书馆界对数字图书馆的理解

（一）数字图书馆的概念

1. 定义

数字图书馆是什么？可以说，目前对数字图书馆的定义还没有完全整理清楚。1995 年作为美国政府机关的 IITA（Information Infrastructure Technology and Applications）主管的数字图书馆的 Workshop 所下的定义是："所谓数字图书馆，是使用户可以一贯性地利用大的、经过组织的信息和知识储存所的系统"。但是，这样的定义也同样是暧昧模糊的。

如果稍微通俗地说，所谓数字图书馆，是指利用信息技术将图书馆的各种资料进行数字化处理，或者收集被数字化的资料并储存到计算机存储装置中，用户可通过计算机网络方便地利用它们的系统。

2. 有关的用语

与数字图书馆类似含义的用语很多。譬如，电子图书馆（Electronic

Library），虚拟图书馆（Virtual Library），无书的图书馆（Paperless Library），无墙图书馆（Library without Walls），逻辑图书馆（Logical Library），网络图书馆（Networked Library）等用语都在被混用。不能说这些用语是同义语，应该说它们所指的这些图书馆是具有微小差异的不同类型的图书馆。1994 年美国在推进作为政府主导方案的 DLI（Digital Library Initiatives）以后，统称为"数字图书馆"是世界的趋势。韩国也认为今后应统一使用"数字图书馆"。

3. 数字图书馆是图书馆吗？

提出这个问题的人是日本东京大学的 Acahylo Gubaota 教授和 Jinki 大学的 Naoki Dakubao 教授。韩国图书馆界的学者认为，这种提法是荒唐的。他们认为，数字图书馆只是超越传统图书馆固有功能。再说，强调"图书馆"一词，会失去很多东西。数字图书馆是与传统图书馆不同的、能够处理多媒体信息的系统。传统图书馆不管的资料，哪怕是像试验数据、图形、建筑设计图、人力资源数据那样的资料数字图书馆也能管理。再说，不仅是图书馆，博物馆、美术馆那样的功能也能一同实现。从这一点来说，数字图书馆被赋予更多复合功能。

韩国学者提出的主张还有一个，即数字图书馆也仍然应该发挥传统图书馆的固有功能。图书馆不仅具有提供信息的功能，还给用户提供读书的良好环境，使他们创造新的思想和知识。数字图书馆不要只强调其提供信息的功能，而忽视了其所具有的其他重要功能。所以，他们在设计数字图书馆的时候应该支持获得思想（idea）的功能，譬如参考信息的提供、记录功能、翻译服务、书页功能、读的功能等多样化的功能，以帮助用户的信息创造活动。

（二）数字图书馆的建设效果

为什么要建设数字图书馆？数字图书馆用一句话来说，就是利用数字技术建设的图书馆服务系统。数字技术就是指计算机和通信技术相结合的 C&C（Computer and Communication）技术。所以，也常常说是比特（bit）和奈特（net）的结合。如果利用这样的技术建设图书馆系统，与传统图书馆对比，可以取得各种效果。以这样的观点，可从用户的立场和图书馆的立场将建设数字图书馆得到的效果整理如下。

首先，从用户的立场看：

a）可以远距离利用；

b）利用时间不受限制；

c）支持跳跃检索，可缩短检索信息的时间。

然后，从图书馆的立场看：

a）在小的空间里也能运营图书馆业务；

b）可缩小人力和运营预算；

c）可无限扩大服务的对象用户和地域范围；

d）没有资料不还、丢失、损毁等危险；

e）职员的业务水平有极大提高。

这是从用户和图书馆的立场上能够得到的效果，但实际上数字图书馆注重的效果反而是，在建设作为信息化社会基础的超高速信息通信网的过程中，数字图书馆可以作为应用于这种国家基础设施的一种领域。以美国、日本为首的先进国的数字图书馆研究方案全部是与国家基干通信网的建设一起由政府主导实现的。

六　韩国图书馆界建设数字图书馆的经验和体会

（一）给要建设新的数字图书馆者的话

美国、日本、英国等任何一个国家的数字图书馆都是按照国家的方案来规划和发展的。再说，资料的数字化或数字图书馆的建设不是哪一个图书馆能带头发展的事，而是要在国家共同的目标下通过各机关的信息交流与合作来实现的。假设各图书馆同时对同样的资料进行数字化处理，这不仅是国力的浪费，而且数字化作业本身也沦为没有意思的复制行为。不管已经数字化的东西是什么，也不管将来要数字化的东西是什么，都应该树立明确的目标，分担作业，并统合其成果。

如果可能的话，数字图书馆建设应树立长期的目标，并分阶段实现各个中间目标，而短期内实现的计划往往容易失于急躁和草率。与此同时，只有彻底调查用户的需要、理解人类探索信息的行为后再着手开发，才能建成成功的数字图书馆。应该具备“数字图书馆本身就是国家重要的基础资产”的认识。

今后数字图书馆方案的最大绊脚石不是技术问题或建设费用问题，而是解决著作权的问题。数字技术的好处是著作者和公众共享利用数字技术的图书馆服务，而这种服务应该被奖励。不管怎样，要建设新数字图书馆的单位，应彻底观察预测著作权环境的变化，努力在合法的范围内推进计划。

（二）迎接数字时代的图书馆员的姿态

随着数字时代的到来，LG 上南图书馆的图书馆员对于应该怎样适应图书馆的变化的问题感到苦闷，甚至对图书馆员这一职业将来的状况还感到有些茫然和不安。

数字图书馆不是一时而过的时髦现象，在数字时代，数字图书馆的存在是当然的，也是必然的。但是，所有的图书馆都要成为数字图书馆，或者都要转变为数字图书馆的想法也是危险的。这种想法就像第一次对记录在纸上称为书的媒体在不远的将来就要消失，要让位给数字或多媒体形态的预测一样。但是，书的末日果然要到来吗？许多韩国学者认为是不会的。

书是一种优点很多的媒体。书有悠久的历史，因其和人们亲密无间且容易管理而受到人们的喜爱。虽然在电视第一次出现的时候，人们曾预感到收音机的终结，但收音机至今仍然保持着其重要媒体的位置。同样，虽然录像机出现的时候，人们曾有电影产业和剧场的空间无用的说法，但现在剧场仍然作为大众文化的空间而受到喜爱，电影事业反而因迅速普及录像机而出现前所未有的景气。同样，不管怎样，数字媒体就是再普及，书也不会轻而易举地消失。再说，以图书馆员为代表管理图书的职业仍然是重要的，收集组织图书并提供给大众利用的图书馆仍会在未来作为与现在不同的重要的社会机关存在。

传统图书馆无论怎样变化也绝对不会没有存在的必要。首先，有必要将数字媒体和书一起包含在图书馆藏书中。如果将不以书的形态出版只以数字形态出版的资料首先作为收集对象则更有效率。传统图书馆能做的一种努力是将可吸收数字信息的联机网络提供给用户。在信息时代，应该从所有的图书馆都应具备所有资料的思想中摆脱出来。要充分造成这样的环境：如果其他图书馆有通过网络提供的信息，本图书馆的用户也尽量能利用该信息。

要求图书馆员要有这样的意识，即图书馆员要查找有这种有用信息的地方以便介绍给用户并加以指导。美国开始给能介绍、指导数字信息的图书馆员赋予“数字图书馆员”的称号。美国还产生了下述的职业领域，在文献信息学的学问背景中加上电算知识，担当开发运营图书馆电算系统的电算图书馆员及系统图书馆员。相信韩国的公共—大学图书馆也会很快出现这样的专门图书馆员。数字图书馆员一般是在经过另外的教育课程的图书馆员中训练培养那些信息头脑独特、能熟练管理计算机等有关机器的人。这对于比较关心数字信息的图书馆员来说，则好像不是一个值得挑战的问题。

迎接数字时代，轻视现有的图书馆服务，或者怀疑图书馆员的职业都是愚蠢的。图书馆不仅仅是提供信息的机关，将它作为能提供舒适的读书环境、能得到来自图书馆员的高水准信息探索和读书服务的重要社会教育机关来发展，是赋予图书馆员的使命。

结束语

本研究对体现知识社会信息化的韩国国立数字图书馆建设及其对社会的贡献程度进行了调查分析。建设韩国国立数字图书馆的必要性和事业背景、主要事业内容的部分，是国家全局性的工作内容，它作为能充分满足国民知识要求的重要方法已是世界性的趋势。韩国国立数字图书馆建设中必要的各种知识信息环境的分析和推进战略，以及国内事例分析，实际上是我们了解数字图书馆建设中所需的各方面的情况，为了对我国数字图书馆建设给予借鉴和帮助进行全面、详尽的调查。最后，揭示建设韩国国立数字图书馆对国家全局的波及效果和国家政策的考虑事项，这可给政府的正确判断多提供一点帮助。

数字图书馆不是单纯的信息资料的数字化，它应成为可使信息生产者和用户通过互联网链接的中心。从印刷媒体中心的信息提供到提供多样化的多媒体资料，只有能利用远程教育或研究信息及科学技术信息，数字图书馆才能成为知识社会的核心的信息基础。不言而喻，今后，以万维网为基础的个人、企业、大学、研究所及政府机关为了专门的业务和活动，对通过互联网的数字图书馆信息服务的要求将会逐渐增大。

不是分散的数字图书馆建设，而是在国家级层次上建设能起辐射作用的国家数字图书馆，可以作为确保数字技术的标准化、数字著作权问题的解决、数字内容的生产者和用户间的信息流通交换等的先行条件。作为国家的大规模事业，只有在必要的特定领域构筑数字图书馆形态，国家经济和技术才能具有竞争力，并可期望两方面的相互作用效果。同时，忽视数字图书馆脱胎于传统图书馆这一点，是不行的，没有传统图书馆的坚实基础，数字图书馆的成功是不可能的。

“21 世纪信息力就是国力”，“工业社会虽然落后了，信息社会要走在前面”等是国家信息政策的方向。为了符合这个方向，就要加强对各种知识和信息的有效管理。在信息激增和技术进步的知识时代，只有发挥韩国国立数字图书馆的有效作用，才有可能搞好与韩国国力的增长直接有关的研究和教育。

以上是笔者在韩国为期半年考察和研究的基础上，提出的对于韩国数字图书馆建设和服务的详细的报告和意见，希望能对中国图书馆界更好地理解数字图书馆并应用于国家数字图书馆建设多少有所助益。错误之处，敬请图书馆界的专家和同人不吝指正。

参考资料

http：//www. dlibrary. go. kr.

http：//www. lg. or. kr.

（原载于《联机编目与数字图书馆》，科学技术文献出版社，2003 年 7 月）

中韩两国图书馆领域的学术交流

摘　要：作者系统地回顾了从1992年8月中韩两国建交之前的1991年到21世纪初两国在图书馆领域方面学术交流的历史和发展，并具体介绍了中国社会科学院文献信息中心、中国科学院文献情报中心、国家图书馆、中国图书馆学会、北京大学信息管理系等机构或组织与韩国图书情报机构之间开展交流与合作的情况。本文也是对中韩两国图书馆领域十几年来学术交流的概括总结和历史见证。

关键词：中国　韩国　图书馆　学术交流

提起中韩两国交流的历史，人们会首先想到两国领导人的互访、两国在政治上和经济上的交流与合作。但除这些以外，中韩两国在文化上，特别是图书馆界的交流与合作也随着两国政治上的建交和经济上的往来，而不断地发展和活跃。1992年8月24日，中韩两国政府正式建立外交关系。此举不仅使中韩两国关系在经贸方面取得举世瞩目的进展，彼此成为举足轻重的重要贸易伙伴，而且也为两国间的学术交流和人员互访奠定了坚实的基础。中韩两国图书馆界的交流与合作，在中国方面首先是在中国科学院文献情报中心、中国社会科学院文献信息中心、国家图书馆和北京大学开展起来的。本文拟对国内这四个单位与韩国图书馆界的交流与合作的历史做一个概括的介绍和总结。

一　中韩两国图书馆界学术交流的先行者

中韩两国虽是一衣带水的邻邦，但在两国建交之前，图书馆界的学者彼此间一般只能通过他国外文报刊和新闻媒体了解对方，借助国际性学术会议开展学术交流。中国科学院文献情报中心副主任阎立中 1986 年在日本东京出席国际图联大会期间，结识了韩国延世大学文献情报学系教授、韩国文献情报学会会长李炳穆博士。此次相识使他们建立了深厚的友谊，并成为开创中韩两国图书馆学领域学术交流局面的友好使者。

1993 年，在阎立中的努力下，史鉴馆长以中国科学院的名义邀请李炳穆教授来华进行为期 14 天的访问，参观了中国科学院文献情报中心、中国国家图书馆、中国科学技术信息研究所、北京大学图书馆、北京大学信息管理系等十余个单位。

中韩两国建交后，在李炳穆教授的努力和帮助下，首批中国图书馆界学者应邀访问韩国。1994 年 2 月 18 日，韩国科技研究院邀请中国科学院文献情报中心副主任阎立中、中国科学院上海文献情报中心主任龚义台访问韩国。他们参观访问了韩国科学技术研究院、国会图书馆、国立中央图书馆、延世大学中央图书馆等 9 个单位。1994 年 3 月 2 ~3 日，龚义台主任分别在韩国科学技术研究院和韩国延世大学文献情报学系做了题为“中国科学院图书情报服务的现状”和“中国科学院文献情报中心的现状与活动”的讲演。1994 年 3 月 5 日，为促进中国科学院文献情报中心、中国科学院上海文献情报中心与韩国科学技术研究院国际科学技术合作中心的科学技术情报交流，双方达成合作协议，相互交换了《科学技术情报交流备忘录》。短短两周的访问，促进了中韩两国在图书馆领域的学术交流。

二　中国社会科学院文献信息中心与韩国国立中央图书馆的学术交流

早在 1992 年 8 月中韩两国建交之前的 1991 年 6 月，中国社会科学院就派出一支由数个研究机构的图书馆人员组成的代表团，赴韩国首都汉城开办了首届中国图书展览。这种民间学术机构的交往，成为两国政府间正式建交的前奏而被永远地载入两国学术交流的史册。当时，在韩国现代中国研究会的斡旋下，中国社会科学院书展代表团一行7人飞赴汉城，在刚落成的韩国国立中央图书馆大楼内举办了首次中国人文社会科学图书展览，向韩国学术界展示了中华人民共和国成立40年来的人文社会科学研究成果。当时，在一个尚无外交关系的外国首都举办这样一种性质和规模的书展，除了有其艰难的一面外，也预示着中韩两国社会科学界交流的大门即将全面开启，后来的事实也完全证明了这一点。事实上，自书展开始以后的10年来，中国社会科学院和韩国图书馆学领域的学术交流活动始终没有间断。

中国社会科学院文献信息中心的胡广翔教授在1995年接受韩国国际交流财团的邀请赴韩国高丽大学民族文化研究所研修时，就分别走访考察了位于汉城的韩国国立中央图书馆、高丽大学图书馆、延世大学图书馆、汉城大学图书馆和韩国国会图书馆等五个最具代表性的图书馆。回国后，他陆续撰写了8篇介绍韩国图书馆事业的文章，并分别发表在国内四种学术刊物上；还担任中国社科院文献信息中心主任李惠国主编的《当代韩国人文社会科学》一书的编委，撰写了其中的“第十三章　韩国图书馆事业”，该书于1999年3月由北京商务印书馆出版发行。

1999年12月10~12日，胡广翔教授应邀赴汉城参加了1999年韩国公共管理协会国际会议，并在大会上用英语宣读了题为“Information Technologies in China: Current Situation of Exploration and Utilization And Future Development Strategy”（《中国的信息技术：研究、利用现状与未来发展战略》）的论文，该文发表在1999年12月12日出版的《1999年韩国公共管理协会国际会议论文集》中。

两年后，胡广翔又于2001年4~9月赴韩国国立中央图书馆，对韩国数字图书馆的研发和建设状况进行了为期半年的考察和研究。

在这次出国考察研究期间，他在韩国国立中央图书馆向该馆全体业务人员用韩国语发表了题为“中国社会科学院联机联合编目系统的开发与运营”的演讲。

其间，胡广翔在韩国文献情报处理研究会主办的《知识处理研究》杂志上用韩文发表了题为《中国社会科学院联机联合编目系统——方案设计及实施》的论文一篇，在韩国国立中央图书馆《图书馆界》杂志上用韩文发表了题为《为中韩两国图书馆间的交流与合作贡献力量》的文章一篇，还于2001年9月在韩国釜山市召开的第39届全国图书馆大会上用韩国语宣读了题为《中国的数字图书馆》的论文一篇，该文收录在2001年9月24日出版的《韩国第39届全国图书馆大会论文集》中。

经过半年的考察研究，他撰写出了一篇5万字的题为《韩国数字图书馆研究》的研究报告，该报告的内容还收入2003年7月他本人主编的《联机编目与数字图书馆》一书中。从2002年9月至2004年12月，胡广翔教授还分别在《当代韩国》杂志、《新世纪全球经济与社会发展动态》一书和《国外社会科学》杂志上陆续发表了题为《韩国建设国立数字图书馆事业概况》、《韩国数字图书馆考察》、《韩国图书馆界对数字图书馆的理解和经验体会》、《韩国最具代表性的数字图书馆：LG上南图书馆》、《韩国数字图书馆基本状况与图书馆信息化发展战略分析》、《对韩国发展数字图书馆的效益及国家政策的分析》等6篇文章。当时，正值中韩两国图书馆界研究开发数字图书馆之际，他的研究无疑会为中国数字图书馆的研发和建设起到一定的借鉴作用。不仅如此，胡广翔教授还将韩国最大的图书馆软件公司——ECO图书馆软件公司的产品介绍到了中国社会科学院。经过一番调查和了解，中国社会科学院文献信息中心与韩国ECO图书馆软件公司签订了在该院合作开发图书馆软件系统的协议。为了真正实现在开发软件系统方面的合作，韩国ECO图书馆软件公司的总经理和开发人员曾在半年多的时间里，先后5次来到中国，为中国的同行演示和介绍他们的软件系统、研讨合作的各种事宜，最后终于与中方取得共识，并于2002年2月28日签订了双方合作开发图书馆软件的协议。经过两年多的合作开发，中国社会科学院图书馆已经从2004年开始，正式使用中韩两国合作开发的ECO图书馆自动化系统开展日常的图书馆业务工作了。

无独有偶，在胡广翔教授第一次去韩国访问结束之前，1995 年 9 月至 1996 年 3 月，韩国国立中央图书馆的金明嬉事务官也来到中国社会科学院文献信息中心进行了为期半年的关于中韩两国图书馆的比较研究。在此期间，她曾向文献信息中心的全体业务人员做了一场专题讲座（由胡广翔教授担任现场翻译），全面介绍了韩国国立中央图书馆各方面业务的发展状况。回国后，她还写出并发表了一本专著，全面系统地介绍了中国的图书馆事业。

1996 年 10 月，韩国对外经济政策研究院资料室金润实室长也来到中国社会科学院文献信息中心进行访问，并与中心主任李惠国就图书资料交流一事达成协议，共同签署了关于中国社会科学院文献信息中心和韩国对外经济政策研究院资料室进行图书资料交流的《合作意向书》。该意向书的主要内容是：①韩国对外经济政策研究院向中国社会科学院无偿赠送该院出版的一些专著和其他出版物；②双方定期进行资料交换；③中国社会科学院为韩国对外经济政策研究院代理订购中国书刊。

根据中国社会科学院与韩国学术院的交流协议，以该院文献信息中心主任黄长著为团长、文献信息中心研究部《高丽亚那》杂志负责人朴光海为团员的访韩代表团于 2002 年 5 月 23 日赴韩进行了为期 7 天的学术访问。访韩期间，代表团受到韩国学术院的热情接待。韩国学术院院长李镐汪先生及事务局长郑永宣先生接见了代表团成员。接见中，双方就两国学术交流领域的一些问题广泛地进行了交谈。5 月 27 日，代表团应邀参观访问了韩国国立中央图书馆。给他们印象最深的是电子阅览室、残疾人阅览区和珍善本库。参观电子阅览室时，他们详细询问了韩国建设数字图书馆的情况，并把中国社科院刚刚建成的新馆情况介绍给韩方工作人员。韩方的工作人员介绍说，在阅览室的一侧还专门为残疾人读者提供了一个区域，共设有 18 个席位，而且所有的设备都可以根据残疾人的不同身体状况进行调整，使残疾人读者与一般读者一样能够随心所欲地共享和利用信息。工作人员的当场演示给代表团留下了很深的印象。珍善本库是韩国国立中央图书馆的一个重要部门，那里收藏有珍贵的图书及绘画等作品。为了保护这些弥足珍贵的图书资料，韩国国立中央图书馆规定，即使是本馆的工作人员未经批准也不得进入。但经国立中央图书馆馆长特批，代表团成员才有幸参观了珍善本库。该库的优良设施和条件，以及该馆积极保护珍贵图书资料的态度给代表团成员留下了深刻的印象。5月28日，代表团还参观访问了正在为该馆开发图书馆软件系统的韩国ECO图书馆软件公司，该公司的李士永总经理亲切接待了代表团成员并向他们介绍了公司的情况。代表团成员参观了该公司位于2~4层的办公室和软件开发部。该公司开发部的规模和实力，以及他们正在利用国际领先技术研发的图书远距离识别系统给他们留下了深刻的印象。黄长著主任对该研发项目产生了浓厚的兴趣，详细询问了该研发项目的有关情况。访问期间，双方还交换了将来进一步进行合作的意见。对于今后的合作与发展，双方都充满了信心，都表示要尽最大努力使合作取得更大的成功。

三　中国科学院文献情报中心与韩国图书馆界的人员互访与学术交流

中国科学院文献情报中心阎立中研究员结识了韩国延世大学文献情报学系李炳穆教授之后，随着时间的推移，两位学者间的个人交往逐渐地发展成为两国间的馆际合作，共同为建立中韩两国馆际的合作关系做出了较大的贡献。

1993年7月，李炳穆教授应中国科学院文献情报中心的邀请，在华进行了为期14天的访问。他不仅参观了中国科学院文献情报中心、国家图书馆、北京大学图书馆等十余个图书馆或信息管理系，而且参加了国家机关和科研系统图书馆学会组织的学术座谈会。同时，还会见了中国科学院文献情报中心负责人，商谈了合作事宜。李炳穆教授1993年的中国之行，加深了对中国图书馆事业与中国图书馆学情报学教育的了解，他十分自豪地说自己是韩国图书馆界第一位访问中国的学者。回国后，他在1993年韩国文献情报学会秋季学术会议上发表了题为《中国的图书馆与文献情报学教育动向》的学术论文，用亲身的经历与见闻阐述了中国之行的感受。自中华人民共和国成立后，这是第一篇韩国人发表的阐述新中国图书馆事业与图书馆学情报学教育的学术论文，它使韩国的同行了解了新中国图书馆事业与图书馆学情报学教育的真实情况。

1994 年 3 月 5 日，在李炳穆教授的大力协助下，阎立中副主任和龚义台主任分别代表中国科学院文献情报中心、中国科学院上海文献情报中心与韩国科学技术研究院（KIST）共同签署了《科学技术情报交流备忘录》，建立了馆际业务交流关系。1994 年 9 月 1 日至 11 月 30 日，李炳穆教授作为北京大学的访问学者第二次访华。从此，李教授与中国科学院文献情报中心结下不解之缘。与此同时，中国科学院文献情报中心与韩国图书馆界的交流与合作也越来越密切，越来越深入。

为了进一步加强中韩两国的学术交流与合作，同时，为了更好地培养中国科学院文献情报中心招收的硕士研究生和博士生，中国科学院文献情报中心史鉴主任于 1994 年 10 月 10 日聘请韩国延世大学李炳穆教授为客座教授，中国科学院上海文献情报中心龚义台主任于 1994 年 10 月聘请李炳穆教授为名誉教授。李炳穆教授成为第一位荣获这一称号的韩国学者。为了更好地资助中国科学院文献情报研究课题和研究生的培养，1996 年 9 月 2 日，李教授捐款给中国科学院文献情报中心作为学生的奖学金。中国科学院文献情报中心为此设立了“李炳穆奖学金”，每年都发给学习成绩突出者一定数额的奖金。到 21 世纪初为止，中国科学院文献情报中心先后共有十名研究生获得该奖学金。1996 年 9 月 2 日，李炳穆教授为中国科学院文献情报中心硕士生及部分馆员做了题为“韩国图书馆与文献情报学（图书馆学情报学）教育的现状”的专题报告。2000 年 1 月 1 日，李教授被中国科学院文献情报中心主办的《图书情报工作》杂志社聘为该杂志编委会委员。2000 年 10 月 27 日，李教授出席了《图书情报工作》编委会会议，他不仅参加了中外学者《图书情报工作》发展方案的讨论，而且事先在韩国收集了大量世界各国图书情报杂志的发展方案，为《图书情报工作》杂志的未来发展提供了可参考的资料。

2002 年 5 月 18 ~ 21 日，李炳穆教授应邀出席了中国科学院文献情报中心新馆开馆典礼。李教授在开馆典礼上代表外国学者致了贺词。为了加强中国国家科学图书馆的建设，中国科学院文献情报中心徐引篪馆长于2002年5月18日聘请李炳穆教授为中国国家科学图书馆发展委员会委员。2002年5月19日，李教授出席了国家科技图书文献中心中国国家科学图书馆发展委员会成立会和科学图书馆发展研讨会。2002年5月20～21日，他又参加了中国科学院文献情报中心、国家科技图书文献中心“知识管理：图书馆的机遇与挑战”学术研讨会。此外，李炳穆教授2001年9月至2009年9月任中国科学院文献情报中心博士生导师，分别与徐引篪教授和孟连生教授合作共同培养博士生。通过在中国频繁的学术交流，李教授简直可以称得上是中国科学院文献情报中心的外籍研究馆员。

四　中国国家图书馆与韩国国立中央图书馆的人员互访与学术交流

中国国家图书馆与韩国国立中央图书馆的学术交流主要有以下三种形式。

1. 通过两国图书馆间定期或不定期互访的形式进行业务交流

1992年8月中韩两国建交以后，北京图书馆和韩国国立中央图书馆都在通过各自的途径，寻求建立联系，开展合作与交流的可能性。早在1992年12月21日，韩国国立中央图书馆就曾派善本部主任李贵远女士等一行二人自费访问过北京。当时孙蓓欣副馆长出面接见，双方都表达了两馆加强联系交往的愿望。应中国国家图书馆副馆长唐绍明的邀请，韩国国立中央图书馆副馆长兼阅览管理部长曹元镐和庶务科长朴渊根丁1993年7月18～25日访问了中国国家图书馆。7月19日，中方孙蓓欣、蒋伟明等和韩方曹元镐、朴渊根举行会谈，主要内容有两项：第一，关于两国互访事宜。双方答应于1994年实现两馆馆长互访，初步商定并原则同意：韩方四月访华，中方六月访韩。当时双方都有意向在两馆之间开展合作与交流，采用馆长互访的办法实行，也可以交换馆员。书刊资料的交换可以立即开展。第二，关于韩方收集散失在海外的韩国文献的事宜。由于历史的原因，相当一批韩国的古文献散失在国外，如法国、日本和中国。许多文献是过去进贡而来到中国的。韩方表示，他们收集这方面的文献旨在保存本国文化。

1994 年 3 月 28 日，大韩民国政府和中华人民共和国政府签订了文化合作协定。根据这一协定起草的两国政府 1995 ~ 1996 年学术交流计划达成有关图书馆间的学术交流协议如下：①双方各派遣三人组成的图书馆代表团互访七天。②双方鼓励包括国家图书馆在内的两国图书馆建立交流与合作关系。鼓励两国主要图书馆专业人员的交流，并互换包括缩微胶片、电子出版物在内的现代科技书刊等学术资料。

应周和平副馆长的邀请，韩国国立中央图书馆代表团尹熙昌（国立中央图书馆支援部长）、赵吉淑（国立中央图书馆情报化担当官）、权在允（国立中央图书馆资料组织科科长）等 3 人，于 1998 年 5 月 12 ~ 18 日来华访问。此次两馆业务交流主要有三项议题：①各自图书馆收集外国图书的方针、政策；②对中、韩文图书的整理与加工；③古籍文献的收集与保存。三年后，应韩国国立中央图书馆的邀请，国家图书馆陈力副馆长、富平主任、毛晓梅女士一行三人，于 2001 年 11 月 5 ~ 11 日访韩进行图书馆业务交流。此次业务交流的主题是：介绍制定目录的现状与图书馆在制定国家总书目之中的作用。2002 年 4 月 22 ~ 28 日，应中国国家图书馆的邀请，以韩国国立中央图书馆支援协力进修部部长朴钟文为团长，以阅览服务科科长慎仁镛、支援协力科图书编目终校林载华为成员的代表团一行三人，来华进行了第六次中韩业务交流。此次交流的主要议题是：国家图书馆读者服务的现状及展望。

2. 图书和出版方面的交流与合作

中国国家图书馆收藏韩国版的图书是从 1961 年开始的。第一批图书是通过第三国赠送给该馆的，当时有几百册。1990 年以来，随着中韩关系的日益改善至两国建交，到 1997 年国家图书馆先后得到“大韩出版协会和 MBC 文化广播”、“韩国出版文化协会”、“韩国国际交流财团”等协会、团体的大力支持。到 1998 年 5 月为止，已向该馆无偿赠送社会科学方面的图书 9000 余册，大大丰富了馆藏。其中，不乏具有很高参考价值和收藏价值的图书，如32卷的《世界大百科》、《中韩辞典》、《韩国语大辞典》、《韩国学大百科》等。韩国大韩出版协会和MBC文化广播也于1997年9月特向国家图书馆赠送了一批图书，共255件。韩国出版文化协会根据其为海外赠送图书以表爱心的活动宗旨，于1998年9月捐赠韩国出版的图书共234册（约合1351美元）。这些图书均为韩文版的学术研究著作，不仅能丰富国家图书馆韩文图书的馆藏，而且可以为进行教学和课题研究的读者提供参考。

国际交换也是国家图书馆收集韩文图书的一个渠道。从1993年起，该馆与韩国国立中央图书馆建立了文献交换关系，主要以交换期刊为主。1997年交换期刊13种、图书4种，5年来共交换图书55种。1992年该馆又与韩国国会图书馆建立了文献交换关系，交换图书79种、期刊25种。1993年6月21～30日，中国出版对外贸易总公司在韩国举行庆祝中韩建交中国图书文化展览会，北京图书馆派李凭、篆刻家赵海明二人前往参加。应韩国出版学会尹炯斗会长的邀请，国家图书馆副研究馆员金菊贤于1995年5月25～28日赴韩国参加了在忠清北道清州市召开的第一次国际印刷出版学术会议。这次会议的共同议题是：在世界中的韩国印刷出版文化并探讨东方国家印刷文化发展史。会议由清州市清州古印刷博物馆馆长金广硕主办，社团法人韩国出版学会协办，韩国文化体育部赞助。主要参加国为：中国、日本和韩国。

3. 参加对方国图书馆界举办的图书馆学术会议

应韩国图书馆协会的邀请，国家图书馆副馆长孙蓓欣于1999年9月14～19日赴韩参加了9月16～18日在光州举行的韩国图书馆协会年会。孙蓓欣副馆长还在会议开幕式上做了涉及中国读书政策及读书活动方面内容的发言。

应韩国情报管理学会的邀请，中国国家图书馆前副馆长孙承鉴和镇锡惠于2001年11月28日至12月4日赴韩国参加了第四届韩国数字图书馆会议，并于会后同韩国Enpia Systems公司进行了技术交流。此次会议的主办单位为：韩国科技情报研究院、韩国科技情报学会、韩国图书馆学会、韩国数据促进管理中心。会议举办单位邀请由中国科学技术信息研究所组成中国方面的代表团参加会议，中国科学技术信息研究所特邀孙承鉴参加，并向国家图书馆发出了邀请，国家图书馆决定派遣中数创新技术发展有限公司总经理镇锡惠参加会议。会议在汉城举行，有100多人参加，发表了近20篇论文。中国代表团由7人组成，在会议上发表了6篇论文。会议期间，代表团还参观了同期举行的大型展览会“SOFT EXP 2001 & DCF 2001”（其中DCF为Digital Centents Fair的缩写）。这是由近200家厂商参加的大型展览，涉及从数字内容处理到软件产品等各个方面，其中在专门的数字图书馆展区就有近10家参展商，包括韩国企业在这方面的最新进展。另外，中国的广州市也在那里开辟了一个专门展区，展示广州市在电子方面的最新产品。会议主办单位还安排中国代表团访问了韩国科技情报研究院（KISTI），听取了有关该院情况的介绍。KISTI于2000年初在合并了KINIT、KORDIC等几个原有的部门后成立，其主要工作范围包括信息分析、信息资源、信息技术、信息服务、高性能研究网络、超级计算中心、知识信息基础平台研究、生物信息学、知识信息库、地方信息中心、国际合作等。由于韩国将所有与科技有关的信息技术的研究和利用等都集中到了KISTI，因此尽管对KISTI每年需要相当于约5亿元人民币的投入，但由于没有重复建设，资金利用率高，设备都很先进，这点值得我们借鉴。此外，还听取了KISTI对GIIS项目的介绍、NDL公司关于DL-9数字图书馆系统的介绍，访问了湖西大学。

2005年10月18~19日，中国国家图书馆顾犇研究馆员与北京大学信息管理系段明莲教授应韩国国立中央图书馆邀请，参加了“21世纪编目工作和国家书目研讨会”，在大会上分别做了题为“十字路口的中国国家书目”和“中国文献编目规则的现状与发展趋势”的专题报告。

五　中韩两国图书馆学（协）会的密切关系

根据中韩图书馆学(协)会签订的互访协议，2003年9月22~27日，中国图书馆学会代表团一行3人出访韩国，出席韩国第41届图书馆协会大会，并重点考察了当地的中小型公共图书馆（社区图书馆）。2004 年 7 月 23～29 日，中国图书馆协会邀请并接待韩国图书馆协会代表团一行 5 人回访中国，出席中国图书馆学会 2004 年年会并参观图书馆。2010 年 9 月 27 日至 10 月 5 日，段明莲教授和解放军医学图书馆湛佑祥馆长应韩国图书馆协会邀请，有幸作为中国图书馆学会代表团的成员出席了在韩国大邱广域市召开的韩国第 47 届图书馆协会年会。

韩国文化观光体育部副部长、韩国总统所属图书馆信息政策委员会委员长、韩国大邱广域市市长、教育局局长、韩国图书馆协会名誉会长等官员出席了开幕式。

在出席韩国第 47 届图书馆协会年会期间，段明莲教授和湛佑祥馆长还参观访问了韩国国立中央图书馆和中央数字图书馆、延世大学学术信息院（即延世大学数字图书馆）、延世大学医学院图书馆、庆北国立大学图书馆以及首尔西大门区李珍雅纪念图书馆（即位于首尔西大门区的基层图书馆）等六所不同类型的图书馆。

届时，段明莲教授和湛佑祥馆长有幸代表中国图书馆学会赴韩参会并参观访问不同类型的图书馆，耳闻目睹了韩国图书馆的建设发展成就，亲眼所见韩国图书馆同行强烈的社会责任感，以及良好的职业风貌，既开阔了眼界，还了解到我国与韩国的差距。韩国图书馆建设发展的经验也给予我们许多启示与思考。

六　北京大学与延世大学的学术交流

继中韩两国政府 1992 年 8 月正式建立外交关系之后，中国北京大学与韩国延世大学也于 1993 年建立了校际交流关系。

1994 年 4 月 14 日，北京大学信息管理系段明莲副教授踏上了韩国的土地，在韩国延世大学文献情报学系进行了为期 10 个月的研修，成为北京大学第一位派往韩国的访问学者。段明莲副教授在韩研修期间，与李炳穆教授、金泰树教授、韩相完教授进行充分合作，很快就进入了研究工作。1994 年 6 月 24 日，在李炳穆教授和韩相完教授的大力支持下，段明莲副教授有幸以北京大学交换教授、韩国文献情报学会终身会员的双重身份参加了韩国文献情报学会、韩国情报管理学会、韩国书志学会在大田联合召开的学术会议，她在大会上宣读了题为《中韩图书馆学情报学领域的国际化问题》的学术论文（此论文刊登在 1995 年《韩国文献情报学会会志》上）。在延世大学研修期间，段明莲副教授有幸倾听了李炳穆教授讲授的博士生课程——《图书馆业务评价》、金泰树教授讲授的《文献编目》课程，并在延世大学中央图书馆进行了一个月的关于计算机编目的研究与实践。此外，段明莲副教授在韩国江南大学文献情报学系曹炯镇副教授和韩国延世大学文献情报学系郑瑛美教授的热情帮助下，多次走访了韩国国立中央图书馆、韩国国会图书馆、汉城大学图书馆等单位，深入地考察了延世大学、梨花女子大学、成均馆大学、江南大学、德成女子大学、中央大学等高等院校的文献情报学系和大学图书馆。后来，她在国内专业刊物上发表了《韩国图书馆学情报学教育》、《手工编目与计算机编目分析比较》等学术论文。

为了进一步加强北京大学与韩国延世大学的校际交流关系，北京大学邀请韩国延世大学的李炳穆教授于 1994 年 9 月 1 日来华进行了为期三个月的访问研究。李炳穆教授在北京大学研修期间，参观访问了北京大学信息管理系、北京师范大学、中国人民大学、中国科学院文献情报中心、中国科学技术信息研究所、上海华东师范大学、中国科学院上海文献情报中心、四川联合大学信息管理系等 20 余所大学或图书馆，并分别在四川联合大学信息管理系和南京大学信息资源管理系做了题为《韩国的图书馆和文献情报学教育》的讲演。1994 年 11 月 16 日，李炳穆教授出席了中国科学院文献情报中心研究生研讨会，向该中心的研究生做了题为“图书馆学情报学研究方法”的讲演。

1997 年 9 月，李炳穆教授应北京大学信息管理系主任吴慰慈教授的邀请出席了北京大学信息管理系建系 50 周年学术研讨会，并在大会上发表了题为《韩国图书馆与文献情报学教育现状》的学术论文。1997 年 9 月 11 日是北京大学信息管理系一个难忘的日子。当天下午 3 点，北京大学在勺园多功能厅隆重举行授予李炳穆博士北京大学客座教授的仪式。北京大学信息管理系主任吴慰慈教授在致辞中明确指出："聘请韩国延世大学文献情报学系教授李炳穆博士为北京大学客座教授，这是我系的一件大喜事。它标志着我系与韩国延世大学文献情报学系合作与交流的开始。……我衷心地期望李教授今后能在我系与韩国延世大学文献情报学系之间，乃至与韩国图书馆学情报学教育界之间架起密切合作的桥梁，在学术交流、人员互访、书刊交换和课题研究等方面为我系的教学科研做出贡献。"而后，北京大学何芳川副校长在仪式上郑重地向李炳穆教授颁发了北京大学客座教授聘书，赠送了纪念品。李炳穆教授成为北京大学信息管理系第一位外籍客座教授。李教授怀着激动的心情在仪式上发表了热情洋溢的答词，他深情地表示："今天我为能被聘为北京大学客座教授而感到莫大的光荣和自豪。因为北京大学不仅是中国有很高名望的高等学府，而且是世界公认的一所名牌大学。我衷心希望，为我们两所大学的发展，今后延世大学和北京大学像前几年那样，继续密切合作下去。为此，我作为一名北京大学客座教授理应在加强两校之间的友谊与密切合作方面起很好的纽带作用。因为我深深地知道客座教授的荣誉与其责任是相伴的。我将履行自己应尽的责任做出不懈的努力。"为了增进中韩两国图书馆学教育界的友好合作，进一步发展中国图书馆学情报学教育事业，李炳穆教授资助北京大学信息管理系购买外文专业书刊。

1999 年 11 月 14 ~ 17 日，北京大学和延世大学的友好使者——李炳穆教授再次抵达北京，应邀参加北京大学信息管理系、南京大学信息管理系、甘肃省图书馆共同主办的刘国钧先生百年诞辰学术研讨会。在学术研讨会期间，李炳穆教授为北京大学信息管理系研究生做了"新世纪的图书馆学情报学"的演讲，并与研究生进行了热烈的自由讨论，使大家受益匪浅。

1999 年 10 月 18 ~ 25 日，在李炳穆教授的积极努力下，北京大学信息管理系萧东发教授出访韩国。在韩国延世大学参加了"世界印刷文化国际学术大会"，发表了题为《中国印刷图书文化的起源》的学术论文，再次论证了印刷术的发明源于中国的观点，并用无数的历史事实阐述了这一观点。此外，萧东发教授还为韩国延世大学文献情报学研究生院的硕士生和博士生做了题为“中国大学图书馆的组织、管理与服务”的专题报告。

2000 年 10 月 24 ~ 26 日，李炳穆教授应邀出席了在北京召开的“我们的使命——2000 年全国图书馆学·情报学研究生学术研讨会”。2003 年 8 月，韩国延世大学文献情报学系李炳穆教授退休后依然与北京大学信息管理系保持密切联系。2004 年 10 月至 2008 年 5 月，北京大学信息管理系吴慰慈教授与李炳穆教授合作共同培养唐承秀博士，李炳穆教授曾两次专程自费从韩国来北京大学指导唐承秀的博士论文，并自费购置英文书为唐承秀博士提供必要的参考。

2005 年 11 月 24 日，李炳穆教授应邀出席了北京大学信息管理系主持召开的全国重点大学图书馆学情报学研究生教育研讨会，在大会上做了题为“韩国文献情报学研究生教育概况”的专题报告。2005 年 11 月还在北京大学为该校博士生做了“何以成为真正的图书馆员”的学术报告。

2006 年 9 月 16 ~ 23 日，李炳穆教授应邀参加了北京大学信息管理系与东莞图书馆联合主办的第 1 期“北京大学图书馆学高层开放论坛”，李炳穆教授在该论坛上做了题为“何以成为真正的图书馆员”的专题报告。2007 年 10 月 16 ~ 21 日，李炳穆教授再次出席在北京大学召开的第 2 期“北京大学图书馆学高层开放论坛”，作了主题为“韩国图书馆法”的演讲，北京大学信息管理系的李国新教授为演讲会主持人。“讲演结束后，二人围绕国际范围内的图书馆法治问题进行了较长时间的讨论。联系到韩国《图书馆法》修订的最新进展以及中国《图书馆法》制定的现实需要，二人不约而同地萌生了以韩国《图书馆法》为借鉴推动中国《图书馆法》研究和制定的想法。最终商定以《图书情报工作》杂志为平台，由李炳穆负责‘韩国篇’，李国新负责‘中国篇’，形成一个具有国际比较视野的‘中韩图书馆法治研究’专题。”在《图书情报工作》杂志社的支持下，经过 8 个月的认真准备，该专题于 2008 年 6 月面世，分别刊载在《图书情报工作》2008 年第 6 期和第 7 期上。这是一个中韩两国教授通力合作的典范。

这一切，不仅进一步增强了北京大学与延世大学的校际交流关系和人员互访，而且增进了北京大学信息管理系与韩国延世大学文献情报学系之间的学术交流。

中韩两国是隔海相望的近邻，两国图书馆界和图书馆学领域学术交流的不断开展和深入，必将对促进和开展两国的图书馆业务工作起到相互间取长补短、共同发展的作用。我们希望两国图书馆界为新世纪图书馆学领域的深入变革和发展，也为发展两国人民之间的友谊与合作继续贡献出各自的一分力量。

（原载于《中国哲学社会科学发展历程回忆》丛书《综合卷》，胡广翔主编，周用宜、孟宪范副主编，胡广翔、段明莲著，中国社会科学出版社，2014 年 5 月）

第三部分
在国外发表的相关论文

中国IT开发利用现状与未来发展战略

摘　要： 本文首先从四个方面介绍了中国IT开发利用的现状，并在此基础上阐述了未来中国信息化的发展战略和规划。文中还专门介绍了政府重视信息化建设以及利用IT进行管理和工作运作的情况。文章目次如下：一　中国IT开发利用现状：1. 电子商务在中国的应用；2. 中国Internet的迅速成长；3. 中国政府与信息化建设；4. 政府上网。二　中国信息化的发展战略和总体规划。最后为结束语。

关键词： 信息技术　信息化　网络化　电子商务　互联网

当今世界已进入信息化时代，信息高速通信网络的建设和利用正对世界各国的经济建设和社会文化产生着日益重大的影响。特别是连接全世界的互联网的出现和迅速发展已成为现实，极大地提高了办公、科研和生产的效率，并为国家间的经济、文化交流提供了很大的方便。对此，许多国家的政府和学术界已给予极大关注。本文拟从以下两个方面阐述中国IT开发利用现状与未来十年的发展战略。

一　中国IT开发利用现状

1. 电子商务在中国的应用

中国的电子商务正在政府引导、企业运作、环境配套、试点先行的方针指导下积极发展。不少省市和一些部委都在积极推进电子商务的示范工程。

1991 年，中国电子数据交换技术委员会的成立，拉开了中国电子商务发展的序幕。

1993 年，在江泽民主席的倡导下，原电子部牵头启动了“金卡工程”，作为中国商业零售领域通过计算机和网络技术实现电子货币交易的第一个试点。1994 ~ 1997 年已发行金融卡 5050 万张，非金融卡（包括电话卡、医疗卡、加油卡、高速公路收费卡、就餐卡等）计 6000 万张，减少了现金流通量。而 1993 年以前金融卡仅为 400 万张。12 个试点城市完成 ATM/POS 跨行联网，计有 ATM 1.5 万台、POS 机 12 万台正常运行。

1994 年，朱镕基总理倡导启动的“金税工程”也为今后电子商务的应用奠定了基础。税务稽核网络系统工程于 1994 年 5 月已开通 50 个试点城市、800 个区县，到 1996 年 1 月全国已有 3000 多户企业运用防伪单机税控系统。到 1997 年 6 月底仅上海等 7 城市查补税款 1.63 亿元，而金税工程总投资则为 1.25 亿元。

1997 年 2 月，外经贸部领导建立的中国国际电子商务中心成立，负责建设、运营中国国际电子商务工程。该中心现已在 37 个省、市、行业成立了分中心筹建机构，入会企业近 10 万家。目前正组织 512 户国家重点企业预算内 4 万户企业及商品进入中心网络。它作为“金关工程”的重点项目之一，是一个覆盖全国、连通世界的国家级电子商务网。

1997 年 10 月，“中国商品交易网”正式开通。“中国商品交易中心”是一个完整的“电子商务”中心，它包括信息收集、信息发布、合同处理、财务结算、系统维护等若干子系统，在全国 337 个地市设立交易分中心，管理企业入网和商品交割。

1998 年 10 月，国家经贸委和信息产业部联合启动了“金贸工程”。“金贸工程”是电子商务在经贸流通领域的一种应用，也是中国电子贸易体系建设的一项试点工程。它将充分利用中国已经实施的“金卡工程”、

"金桥工程"[①]、"金关工程"[②]、"金税工程"和人民银行电子支付清算系统等信息化工程的现有成果，建立具有中国特色的电子贸易应用体系，形成中国的电子贸易规范，并与国际标准接轨，推动中国企业利用电子贸易进入全国和全球市场，参与国际竞争。"金贸工程"将力争用3~5年时间实现全国大部分企业上网运行。

2. 中国 Internet 的迅速成长

1994年初，中国成为第71个正式加入互联网的国家。中国科学院网络中心和高能物理所先后在3~4月与国际互联网节点连接，成为我国最早的互联网网络节点。1995年5月邮电部启动 CHINANet 中国公用互联网，拉开了中国互联网商业服务的序幕。1995年9月中国的第一个全中文互联网络，被誉为"中国百姓网"的瀛海威时空诞生。在此期间，我国初步建立了国内互联网的网络系统。

中国直接进行国际联网的互联网络有以下4个（见表1）。

表1　我国与国际联网的信息互联网络

网络代号	网络名称	所属部门	服务对象
CSTNet	中国科学技术网络	中国科学院	为科研、教育和非营利性质的政府部门服务，提供科技数据库、成果信息服务、超级计算机服务和域名管理服务。
CERNet	中国教育和科研计算机网	国家教委	是全国性的教育基础设施，是为教学、科研和国际交流服务的非营利性网络。
CHINANet	中国公用计算机互联网	邮电部	中国的第一个商业网，为社会提供互联网接入和信息服务，它的开通意味着互联网在中国开始由科技、教育逐步转向公众和企业。
CHINAGBN	中国金桥信息网	电子部下属吉通公司	国家公用经济信息通信网，是国民经济信息化工程中的重要基础设施，面向社会公众提供互联网服务。

① 金桥工程：即金桥公用数据通信网（GBN），1996年开通，截至1997年底，已覆盖30个大中城市，建设卫星地面站70多个，联网开通的用户计4.8万。

② 金关工程：海关进出口贸易统计系统等四个系统联网，逐步建立 EDI 系统，开始向"无纸贸易"迈进。

1997年，中国互联网络信息中心（CNNIC）联合四个互联网络单位，与《计算机世界》报合作，对1997年中国互联网络发展情况进行统计。内容涵盖我国互联网上网计算机数、用户人数、用户分布、信息量分布、域名注册等多方面统计信息。这是第一次对我国互联网发展状况做出的全面、准确的权威性统计报告。此后，CNNIC每半年发布一次统计报告，使这项工作制度化、正规化。根据最近的两次统计结果与近年来互联网的发展状况，可以看出我国互联网用户呈几何级数“爆炸式”增长（见图1和表2）

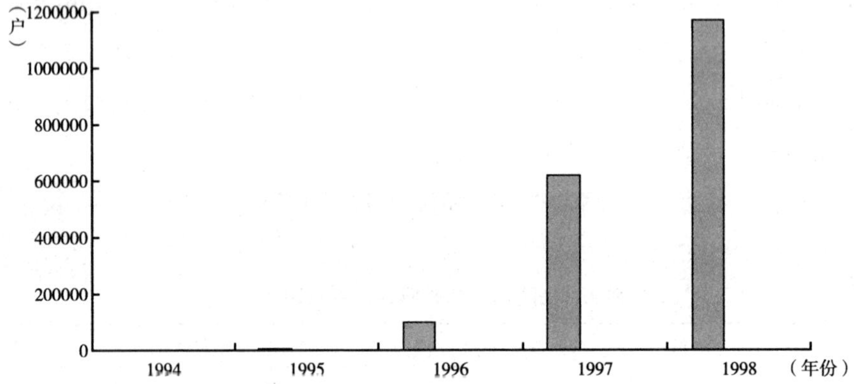

图1　中国互联网用户增长量（1994～1998年）

从图1可见，自1994年至1998年，我国互联网的用户数像滚雪球一样快速增长，特别是1996年之后，增长速度更为惊人，1998年已经突破百万大关。用户数的急剧增长，首先反映了大众的信息意识在不断增强，越来越多的人在了解和使用互联网，竞相享受网络文明带给我们的便利和变化；其次，反映了信息产业特别是信息服务业的飞速发展，中央、地方、国营、民营几个主体形成一股合力，共同培育了市场；最后，反映了国家信息基础设施建设近年来取得突破性进展，努力解决互联网出入口的“瓶颈”问题，并与美国、德国、法国、日本、中国香港多个国家和地区相连接，为互联网的大发展开辟了通道。

表 2　1994～1998 年中国互联网用户数量

单位：户

年份	1994	1995	1996	1997	1998
用户数	1600	6700	100000	620000	1175000

资料来源：《计算机世界》1995 年第 11 期，第 134 页；1996 年第 11 期，第 127 页。中国互联网络信息中心：《中国因特网发展状况统计报告，1997》；《中国因特网发展状况统计报告，1998》。

3. 中国政府与信息化建设

从 1993 年开始，中国信息化工作走上有组织、有领导的轨道。那一年国务院决定建立由 20 多个部委共同参加的“国家经济信息化联席会议”，统一领导和组织全国信息化工作及重点工程建设。

1996 年 4 月，“国民经济信息化联席会议”改组为“国务院信息化工作领导小组”，由当时的国务院副总理邹家华任组长。

1996 年全国人大八届四次会议通过了《国民经济和社会发展“九五”计划和 2010 年远景目标纲要》，把信息化纳入“九五”规划，并把提高国民经济信息化程度作为“九五”发展的重要目标。

1997 年 4 月，国务院在深圳召开了第一次全国信息化工作会议。

中国政府于 1998 年 3 月 10 日成立了信息产业部，统一抓全国的信息产业和各级政府的信息化建设。新组建的信息产业部承担着振兴中国电子信息产品制造业、通信业和软件业，推动国民经济与社会服务信息化的重要任务，其责任是为各行各业及国家的信息化建设提供硬件装备、软件产品与系统集成，提供国家共用通信网络基础设施，以及各类信息增值服务。该部各有关司局将积极配合经贸委认真做好上述各项工作。

随着信息产业部的成立，国家公众通信网、专业通信网、广播电视网、计算机通信网将逐步形成一个统一规范的信息市场。这将为信息产业的健康发展提供良好的条件。

例如，1999 年 6 月 2 日，在信息产业部的领导与中国信息产业商会的具体组织下，中国近百家 IT 业界的精英企业联合起来，成立了数字化 3C 产业联盟。仅仅四个月的时间，就研制开发出了一批 3C 融合的新型数字化产品，并于10月6日在深圳联合发布。

正是由于政府的重视，中国的信息化产业才有了长足的发展。例如，1999年中国商品总出口额比上年同期下降4%的情况下，以数字化彩电、电脑等为首的机电产品的出口却比上年同期增长了14%。

4. 政府上网

政府上网，包括政府职能上网，政府部门的资料、档案、数据库上网，政府部门的日常活动上网，网上政务以及政府与公众的网上交流沟通等。政府上网不仅能促进政府部门与社会各界的沟通，也将对电子商务在中国的普及和应用产生重要的示范效应。实施政府上网工程还可以树立中国各级政府和各部门在网络上的形象，提高政府工作的效率和透明度，提高办公效率，降低办公费用，有利于勤政、廉政建设。中国电信将在信息产业部的指导下，联合社会各界力量，分步实施“政府上网工程”、“企业上网工程”、“家庭上网工程”，推动各级政府部门、各行各业、千家万户联入网络，通过网络实现信息共享，实现多种社会功能。

1999年是中国“政府上网年”。年初，由中国电信、国家经贸委信息中心联合48个部委（办、局）信息主管部门倡议发起的“政府上网工程”得到各级政府部门、企事业单位和新闻媒体的广泛响应。目前，“政府上网工程”发起单位已增至57家，全国人民代表大会、全国政协商务会议、国务院办公厅、国防科工委、国务院发展研究中心等单位的信息主管部门也已经加入发起单位行列。

1999年5月17日，时值以“电子商务”为主题的第31届世界电信日，中国政府上网工程主网站宣布正式开通。

到1999年6月29日，中国已有四十一个中央部委和国务院直属机构上网，并建成行业信息网13个。北京、上海、重庆、江苏、广东、河北、福建、湖北等省级政府开通站点147个，地市级以下建立政府站点467个，中国电信部门为此开通专线198条。自年初全面启动“政府上网工程”以来，中国各级政府的网站已达1564个。

例如，1999年8月20日北京市信息化工作办公室召开的“首都之窗”政府上网工作研讨会上，该市各区县政府和委办局上网率达到94%，已有 99 个政府机构在首都之窗上建立了自己的网站。市民现在可以从“首都之窗”上通过“区（县、局）长信箱”、“机构介绍”、“政策法规”、“办事程序”等方面的栏目，了解有关政策法规，并与有关部门沟通。据介绍，该市接下来将组织市委、人大、政协机关上网，进行网上办公试点，并开展网上调查、研讨、直播等工作。

据 1999 年 6 月 25 日的报道，中国部分部委的网上实际运用已经实施，其中主要包括中国人民银行的网上支付，国家旅游局的网上订房、订立网上旅游路线，教育部的网上教育、全国高校毕业生就业信息网，卫生部的网上医院，国家税务总局的增值税票稽核系统和电子报税，外经贸部的进出口配额许可证网上发放，国家质量技术监督局的网上防伪打假等。其他方面还有中国价格信息网、中国法律顾问网、中国国防科技 2 万项成果上网、网上政府采购等。大多数政府网站提供了国家法律法规、政府机构设置、政府办事程序、具体联系方式和资料供群众查询。北京、重庆、青岛等地的政府网站还设立了专门的市长电子信箱，直接为老百姓排忧解难，为领导决策提供了及时的反馈信息。

下面是政府上网后的几种新气象。

第一，政府上网首先是政务信息上网，然后是办公业务上网。

政府部门要想摆脱烦琐的书面程序，提高办公效率，就有赖于政府办公业务走上网络直接面对老百姓。

例如，青岛市市长王家瑞不仅是信息化的积极倡导者，更是率先垂范者。早在几年前，他已开始尝试“移动上网办公”。不论在办公室还是在家里，王市长每天都要上网收集、浏览信息，进行网上办公，人们亲切地把他称为“网民市长”。1999 年 1 月 18 日，由王家瑞市长亲自提议、在网上设立的“市长信箱”开通，市民和所有关心青岛的海内外人士，足不出户就可以通过互联网给“市长信箱”发电子邮件。截至目前，网上“市长信箱”已收到电子邮件近 1500 封，100% 都得到回复，已经办结率达 90%，其中王市长亲自作批示的邮件就有 500 多封。网上“市长信箱”的运作成功，不仅树立了政府的良好形象，还提高了市民的信息意识，许多市民就是通过网上“市长信箱”认识和了解互联网的。

第二，有事网上找政府。

政府在网上向老百姓敞开了大门。以重庆市政府（www. cq. gov. cn）为代表的大部分政府主页提供了详尽的政务信息，为老百姓提供方便。近日，国务院发展研究中心信息网（www. drcnet. com. cn）专门推出网上“政府办事指南”，其中包罗国家各部委以及各省地市政府部门详尽的办事规章。老百姓办公司、注册商标、出国留学等，以前要了解这些事不知要费多少劲，现在到网上的政府主页一查，不过点几下鼠标，就一目了然了。

第三，24 小时政府办公。

广州市民开始感受到，他们的市政府 24 小时都在办公。一个调动工作的市民在深夜 12 点，照样可以到市人事局（www. gzpi. gov. cn）办理部分手续。因为从 7 月中旬开始，市人事局就在互联网上开展对外业务。继人事局网上办公后，广州市的公安、信访、建筑工程招标等业务也将上网运行，直接为广大市民提供服务。

第四，政府采购也可以 24 小时办公。

伴随国家采购法规的出台，南宁市政府采购网（www. purchase. gov. cn）近日开通。政府采购的信息在网上公开，标书自由下载。凡经南宁市政府审查确认的单位，可以在任何时间进行“在线投标”。目前已有珠海市等 3 家政府在互联网上采购。政府网上采购以其公开、公正和高效，受到人们的好评。

据电信部门介绍，预计 1999 年底中国将有六成政府部门上网，到 2000 年将有 80% 的部委和政府部门上网。政府站点与政府的办公自动化联网后将成为便民服务的窗口，人们足不出户就可完成与政府部门的办事程序，逐步构建电子化政府。

二　中国信息化的发展战略和总体规划

当前，人类社会已经到了世纪之交的重要时刻，全球信息化进程势不可当。人类社会历经农业经济（人件，Peopleware，以体力为主）、工业经济（硬件制造为主）等发展阶段，正逐步进入信息经济（软件为主）时代，美国等工业化国家已开始步入知识经济（人件，以脑力为主）时代。从农业文明到工业文明再到信息文明，我们发现人们的价值观念和生活取向正随着技术进步的链条不断调整和适应。当前，信息已被视作现代社会的重要战略资源，发展信息产业和信息经济的信息化浪潮正在冲击着全球。产业全球化、经济全球化促进“地球村”“数字化地球”概念的诞生，推动了全球信息化的进程。信息技术正在成为推动世界经济发展的火车头，信息产业已超过其他产业发展成为全球第一大产业。未来十年，人类的全部工作中将有 4/5 与信息有关。全球信息化趋势为信息产品制造业的持续高速发展提供了良好的历史机遇。另外，政府对信息化的参与度不断提高。各国政府视电子技术为促进国家经济发展和确保国防安全的核心技术，为争夺电子高科技领域的战略优势，纷纷在政策和财力上予以大力支持。21 世纪是一个数字化、网络化和知识经济的时代，信息产业是国力竞争的焦点，是国民经济发展的新的增长点，也是国家的战略性支柱产业，它直接影响着国家 21 世纪的生存与发展。

从现在到 21 世纪的前十年，是中国实现第二步战略目标、向第三步战略目标迈进的关键时期，也是实现中国电信现代化的关键时期。

作为中国信息化重要基础设施的国家公用通信网，当前正处在新一轮电信技术升级换代的时期，应该抓住机遇，搞好战略调整，使中国跟上世界信息技术革命的潮流。为此，迫切需要加快从窄带网向宽带网、从单一网向综合网、从自动网向智能网过渡，成为一个兼有通信、计算机和媒体功能的高速信息网络。

“九五”期间，全国的电信投资规模将达到 5340 亿元；2000 年全国电信业务总量将达到 3177 亿元，电信业务收入将达到 2874 亿元。到 2000 年，中国将基本建成完整、统一、先进的通信网，整体水平进一步提高。在网络能力方面，将建成以光缆为主，微波、卫星综合利用，固定电话、移动通信、数据通信、多媒体通信多网并存，覆盖全国城乡，通达世界各地，大容量、高速率，安全可靠的通信网。全国局域电话交换机容量达到1.7亿门；移动电话网覆盖所有地市以上城市和95%以上的县城以及经济发达的乡镇、主要交通干线，GSM网实现与相同制式国家和地区的国际漫游，数字数据网通达全国90%以上的县市，中国公用计算机互联网覆盖所有地市和部分经济发达的县城，多媒体通信网实现与电话网的相同覆盖，智能网覆盖有需求的地区。

中国信息产业部部长吴基传在1999年10月10日日内瓦电信展主旨发言中预测了中国电信市场未来10年的发展趋势。具体如下。

（1）固定电话业务还将有很大的发展，主线用户数将增加两倍以上，达到2亿~3亿户。向边远地区提供普遍服务和用于互联网接入的第二条主线将是主要的增长领域。（2）移动电话将继续高速增长，其用户数预计可达两亿户左右。（3）以IP技术为特征的新一代公共信息网将在不断演进中迅速发展成熟。（4）电子商务、远程教育、远程医疗、家庭办公等网络化、数字化的经济与社会活动方式将得到大力推广。（5）通信与信息服务业、信息设备制造业和软件业将以明显高于GDP的速度增长，信息产业作为国民经济主导产业的作用将更加明显。

从2006年起到2015年，中国电子信息产品制造业预计将以年平均增长10%~15%的速度发展，预计到2015年，中国电子工业销售收入将达40000亿元（工业总产值60000亿元），产销值有望与美、日并驾齐驱，乃至超过它们，雄踞世界前列。主要产品技术也将居世界先进水平。届时，中国电子企业将有20~30家销售额超500亿元，5~7家进入世界500强。

结束语

20世纪90年代以来，全球经济一体化的进程明显加快，世界各国经济的相互依赖关系不断加深，国际化程度不断提高；与此同时以计算机和通信为核心的信息技术革命蓬勃兴起，特别是以互联网为代表的信息高速网路的建设，将把我们这个“地球村”更加紧密地联系在一起。

世界各国，包括广大的发展中国家，越来越认识到信息化对国家经济、社会和文化发展的重要性，为推动本国信息化的发展做出了不懈的努力。

中国作为一个发展中国家，将坚持改革开放，依靠科技进步，加强国际合作，在尽快建成国家信息基础设施的同时，通过网络与世界更加紧密地连接起来。

参考文献

中国电子工业发展规划研究院：《电子信息产品制造业“十五”发展战略和规划》，中国电子工业发展规划研究院，1999 年 10 月。

中国信息产业部电子信息中心：“信息产业第二届经济形势研讨会”资料，信息产业部电子信息中心，1999 年 10 月。

汪小熙：《中国的信息化建设》，文献信息中心，1998。

http：//www. mii. gov. cn.

http：//www. gov. cn.

（本论文的英文版原载于 *Knowledge-and-Information-Based Electronic Government for the Third Millenium：1999 International Symposium of the Korean Association for Public Administration*, Seoul，1999. 12. 11.）（《为实现应对新千年的基于高度知识与信息的政府：1999 年韩国公共管理协会国际会议录》，胡广翔著，潘双琴译，首尔，1999 年 12 月 11 日，原英文版论文题名为“Information Technologies in China Current Situation of Exploration and Utilization And a Ten-Year Development Strategy”）

中国社会科学院联机联合编目系统方案设计及实施

摘　要： 本文结合时代背景综合分析了联机联合编目作业系统的工作模式，论述了根据实际需要规划设计的中国社会科学院联机联合编目系统总体方案，介绍了中国社会科学院联机联合书目数据库的开发、使用及组织管理方法。

一　历史回顾与时代背景

文献编目在我国有着悠久的历史，古代目录学家创造了许多宝贵的记录文献的方法，积累了丰富的组织藏书的经验。在我国目录学史上虽然没有明确提到联合编目，但我国古代的目录工作已含有联合编目的萌芽。从我国最早的总书目《七略》、《汉书·艺文志》、《隋书·经籍志》、《唐书·艺文志》到郑樵的《艺文略》，均有编制全国综合性的古今图书系统目录的意图。由于历史条件的限制，中国古代官私藏书一向不开放，所以古代所编的总书目都未能揭示各书的藏所，这与联合编目的宗旨还不相符。17 世纪明代僧人智旭编制的《阅藏知津》就注明了收藏佛经的方位，它的编制方法已体现出共享的思想。在 20 世纪 30 年代北平图书馆曾经开展铅印卡片工作，这可说是我国集中编目的开端。新中国成立后，

1957 年 11 月正式成立了全国图书联合目录编辑组，附设在北京图书馆内。它的任务是：①了解、调查全国各图书馆的馆藏和编目情况；②制订联合目录编辑计划；③起草联合目录编目条例；④加强各馆有关联合目录工作的联系、布置、检查和督促工作；综合各馆书目，做最后的编排、校定、出版等工作。从 1957 年至 1966 年的 9 年间，共出版全国性和地区性的联合目录 300 余种。这一时期，全国图书联合目录编辑组出版的《全国中文期刊联合目录》、《中国古农书联合目录》、《中医图书联合目录》、《全国西文期刊联合目录》、《全国俄文期刊联合目录》、《全国日文期刊联合目录》等和上海图书馆出版的《中国丛书综录》都成为图书馆界、学术界必备的重要参考书目。

如今，人类社会已经跨入 21 世纪，信息高速公路的建设和不断完善给社会带来了巨大的经济效益，使计算机信息网络成为世界上覆盖面最广、规模最大、信息资源最丰富的信息网络，它在全球基础设施中扮演着尤为重要的角色。世界上各个国家纷纷投入了大量资金开展这一工程，其主要原因在于：当四通八达的通信网络建成之后，人类的一切文明成果都将真正地实现共享。传统图书馆的管理与工作方式随着信息时代的到来已经不能适应现代图书馆自动化系统的要求。图书馆自动化系统的出现及其发展使得图书馆的工作发生了根本的转变。围绕着图书馆自动化系统，图书馆各项工作的开展是相互依赖和协同发展的。近年来计算机网络的发展，给图书馆工作又注入了新的内容，这就是如何利用网络系统实现文献信息资源共享。

中国社会科学院（以下简称社科院）有相当丰富的文献信息资源，但由于历史的原因，隶属社科院的研究所遍布北京城的东西南北，地理位置相当分散，因而造成文献信息资源的分散。再加之管理手段一直比较落后，提供高效率的服务变得十分困难，不能有效地充分发挥这些宝贵专业资源的作用。因此，尽快建成全院联合书目数据库已迫在眉睫。

1999 年社科院局域网的建成并开通为我们开发建设联机联合编目系统奠定了基础，创造了良好的硬件条件。同时，近年来图书馆自动化软件也已逐渐成熟。这些都使实现全院文献资源共享，减少重复和盲目的投入，彻底摆脱传统落后的工作方式，逐步实现业务工作的全面自动化，使图书馆工作向标准化、规范化、合作化的方向发展成为可能。

二 系统方案选择

综观国内外成功的联机联合编目系统，实现方案一般分为三种：集中式设计、分布式设计和综合式设计。

（1）集中式设计方案。各馆保持自己完整的文献库，并与一个集中管理的中心数据库相连，建立实时的数据传送机制，中心数据库存放多馆联合目录、规范文档、主题词表等集中管理数据。具体操作步骤为，单馆编目时，首先查询联机联合目录库，如果在中心库中查到相关记录，则加入本馆馆藏字段并将该记录远程套录到本馆的库中。如果中心库没有查到相关记录，则在中心库中抢注并在本馆系统中加工形成编目数据，存入本系统的同时也传送到远程的中心数据库。

优点：设备简单，整齐划一，操作简单和方便，管理也简单方便，实时性好掌握。

缺点：过于集中易出瓶颈，即很多终端同时向主机连接（请求）时，主机速度再快也应付不了，终端只能等待（分区也忙不过来）。主机任务繁重，对终端的要求比较苛刻。

（2）分布式设计方案。各馆都保持自己完整的数据库和规范文档等，利用分布式数据库技术，建立完全的分布式数据库管理系统。在物理上不存在中心数据库或中心索引库，只存在逻辑上为全局统一模式的“单一数据库”。编目员在编目时，无须考虑复杂的网络环境，所有的操作对编目员来说都是透明的。

优点：主要是克服集中式的过于集中的缺点，能较好地解决瓶颈问题。

缺点：程序比集中式复杂，由于复杂，出错的可能性就加大。另外，各主机尽可能是同种机为好。

分布式对计算机软硬件的要求比集中式高，因而只有在计算机发展到相当发达的程度下才有可能实现。

（3）综合式设计方案。这一方案考虑了集中式方案数据冗余量大、中心库庞大的缺点和分布式设计方案还未达到实用的问题，选择了中间道路。各馆保持各自的数据库，中心数据库存放各馆数据索引汇集成的总索引和规范文档。单馆编目时，查询目标都指向总索引，如果检到相关记录并且属于他馆的记录，则将该记录套录到本系统，同时修改记录并加馆藏字段；如果没有检到相关记录则新增编目记录，同时系统将索引传送到总索引库。

以上三种方案都有各自优势，我们根据各自的发展环境采用合适的方案应是明智的选择。第二种方案是将来的发展方向。第三种方案适用于跨系统大型图书馆系统间的联机合作编目，不需要重复投资，利用现有设备即可实现联机合作编目。第一种方案适合于层次性的图书馆系统，即由本系统中高层次图书馆维护中心数据库，带动第二层图书馆实现联机联合编目。就中国社会科学院来说，中国社会科学院文献信息中心自动化工作开展得比较好，书目数据资源比较丰富，具有建立和管理集中式中心数据库的条件和能力。而社科院其他研究所技术力量相对较弱，需要中心库的支持。在这种环境下，我们选择采取集中式联机联合编目设计方案。

三　系统设计

（一）系统软件选择

1995 年社科院文献信息中心购买了由丹诚公司研制开发的“丹诚图书馆集成系统”，它是利用 Internet 作为广域通信环境的新型软件，后经不断升级，经过本地化和二次开发，系统功能更加完善。该系统具有以下特点。

1. Client/Server 模式

（1）支持多种硬件平台。Datatrans－1000 的 Server 产品通过支持 UNIX 和 Windows NT 两种主流的服务器平台，支持分布在广域网上种类繁多的硬件平台，构成一个分布式图书馆业务环境，为书目信息的广泛共享提供了适应性极强的解决方案。

（2）提高了软件信息运行效率。进行大部分的事物处理工作，仅仅在必要时才访问服务器，提高了运行速度，节约了通信开销。

（3）Client 软件是工作人员最频繁使用的工具，充分运用了 Windows 平台的图形界面环境使业务工作更加方便和生动有趣。

（4）Client 端运行于 Windows 系列平台是日常工作的业务环境，Server 端运行于 Windows NT 或 UNIX 平台，为 Client 端提供数据库和目录服务。

2. 全面应用 MARK 格式

广泛采用 MARK 格式，为各种数据之间的共享和超文本链接带来极大的方便，由此提供了通俗、自然的检索界面。

3. 直接利用 Internet 实现联机数据共享

联机数据共享，就是利用网络环境，实时有效地共享各种数据资源，而不必借助物理存储介质的运送来缓慢地交换数据。系统以 TCP/IP 为基本通讯协议，保证了在 Internet 环境下有效地实现广域网通信。通信服务器结合数据库内核，可以将任何一个数据库设置成在 Internet 上提供全球联机编目的共享数据库，为用户开辟账户、定义存取权限、计价收费，并保证数据的安全性。

4. 以 Windows 为操作系统平台，并有一个主要的服务器产品以 Window 95/NT 为操作系统平台。系统还具有高集成度、超文本、事件驱动的界面风格

总之，本系统采用 Client/Server 结构，服务器对数据集中管理，系统具有并发控制等功能，处理各客户机提交的作业请求，保证数据的完整性和一致性。客户端负责用户界面管理，前端数据处理通过 TCP/IP 和

RPC 方式存取远端数据库数据。客户机基本配置：80386 以上 CPU，8M 以上内存，100M 以上的剩余硬盘空间，Microsoft Windows 3.2/95/98/2000 中文版。本联机联合编目系统服务器端为中小型机系统，基本配置为：80486 以上 CPU，16M 以上内存，Microsoft Windows NT3.51（中文版）以上版本，100M 以上的剩余硬盘空间。在具体选择上，考虑到社科院数据量滚动增长的具体情况，以能存储机读书目数据 40 万条为限，我们选择了 500 双主频，内存 256 可扩充，182 热插拔硬盘，8 插槽的服务器。联机编目服务器：主要实现主书目库各种 MARC 数据的查询、新增、修改、删除等操作，以及与之相关的索引文件和数据库文件操作。主服务器设有社科院书目总库、社科院书目预备库、社科院书目临时库。客户端联机联合编目软件：通过 TCP/IP 和 RPC 方式查询、调用、全屏幕编辑修改、删除远端数据库中的记录，并且具有本地处理的功能。可在本地建立小型的书目数据库，实现小型图书馆的书目查询、编目作业。系统提供数据批式上传和下载、打印卡片、数据联机查错、数据转入转出等多项实用功能。

（二）联机联合编目作业系统流程和规范

1. 系统结构

社科院书目总库：建立在互联网基础上的、庞大的、不断增长且经过筛选的高质量数据库。该库特点：质量较好，经过了查重操作，追加了馆藏字段。即每种书只有一条记录，每条记录反映了不同的馆藏地点。

社科院书目预备库：存储各所经过校验后的数据，只对各所三级账户开放。

社科院书目临时库：为提供全院最实时的联机编目数据共享，参加联机编目的编目员对此库有写权限。编目员做好一条新记录后，保存在本地库的同时，应及时存至临时库，以便大家实时共享。临时库的特点是动态、实时。

2. 联机联合编目工作流程

一个典型的联机编目过程用流程图显示如下（见图 1）。

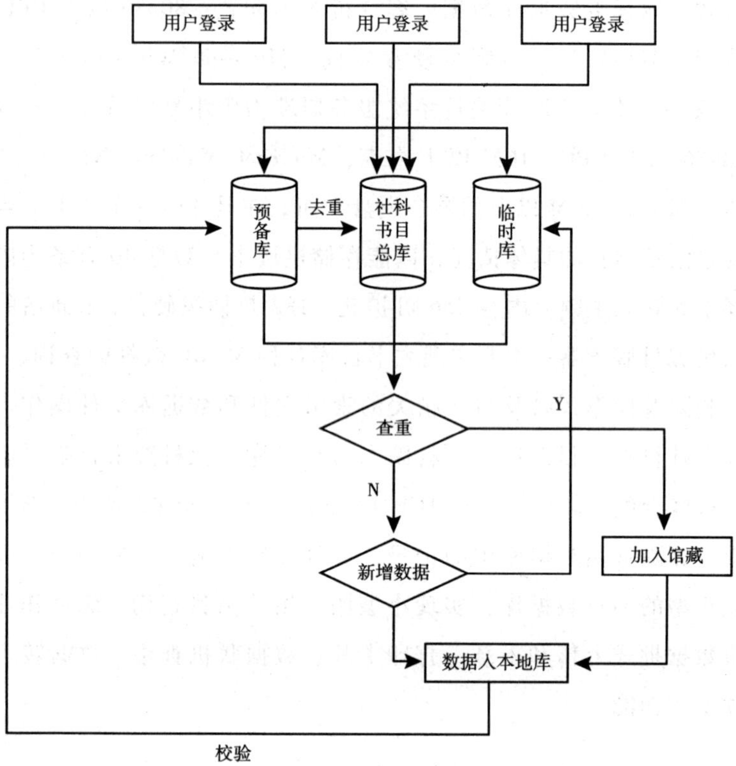

图 1　联机联合编目作业系统流程

流程说明：

(1) 用户登录。用户启动联机编目客户端软件，系统对用户的用户名、口令进行验证，合法的用户方可进入联机编目状态，否则只能在本地进行编目。

(2) 查重作业。系统提供多种检索途径查重，并可按照用户的检索条件依次查询社科院书目总库、社科院预备库、社科院临时库。

(3) 联机编目作业。

如果重复，套录该记录，加入本馆的馆藏字段，检查确认后存入本地书目数据库。经各所三级账户校验后分批存入预备库，通过社科院联机编目书目总库数据管理员进行查重、字段合并、字段追加等一系列操作，将数据转入社科院书目总库。

如果不重复，选择新增作业做详细的著录加工；编目人员按照有关规范生产合乎质量的数据，检查确认后存入本地书目数据库（即工作数据库），同时将该数据实时存入社科院临时书目库。

（4）数据质量控制。运用了质量等级排序的程序和采用机器与人工抽查的方式对数据库的质量进行控制，如剔除重复数据、纠正格式和内容上的错误、增补不完整的数据等，并定期提出质量评测报告和修正意见反馈给联机编目人员。

3. 联机联合编目所遵循的标准和规范

联机联合编目中心必须遵守现行的有关编目标准、通用的编目规范和本联机编目系统规定的有关规范。

（1）著录标准：中国文献著录条例。

（2）机读目录格式：CN－MARC。

（3）主题词表：参考中国分类主题词表或汉语主题词表；叙词标引规则：GB/T3860－95。

（4）分类法：中国图书馆图书分类法。

（5）数据交换标准：ISO2709。

（6）联机编目执行规范：中国社会科学院联机联合编目手册。

（三）数据库的规划与维护

1. 数据库模式

设一个社科院联机联合编目总库、一个预备库和一个临时库。总库包括全院各馆的书目数据，每个馆设一个分库。鉴于系统采用集中式设计，结合社科院具体情况，为了减少多用户同时访问主服务器时系统压力过大，我们将联机联合编目总库放置于两个服务器上，一个对文献中心内部提供访问和上传、下载数据服务；另一个对院外各所提供访问和上传、下载数据服务。这样可以较好地缓解瓶颈问题。

2. 数据库安全

数据库通过在服务器端设置账户及口令，保证数据库的安全。

3. 数据备份

（1）库文件备份。分别备份数据库的5个库文件，以备系统崩溃时及时恢复。

（2）文件备份。定期将数据从库中转出，以 ISO 文件形式备份。

（3）双服务器。系统支持双服务器数据库映象功能，启动映象程序时系统会自动在指定的服务器跟踪备份。可在主服务器出现故障时，及时顶替。在备份服务器与主服务器所有数据库设置相同的基础上，将主服务器产生的日志文件实时提交给备份服务器，备份服务器即可动态模拟主服务器上所有数据库的操作，保持备份服务器与主服务器上数据一致。

4. 数据更新

初始建库时采用了查找与替换方式，即对重复数据采取追加馆藏字段的方法，对不重复记录用追加入库的方法。这样一来，最大限度地保证了数据库中数据的唯一性，同时又准确地反映了每本书的馆藏地。在以后的联机编目工作中采用实时联机作业和查找与替换相结合的方式进行。这是因为由于编目员业务水平高低不同造成编目数据质量参差不齐，我们经过培训、考核对那些考试合格者给予实时联机编目的权限，而对于考试不合格者则采用对其原始编目数据存放于临时库中，供大家实时共享。对其套录的数据经本地数据管理员校验后转入预备库，经社科院书日总库数据管理员进行查重、字段合并、字段追加等一系列操作后转入社科院书目总库。

四　管理制度和人员培训

联机联合编目的系统方案和工作流程确定后，最困难的工作就是组织实施了。组织管理水平和管理措施的优劣直接决定着联机联合编目这项工程的成败。任何管理系统都是人力使用的系统，再由人力系统使用机械力系统，所以制定系统的发展目标和为确保达成此目标采取的控制措施是保证联机联合编目可持续发展的关键。

（一）联机联合编目工作的总目标

通过社科院文献信息中心和各个研究所图书馆的合作，建立社科院联机联合编目作业系统，实现社科院网上的书目数据共享。为用户提供准确、全面的书目查询服务和馆际互借服务。

（二）联机联合编目的组织管理

为了保证联机联合编目系统的正常运转，根据社科院机构设置和管理特点，我们采取两级的组织结构。

第一层为管理和数据质量控制层。院文献信息中心于1998年10月成立了联机编目协调室，主要负责制定和阐明联机联合编目作业的发展目标；负责联机联合编目系统的正常运转，如数据的生产、管理维护和部门之间的协调等；负责制定数据质量要求和数据质量改进措施的全面执行；负责组织各方面专家研究和解决在数据格式和有关规则方面存在的问题；定期编制和印发全院联机编目工作简报，将课题进展情况和完成任务的情况及时通报给全院各个图书馆和课题组的有关同志，以便大家更好地了解情况、互相支持、大力协作。两年来共召开四次业务研讨会、六次课题组全体会议和数次协调室和网络系统部负责人的业务碰头会。同时，成立了数据质量小组，由编目部资深专家组成，对各所数据进行质量评价和排序。由12位同志参加的全院联机编目课题组，由协调室、网络部、编目部的负责人及各所业务骨干组成，以便将联机联合编目工作落实到每个人身上，使工作更加具体、细化。

第二层为数据生产层，由各个研究所图书馆组成，负责生产符合质量要求的数据；负责数据库的部分维护工作；负责提出系统运行过程中出现的问题和对改进措施的反馈意见。

（三）编目员培训工作

人是一切活动的决定因素，联机联合编目也不例外。加强编目人员、数据质量控制人员和管理人员的培训是联机联合编目持续发展的基石。我们认为，联机联合编目数据的生产和质量的改进很大程度上取决于编目人员的素质和专业水平。所以，开展系列化的全员培训是联机联合编目工作平稳发展的最有效办法。到目前为止，我们共举办了五期业务培训，形式不拘一格，具体实用，受到参加培训同志的一致好评，使编目数据质量上了一个很大的台阶。

五 成果回顾与展望

（一）解决的主要技术难点

（1）建成系统平台。选择两个比较成熟的点和中心服务器之间进行点际联机编目试验。通过试验，我们逐步检查了单机单用户之间、带有多用户的服务器和单机单用户之间、带有多用户的服务器之间上网互访的质量和软件的各种功能（如软件的响应时间等）等应用情况。统一了图书馆自动化软件。在此过程中我们也深刻地感到，在今后的工作中应该记取这个教训，统筹安排，避免重复投资和建设。

（2）利用软件本身的开放性，配置了社科院联机联合编目书目库检索点配置文件。

（3）与软件供应商重新开发了账户管理程序，解决了软件支持多用户使用串账户的问题。

（4）开发了合库专用的查找与替换软件（具体名称为：Fndrep. ini Fndrep. exe）。

（二）联机联合编目的作用

（1）联机联合编目可以使全院任何一个图书馆的编目记录被其他图书馆所利用，避免各个图书馆分别编目的重复劳动，降低编目成本，节省人力、物力和财力。

（2）联机联合编目加强全员业务培训、制定全院统一的编目规则、加强全面的数据质量控制，因而避免了以往对同种文献各个图书馆采取不同的著录级次，著录不同项目的著录方式，有利于实现书目著录标准化，提高书目数据库的质量。

（3）联机联合编目汇集各个图书馆的藏书记录，形成中央书目数据总库，提供联机查询和藏书地址等，创造了在全院范围内书目资源共享的最有利的条件，从而大大加快了全院图书回溯编目的速度，同时也使编目质量得到最好的保证。

（4）科研人员可以在联机联合编目总库内一次性地查找到分散在全院各所图书馆中的有关资料，真正实现过去梦寐以求的异地查询。这样，我们也就极大地提高了为科研服务的效率和质量。

（5）为调研有关社会科学各学科文献的研究课题提供了坚实的数据源基础。在该联机网络条件下，可以非常方便、快捷地查找到所需的各学科文献的收藏种类和数量。

通过社科院联机联合编目作业系统的建设及联机联合编目数据库的建成，实现了初步的联机编目，其经济效益和社会效益也已初步显现出来。尤其对加快全院图书的回溯编目提供了一个最佳的手段和条件。全院范围内回溯编目的速度和质量得到几何级数的增长。以研究生院中文图书回溯编目为例，从 2000 年 3 月 18 日至 8 月 28 日，共完成中文普通图书回溯编目 106897 条，从 7 月至 8 月 28 日，共完成西文图书回溯编目 17027 条，从 8 月初到 8 月 28 日，共完成中外文期刊回溯编目 19716 条。以上总计共完成各类文献的回溯编目 143640 条。这样的事要是在几年前来做，简直就是天方夜谭。

再拿院馆编目部来说，2000 年 11 月，10 位编目人员总共编新旧图书达 18000 余册，这比 5 年前（1995 年）1～10 月 16 位同志编的 1 万册还多出 8000 册。用简单的数学方法计算，现在的工作效率相当于 5 年前的 28.8 倍。当然，近年来软件的更新，某些设备的升级，以及编目人员业务水平的提高也是原因之一，但联机联合编目和书目数据资源共享的作用毕竟是诸因素中最主要的因素。现在，用有些同志的话来说，“编目部现在不是在编书，简直就是在‘吃书’”。

（三）未来展望

通过调研我们了解到，发达国家在联机编目方面已达到很高的水平，和他们相比，我们已经远远落后了，目前国内联机编目的工作还远远没有开展。联机联合编目是各个图书馆更好地实现本馆藏书控制与管理，并为整个图书馆事业发挥更高效益的需要。图书馆界的这种合作，是一种互惠互利的动态组合。在这种联合体中，每个图书馆都具有平等的地位，享有平等的权利，担负平等的义务。它是图书馆资源和服务共享组织结构中的一条主线，其他如联合采购、馆际互借、互惠交流、藏书建设与利用合作、技术开发和利用等，都必须以联合编目为基础。

联合编目活动起源于美国，它是借助计算机网络，在各成员馆达成协议的基础上提供自己的编目信息，供网络成员馆使用。书目合作要在网络环境下具有生命力、高产出率，其挑战是严峻的。信息流通的广阔空间意味着联合活动能够继续共存在这个非凡的基础结构中。但高昂的通信费用又阻碍了人们充分利用网络。然而，图书馆作为基础结构的一部分，将借助自己的大量藏书以联合编目形式达到边际效益。由于使用了共同的编目著录标准和网络协议，联合编目的质量和效率都将提高。联合编目使编目工作进行得更多、更快、更好、更省。今天，网络化已使多向交流、资源共享成为可能。联合编目已从小集团化，转为利用网络。所以，网络交流将是今后图书馆业务交流的主要方式。编目数据正向全球化迈进。无论怎样实现这一目标，馆际相互依存都是必不可少的。由于技术的发展，目录已成为一种全球性的网络系统。在这个全球编目系统中，书目记录可以在国内、国际自由交换。1993 年美国图书馆联合会在冬季会议上，成立了联合编目委员会，负责调查联合编目未来发展方向。会议指出，即使在未来，我们仍需要联合编目。这是因为，无论新技术发展到什么水平，印刷型学术文献仍将存在相当长的时间，而充分的书目控制是科学研究的基础。文献编目能否在标准化和利用先进技术手段的基础上，进而组织各图书馆的编目力量，实现社会化，是衡量一个国家图书馆事业发展水平的重要标志之一，我们要努力向这个方向迈进。

中国社会科学院将在建立全院联机编目系统的同时，一方面，以该系统为基础，逐步建立起全院联合图书采购系统、全院联机报刊采编系统、全院馆际互借系统；另一方面，上与国家图书馆相连，下与各省、市社会科学院图书馆相连，横向与高校系统图书馆、国家有关部委系统图书馆相连，国外与美国的 OCLC 等系统相连，逐步形成不断扩大的全国社会科学联机图书馆网络。与此同时，我们也准备加强对元数据和网上资源编目的研究，并将其研究成果，应用到今后渐趋成熟的联机图书馆网络之中。

参考文献

李晓红、索传军：《论电子图书馆的智能编目专家系统》，《中国图书馆学报》1998 年第 2 期。

高英：《试论联机编目》，《大学图书馆学报》1998 年第 5 期。

刘盼英、罗军：《从美国编目的发展看二十一世纪联合编目的走向》，《江苏图书馆学报》1997 年第 3 期。

陈光祚：《从 OCLC 的发展看图书馆自动化的趋势》，《现代图书情报技术》1994 年第 4 期。

罗军：《融入世界潮流的中国文献编目》，《北京高校图书馆学刊》1997 年第 2 期。

管蔚华：《中美图书馆计算机编目工作的比较研究》，《上海高校图书情报学刊》1998 年第 1 期。

汪媛：《邬淑珍信息技术对联合目录及编目的影响》，《图书馆建设》1998 年第 4 期。

黄箭：《中国科学院联机联合编目系统的完善与推广——关于系统培训工作的初步探讨》。

张建勇、沈英、黄箭：《中国科学院中关村地区联机联合编目作业系统的设计与实现》（增刊），1999。

沈英、沈辅成：《图书馆联合作业网络及客户机/服务器技术的应用》，《情报学报》1995 年第 4 期。

沈宝顺：《加快上海地区编目工作现代化进程的一点意见》，《上海高校图书情报学刊》1998 年第 3 期。

张云瑾：《我国发展联机编目的障碍与对策》，《世纪之交：图书馆事业回顾与展望》，北京图书馆出版社，1999。

《网络环境下国家图书馆编目工作展望》，《国家图书馆学刊》2000 年第 1 期。

http：//202.96.31.33.

http：//www.oclc.org/oclc/menu/homel.htm.

http：//www. ref. oclc. org.
http：//www. olcc. nlc. gov. cn.
http：//www. bmzx. yeah. net.

（本论文的韩文版原载于《知识处理研究》第2卷，第1号，韩国首尔，2001年6月，胡广翔、庞萱著，金明嬉译，原韩文版论文题名为："中國社會科學院 오라인 종합목록시스템: 온라인 공동목록 설계 및 실시방안에 대하여"；本论文后于2003年7月载于《联机编目与数字图书馆》，胡广翔主编，胡广翔庞萱著，科学技术文献出版社）

中国数字图书馆研究综述

摘　要： 本文首先论述了中国图书馆界当前面临数字信息社会的严峻挑战和难得机遇，以及中国图书馆界对数字图书馆的理解。然后，本文介绍了中国数字图书馆的研究开发和建设现状，以及中国数字图书馆的未来发展趋势。

关键词： 数字图书馆　知识网络　信息社会

一　数字图书馆对中国图书馆界的挑战

随着21世纪的到来，人类正在向知识经济时代迈进，建设共享型的知识网络已成为推动各国经济发展的关键性手段。计算机产业、通信产业和基于网络的数字化信息产业的高速发展，正在越来越大的范围内构筑着这种知识网络。而数字图书馆就是目前存在于互联网并将在下一代互联网上扮演核心角色的一种知识网络，它将从根本上改变目前互联网上信息分散不便使用的现状。通俗地说，数字图书馆是没有时空限制的、便于使用的、超大规模的知识中心。数字图书馆在国际上已有近十年的发展历程，预计将在下一代互联网上居主流地位。作为知识经济的重要载体，数字图书馆也是国家信息基础设施的重要组成部分，目前已成为评价一个国家信息基础水平的重要标志和21世纪各国文化科技竞争的焦点之一。目前，应用最新信息技术创建数字图书馆系统，已成为对各国大规模信息资源收藏和保管单位，尤其是对各国图书馆的重大挑战。但这同时，也给各国图书馆带来了更快发展速度和更大发展空间。对于总体发展相对落后的中国来说，对数字图书馆的研究、开发起步较晚，因此，建设数字图书馆更加具有必要性和紧迫性。

中国研发和建设数字图书馆的重要意义在于下述几方面。

第一，数字图书馆将改变以往信息存储、加工、管理、使用的传统方式，借助网络环境和高性能计算机等实现信息资源的有效利用和共享。它的建设将使中国在综合国力的竞争中抢占先机，掌握发展的主动权，实现跨越式发展。

第二，数字图书馆建设的核心是以中文信息为主的各种信息资源，它将迅速扭转互联网上中文信息匮乏的状况，形成中华文化在互联网上的整体优势。我们要通过数字图书馆的建设，将中国悠久的历史、灿烂的文化，特别是当代建设的成就通过互联网向全世界展示，让世界了解中国，让中国走向世界。

第三，数字图书馆的建设将促进中国信息技术的发展，同时带动与之相关的计算机技术、网络技术、通信技术和多媒体技术等各项高新技术的迅速发展。这些高新技术迅速转化为现实生产力，将对中国知识创新体系的建立起到极大的促进作用。

第四，数字图书馆建设是“科教兴国”战略的源泉和动力，也是实现公民终身教育的大课堂。数字图书馆以其对信息资源的整理加工和有序组织，为“科教兴国”战略提供了最为便捷、有效的发展环境。同时，数字图书馆可以最大限度地突破时空限制，营造出进行全民终身教育的良好环境，对于中国国民素质教育将起到巨大的提升作用。

第五，数字图书馆将改变目前图书馆的工作方式和服务模式。数字图书馆可以更好地履行图书馆在倡导、组织和服务全民读书中的重要职能。图书馆馆员将成为捕捉和整理信息的专家，读者可以在世界各地通过网络阅览数字图书馆中的丰富信息。图书馆的发展将进入一个前所未有的新阶段，发生根本性的变化。

二 中国图书馆界对数字图书馆的理解

21 世纪是一个崭新的信息时代，而现代化的数字图书馆是信息最集中的地方，也是信息的存储库。它将成为这一时代社会活动的中心地，起着不可低估的中枢神经的作用。在 21 世纪的现代化社区里，人们来到图书馆不是因为这里藏书多，而是因为这里设备最先进、网络功能最强；不是因为人们不可以把这些放置于另外的地方，而是因为人们对传统图书馆的留恋，才把全社会的信息中心置于古老的图书馆这一值得纪念的地方。这里能够看到的是舒适的环境，各具特色、各种作用的终端。这里将没有图书馆员，只有像大酒店中的服务员，消耗最多的是茶和咖啡。巨大的书库及忙碌的管理人员不见了，代之以小木屋般大小的数据存储库及连接阅览终端的线缆，连家庭终端也成为阅览室的一部分或者说是它的延伸。人们来到图书馆已不光是为了查找图书资料，他们还可以利用这里最好的网络和设备，调适自己开发、设计的系统，玩电子游戏，与网友见面……

所谓“数字图书馆”，就是对有高度价值的图像、文本、语音、音响、影像、影视、软件和科学数据等多媒体信息进行收集、组织规范性的加工，进行高质量保存和管理，实施知识增值，并提供在广域网上高速横向跨库连接的电子存取服务。同时还包括知识产权、存取权限、数据安全管埋等。它的特点是：收藏数字化、操作电脑化、传递网络化、信息存储自由化、资源共享化和结构连接化。数字图书馆的建设，不仅给图书馆业带来一场革命，而且也为文化传播打开了新的电子时代的大门。

就目前来说，建立在互联网和数据库技术基础上的数字图书馆工程，对中国百年来积累的以“书本位”为中心的图书馆管理思想、业务规范、发展模式都带来了强大的冲击，我们必须重新探索数字图书馆环境下的组织与管理，更新我们已有的传统图书馆知识与技术。数字图书馆使传统的文献采访、典藏、流通、复制及目录检索方式等发生了根本性的变革；数字图书馆使图书馆界多年追求的信息资源共建共享的梦想成为现实；数字图书馆突破了传统图书馆的时空观念，使它的空间得以无限地扩张，其作用与影响远非传统图书馆所能比拟，传统的图书馆业务统计标准及效益评价方式也将得到根本改变；数字图书馆必将涉足网络经济，而成为信息产业界中的新生力量，并为图书馆打开产业化之门；数字图书馆将成为先进的生产力，成为图书馆事业新的增长点，是21世纪图书馆发展最重要的突破口。数字图书馆的作用足以改变我们现有评估方案得出的图书馆排序，使图书馆界在新的发展模式下重新“洗牌”，传统意义上的名馆、强馆概念也将由此而受到冲击和挑战。所有这些都在向我们昭示着一个真理：数字图书馆是未来图书馆的发展趋势和方向，是图书馆事业在21世纪的战略选择。谁忽视了这一点，谁就会在21世纪落伍，甚至被时代所淘汰。

2000年11月在武汉大学召开的首届中美数字时代图书馆与情报学教育发展研讨会上，一些著名专家为代表未来发展方向的数字化图书馆勾画了蓝图。与传统图书馆相比，数字图书馆有着其独特的特点和功能。主要表现在以下五个方面。

一是信息实体虚拟化。网络环境下，以各类文献为载体的知识信息都可以方便地转化为数字形式在全球范围内传播。每一个拥有个人电脑的用户都可以十分方便地使用世界上任何一个图书馆的资源。这种图书馆已成为一个“信息空间”，用户对馆藏的利用将不再受地理位置的限制。

二是信息资源数字化。利用现代信息技术和网络通信技术，将各类传统介质的文献进行压缩处理并转化为数字信息。

三是信息传递网络化。数字图书馆通过以网络为主的信息基础设施来实现。目前，数字图书馆正通过由宽带网组成的因特网（Internet）和万维网（Web）以高速度、大容量、高保真的计算机和网络系统将世界各国的图书馆和无数台计算机联为一体。信息传递的网络化也带来了信息服务的跨时空、信息利用的开放性以及信息传递的标准化与规范化。

四是信息利用共享化。不仅体现出跨地区、跨行业的资源无限与服务有限的特征，还体现出跨地区、跨国界的资源共建的协作化与资源共享的便捷性。

五是信息提供的知识化。数字图书馆不仅提供文献，还将提供更深层次的信息服务。通过信息分析和重组，形成符合用户需求的知识或帮助用户找到解决方案，并对提供的知识产品的质量进行评价。

三 中国数字图书馆建设的现状

数字图书馆是一门全新的科学技术，也是一项全新的社会事业。建设数字图书馆，不仅是迫切的社会需要和市场需求，更是在互联网上弘扬中华文化的宝贵机会。中国数字图书馆工程是国家科技创新的重点工程之一，它作为一项跨地区、跨部门、跨行业的宏大系统工程，需要多部门协同努力。目前，在国家科技部、国家“863”计划①、广播电视总局、国务院信息办、中国电信、国防科工委、中国科学院、北京大学、清华大学、北方交通大学、航天集团等单位的积极参与下，这项工程已进入试验性实施阶段。

国家科技部自始至终对“数字图书馆”项目提供全力支持，国家“863”计划智能计算机主题从1997年开始跟踪国际“数字图书馆”研究

① “863”计划：1986年3月3日，王大珩、王淦昌、杨嘉墀、陈芳允四位老科学家给中共中央写信，提出要跟踪世界先进科技水平，发展中国高技术的建议。这封信得到了军委主席邓小平的高度重视，他亲自批示：此事宜速决断，不可拖延。在此后的半年时间里，中共中央、国务院组织200多位专家，研究部署高技术发展的战略，经过三轮极为严格的论证后，中共中央、国务院批准了《高技术研究发展计划（“863”计划）纲要》。“863”计划从世界高技术发展趋势和中国的需要与实际可能出发，坚持“有限目标，突出重点”的方针，选择生物技术、航天技术、信息技术、激光技术、自动化技术、能源技术和新材料7个领域15个主题作为中国高技术研究与开发的重点，组织一部分精干的科技力量，希望通过15年的努力，力争达到下列目标：①在几个最重要的高技术领域，跟踪国际水平，缩小同国外的差距，并力争在我们有优势的领域有所突破，为20世纪末特别是21世纪初的经济发展和国防安全创造条件；②培养新一代高水平的科技人才；③通过伞形辐射，带动相关方面的科学技术进步；④为21世纪初的经济发展和国防建设奠定比较先进的技术基础，并为高技术本身的发展创造良好的条件；⑤把阶段性研究成果同其他推广应用计划密切衔接，迅速地转化为生产力，发挥经济效益。

动态，并于1999年5月成立了中国数字图书馆发展战略研究组，专门对数字图书馆系统涉及的技术、管理、运营、法律等问题展开研究。在1999年12月又设立重大应用课题“中国数字图书馆示范系统”，为中国数字图书馆工程的全面实施奠定了良好的基础。科技部在“十五”攻关和“863计划”中将“数字图书馆”和“数字地球”共同列为信息领域的研究重点。

据截至2001年4月19日的统计，以中国国家图书馆馆藏为依托，由政府主导、市场化运作的中国数字图书馆已初具规模，现有6000万数字化文献储存，4000多万数字化资源上网，提供政治、法律、经济等各个门类的数字化信息资源，并且数字化资源正在以每天20万页文献的速度递增。现在用户只要登录中国数字图书馆网站（http：//www.d－library.com.cn），就能检索到中国数字图书馆资源库中的相关资料。

下面从几个方面介绍一下中国数字图书馆建设的现状。

1. 中国数字图书馆工程

（1）该工程的全面情况介绍

中国国家图书馆曾于1995年安排专人负责跟踪国际上数字图书馆的发展动向，了解相关标准、规范和技术，并及时将有关技术引入到相关的研究项目中，取得了第一手的经验和对数字图书馆总体框架的认识。在此基础上，于1998年7月提出该项目。中国数字图书馆工程还基于以下考虑：一是中国试验型数字图书馆由于缺乏经费进展不理想；二是国际上数字图书馆发展迅速，如果我们再不行动，就会错过时机，拉大与国际先进水平的差距；三是国家图书馆的书库已近饱和，需要立即着手进行二期工程的建设，而二期工程按何种思路进行设计是首先要论证的问题。该工程建设周期计划为10年（1998～2008年）。其中，要完成国家图书馆的二期工程，建设5万平方米的数字图书馆国家中心；要建设一批超大规模的资源库群；要完成中国数字图书馆的实用技术，推动中国数字图书馆的全面发展。中国数字图书馆工程是运用现代高新技术所支持的国家级数字资源系统工程，涉及信息资源加工、存储、检索、传输和利用的全过程，是国家信息化建设不可缺少的重要内容，是知识经济的重要载体。

该工程的总体目标是在宽带 IP 网上形成超大规模的、高质量的中文资源库群，支持国家整体创新体系的形成与发展，通过国家骨干通信网络系统向全国乃至全球提供服务，其总体技术水平与国际接轨。工程的特点是跨部门、跨行业，长期建设的宏大系统工程。其建设原则为“统一规划、制定标准、联合建设、资源共享；防止重复建设”。该工程建设的内容是：按照国际上数字图书馆的主流技术方案，采取自主开发与引进相结合的方式，建设分布式、可扩充的、具有自主版权的中国数字图书馆系统。组织全国有关单位联合建设超大规模资源库群和知识网络，使其直接为科技、文化、教育服务，提高国民素质，在知识经济中发挥重要作用。为了实现该工作内容，要联合国内有关单位，研制数字图书馆的相关标准和规范；完成中国数字图书馆实用技术的开发；积极使用有自主版权的国产高性能设备和技术，并推动其发展；协调、解决数字图书馆建设中的知识产权问题；开展广泛的国内外交流，推动中国数字图书馆的全面发展。该工程的技术特征具有虚拟网络特点，是一个超大规模、开放性、分布式的数字信息资源网络体系结构。它能实现复杂信息的加工存取和海量信息存储的功能。网络系统具有良好的兼容性、互操作性、可扩充性，并具有智能化检索功能，符合国际标准规范。该工程采用与国际同类主流技术有接轨前景的方案，如标准通用置标语言（SGML/XML）、统一资源名称（URN）等；严格遵循电子信息处理与电子信息交换的相关国际标准及工业标准；采用适用于网络环境的分布式面向对象的软件技术；统一的总体框架与灵活的子项目实施相结合；立足国内自行开发与引进国外先进成熟技术相结合。该工程实行项目合同管理。在中国数字图书馆工程建设联席会议领导下，由中国数字图书馆工程建设管理中心负责工程的规划、组织、实施、管理。该工程本着社会需求与市场需求相结合以及先易后难、分步实施、协同开发等原则组织资源库建设，充分发挥“联席会议”的协调作用，统一规划、统一标准，联合建设，资源共享。围绕科技、文化、教育领域选择知识网络所需的资源内容，建立若干个超大规模的多媒体资源库，资源内容要按照数字图书馆的规范要求加工和标引。对工程资源建设申请立项工作，各单位既可根据实力选择、申报管理中心确定的重点项目，也可根据自身资源特色申请立项。在项目管理中，管理中心要考虑优势互补，利益均衡，避免重复建设。

该工程在技术研发方面要争取科技主管部门的支持，在“863”相关项目的带动下，组织有关科研院所、高校等单位联合引资、共同开发，争取在技术层面上达到国际水平。研发项目内容：围绕面向对象的软件技术；多平台的互操作性；分布式超大规模内容数据的组织、存储、调度、查询与检索；数字图书馆的系统集成；面向中文信息内容的数据挖掘；数字影像的内容查询；个性化主动信息服务；多代理信息系统；智能化数据采集、加工、标引、检索；版权代理；电子商务；系统安全等。应用国内外包括国家“863”项目等较成熟的技术，开发数字图书馆应用系统，逐步建设若干个样板工程，积累成熟经验后，尽快在工程中推广使用。中国数字图书馆工程建设所使用的标准，应考虑与国际标准接轨，同时兼顾标准的通用性。标准范围：数字对象标识；通信标准；字符集标准；置标语言标准；元数据；对象数据等。

中国数字图书馆工程建设的网络环境，要充分利用国内已建成的公共网络系统，避免重复建设。可利用的网络范围：中国电信网、有线电视网、中国科学技术网、中国教育与科研网等。要建立完善的网络安全机制，保障中国数字图书馆工程良性运行。安全保障范围：信息的真实性、完整性、机密性、可用性和可控性；系统的安全性和稳定性；网络的安全性；数字图书馆群的安全管理等。对数字图书馆建设涉及的各类知识产权问题，通过联合出版管理部门、立法执法部门、出版单位，结合中国数字图书馆工程的建设，研究数字图书馆知识产权问题的解决方案。这是制约数字图书馆发展的一个重要问题。

随着中国数字图书馆工程建设的开展，中国数字图书馆有限责任公司于 2000 年 4 月 18 日在国家图书馆宣告成立。中国数图公司是经国务院批准，为建设中国数字图书馆工程而组建的经济实体，是由国家图书馆及所属公司共同投资控股的高新技术企业。公司将依托国家图书馆的资源优势，以建设中国数字图书馆工程为目标，开展相关技术的研发与推广，建设高质量的多媒体资源库，提供数字信息资源服务，发展电子商务等。揭牌之后，中国数字图书馆网站（http：//www. d－library. com. cn）即正式开通。目前，中国数图网主要提供网上读书、网上点播、网上检索、专题文献、名家名作推荐、读者俱乐部等贴近读者的服务。

（2）与该工程有关的信息基础设施建设完成情况

近年来，国家图书馆在国务院和有关部委、北京市有关单位的支持、配合下，主要完成以下多样性的信息基础设施建设：

• 1999 年 2 月，国家图书馆千兆馆域网开通，将国家图书馆内部的网络和服务器、计算机连接在一起。

• 1997 年 10 月北京电信免费将光缆连接到国家图书馆，已经开通了一个 T1① 的通道，现有能力可以开通四个 T1 的通道。这样，便有效地解决了国家图书馆到互联网的通道问题。1997 年开始，访问国家图书馆互联网的用户大幅增加，1998 年 4 月的访问用户是 22 万人次，1999 年 4 月的访问突破 650 万人次。月流量也从 100M 升到 80G。

• 1999 年 3 月，广电总局网络中心将 1000M 光缆接入到国家图书馆。广电总局将承担城市之间的高速网络连通。而这条连接通道是按照计算机以太网络的标准建立的，在近期使用 100M 和 1000M，将来可以升到更高的速度。可以解决数字图书馆中心和资源中心的连接。

• 1999 年 4 月，北京有限电视台网络中心将 100M/1000M 光纤接入到国家图书馆。为在北京地区有线电视网的用户提供接入，并为北京地区的资源中心、分中心进行无阻塞连接。

• 1999 年 2 月，北京电信完成 100M 光缆连接到中南海和国家图书馆分馆。可以将国家图书馆的现有资源进行传输、使用。高速网络实验，使得数字图书馆在本地应用和在中南海应用完全一样。异地资源中心的实验完全成功。

• 1999 年 4 月，利用北京有线电视的网络实现了到清华、北大、

① T1：图书馆和 Internet 连接的专用线的速度，一个 T1 等于 1544 Mbps 即 1544 兆每秒比特数，属于高速线路。

中国科学院网络的连通，有效地解决了这三个单位之间资源共享的网络难题。

- 1999 年 5 月，利用中国电信的网络，进行了广东省中山图书馆与国家图书馆之间的网络通信能力实验。

概括起来说，中国数字图书馆工程的目标，是建立起一个跨地区、跨行业的巨大文化信息资源网络，使之成为中国的“国家信息基础设施”；全面地收集图书馆、博物馆、纪念馆、新闻出版机构、艺术团体、音像影视、体育、旅游等单位的文化资源信息，将其中的精品内容进行数字化与深加工，建设起一批以数字化图书馆、数字化博物馆、数字化影视中心等为代表的资源库，形成巨大的知识宝库；依托国家骨干通信网，建立完整的信息资源网络体系，针对不同需求的用户，提供全面、灵活的网络连接方式，为用户提供对各种资源库的快速查询与检索；开发智能化中文用户界面和廉价的用户接入设备，普及网络的使用，使用户可以方便地、远距离地，像收看电视一样获取网上的资源，使文化信息资源得以最大限度地利用。

2. 中国试验型数字图书馆项目

中国试验型数字图书馆项目（CPDLP），是 1997 年由国家计委批准立项的国家重点科技项目。该项目主管部门是文化部科学技术司，项目承担单位是国家图书馆，参加单位有上海图书馆、深圳图书馆、中山图书馆、辽宁省图书馆、南京图书馆、广西壮族自治区桂林图书馆①。

该项目拟建设一个多馆合作、互为补充、联合一致的中国试验型数字式图书馆，实现由多类型、分布式、规范化资源库组成的一个试验型数字图书馆，为中国建设规范化数字图书馆提出一份初步成形的、实用的实现技术。按照计划，该项目要组织建设若干个整体性好、符合统一技术要求的文献库，形成一个多馆合作的、具有一定规模的、整体性较强的数据库群。该数据库群主要有：中国古籍善本影像数据库、中国博士学位论文影像数据库、历史舆图与图片数据库、孙中山

---

① 广西壮族自治区桂林图书馆于 2000 年底参与该项目工作，主要进行数据资源的加工，内容涉及旅游、人物和文学作品等。

文献全文数据库、深圳特区文献数据库、国内外旅游多媒体数据库、民国时期南京政府文献数据库、东北文献图录数据库和国际数字图书馆文献数据库等。

该项目还计划开发完成一套与国际接轨的数字式图书馆实现技术。这些技术包括：建立以SGML为基础的对象描述和编辑系统；建立统一的元数据；组织开放体系结构的数字式对象库，建立通用的库访问协议；试验建立分布式不同源数字式对象的调度系统；设计并实现方便的网络用户界面与实用的系统管理界面；数字式对象的描述方法要支持不同源的分布式查询和检索；初步实现对超大容量数据库的快速检索，支持中英文屏幕界面；试验建立多种类型的规范化信息库等，以使该项目在互联网上提供试用性的服务。同时，该项目还要完成题为《数字图书馆概念与发展研究》的报告，其中要对数字图书馆从理论到实践，从技术到应用进行全面的调研，对数字图书馆的概念、涉及的主要技术、各国动向、应用发展前景、对社会的作用和影响、经济效益等内容进行全面分析，了解现状，跟踪趋势，掌握相关技术，并针对中国图书馆的现状和资源特点，提出建设中国数字图书馆的战略规划和建议等。

目前，各参加单位正在进行相关的研究与开发，并已在数字信息资源库设计、专用软件工具和检索标准化、数字图书馆关键技术标准——元数据标准等方面取得进展，为实施全国范围的“中国数字图书馆工程”项目奠定了基础。

3. 中国数字图书馆示范工程

到目前为止，中国数字图书馆示范工程已取得重大进展。中国数字图书馆战略组已与首都图书馆和中国国际广播电台进行了数字图书馆示范工程的签约。中国数字图书馆发展战略组已组织有关单位和人员对网上法律、技术标准、商务运营等众多问题进行了大量研究，并取得初步成果。

20世纪90年代初即开始从事档案资料及图书资料数字化加工利用研究工作的北京世纪超星信息技术发展有限公司，近年来加强与国家“863”计划合作，已成功地将一些“863”成果应用于其数字图书馆系统。

北京天文台也已于2000年8月加盟数字图书馆示范工程。2000年8月初，国家“863”计划中国数字图书馆发展战略组与中国科学院北京天文台签订合作协议书。北京天文台成为继首都图书馆、中国国际广播电台、中央党校图书馆等单位之后的又一个中国数字图书馆示范工程试点单位。北京天文台是中国乃至亚洲从事天体物理研究的重要基地，它拥有国际领先水平的天文仪器、设备、科研环境及大批知名研究人员，拥有大量珍贵天文文献及最新、最权威的国际天文数据信息。北京天文台此次与中国数字图书馆发展战略组合作，将建立具有中国特色、立足于网络、面向海内外公众的天文信息知识库。

4. 中国数字图书馆实验演示系统

为探讨建设中国数字图书馆的基本途径和方法，为中国数字图书馆工程开展前期实验研究取得一些实践经验，同时，也使各级领导和社会各界对数字图书馆有一个感性认识，国家图书馆于1998年底开始集中人力、物力和财力，利用3个多月时间，开发完成试验环境及演示系统。

- 1999年3月，在国家图书馆数字图书馆演示环境中，完成了全套软、硬件系统的开发、集成工作。

- 1999年1~3月，国家图书馆完成SCML置标系统的实验，并且完成国家图书馆数字图书馆实验环境需要的五个资源库的建设工作。此举为置标语言的使用和数据标准的制定奠定了基础。

- 1999年3月，实现了跨平台、跨库检索和目标传输控制的实验。顺利实现了我国自己的数字图书馆实验系统与其他系统中对象数据的传输控制。

- 1999年5月，在广东省图书馆与国家图书馆之间进行了以书目数据为元数据，以全文书为对象数据的检索、传输实验，验证了基础网络关系。

该系统在多媒体数字资源的创意、设计和加工，元数据抽取和元数据库的生成，对象数据库建设，调度系统的选用，以及实现多库的跨库检索和用户界面等方面进行了探讨，取得初步的实践经验。该系统开发了数据加工、置标、管理方面的软件，元数据和对象数据装入和管理方面的软件，包括多媒体对象在内的动态页面生成软件，支持SGML和分布式数据库检索、查询软件以及元数据和对象数据连接的接口软件等。整个系统运行在国家图书馆的千兆位馆域网上，运行稳定，达到实时传送，没有丢帧和断帧现象。

该系统设计了千家诗、中国古代建筑、北京故宫、海洋世界和宇宙的结构五个多媒体资源库，信息量约5GB。在这五个资源库中，有两个资源库的部分数据安置在距总馆10公里之外的国家图书馆的分馆。千家诗资源库将国家图书馆收藏的明代彩绘珍本进行了数字化处理，为保护知识产权，利用IBM技术加了水印。对36首诗歌都配有图片、题解、注释、白话文解释和配乐朗诵，有些诗还配有吟唱。中国古代建筑资源库反映了中国历史上各个时期的宫殿、寺院、楼阁、石窟和长城等内容，每个栏目都配有图片、解说，有的还有影像资料。北京故宫资源库主要展现了其宏伟、壮观的场景，展示了它所收藏的各种艺术珍品，配有图片和解说。海洋世界资源库选用了大量的影像资料，以生动的影像资料激发人们了解海洋的兴趣。宇宙的结构资源库以普及宇宙基本知识为主，配有图片和解说。按照数字图书馆的建设要求，这五个资源库与国家书目数据库和部分大百科术语数据库进行了SGML标引，各库实现了互联和跨库检索功能。

该演示系统已于1999年制作完毕，达到预期目的，为中国数字图书馆工程的建设创造了条件。

5. 世纪超星公司的数字图书馆系统

世纪超星公司是一家高科技民营企业，在信息技术领域耕耘已经有近十年的历史，经历了信息技术产业的兴起、发展和繁荣。超星公司目前注册资金3000万元，拥有员工200余人，平均年龄25岁，在深圳、上海、成都、济南和天津等地拥有多家分公司。超星公司从1992年起从事档案资料数字化软件的开发工作，在国内最早提出档案资料数字化的概念，以光盘存储代替缩微胶片进行档案保存，发展了国内第一家以光盘形式存储档案的档案馆用户。目前，超星公司已经发展成为中国档案界最具实力的软件公司，用户数量达2000多家，中央档案馆、外经贸部、林业部、中国人民银行总行、招商银行总行、北京市公安局和全国造币系统等都是他们的用户。在军队系统，超星档案数字化软件在总参通信部、总后营房部、总后油料部、空军档案馆、沈阳军区、南京军区、广州军区等多家档案馆得到广泛应用，并在1995年协助总参办公厅起草制定了军队光盘档案管理技术标准。1996年，中央档案馆、中国第一历史档案馆、中国第二历史档案馆应用超星数字化技术将影响中国历史进程的150多万页重要文献制成《国家档案文献光盘库》，作为国家档案保存，并在第13届国际档案大会上向全世界作了展示。超星的图书馆数字化技术实际上是从档案数字化技术逐步发展起来的。

从1996年起，超星公司把资料数字化技术应用于电子出版物的开发，几年来共出版了200多种电子出版物。在这个过程中，超星公司与电子工业出版社、标准出版社、科学出版社、中医药出版社等多家单位建立了密切的合作关系，完成《中国中医药光盘资料库》、《古今图书集成》、《国家标准全文光盘》、《二十五史》、《多媒体英语小说》等光盘的制作，积累了图书数字化的技术和经验。1997年超星公司把目光转向新兴的互联网，把从档案和电子出版物发展出的资料数字化技术应用于网络。1997年12月超星公司将自己研制的远程图书浏览器安装到瑞得在线网站上，创立了国内首例以影像方式为主体的数字图书馆。1998年7月，超星公司和国家图书馆合作，通过一年的努力完成国家图书馆的15万册馆藏图书的数字化加工，并合作建立了国家图书馆的网上读书栏目，在国内外引起强烈反响。目前采用超星数字化图书馆技术的还有广东省中山图书馆、清华大学图书馆、北方交通大学图书馆、天津大学图书馆、中央音乐学院图书馆、四川大学图书馆，中国林业科学院图书馆和中国农业科学院图书馆等几十家图书馆。

在国外，世纪超星的数字图书馆系统同样获得成功。美国加州大学圣地亚哥分校正在与世纪超星合作，在北美建立一套清朝历史资料库和中国年鉴图书馆，美国超级计算中心为超星公司免费提供了一套Dell服务器。加州大学伯克利分校、斯坦福大学、哥伦比亚大学都对此技术表示了浓厚的兴趣，邀请超星公司作为特邀代表参加加州大学东亚图书馆年会。我国香港基督教大学、澳门大学，日本都希望安装镜像站点，超星公司为他们特制了英文版和日文版浏览器。

由于超星公司的数字图书馆技术得到广泛应用，超星公司具有自主知识产权的专用图书阅览器的下载使用用户已超过150万。现在，联想电脑、海信电脑、实达电脑已全面预装超星图书阅览器，同时，四通、IBM、康柏等公司也正在与超星洽谈捆绑超星图书阅览器的合作。1998年，超星公司组建了国内第一条大规模数字化扫描生产线，在北京成立了数字化加工中心，加工能力达到每天20万页。经过一年多的发展，超星公司已在全国各地建立五个数字化加工中心，在北京、天津、京东燕郊等地都有超星的数字化加工基地。数字图书馆中的版权问题一直是世界范围内值得研究和探索的问题。该公司为我们推出一整套版权保护方案，利用先进的数字底纹加密技术对下载作品进行加密，限制作品的盗版和非法传播，他们遵循传统出版业的版税制原则，将收入按一定比例通过中国版权保护中心分配给作者和出版社。另外，作为数字图书馆商业化运作的特色之一，超星数字图书馆首创推出读书卡，其制作和销售受到中国版权保护中心的监制。

世纪超星公司经过多年的努力，形成实现数字图书馆所必要的从扫描、浏览、OCR识别到远程传输和版权保护等一整套成熟技术，在数字图书馆方面积累了丰富的开发经验，可以为图书馆提供从资源的数字化加工到网络管理以及远程传输的全面解决方案。同时，他们还积极引进和利用“863”高科技成果。例如，该公司已将“863”成果中的汉王OCR技术集成到他们的图书阅览器中，读者可以直接摘取图书的文字到自己的文章中去，为读者提供了方便。超星数字图书馆现已成为国家“863”计划中国数字图书馆示范工程推广单位，他们可以优先吸收和应用“863”计划的研究开发成果，并会以更快的速度向前发展。

另外，还有一些地方性图书馆不同程度的开发实例，这里就不一一列举了。

四 中国数字图书馆的未来发展

根据目前世界范围内数字图书馆飞速发展及国内相对落后的状况，中国正在加快国家数字图书馆系统工程的建设。中国数字图书馆系统工程的宏观规划如下。

（一）国家图书馆对数字图书馆的总体设想

数字图书馆工程是一个超大规模的面向信息的分布式系统。在这个工程中需要大规模的软件工程、网络工程、计算机工程、信息组织工程、面向市场的用户运营等的有机组合。在这个工程中，将直接使用公共网络，实现数字图书馆资源的高速连接和用户的接入；将使用最为成熟的计算机技术，实现逐步扩展的海量存储的分布式计算机体系；软件上尽可能以我们对数字图书馆的研究成果为基础，采用成熟的软件产品，包括国家“863”项目在内的中国高科技研究成果；多方合作建设信息资源库，将与用户群中最大的一些单位合作进行市场运营，逐步进入数字图书馆建设的良性循环；建设有工业化生产能力和能生产各种多媒体文献的资源制作系统。国家数字图书馆工程是一个全国性的大工程，应严格避免重复建设和资源的浪费。在网络建设方面应充分利用电信系统、广播电视系统及其他一切可以利用的公共网络系统，其目标是利用公共网络中的高速网络环节将数字图书馆国家中心和各分中心连接起来，再利用宽带 IP 网络、有线电视、电话线等将这些中心与千家万户连接起来，真正做到中国数字图书馆是一个最大的、中文化的、无阻塞传输的信息中心，服务于全国乃至全世界所有需要相关资源的用户。

在图 2 中，带箭头的线是数字图书馆国家中心与分中心连接的高速互联网络，虚线部分是用户连接到各中心的网络系统，可以是电话线、有线电视、宽带 IP 等各种组合方式。

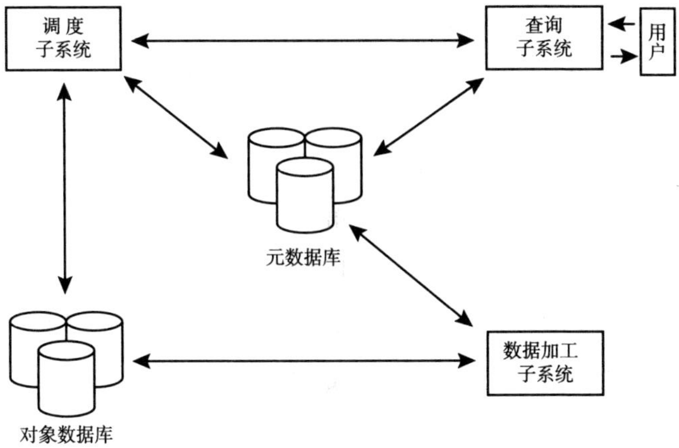

图 1　数字图书馆系统

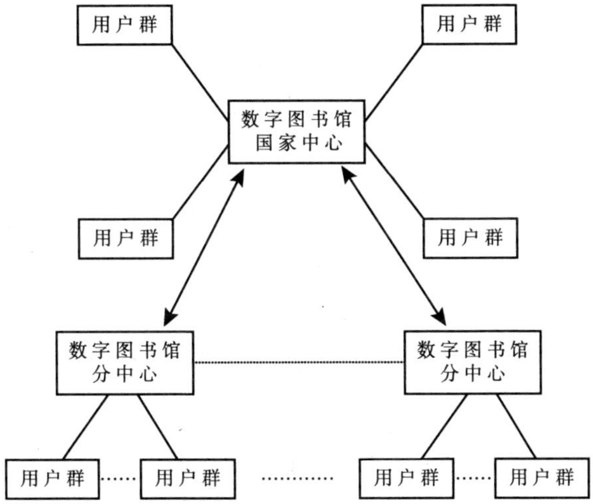

图 2　数字图书馆工程中心示意

（二）数字图书馆国家中心的主要职责

①建立和健全国家数字图书馆使用的各种标准和规范；②协调、规范资源库的建设；③建立数字图书馆国家中心的元数据共享、检索系统；④建立数字图书馆全国调度系统；⑤建立数字图书馆国家中心对象数据系统；⑥建立与数字图书馆分中心联系的多样性高速网络；⑦建立数字图书

馆研究发展中心；⑧建立卫星链路，覆盖边远地区的数字图书馆资源中心；⑨建立各种用户介入网络；⑩建立数字资源加工中心；⑪建立法律中心。

（三）数字图书馆分中心的主要职责

①贯彻数字图书馆建设的各种标准；②协调与规范本地区或本系统的资源库建设；③建立与国家中心之间的元数据共享、检索系统；④建立数字图书馆地域调动系统；⑤建立数字图书馆分中心对象数据系统；⑥建立与数字图书馆国家中心联系的多样性高速网络；⑦建立各种用户接入网络；⑧数据加工中心。

（四）数字图书馆资源中心

在数字图书馆的资源建设中，按照某一个主题的资源库可能是多家信息集藏地的产权。为了保护知识产权，可以将这些资源库放置在各个集藏地，而不需要集中在全国中心和分中心，这样的集藏地称为资源中心。资源中心的主要职责是：①按照整体规划中的某一个主题进行资源库建设，以满足数字图书馆元数据和对象数据建设的需求；②具有基本的网络运营和将对象数据传向各个用户群的能力，并通过分中心和全国中心进行检索的能力；③发展本地的用户，使他们能通过本地的公共网络进入到资源中心、分中心和全国中心；④根据自己的资源情况，灵活地组建提供对象数据服务的计算机系统、存储体系和网络支撑体系。

参考文献

孙承鉴、刘刚：《中国数字图书馆建设的起步与发展》，《数字图书馆白皮书》，1999。

刘晓白等：《中国数字图书馆系统工程的宏观分析》，《数字图书馆白皮书》，1999。

赵同安：《公共图书馆进入21世纪需着力解决的四大问题》，《国家图书馆学刊》2001年第1期。

《图书馆电子化全面解决方案》，北京斯德瑞科技有限公司，2000。
丁肇文：《开启网上知识乐园》，《北京晚报》2000 年 4 月 24 日。
http：//www. d - library. com. cn.
http：//www. ssreader. com.
http：//www. gll - gx. org. cn/st/st1. htm.
http：//202. 96. 31. 103/home. htm.

（本论文的韩文版原载于《第 39 回全国图书馆大会主题发表论文集》，胡广翔著，金知善译，韩国首尔，2001，原韩文版论文题名为：“중국의 디지털 도서관”；本论文后于 2003 年 7 月载于《联机编目与数字图书馆》，胡广翔主编，科学技术文献出版社）

为中韩两国图书馆间的交流与合作贡献力量

我作为中国社会科学院文献信息中心的教授，受中国政府的派遣，于2001年4月1日来到韩国，在国立中央图书馆进行为期6个月的考察和研究。

随着中韩两国政府间的修交和经济文化的交流与合作，本人对于韩国的图书馆事业也产生了越来越浓厚的兴趣。早在1995年第一次访问韩国时，本人就曾到国立中央图书馆、国会图书馆、高丽大学图书馆、延世大学图书馆和Seoul大学图书馆参观访问。从那以后，本人在国内从事本国图书情报学研究的同时，也投入了一定的时间和精力研究韩国的图书馆事业。几年来陆续写出了10余篇介绍韩国图书情报事业及韩国社会信息化的文章，并分表发表在中国的4种国家级的学术刊物上。在中国社会科学院文献信息中心编辑、由中国最有名的学术出版机构——商务印书馆出版的《韩国人文·社会科学》一书中，本人负责编写了其中的第13章“韩国的图书馆事业”。早在3年前，当我看到韩国从1997年就已经构筑并运营了数字图书馆的消息后，使我产生了来韩国研究数字图书馆的强烈愿望。经过努力，我终于申请到了中国政府的公派出国项目，实现了我来韩国进行实地考察和研究的想法。

这次来韩国的研究课题是韩国数字图书馆的开发构筑现况及未来发展规划。为了完成好该课题，本人通过上网检索、参加韩国有关数字图书馆的学术会议、与图书馆各位有关老师面谈、去韩国各个有代表性的图书情报单位进行实际考察等方式，收集了大量有关韩国数字图书馆的直接和间接的资料。然后，本人对这些资料进行分析、综合与整理，最终将写出一份全面介绍韩国数字图书馆的研究报告书。韩国在建设数字图书馆方面有许多优点，其中给我印象最深的是，韩国在完成国家数字图书馆工程方面的计划性和协作性比较好。不管是软件的开发，还是资料的数字化，都是采取分担与合作运营的方法。其最终的结果是，在全国范围内，图书资料信息资源共享的程度都很高，避免了重复投资进行开发和建设所导致的浪费。我去各个图书馆参观时，所到之处，都在充分利用着全国几个合作单位共同开发的成果，最大化地为利用者提供着诸如数据库的联机查询、资料的全文检索和网上馆际互借等高效率的信息服务。

来到国立中央图书馆后，当我戴着印有馆长印章的出入证参加图书馆的各种活动时，感到自己俨然已经成了韩国国家图书馆中的正式一员。在馆内研修期间，馆长、各课的课长及各位老师们，都对我从工作、生活的各个方面给予了许多关心和照顾。古典运营室为我准备了良好的从事研究工作的设备和条件，并在业务研修和生活上给予了我诸多帮助。为了让我更好地了解韩国图书馆的状况，支援协力课的老师们与首尔市内的 10 多个图书情报单位联系，请他们协助我深入考察和了解有关的情况。本馆各课室的老师们，也都向我详细介绍了本课室的业务发展情况。这些，都为我完成好此次研究课题奠定了很好的基础。在此，仅向给予我许多关心和帮助的各位老师们，表示深深的感激之情。

如今，人类社会已经跨入 21 世纪，超高速信息公路的建设和不断完善使得图书馆的各项工作发生了根本的转变。随着高新技术的快速发展，今后的世界将会逐渐成为一个有机的网络。为了实现国际知识信息资源共享，不同国家图书馆间的交流与合作将会变得愈加重要。回到中国以后，本人将继续关注韩国的图书馆事业，在将韩国的图书馆事业介绍给中国图书馆界的同时，也不断将中国图书馆事业发展状况介绍给韩国图书馆界，以实现两国间在图书馆领域内的交流。在此基础上，找出相互间合作的机会，并以此为契机，互相取长补短，推动两国图书馆界的共同发展。

最后，衷心祝愿韩国图书馆事业不断蓬勃发展！祝愿中韩两国友谊万古长青！

（本文的韩文版原载于《图书馆界》通卷第96号，2001年，韩国首尔，原韩文版题名为“중•한 양국 도서관간의 교류와 협력에 기여하기 위해”）

附　录

ICS 01.140.20

A 14

中华人民共和国国家标准

GB/T 3792.1—2009

代替 GB/T 3792.1—1983

文献著录 第1部分：总则

Bibliographical description – Part 1 : General

(ISBD (G): 2004, General international standard bibliographical description, NEQ)

2009-09-30 发布 2010-02-01 实施

中华人民共和国国家质量监督检验检疫总局
中国国家标准化管理委员会 发布

前　言

GB/T 3792《文献著录》共分9部分：

第1部分：总则；

第2部分：普通图书；

第3部分：连续性资源；

第4部分：非书资料；

第5部分：档案；

第6部分：测绘制图资料；

第7部分：古籍；

第8部分：乐谱；

第9部分：电子资源。

本部分是GB/T 3792的第1部分。

本部分与ISBD（G）：2004《国际标准书目著录（总则）》的一致性程度为非等效，修订过程中同时参考了ISBD（G）：2007《国际标准书目著录》统一版。

本部分代替GB/T 3792.1－1983，与GB/T 3792.1－1983相比，主要变化如下：

——在目次和内容中增加了“规范性引用文件”和“附录”；

——将原来的“著录根据”改为“著录信息源”；

——将原来的“名词、术语”改为“术语和定义”，并将原来的4个名词、术语增加至 52 个；

——将各项规则的说明示例由原来的 37 个增加至 149 个，便于目录用户借鉴使用；

——增加了“著录项目与著录用标识符一览表”；

——增加了“5.3 标识符使用说明”的内容；

——在“8 著录项目细则”中增加了“结构形式”的内容条款；

——各个具体的条款内容均有程度不等的增加和修改，并删除了一些不必要的文字；

——删除了原有的“著录格式”、“著录详简级次”、“文献类型标识符”三个条款，对其中有用的内容则以附录等形式代替。

本部分的附录 A、附录 B、附录 C 均为资料性附录。

本部分由全国信息与文献标准化技术委员会提出并归口。

本部分起草单位：中国社会科学院、国家图书馆、北京大学图书馆。

本部分主要起草人：胡广翔、刘小玲、顾犇、沈正华。

本部分所代替标准的历次版本发布情况为：

——GB 3792.1－1983。

引　言

文献著录总则是制定和修订专门文献类型的著录规则的基础。制定和修订文献著录总则的目的是让负责制定编目规则的相关机构在使用专门文献类型的著录规则或处理这些规则未包括的资料类型时，利用文献著录总则作为制定其他著录规则的基础。

各种文献类型的著录规则的基本目的，是在全国范围内提供一致的著录规则，以便国家书目机构和国内图书馆与情报界之间、国家书目机构和国际图书馆与情报界之间实现书目记录的交换。通过指定书目著录的组成单元，规定这些单元的表示顺序，以及区分这些著录单元的标识符，旨在于：

a）使不同来源的记录具有互换性，以便一个图书馆生产的记录，容易被任何其他图书馆目录或其他书目机构所接受；我国图书馆生产的记录，容易被任何其他国家的图书馆目录或其他书目机构所接受。

b）帮助克服阅读记录的语言障碍，使为一种语言用户所做的记录，能被另一种语言的用户所理解。

c）有助于将手工卡片形式目录转换为电子形式目录。

文献著录　第1部分：总则

1. 范围

本部分规定了文献著录项目、各个著录项目的所有著录单元及其排列顺序、著录用标识符、著录信息源、著录用文字和著录项目细则等。

本部分适用于编制各种文献类型的著录规则。

2. 规范性引用文件

下列文件中的条款通过 GB/T 3792 的本部分的引用而成为本部分的条款。凡是注日期的引用文件，其随后所有的修改单（不包括勘误的内容）或修订版均不适用于本部分，然而，鼓励根据本部分达成协议的各方研究是否可使用这些文件的最新版本。凡是不注日期的引用文件，其最新版本适用于本部分。

GB/T 3469 文献类型和文献载体代码

GB/T 12406 表示货币和资金的代码（GB/T 12406—2008，ISO4217：2001，IDT）

3. 术语和定义

下列术语和定义适用于本部分。

3.1　版本 edition

采用直接接触、照相复制或其他方法，源于同一原始输入信息制作，并且由同一机构或同一组机构或一个个人发行的一种资源的全部复本。

3.2 版本说明 edition statement

表示一种资源属于某一版本的一个词、短语或一组字符。通常是以序数词与“版”字或表示和其他版本不同的词与“版”字相结合的形式出现的。

3.3 版权页 colophon

出现在题名页之后或出版物末尾处、封底、容器等位置有关其出版发行和制作或印刷情况的说明，有时还有其他书目信息，包括有关题名的信息。

3.4 编号 numbering

一种资源的连续各期或各部分的标识。其著录可以包括数字、字母、任何其他字符，或者是它们的组合，可以附带或不附带“卷”、“号”等词和/或年月标识。

3.5 并列题名 parallel title

资源规定信息源上出现的、对应于资源正题名（或无总题名资源中单独著作的题名）的另一种语言和/或文字的题名。

3.6 并列著录单元 parallel element

一个著录单元以不同于第一个说明的语言和/或文字的另一个说明，例如，并列题名、并列其他题名信息、并列责任说明、并列版本说明等。

3.7 尺寸 dimensions

一种资源的线性度量（高、宽、深）以及/或者（对于要求用设备使用的资源）与该资源使用相关的尺寸。

3.8 丛编 series

一组相互关联而又各自独立的资源，每种资源除有自身的正题名外，还有一个适用于整组的总题名，既丛编正题名。各独立资源可能有编号，也可能没有编号。丛编内的独立资源可以是普通图书，也可以是连续性资源。

3.9 丛编编号 series numbering

从编连续出版的各卷、期之识别标识，可以是数字、字母、其他符号或者是它们的组合形式。

3.10　从属题名 dependent title

本身不足以识别一种资源，需要附加在共同题名或主要资源题名或主丛编题名之后才能识别该资源的题名。例如，分辑题名、某些补编题名（包括副刊、增刊的题名）和某些分丛编题名、地图系列的各张题名、多部分资源某些部分的题名。

3.11　从属题名标识 dependent title designation

独自或与从属题名一起区分具有一个共同题名的两种或更多相关资源的编号。

3.12　代题名页 title-page substitute

当出版物没有题名页时，将包含有题名页通常所含信息的页、页的一部分或其他组成部分作为替代的题名页。如版权页、封面、卷端、刊头、编者说明页、乐谱的第一页等。

3.13　第一责任说明 first statement of responsibility

具有几种不同责任说明时，按排版顺序或有时按著作责任的重要程度首先出现的著作责任说明。

3.14　多部分资源 multi-part resource

在物理上分有限若干部分，计划或已经作为一个单位出版的普通图书或连续性资源或其他类型的资源，各个部分可以有各自的题名和责任说明。

3.15　多层次著录 multi-level description

书目著录的一种方法。将所描述的信息分为两个或更多层次。第一层次著录整个资源或主要资源的共同书目信息，第二层次及其后续层次著录相应层次各个部分的书目信息。

3.16　分丛编 subseries

作为主丛编一个组成部分的丛编。分丛编可能有，也可能没有从属于主丛编的题名。分丛编可能有编号，也可能没有编号。（参见：3.10，3.21）

3.17　分丛编说明 subseries statement

识别分丛编的主要著录单元，包括分丛编内独立的资源编号。当分丛编题名从属于主丛编题名时，分丛编说明既包括主丛编题名，也包括分丛编题名，可能还有分丛编标识。

3.18 分辑题名 section title

用于识别一组具有共同题名的相关资源中的一个组成部分的专有题名。无论分辑题名是否具有可识别性，均需从属于共同题名才能识别一种资源。

3.19 附件 accompanying material

与所著录资源的主体部分一起发行，并计划与其一起使用的任何资料。

3.20 附件说明 accompanying material statement

附件的简要描述。

3.21 共同题名 common title

一组相关资源，除各自有不同的分辑题名外，还有其共同的题名部分。共同题名表示这些资源之间的关系，并和分辑题名一起共同标识某种资源。如果补编和分丛编还有从属题名时，共同题名部分由其主要资源及其补编部分组成，或者由主丛编及其分丛编部分组成。

3.22 规定信息源 prescribed source of information

文献著录的每一个著录项目或著录单元所取信息的来源。

3.23 国际标准书号：International Standard Book Number；ISBN

为识别图书而设计的国际标准编号，它标识特定出版社发行的一种著作的一个发行批次，它对于该发行批次是唯一的。它基于国际标准 ISO 2108，由国家 ISBN 机构分配。国际标准书号原由 10 位数字 4 部分构成。2007 年 1 月 1 日，国际标准书号系统内所有用户同步实施 13 位数字结构的 ISBN 编码。新版国际标准书号由前缀号（ISBN）、组号、出版者号、书序号、校验码五部分组成。与原有的 ISBN 号相比，13 位数字结构的 ISBN 编码就是在 10 位数字结构的 ISBN 编码前冠前缀号“978”，该前缀号由国际物品编码协会分配。

3.24 国际标准连续出版物号：International Standard Serial Number；ISSN

为识别连续出版物或集成性资源而设计的国际标准编号，由字母

ISSN 和其后的 8 位数字（包括一位校验码）组成，前 4 位与后 4 位数字之间用短横“-”连接。ISSN 与识别题名一起唯一标识了一种特定的连续出版物或集成性资源。它基于国际标准 ISO 3297，由 ISSN 网络中心分配。ISSN 号由国际连续出版物数据系统（International Serial Data System，简称 ISDS）国际中心负责管理并向各国或地区分配号码，各国或地区中心负责本国或本地区连续出版物的登记及配号事宜。

3.25 集成性资源 integrating resource

通过更新方法进行增补或修改的资源，其更新部分不是离散的，而是集成到整体中的。集成性资源可以是有限完成的，也可以是持续进行的。例如，不断更新的散页和不断更新的网站。

3.26 交替题名 alternative title

当题名页的正题名由两个或两个以上部分（每一个部分都有独立题名的形式）组成时，交替题名是其中居于“又名”或其他等同词之后的题名。

3.27 款目 entry

著录文献的结果，是反映文献的内容特征和形式特征的著录项目的组合，有时也可能包括文献著录的其他部分。

3.28 连续性资源 continuing resource

无预定结束期连续发行的资源，包括连续性资源和正在更新中的集成性资源。

3.29 目录 catalogue

将一批款目按照一定的次序编排而成的一种文献报道和检索工具，目录包括卡片目录、书本式目录等印刷型目录，也包括机器可读目录（如 MARC 目录）。

3.30 期刊 periodical

一种定期或不定期的、出版频率在每年一次以上的连续出版物，通常包含独立的论文或文章。

3.31 其他题名信息 other title information

与资源的正题名一起出现并从属于正题名的一个词、短语或一组字符。其他题名信息也和其他题名（例如并列题名、无总题名文献中的各著作题名、丛编或分丛编题名等）一起出现并从属于这些题名。其他题名信息起到对这些题名的限定、解释或补充作用，其中包括副题名和题上信息，但不包括规定信息源以外的变异题名，例如书脊题名、容器题名、封套题名等。

3.32　其他责任说明 other statement of responsibility

具有几种不同责任说明时，除第一责任说明以外的责任说明。

3.33　特定文献类型标识 Specific Material Designation；SMD

表示资源所属于的具体文献类型的术语。

3.34　题名 title

通常出现在资源上的、作为资源或资源所包含的著作（或一组著作中的任何一种）名称的一个单词、短语或一组字符。一种资源通常包含有若干题名（例如题名页上的题名、封面题名、书脊题名等），这些题名可能相同，也可能不相同（参见：3.10，3.21）。

3.35　题名页 title page

通常出现在文献的开始，反映有关该文献和其所含作品最详尽的书目信息，通常具有最完整的题名信息、责任说明和出版物全部或部分的说明。出现在题名页上的著录单元，当不重复地分印在相对的两页上，或分布于文献中的许多页时，则这些页一起看作为题名页。

3.36　题上信息 avant-titre

引导正题名的其他题名信息，出现在正题名规定信息源的上方。

3.37　团体 corporate body

由一个特定的名称标识的任何组织或一组个人和/或组织。它也包括有名称的临时小组或事件，例如会议、讨论会、代表大会、探险、展览、节日、博览会等。团体的典型例子有协会、机构、公司、非赢利企业、政府、政府机构、宗教团体和会议。

3.38　文献 document

记录有知识的一切载体。

3.39　无总题名文献 items without a collective title

一文献由几种著作合订出版，在规定信息源上只出现这几种著作的题名而无适合整个文献的题名。

3.40 一般文献类型标识 general material designation；GMD

概括地表示文献所属类型的术语。

3.41 与本版有关的责任说明 statement of responsibility relating to the edition

指参与新版文献的修订、编辑、插图等再创作的责任者及其责任方式。

3.42 责任方式 type of responsibility

责任者对文献内容进行创造、整理的方式。

3.43 责任说明 statement of responsibility

对著作的知识内容或艺术内容的创作或实现负责或有贡献的任何个人、团体或与其职能相关的名称、短语或字符组。责任说明可能和题名（例如正题名、并列题名、丛编和/或分丛编题名）一起出现，也可能与版本说明一起出现。

3.44 正题名 title proper

资源的主要题名，即在题名与责任说明项规定信息源上出现的题名。正题名包括任何交替题名，但是不包括并列题名和其他题名信息。对于分辑、补编、分丛编或部分的题名而言，正题名可以由共同题名（或主丛编题名）、从属题名和从属题名标识组成。对于包含若干独立著作的资源，正题名是总题名。包含若干独立题名且没有总题名的资源被认为没有正题名。丛编或分丛编也有自己的正题名。

3.45 主丛编 main series

包含一种或多种分丛编的丛编。

3.46 著录 description

在编制文献目录时，按照一定规则，对文献的形式特征和内容特征进行分析、选择和记录的过程。

3.47 著录单元 element

书目信息的一个特定单元并且形成书目著录的一个著录项目中的一部分。著录单元可以是一个词、短语或一组字符。

3.48 著录项目 area

用以揭示文献形式特征和内容特征的记录事项，包括题名与责任说明项、版本项、文献特殊细节项、出版发行项、载体形态项、丛编项、附注项、标准编号与获得方式项，各个项目又包括对其特定内容的说明。

3.49 著录信息源 source of information

文献著录所选用信息的来源。这些信息源被规定了选取顺序。

3.50 转录 transcribe

著录时严格按资源上出现的形式（除了标点符号和大小写以外）照录所著录项目的文字信息。

3.51 资源 resource

包含知识内容和/或艺术内容的有形或无形的实体，该实体可被构想、制作和/或发行，并可作为一个书目著录的基础。资源包括文字资料、乐谱、静画和动画、图形、地图、录音资料和录像资料、电子数据或程序，以及采用连续方式发行的上述资料。

3.52 总题名 collective title

包含两种或更多单独著作的一种适合整个资源的题名。

4. 著录项目和著录单元

著录项目和著录单元包括如下内容：

题名与责任说明项

  正题名

  一般文献类型标识

  并列题名

  其他题名信息

  责任说明

    第一责任说明

    其他责任说明

版本项

  版本说明

  并列版本说明

与本版有关的责任说明
附加版本说明
附加版本说明的责任说明
文献特殊细节项
数学数据（测绘制图资源）
乐谱格式说明（乐谱）
编号（连续性资源）
出版发行项
出版发行地
出版发行者
发行者职能说明
出版发行日期
印制地、印制者、印制日期
载体形态项
文献数量和特定文献类型标识
其他形态细节
尺寸
附件
丛编项
丛编或分丛编正题名
丛编或分丛编并列题名
丛编或分丛编其他题名信息
丛编或分丛编责任说明
国际标准连续出版物号（ISSN）
丛编或分丛编编号
附注项
标准编号与获得方式项
标准编号
识别题名（连续性资源）

装帧

获得方式和/或价格

限定说明

5. 著录用标识符

5.1 标识符

5.1.1 各著录项目和著录单元的标识符见表1。

表1 著录项目与著录用标识符一览表

著录项目	规定著录单元的前置或外括标识符	著录单元	用法 (M=必备) (C=有条件) (O=可选)	可重复性
1. 题名与责任说明项		1.1 正题名	M	
	[ ]	1.2 一般文献类型标识	O	
	=	1.3 并列题名	C	R
	:	1.4 其他题名信息	C	R
		1.5 责任说明		
	/	第一责任说明	M	
	;	其他责任说明	C	R
2. 版本项	. --	2.1 版本说明	M	
	=	2.2 并列版本说明	O	R
		2.3 与本版有关的责任说明		
	/	第一责任说明	M	
	;	其他责任说明	C	R
	,	2.4 附加版本说明	M	R
		2.5 附加版本说明的责任说明		
	/	第一责任说明	M	
	;	其他责任说明	C	R
3. 文献特殊细节项	. --	3.1 数学数据(测绘制图资源)	M	R
		3.2 乐谱格式说明(乐谱)	M	
		3.3 编号(连续性资源)	M	

续表

著录项目	规定著录单元的前置或外括标识符	著录单元	用法（M=必备）（C=有条件）（O=可选）	可重复性
4. 出版发行项	. --	4.1 出版发行地		
		第一出版、发行地	M	
	;	其他出版、发行地	C	R
	:	4.2 出版发行者	M	R
	[ ]	4.3 发行者职能说明	O	
	,	4.4 出版发行日期	M	
	(	4.5 印制地	C	R
	:	4.6 印制者	C	R
	,)	4.7 印制日期	C	
5. 载体形态项	. --	5.1 文献数量和特定文献类型标识	M	
	:	5.2 其他形态细节	C	
	;	5.3 尺寸	C	
	+	5.4 附件	O	R
6. 丛编项	. --	6.1 丛编或分丛编正题名	M	
	=	6.2 丛编或分丛编并列题名	C	R
	:	6.3 丛编或分丛编其他题名信息	C	R
		6.4 丛编或分丛编的责任说明		
	/	第一责任说明	C	
	;	其他责任说明	C	R
	,	6.5 丛编或分丛编的 ISSN	M	
	;	6.6 丛编或分丛编的编号	C	
7. 附注项	. --		C	R
8. 标准编号与获得方式项	. --	8.1 标准编号	M	
		8.2 装帧		
	( )	8.3 识别题名（连续性资源）	C	
	:	8.4 获得方式和/或价格	O	R
	( )	8.5 限定说明	O	R

5.1.2 文献标准著录规则的著录单元被分为必备的、有条件的、可选的：

必备的：如果适用，该著录单元在所有情况下都是要求著录的。

有条件的：在有些条件下（例如“当有必要用于识别或被认为对目录使用者重要时”），该著录单元是要求著录的。如果条件不满足，则该著录单元是可选的。

可选的：该著录单元可由编目机构决定是否包括或者省略。

5.2 标识符使用方法

为识别各著录项目及其单元，对本规则的各著录项目和著录单元著录一定的前置或外括标识符。

. -- 用于除“题名与责任说明项”以外的各著录项目之前，各著录项目另起段落著录时，省略此标识符。

[ ] 将一般文献类型标识、取自规定信息源以外的著录信息、自拟的著录内容置于方括号之中。

= 在同一个著录单元中出现两种或两种以上的语言文字时，用于第一种语言文字之后的每一语言文字之前；在同一个著录项中出现两种或两种以上的语言文字时，用于第一组著录单元以后的每一组著录单元之前；在同一个编号序列中，用于第一个编号标识以后出现的每一个编号标识之前；例如，并列题名、并列责任说明、并列版本说明、从编并列题名、连续性资源卷期年月的第二种标识系统；也用于识别题名之前。

: 用于其他题名信息、出版（发行）者、其他形态细节、获得方式之前，以及多层次著录中的第二及其以后各层次的分辑标识与题名之间。

/ 用于第一责任说明、本版第一责任说明、从编第一责任说明之前。

; 用于其他责任说明、与本版有关的其他责任说明、其他出版（发行）地、尺寸、从编或分丛编编号、连续性资源的后继标识系统之前，以及同一责任说明的无总题名文献的各部作品题名之间。

, 用于有分辑标识时的分辑题名、出版发行（印制）日期、附加版本说明、国际标准连续出版物号之前。

. 用于分辑标识、没有分辑标识时的分辑题名、分丛编题名之前，以及不同责任说明的无总题名文献的各部作品题名之间。

\+　用于附件之前。

( )　将丛编项、印制事项、标准编号与获得方式的限定说明置于圆括号之中。

…　用于表示省略的内容。

5.3　标识符使用说明

5.3.1　除第1项第一著录单元外，每著录单元均应前冠或外括规定的标识符。规定的标识符前后各置一空格（单字节），但逗号（,）和下圆点（.）只在其后面置一空格。其他标识符号的使用，按国家书目机构或编目机构的规定著录。

5.3.2　著录用标识符遇到产生双重标点符号时也可保留。

示例1：3rd ed. . --

　　而不著录为　3rd ed. . --

示例2：And then... . -- 4th ed.

　　而不著录为　And then.. . -- 4th ed.

5.3.3　圆括号（( )）和方括号（[ ]）各自作为一个单独的标识符，其前后各空一格。当它们前面或后面有用一空格作为结尾或开头的标识符时，只保留一个空格。

示例1：. --（家佳听书馆系列）

示例2：一千零一夜［电子资源］/（美）Dan C. Harmon 改写

5.3.4　款目的每一著录项目（除第一项外）均冠以下圆点、空格、连字符、连字符、空格（. -- ）。如遇回行，不可省略该标识符。但各著录项目另起段落著录时可省略该标识符。

示例：麻辣女孩. -- 北京 : 北京中录同方音像出版社, 2005. -- 1光盘 ; 12cm

5.3.5　当某一著录项目缺少第一著录单元而又有其规定的标识符时，用下圆点、空格、连字符、连字符、空格（. -- ）代替其规定的标识符置于该项目之前。

示例：. --（中国电视剧精品欣赏）. -- CNY13.75

5.3.6 凡重复著录一个项目或单元时，应重复添加其标识符。

示例:. -- 北京 : 中华书局 : 商务印书馆, 1993

5.3.7 资源不适用的著录项目或著录单元不予著录，其前置或外括的规定标识符也予省略。

5.3.8 多卷（册）文献的卷（册）标识前用“.”，分辑题名前用“,”，无卷（册）标识的分辑题名前用“.”。

示例1：化学 . 第一册, 有机化学

示例2：化学 . 分析化学

示例3：北京图书馆古籍珍本丛书 . 14, 史部 . 传记类

5.3.9 著录用标识符应在英文状态下录入，其中的下圆点一律为英文状态下的下圆点，而非中文状态下的中圆点。

5.3.10 多种丛编说明分别置于圆括号“( )”内；第二和其余丛编说明前冠一空格。

示例:. --（建水古今丛书 ; 4）（建水文化丛书 ; 1）

5.3.11 当同一信息在一个著录项目或著录单元中出现两种或多种语言和/或文字时，应按以下规定著录：

a）当一个著录单元以两种或多种语言和/或文字记录时，位于第一种语言和/或文字之后的每一种语言和/或文字的信息，都应冠以空格，等号，空格（ = ）。

b）当一个著录项目内有两个或几个著录单元用两种或多种语言和/或文字记录时，每一种语言和/或文字的著录单元前冠相应标识符。第一种语言和/或文字的整组著录单元应冠以适用于第一著录单元的标识符；其后的每组著录单元都应前冠空格，等号，空格（ = ）。

示例：中国少年儿童百科全书 . 2, 人类社会卷 = Children's illustrated encyclopedia. 2, Human & society : 彩色图文版 / 纪江红主编

5.3.12 从右至左书写的文字信息，按其文字体例用作规定标识符的逗号和分号应予反转。同样，项目标识符（. -- ）应从右至左阅读，圆括号和方括号的开闭意义也应反转。但是，斜线和阿拉伯数字则不予反转（见附录C）。

6. 著录用文字

6.1 题名与责任说明项、版本项、出版发行项、丛编项应按信息源中的语言和/或文字著录。著录项目中被修改的部分应使用与著录内容相同的语言和/或文字，置于方括号“［ ］”内。现有设备无法照录的图形及符号等可由编目员改为其他形式的相应内容，置于方括号“［ ］”内。

6.2 一般文献类型标识、载体形态项、附注项、标准编号与获得方式项的著录，除附注项中关于文献原题名及引用部分一般应按文献本身的文字著录外，均采用编目机构所选用的文字著录。

6.3 版次、出版日期、数量、尺寸、价格等数字一般用阿拉伯数字著录。

6.4 规定信息源上的文字出现错误时，除如实著录外，将正确文字著录其后，置于方括号“［ ］”内，或在附注项说明。

6.5 采用非汉语著录相关内容时，按其文字书写规则著录。

7. 著录信息源

7.1 著录信息源优先选取来自资源本身的信息。

7.2 各种文献类型的主要信息源和规定信息源，详见本标准其他部分的著录规则。

7.3 每一著录项目均具有指定的“规定信息源”，并按优先顺序排列。

7.4 凡取自规定信息源以外的信息，或由编目员自拟的著录内容，置于方括号“［ ］”内，同时在附注项注明来源。

8. 著录项目细则

8.1 题名与责任说明项

8.1.1 结构形式

正题名［一般文献类型标识］

正题名［一般文献类型标识］：其他题名信息

正题名［一般文献类型标识］ = 并列题名

正题名［一般文献类型标识］ = 并列题名 ：其他题名信息

正题名［一般文献类型标识］：其他题名信息 = 并列题名 ：并列其他题名信息

正题名［一般文献类型标识］：其他题名信息 = 并列其他题名信息

正题名［一般文献类型标识］／责任说明

正题名［一般文献类型标识］ = 并列题名 = 并列题名／责任说明

正题名［一般文献类型标识］：其他题名信息 ：其他题名信息／责任说明

正题名［一般文献类型标识］／责任说明 = 并列责任说明

正题名［一般文献类型标识］／责任说明 = 并列题名／并列责任说明

正题名［一般文献类型标识］／责任说明；其他责任说明；其他责任说明

题名［一般文献类型标识］／责任说明．题名／责任说明

题名［一般文献类型标识］；题名／责任说明

正题名［一般文献类型标识］：其他题名信息 ；题名 ：其他题名信息／责任说明

正题名［一般文献类型标识］ = 并列题名 ；题名 = 并列题名／责任说明

正题名［一般文献类型标识］：其他题名信息 = 并列题名 ：并列其他题名信息／责任说明

正题名［一般文献类型标识］／责任说明 = 并列题名／并列责任说明

题名，又名，交替题名［一般文献类型标识］／责任说明

共同题名．从属题名［一般文献类型标识］

共同题名．从属题名标识，从属题名［一般文献类型标识］

共同题名．从属题名标识［一般文献类型标识］

共同题名．从属题名［一般文献类型标识］ = 并列共同题名．并列从属题名

共同题名．从属题名［一般文献类型标识］／责任说明

共同题名 ：其他题名信息．从属题名［一般文献类型标识］：其他题名信息

共同题名 / 责任说明 . 从属题名 [一般文献类型标识] : 其他题名信息 / 责任说明 = 并列共同题名 / 并列责任说明 . 并列从属题名 : 并列其他题名信息 / 并列责任说明

8.1.2　正题名

8.1.2.1　正题名由规定信息源上出现的题名形式组成，包括交替题名以及连接交替题名和正题名第一部分的连词，但不包括并列题名或其他题名信息。

8.1.2.2　当资源的分辑、补编、部分等从属题名或标识不与共同题名或主资源题名一起使用就不足以识别时，则正题名由共同题名和从属题名构成。

8.1.2.3　无总题名的资源视为无正题名。

8.1.2.4　正题名是第一个著录单元。无论题名页的正题名前出现何种著录信息，正题名仍应著录于本项之首。

8.1.2.5　正题名是文献的主要题名，它具有多种形式。如文字、通用术语、责任者名称、缩写词、数字、字母、交替题名以及由共同题名与分辑标识和（或）分辑题名组成的题名等。

示例 1：1 · 2 · 3

示例 2：Photoshop 7.0

示例 3：1 + 1 容易学

示例 4：比尔 · 克林顿

示例 5：黑色金三角，又名，为了这一片净土

8.1.2.6　正题名原则上应按照规定信息源上的文字照录，但大写和标点符号不一定照录。某些图形及符号等可用其他相应的文字代替，置于方括号“[ ]”内，同时在附注项注明。有语法作用的空格一般亦应照录。

示例 1：只要他不踩到我的花 ……

示例 2：路德维希 · 凡 · 贝多芬降 B 大调第四交响曲

示例 3：SQL Cookbook 中文版

示例 4：电工学 · 电子技术（第六版）导教 · 导学 · 导考

示例 5：英语求职面试成功 = 临摹口语 + 速成智慧

示例6：小故事 大智慧

示例7：一个小老头，名字叫巴金

示例8：《大学核心英语》（修订版）四级自学辅导

8.1.2.7　规定信息源中有两种或两种以上语言和/或文字的题名时，应选择与资源正文语言和/或文字相同的题名作为正题名。如这一规定不适用，应根据版式或顺序选择正题名。

8.1.2.8　无总题名文献

8.1.2.8.1　如果文献由两种或多种著作组成而无总题名，则该资源被视为无正题名。

8.1.2.8.2　对于无总题名的文献，著录正题名时需转录每个著作的题名、相关的并列题名和其他题名信息。

8.1.2.8.3　如果各著作的责任者是同一个人或团体，除第一个题名外的每个题名，都前置空格，分号，空格（ ; ），责任说明置于所有题名之后。

示例：邪恶的躯体 ; 亲者 /（英）伊夫林·沃著 ; 胡南平译

8.1.2.8.4　如果各单独著作的责任者是不同的个人或团体，除第一个题名外的每个题名，都前置下圆点，空格（. ），各单独著作的责任说明分别置于其所属题名之后。

示例：千家诗 /（南宋）刘克庄编 . 花间集 /（后蜀）赵崇祚编 . 绝妙好词 /（宋）周密编 ; 近人补编

8.1.2.8.5　题名在三个以下（含三个）时，可依次著录各个题名与责任者；题名在四个以上时（含四个），则只著录前三个，其余著录于附注项。

示例：白门新柳词 ; 白门新柳记 ; 白门新柳补记 /（清）许豫编

（附注：合订还有：白门衰柳附记）

8.1.2.9　文献的卷数、章回数等视为其他题名信息，按规定信息源所题著录。

示例1：红楼梦续 : 后四十回新编

示例2：东塘日札 : 二卷

8.1.2.10　交替题名按规定信息源中的顺序依次著录，题名中的“又名”、“一名”或其他语言和/或文字相对应的词应予保留，其前后分别以逗号分隔。

示例：一念之间，又名，叩响心扉

8.1.2.11　正题名由共同题名与分辑标识和/或分辑题名构成时，首先著录共同题名，然后再著录分辑标识或分辑题名。只有分辑标识或分辑题名时，其前用下圆点“.”标识。

示例1：代数．第一卷

示例2：物理学．电子物理学

示例3：物理学．第一卷，普通物理学

示例4：炊事班的故事．第二部

示例5：基础商务汉语．上，会话与应用

示例6：全国各大艺术院校考试风格解析．素描．二

8.1.2.12　题名在文献各处有重要差异或另有别名，依规定信息源上的题名著录，将其他题名在附注项注明。例如，“版权页题名：××××××”或“目次页题名：××××××”。无题名页时依该文献类型规定信息源的先后顺序著录。

示例1：最新流行家具设计／唐开军编著

示例2：版权页题：当代家具设计技术

示例3：一学就会的鱼病诊治／梁瑞刚编著

示例4：本书无题名页，题名取自版权页

8.1.2.13　同一文献在新版时题名变更，应将原题名著录于附注项。

示例：双面娃娃／岑凯伦著

　　本书原名：白色天使

8.1.3　一般文献类型标识

8.1.3.1　一般文献类型标识通常用编目机构选用的文献类型的规范术语著录于正题名或无总题名文献的第一个题名之后，置于方括号“［ ］”内。

示例1：软件安全开发生命周期［电子资源］

示例 2：亲近与赏读．孟子［录音制品］

示例 3：香港特别行政区地图［地图］；澳门特别行政区地图

8.1.3.2 一般文献类型标识根据各文献工作机构的实际需要和各类型目录的性质决定取舍。各类型文献分别建立目录时可以省略“一般文献类型标识”，但是在集成目录（包含多于一种类型的目录）中很有意义。必要时，可部分或全部引用 GB/T 3469。

8.1.3.3 文献包含一种主要组成部分和一种或多种附属组成部分，而又不属于同一种文献类型时，只著录主要组成部分的文献类型，附属部分的文献类型可在附注项中注明。

示例 1：管弦乐序曲红旗颂［乐谱］

附注：附光盘：ISRC CN - R12 - 06 - 370 - 00

8.1.4 并列题名

8.1.4.1 资源可能有一个或多个并列题名。如果一个并列题名在语言上和著录的另一部分连接，则不将其作为并列题名。和正题名语言不同并出现在规定信息源上的原始题名，则处理为并列题名。

8.1.4.2 当规定信息源中有两种或两种以上语言和/或文字的题名时，应将未被选作正题名的题名作为并列题名著录于正题名之后（省略“一般文献类型标识”时）。与汉字题名对应的汉语拼音题名不视为并列题名。

8.1.4.3 并列题名依规定信息源所载顺序著录，并在第二语言和/或文字及其以后每个并列语言和/或文字题名前用“ = ”标识。

示例：邮政包裹协定 = Parcel post agreement，Cairo 1934 = Arrangement concernant les colis postaux，Le caire，1934

8.1.4.4 与正题名相对应的其他语言和/或文字题名不载于规定信息源时，可著录于附注项。

8.1.5 其他题名信息

8.1.5.1 其他题名信息一般出现在正题名、并列题名或无总题名文献的个别著作题名前后，由从属于这些题名的词、短语或字符串组成。

8.1.5.2 其他题名信息从属于正题名、并列题名、无总题名文献中的个别作品的题名、丛编题名等，其前用“ ：”标识，著录在与其相关的题名之后。

示例：用音符铭刻的历史 ：抗日经典歌曲

8.1.5.3 正题名如果由简称或缩写词组成，同时全称形式也出现在规定信息源，其全称形式应按其他题名信息处理。

示例：数列词览 ：数列化唐宋词构型总览

8.1.5.4 规定信息源中有一个或多个并列题名和并列其他题名信息时，应将每一个其他题名信息著录在与其语言和/或文字相同的题名之后。

示例：第二生命的养育 ：健康心理从 0 岁开始 = Nursing of second life ：start health psychology from 0 year old

8.1.5.5 规定信息源中有一个或多个并列题名，而其他题名信息只有一种语言和/或文字时，应将其他题名信息著录在最后一个并列题名之后。

示例：踏着长征的足迹 = Following the footsteps of the Long March ：革命老区经济社会调查

8.1.5.6 规定信息源中没有并列题名，而有并列其他题名信息时，应先著录与正题名语言和/或文字相同的其他题名信息，再著录其他语言和/或文字的其他题名信息。如这一规定不适用，可根据规定信息源中的版式或顺序著录。

8.1.5.7 其他题名信息具有两个或两个以上时，其前重复使用“ ：”标识。

示例：人体解剖图 ：内分泌系统 ：局部解剖

8.1.5.8 当其他题名信息是关于正题名之后所列附录、译自某种文字、写作材料来源及根据、说明文献出版发行特点的文字时，著录于附注项。

示例 1：附：著述年表

示例 2：内部发行

8.1.6 责任说明

8.1.6.1 责任说明由对著作的知识和艺术内容的创造或实现负有责任或作出贡献的任何个人或团体的身份和/或职能相关的名称、短语或字符串组成。第一责任说明和其他责任说明的不同，只是顺序不同，并不意味第一责任说明对著作负有主要责任。当责任说明是匿名的或隐藏的，没有明确的个人或团体名称，也应照录。

8.1.6.2　责任说明应按规定信息源中的文字照录，著录于题名之后。

8.1.6.3　责任说明包括责任者名称及责任方式，依规定信息源上的原题顺序著录。

8.1.6.4　个人或团体名称前后出现出身、籍贯、单位、资格、职务、学位、头衔等词，如不是识别个人或团体所必需者，均不予著录。

示例：针灸临床选要 / 陈全新著

（规定信息源题：陈全新教授著）

8.1.6.5　著录同一责任方式的责任者一般不超过三个；超过三个时，只著录第一个，其后加“…［等］”，也可直接著录“［等］”（或其他语言和/或文字的等同字），其余责任者可在附注项说明。

示例1：素描 速写 / 赵广和 …［等］绘

示例2：Interstate produce sales / prepared by M. Mumblow... ［et al.］

8.1.6.6　著录多个责任者时，应根据规定信息源中的版式或顺序著录，而不考虑每个不同责任说明对著作所负责任的大小。相同责任方式的责任者名称之间用逗号“,”分隔；不同责任方式的责任说明前用“；”标识。

示例1：新编图书馆目录 / 黄俊贵，罗健雄编著

示例2：天工开物 /（明）宋应星著 ；钟广言注释

8.1.6.7　规定信息源中既有并列题名又有并列责任说明时，应将责任说明著录于与其语言和/或文字相同的题名之后。

示例：神曲 /（意）但丁·阿利基埃里著 = La divina commedia / Dante Alighieri

8.1.6.8　规定信息源有一个或多个并列题名，而没有并列责任说明时，应将责任说明著录在最后一个并列题名之后。

示例：英汉技术词典 = An English – Chinese dictionary of technology / 清华大学《英汉技术词典》编写组编

8.1.6.9　责任者的责任方式应依原书所题著录。若原书未载明，必要时可根据著作类型等情况选定，并用方括号括起。

8.1.6.10　若责任者名称在语言上是其他著录单元的组成部分，且已被转录（如作为正题名的一部分、其他题名信息的一部分或作为出版发行项的一部分），则不应作为责任说明。但若责任者名称在题名页上明确地以正式的责任说明形式重复出现时，则应作为责任说明予以著录。

示例1：宋庆龄书信集

（规定信息源未载有"宋庆龄著"，在题名与责任说明项省略著录）

示例2：爱因斯坦晚年文集 / 阿尔伯特·爱因斯坦著 ; 方在庆，韩文博，何维国译

（在题名页上明确地以正式的责任说明形式重复出现）

8.1.6.11　责任者名称在语言上既是责任说明，也是出版发行者时，在题名与责任说明项和出版发行项均应如实照录。

示例：家用和类似用途电器标准汇编．清洁及整理器具卷 / 中国标准出版社编. -- 北京 : 中国标准出版社

8.2 版本项

8.2.1　结构形式

. -- 版本说明

. -- 版本说明 = 并列版本说明

. -- 版本说明 / 与本版有关的责任说明

. -- 版本说明 / 与本版有关的第一责任说明 ; 与本版有关的第二责任说明 ; 与本版有关的第三责任说明

. -- 版本说明 / 与本版有关的责任说明 = 并列版本说明 / 并列责任说明

. -- 版本说明，附加版本说明

. -- 版本说明 / 与本版有关的责任说明，附加版本说明 / 责任说明

8.2.2　版本说明

8.2.2.1　版本说明是涉及以下内容的一个术语、短语或一组字符：

a）正式识别为构成一个命名的和/或编号的版本的一种资源的所有复本。

b）以一种特定形式呈现、与同一形式呈现的其他复本有明显区别的一种资源的所有复本，不管该资源是否载有关于版本的任何正式说明；表示一种资源作为整体的一种命名的和/或编号的版本、重印、复制或修订的说明。

8.2.2.2　下列情况下应著录版本说明：

a）一种资源的复本，正式标识为构成一个命名型版本和/或序数型版本。

b）一种特殊形式表示的资源的复本，与同种形式表示的其他复本有重大差异。

8.2.2.3　版本说明以资源上出现的术语转录，用阿拉伯数字代替其他数字或拼写的数字。

8.2.2.4　版本说明的定义，在各专门文献类型的著录规则里详细描述。

8.2.2.5　一般情况下，初版或第1版不予著录，其他各个版次均应按文献中出现的形式如实著录，版次均使用阿拉伯数字著录，著录为“第×版”。也可省略“第”字，著录为“×版”。

示例：北京市专业技术人员计算机应用水平考试／北京市人事考试中心制作. -- 3.0版

8.2.2.6　版本说明属于题名的组成部分应在题名部分著录，本项不应重复著录。

示例：现代汉语（增订三版）教学说明与自学参考

（版本说明不著录“增订三版”）

8.2.2.7　与版本说明有关的文字，如“增订3版”、“活字本，泥活字”、“2版，修订本”、“新1版，增订本”等，均应著录于版本项。

8.2.2.8　文献制版类型除常见的铅印、胶印方式予以省略外，其余制版方式，如“油印本”、“刻本”、“影印本”、“晒印本”、“缩印本”等，均应著录于版本项。

8.2.2.9　文献包括两种及以上制版类型时，可同时著录。

示例：. -- 影印本与晒印本

8.2.2.10　文献版权页原题版次有误，应如实著录，并在附注项说明。

8.2.3　并列版本说明

并列版本说明是版本说明用另一种语言和/或文字的对等说明。如规定信息源载有多于一种语言和/或文字的版本说明，应著录用正题名语言和/或文字的版本说明。如这一规定不适用，版本说明应著录版式突出的版本说明；如果没有版式差别，应著录首先出现的版本说明，并列版本说明也可以著录。

8.2.4　与本版有关的责任说明

8.2.4.1　关于第一版的责任说明总是著录在第1项（如果在规定信息源出现）。

8.2.4.2　与本版有关的责任说明著录于版本说明之后，其前用斜线“/”标识。

8.2.4.3　与本版有关的责任说明最多著录三个。

8.2.4.4　用多种语文和/或文字记载的版本说明及与本版有关的责任说明，应著录与正题名语言和/或文字相同者。如这一规定不适用，可按版式或排列顺序著录。

8.2.4.5　翻译作品原版的版本说明不著录在本项，在附注项说明。

8.2.5　附加版本说明

附加版本说明是在规定信息源中出现的对版本说明的补充说明，其前用逗号“，”标识。

示例1：. -- 2版，修订版

示例2：. -- 刻本，蓝印

8.2.6　附加版本说明的责任说明

附加版本说明的责任说明著录于附加版本说明之后，其前用斜线“ / ”标识。

8.3　文献特殊细节项

8.3.1　本项一般用于著录连续性资源的卷、期、年、月标识，地图资源的比例尺和投影法，乐谱资源的特殊乐谱格式的说明，以及其他类型文献的特殊记载事项等。

8.3.2　如果资源是一种资料类型和出版物类型的组合（例如地图连

续出版物），则重复本项，首先著录与连续性资源的主题内容相关的文献特殊细节项（例如地图资料的比例尺信息），然后再著录针对连续出版物的文献特殊细节项（卷、期、年、月等编号信息）。

示例1：. -- 比例尺 1∶300000

示例2：. -- Vol. 1, no. 1 (1980, 3) -

示例3：. -- 钢琴缩编谱

8.4 出版发行项

8.4.1 结构形式

. -- 出版发行地 ：出版发行者，出版发行日期

. -- 出版发行地 ：出版发行者 ；出版发行地 ：出版发行者，出版发行日期

. -- 出版发行地 ；出版发行地 ：出版发行者，出版发行日期（印制地 ：印制者，印制日期）

. -- 出版发行地 = 并列出版发行地 ：出版发行者，出版发行日期

. -- 出版发行地 ：出版发行者 = 并列出版发行地 ：并列出版发行者，出版发行日期

. -- 发行地 ：发行者名称［职能］，发行日期（印制地 ：印制者，印制日期）

. -- 出版发行地 ：出版发行者，出版发行日期（印制地 ：印制者，印制日期）

. -- 出版发行地 ：出版发行者 ：出版发行者，出版发行日期

. -- 发行地 ：发行者名称［职能］，发行日期

8.4.2 "出版发行"是指与资源相联系的各种出版、制作、发行、发布活动。如果一个个人或团体兼有出版、制作、发行等活动以及物理生产活动，或者如果无法确定个人或团体兼有出版、制作、发行等活动还是仅仅负责物理生产活动，则按出版、制作、发行的职能给予说明。

8.4.3 出版发行地

8.4.3.1 出版发行地是指在规定信息源中出版者或发行者所在的城镇名称，一般著录地名全称。

8.4.3.2　文献题有出版地，不著录发行地；未标明出版地，可著录发行地，并在其后面的方括号“［ ］”内注明“发行地”字样。

8.4.3.3　文献原题两个出版发行地时，第二个出版发行地前用分号“;”标识；原题三个及其以上出版发行地时，应按原题顺序著录第一个，在其后加“［等]”字，其余出版发行地可在附注项说明。

示例1:. -- 北京 ; 香港 : 三联书店

示例2:. -- 广州 ［等］: 世界图书出版公司

（出版地还有：北京、上海）

8.4.3.4　原题出版发行地有误，除如实著录外，应将正确地名著录其后，并用方括号“［ ］”括起，或在附注项说明。

8.4.3.5　文献未标明出版城市的地名时，可著录其上级行政区名称，如省名、国家名称等。为识别某些不为人熟知的出版发行地或地名相同的不同出版发行地，应在出版地或发行地地名之后附加其上级行政区名称或国别。如附加的上级行政区或国别是取自规定信息源，则加圆括号“（ ）”；如果取自其他信息源，则加方括号“［ ］”。

8.4.3.6　推测著录的出版发行地要加问号，并用方括号“［ ］”括起。无法推测著录具体的出版发行地时，可著录其所在省名或国名，并加问号，然后用方括号“［ ］”括起。如果资源上没有出版发行地，或者出版发行地无法推测时，则著录“出版地不详”或其他文字的等同词，置于方括号内。

示例1:. -- ［广州?］

示例2:. -- ［广东?］

示例3:. -- ［日本?］

示例4:. -- ［出版地不详］

示例5:. -- ［出版地不详］:［出版者不详］

8.4.3.7　如出版地或发行地有多种文字时，应著录与正文语言和/或文字相同的地名，如这一规定不适用，则选用编目语言和/或文字，或根据版式或顺序著录最显著的一个或第一个地名。

8.4.3.8　出版发行者名称中含有其所在地名称时，为避免混淆，仍应著录，不得省略。

示例:. -- 北京 : 北京出版社

8.4.4 出版发行者

8.4.4.1 出版发行者一般以出版发行机构为准，不著录出版发行机构代表人。文献题有出版者，不著录发行者；未标明出版者，可著录发行者，并在其后的方括号“ [ ]”内注明“发行者”字样。

示例:. -- 北京 : 中国国际质量认证咨询促进会 [发行者]

8.4.4.2 出版发行机构一律按照规定信息源如实著录全称或简称。

8.4.4.3 同时充当责任者的出版者，不可著录为“著者”、“编者”、“译者”等字样。

示例: / 长江文艺出版社编. -- 武汉 : 长江文艺出版社

8.4.4.4 规定信息源中有两个或多个出版者时，应按照以下原则进行著录。

文献题有两个出版发行者时，在第二个出版发行者前用“:”标识；题有三个及以上出版发行者时，按顺序著录第一个，其后加“[等]”字，其余出版发行者可在附注项说明。

示例1:. -- 北京 : 中国青年出版社 : 群众出版社

示例2:. -- 上海 : 商务印书馆 [等]

8.4.4.5 如果文献未载明出版发行者又无法查考，应著录“出版者不详”或其他文字的等同词，置于方括号内。

示例:. -- 青岛 : [出版者不详]

8.4.4.6 出版者或发行者有多种文字时，应著录与正文语言和/或文字相同的出版者或发行者。如这一规定不适用，则选用编目机构所使用的语言和/或文字，或根据版式或顺序著录。

8.4.4.7 印制者一般不能作为出版者或发行者著录，但当出版者或发行者不详，而印制者又兼有出版者或发行者职能时，则可作为出版者著录。

8.4.4.8 如果资源出版发行和物理制作结合进行，其地点和时间相同，则对这些职能负有责任的个人或团体名称，作为出版者著录。

8.4.5　出版发行日期

8.4.5.1　出版发行日期著录于相关出版发行者之后。如果该日期适用于两个或所有出版发行者，则著录于最后的出版发行者之后。

8.4.5.2　公元纪年的出版发行日期一律采用阿拉伯数字著录。

8.4.5.3　出版发行日期按文献原题纪年著录。文献题有出版日期，不著录发行日期；未标明出版日期，可著录发行日期，并在其后面的方括号“[ ]”内注明“发行”字样。原题为非公元纪年时应按文献中出现的纪年形式著录，同时在其后著录对应的公元纪年，并用方括号“[ ]”括起。

示例1：, 1998

示例2：, 民国25年 [1936]

示例3：, 宣统三年 [1911]

示例4：, 昭和10年 [1935]

8.4.5.4　集中著录跨年度出版的多卷（册）文献，应著录最初及最终出版年，并用“-”表示起迄。尚未出版齐全的多卷（册）文献，一般先著录第一卷出版年，后加“-”，待出版齐全后再著录最终出版年。

示例1：水路运输文摘 [期刊]. -- 北京 : 水路运输文摘编辑部, 1980-2006

示例2：马克思主义理论与现实研究文库 / 王岗峰主编. -- 北京 : 社会科学文献出版社, 2006 -

8.4.5.5　文献未标明出版日期，可著录版权日期或发行日期，但著录版权日期时需在年代前加上“版权”的缩写字母“c”或在版权日期后著录“版权年”字样，置于方括号内，以便与正式的出版日期相区别；若均未标明，可推测著录，用问号“?”或用连字符加问号“-?”标识，置于方括号内。

示例1：, c1981（或：, 1981 [版权年]）

示例2：, [1981?]

示例3：, [196-?]

示例4：, [19--?]

8.4.5.6 印制地、印制者、印制日期

8.4.5.6.1 文献的出版发行事项均未标明，可著录印制地、印制者、印制日期。

8.4.5.6.2 文献的出版发行事项记载齐全，并兼有印制地、印制者、印制日期，必要时，可将后者著录于出版发行事项之后，置于圆括号“（）”内。

示例：. -- 北京：中国青年出版社，1991（南京：江苏人民出版社，1993 重印）

8.4.5.7 如确知出版日期有误，应照录，并在其后面的方括号（[]）内著录正确的出版日期，或者在附注项说明。

8.5 载体形态项

8.5.1 结构形式：

文献数量及特定文献类型标识 ; 尺寸

文献数量及特定文献类型标识 : 其他形态细节 ; 尺寸

文献数量及特定文献类型标识 : 其他形态细节 ; 尺寸 + 附件说明（附件数量 : 附件的其他物理细节 ; 附件的尺寸）

8.5.2 所著录的物理资源是出版者发行的资源。如果资源在出版以后被修改（例如装订或裁切），则本项所著录的信息针对出版时的资源，而关于修改的信息作为与手头复本相关的信息处理，著录在附注项。

8.5.3 文献数量及特定文献类型标识

8.5.3.1 各专门文献类型的著录规则包括特定文献类型标识的举例和构成资源的物理单位数量（例如页数、张数、帧数）。

8.5.3.2 特定文献类型标识表明文献所属具体的特定类型，用书目机构所选定的语言和/或文字著录。

8.5.3.3 阿拉伯数字著录于特定文献类型标识之前。数量单位应视不同文献类型而定，计量单位按国家有关标准执行。

示例 1：88 页

示例 2：6 册（4654 页）

示例 3：1 唱片

示例 4：4 开盘录像带

8.5.3.4　以图为主的散页图片或挂图，以“张”或“幅”计算。

示例 1：16 幅

示例 2：1 幅分切 6 张

8.5.4　其他形态细节

8.5.4.1　其他形态细节应根据其在文献中的重要程度以及文献载体形态的实际情况著录，具体可见各种类型文献的著录规则。

8.5.4.2　图的著录根据不同情况，可具体著录为“肖像”、“照片”、“彩图”、“图版”、“纹章”、“摹真”、“地图”、“乐谱”、“折图”（指图幅大于题名页而折叠于文献内的图）等。也可视情况著录“图”或“图表”。

示例：350 页：地图，肖像

8.5.4.3　题名已明确为图的文献，例如，“图解”、“画册”、“图册”等，本单元不再重复著录，书中表格也不予著录。

8.5.5　尺寸

8.5.5.1　印刷型文献按尺寸著录，其他文献类型按各类型文献的实际情况著录。

8.5.5.2　文献的尺寸一般著录文献的高度，以 cm（厘米）为单位表示，不足 1cm 的尾数按 1cm 计算。

8.5.5.3　文献的宽度不及高度的一半或宽度超过高度时，应先著录高度，后著录宽度，中间用“×”表示；实物制品的尺寸用高度×宽度×厚度表示。

示例 1：; 26cm

示例 2：; 20×6cm

示例 3：; 9×30×20cm

8.5.5.4　尺寸不一的多部分资源，相差未及 2cm 者，应著录较大尺寸；超过 2cm 者，应著录最小至最大尺寸，中间以连字符“-”表示。

示例：26-30cm

8.5.6　附件

8.5.6.1　附件有 4 种著录方式，除著录在载体形态项末尾之外，还可以选择以下三种方式：

a）单独著录附件（既脱离文献主体部分，将附件作为一个独立的文献单独著录）；

b）在附注里著录附件（见 8.7.9）；

c）按多层次著录方法著录附件（见附录 B）。

8.5.6.2　附件是分离于所著录文献的主体部分，并与其结合使用的附加材料，其前用“＋”标识。

8.5.6.3　具有独立题名并可脱离文献主体部分单独使用的附件，可另行单独著录，并在各自附注项分别注明；亦可作为子目内容著录于附注项。

8.5.6.4　对附件的补充说明，应著录在附件后面的圆括号“（ ）”内。

示例：364 页 ：折图 ；26cm ＋ 机械图册（46 页 ：插图 ；19cm）

8.6　从编项

8.6.1　结构形式

. --（丛编正题名）

. --（丛编正题名 ；丛编编号）

. --（第一丛编正题名）（第二丛编正题名）

. --（第一分丛编正题名）（第二分丛编正题名）

. --（第一个多部分资源正题名）（丛编正题名）

. --（丛编正题名 ＝ 丛编并列题名）

. --（丛编正题名 ∕ 丛编责任说明 ；丛编编号）

. --（丛编正题名 ：丛编其他题名信息 ∕ 丛编责任说明 ；丛编编号）

. --（丛编正题名，ISSN ；丛编编号）

. --（丛编共同题名．分辑、分丛编或多部分资源标识，从属题名）

. --（丛编共同题名．从属题名）

. --（丛编共同题名．从属题名 ＝ 并列共同题名．并列从属题名）

. --（丛编正题名，ISSN ；丛编编号 ＝ 丛编并列编号）

. --（分丛编正题名 ＝ 分丛编并列题名，ISSN ；分丛编编号）

. --（丛编正题名, ISSN ；丛编编号 = 丛编并列题名, ISSN ；丛编并列编号）

. --（主丛编题名；主丛编编号 . 分丛编题名 ；分丛编编号）

. --（主丛编题名 ；主丛编编号 . 分丛编题名 / 分丛编责任说明，分丛编 ISSN ；分丛编编号）

8.6.2 丛编正题名

8.6.2.1 丛编正题名参照 8.1.2 有关条款著录。

示例 1:. --（马克思主义理论与现实研究文库）

示例 2:. --（美术基础系列片）

8.6.2.2 一种资源属于两种或两种以上丛编时，应依次著录，并分别用圆括号“（ ）”括起。

示例:. --（华夏英才基金学术文库）（贵州省国家级自然保护区昆虫区系 ；3）

8.6.2.3 资源的某部分分属于不同丛编时，不予著录，可在附注项说明。

8.6.3 分丛编题名

8.6.3.1 分丛编题名参照 8.1.2 有关条款著录。

8.6.3.2 若分丛编题名前无分丛编标识，则将分丛编题名著录于主丛编题名之后，其前用下圆点“. ”标识。

示例:. --（万有文库 . 百科小丛书）

8.6.3.3 若分丛编题名前有分丛编标识，则先著录分丛编标识，其前用下圆点“. ”标识；再著录分丛编题名，其前用逗号“，”标识。

示例:. --（世界各国知识丛书 . 第一辑，美洲、大洋洲卷）

8.6.3.4 若分丛编题名是可独立识别的题名时，也可将分丛编题名著录于丛编项，将主丛编题名著录于附注项。

示例:. --（现代设计造型丛书）

（附注：主丛编题名：一品堂设计系列丛书）

8.6.4 丛编或分丛编并列题名

当丛编或分丛编的正题名在规定信息源中有多种文字时，其丛编或分丛编并列题名参照 8.1.4 有关条款著录。

8.6.5 丛编或分丛编其他题名信息

丛编或分丛编其他题名信息只有在认为对识别该丛编必要时才予以著录。丛编或分丛编其他题名信息参照 8.1.5 有关条款著录外，一般可不予著录。

8.6.6 丛编或分丛编责任说明

若丛编或分丛编题名为通用术语时，其第一责任说明必须著录。在其他情况下，如认为第一责任说明和其他责任说明对识别该丛编必需且出现在规定信息源中，应予以著录。并列责任说明亦可以著录。必要时可参照 8.1.6 有关条款著录。

示例:. --（图书馆学情报学知识丛书 / 黄俊贵，倪波主编）

8.6.7 丛编或分丛编国际标准连续出版物号（ISSN）

8.6.7.1 文献所载国际标准连续出版物号（ISSN）应如实著录，其前用“，”标识。

8.6.7.2 若丛编正题名是由共同题名和从属题名构成时，可将共同题名的国际标准连续出版物号著录在附注项。

8.6.8 丛编或分丛编编号

8.6.8.1 非数字形式的丛编或分丛编编号按规定信息资源上出现的形式著录，数字形式的编号用阿拉伯数字著录，编号前用“；”标识。

示例：. --（故事会图书馆文库 . 学者讲坛系列 ；2）

（原题：学者讲坛系列之二）

8.6.8.2 若丛编是由主丛编和分丛编构成时，将主丛编的编号著录于附注项。

示例：. --（新经典文库 . 张爱玲作品 ；2）

附注：主丛编编号 133

8.7 附注项

8.7.1 结构形式

a）每一条附注可另起行分段著录或连续著录。如每一条附注都另起行分段著录时，可省略项目分隔符号；如每一条附注都连续著录时，则各条附注之间均以“. -- ”分隔。

b）附注中使用的标识符原则上与相应的著录项目和著录单元一致。

c）引用文字用引号“ ”。

8.7.2 凡未在其他著录项目中描述，但被书目使用者认为重要的信息，都可著录在附注项

8.7.3 有多个附注时，附注的著录顺序应与各著录项目的顺序一致

8.7.4 各专门文献标准著录规则具体说明适合特定资料类型的附注种类

8.7.5 题名与责任说明项附注

8.7.5.1 正题名附注

8.7.5.1.1 所著录的文献为译作、转译本、抽印本、转印本、影印本、改编本等时，应注明其依据的原作题名及有关情况。

示例：译自：Butterfly and Moths

8.7.5.1.2 取自规定信息源之外的题名应注明。

示例：题名取自封面。

8.7.5.1.3 同一文献各信息源的题名不同时应注明。

示例：版权页题：当代水墨画家丁密金作品集。

8.7.5.1.4 题名与文献正文语言和/或文字不同或正文有一种以上语言和/或文字时应注明。

示例1：汉英法知识产权词典 = Chinese - English - French intellectual property dictionary - Dictionnaire Chinois - Anglais - Francais de la propriété intellectuelle

附注：本书正文为中、英、法三种语言。

示例2：远大前程 / （英） Charles Dickens 原著 ; （美） Mitsu Yamamoto 改写

附注：本书正文为英文，正题名是中文。

8.7.5.2 其他语言和/或文字题名和其他题名信息附注

不适合著录于题名与责任说明项的与正题名等同的其他语言和/或文字题名及其他题名信息可在此作附注。

示例：封面英文题名：Military performance and training physiology

8.7.5.3　责任说明附注

取自规定信息源之外的责任说明应注明。

示例：版权页题：国家图书馆《中国图书馆分类法》编辑委员会编。

8.7.6　版本项和书目沿革的附注

注明所著录的文献与其他文献或其他版本的关系。

示例1：据原书第七版译出。

示例2：据明万历刻本影印。

8.7.7　文献特殊细节项附注

用于补充说明某些类型文献的特定内容。

示例：创刊日期原题：清光绪三十一年。

8.7.8　出版发行项附注

注明未在该项著录的其他有关出版发行事项。

示例：与美国麦格劳—希尔（亚洲）出版公司合作出版。

8.7.9　载体形态项附注

注明对载体形态的补充说明等。如，尺寸的变更、附件说明等。

示例：附：《建筑装饰制图习题集》1册。

8.7.10　丛编项附注

注明未在该项著录的内容。如，主丛编的国际标准连续出版物号等。

8.7.11　内容附注

注明文献中重要的目次、索引、参考书目等。

示例：附参考书目：第230－240页。

8.7.12　标准编号与获得方式项附注

注明有关文献限定出版发行等情况。

示例：礼品，不对外销售。

8.7.13　提要或文摘附注

注明文献的提要、简介、文摘等情况。

示例：静乐县志/周满堂主编

附注：本书记述山西省静乐县的历史和现状，上溯不限，下限至

1995年。内容分为建置、自然环境、农业、工业、教育、人物等24卷。

8.7.14　其他附注

除上述附注内容外，凡编目机构认为有必要补充说明的内容均可附注。

8.8　标准编号与获得方式项

8.8.1　结构形式

. -- ISBN

. -- ISBN（限定说明）. -- ISBN（限定说明）：价格

. -- ISBN（限定说明）：价格. -- ISBN（限定说明）：价格

. -- ISBN：价格（限定说明）

. -- ISBN：获得方式 ：价格

. -- 获得方式

. -- ISSN = 识别题名

. -- ISSN ＝ 识别题名 ：价格

. -- ISSN（限定说明）＝ 识别题名 ：获得方式 ：价格（限定说明）

. -- ISMN

. -- ISMN（限定说明）. -- ISMN ：获得方式 ：价格

. -- ISRC

. -- 版号（限定说明）：价格

. -- 出版者号（限定说明）：价格

. -- 标签名 发行号（限定说明）：价格

8.8.2　标准编号是根据国际标准分配的与资源相关的数字或字母数字组合的标识，例如，国际标准书号或国际标准连续出版物号，或者是出版社分配的一个标识号。

8.8.3　资源可以有多个标准编号：

a）资源有多种格式或媒介，或者由多个出版者、制作者、发行者等发行；

b）资源的每一个部分有标准编号，而且各个部分组成的整体也有一个整套著作的标准编号。

在以上两种情况下，应首先著录特别标识所著录资源的标准编号，其次著录其他标准编号（例如对于其他格式、对于各个部分、对于其他出版社），重复该著录项；记载整套和部分著作的国际标准编号的文献，先著录整套著作号码，后著录部分著作号码。

示例1：ISBN 7 - 5366 - 8007 - 4. -- ISBN 7 - 88905 - 094 - 1

示例2：ISBN 0 - 415 - 92088 - 4（4 vol. Set）. -- ISBN —0 - 415 - 92090 - 6（vol. 2）

8.8.4 标准编号与获得方式和/或价格后都可著录限定说明，多于一个的标准编号应有限定说明。

8.8.5 出现在资源上与其书目沿革相关的标准编号（例如，先前版本的ISBN、录音资料先前发行时的标签名称和发行号）不著录在本项。如果认为对于目录的使用者重要，可以将它们著录在附注项。

8.8.6 标准编号

8.8.6.1 国际标准编号包括：图书（国际标准书号，ISBN）、连续出版物（国际标准连续出版物号，ISSN）、录音（国际标准录制代码，ISRC）、乐谱（国际标准音乐号，ISMN）、音乐作品（国际标准音乐作品代码，ISWC）和视听资料（国际标准视听号，ISAN）等。

示例1：ISRC CN - A26 - 05 - 0070 - 0

示例2：ISSN 1007 - 0273

8.8.6.2 如果没有国际标准号或国际标准标识符，可著录来自商业系统的自行编码。

示例1：ISRC CN - A26 - 05 - 0070 - 0

示例2：ISSN 1007 - 0273

8.8.6.3 国际标准编号（ISBN、ISSN等）依文献规定信息源原题照录，不应省略号码之间的连字符。

8.8.6.4 国际标准编号之后的附加号码，不予著录。但是，可著录用以识别该文献的限定说明，如装帧等，并将其置于圆括号“（ ）”内；无国际标准编号的文献，其限定说明直接著录于项目之首，并置于圆括号内。

示例1：ISBN 7 - 80501 - 336 - 5（散页）

示例2：（精装）：CNY60.00

8.8.6.5 错误的国际标准编号如实著录，并在附注项说明；若同时标有正确编号和错误编号，应先著录正确编号，后著录错误编号，并在其后面的圆括号“（ ）”内注明“错误”。

示例：ISBN 7－5343－2006－2. -- ISBN 7－5343－2008－2（错误）

8.8.6.6 两个国际标准编号之间用项目分隔符“. -- ”隔开。

8.8.7 获得方式和/或价格

8.8.7.1 获得方式和/或价格用一个词、短语或数字表示，提供资源上出现的资源价格和/或术语。

8.8.7.2 价格

价格之前冠以空格、冒号、空格“ : ”。

价格使用阿拉伯数字著录，货币代码按照 GB/T 12406 的规定著录。

示例 1：: CNY26.00

示例 2：: USD80.00

示例 3：: CNY56.00，HKD51.00

8.8.7.3 非卖品

凡非卖品均如实著录，之前冠以空格、冒号、空格“ : ”。

示例 1：: 非卖品

示例 2：: 赠送

8.8.8 限定说明

限定说明著录于编号和价格等之后，以限制、解释、修改或更正该著录单元信息。

8.8.8.1 国际标准编号的限定说明

著录于其所限定的标准编号之后，置于圆括号“（ ）”内。

示例：ISBN 7－200－016550－1（精装）

8.8.8.2 获得方式和/或价格的限定说明

著录于其所限定的获得方式和/或价格之后，置于圆括号“（ ）”内。

示例 1：: CNY75.00（全套）

示例 2：: CNY650.00（上、中、下）

附录 A
（资料性附录）
著录格式

著录格式是构成款目的各个项目的排列顺序及其标识符号的表现形式，分为书本式和卡片式两种著录格式。

书本式著录格式：

正题名［一般文献类型标识］= 并列题名：其他题名信息 / 第一责任说明；其他责任说明. -- 版本说明 / 与本版有关的责任说明. -- 文献特殊细节. -- 出版发行地：出版发行者，出版发行日期（印制地：印制者，印制日期）. -- 文献数量及特定文献类型标识：图及其他形态细节；尺寸 +附件. --（丛编正题名 /责任说明，国际标准连续出版物号；丛编编号. 分丛编题名）. -- 附注. -- 标准编号（限定词）：获得方式和 / 或价格

卡片式著录格式：

正题名［一般文献类型标识］= 并列题名：其他题名信息 / 第一责任说明；其他责任说明. -- 版本说明 / 与本版有关的责任说明. -- 文献特殊细节. -- 出版发行地：出版发行者，出版发行日期（印制地：印制者，印制日期）

文献数量及特定文献类型标识：图及其他形态细节；尺寸 + 附件. --（丛编正题名 / 责任说明，国际标准连续出版物号；丛编编号. 分丛编题名）

附注

标准编号（限定词）：获得方式和/或价格

附录 B
（资料性附录）
多层次著录

多层次著录是指著录由不同层级的多部分组成的文献时所选用的著录方法之一。其目的是对由多部分组成的文献的整体及其各个部分的情况进行系统的描述。

多层次著录是将文献著录信息分成两个或多个层次，并逐级予以著录。第一层次著录文献整体的共同书目信息，第二及其余各层次分别著录有关的各部分书目信息。

每一层次中，各著录单元与单一出版物的著录顺序和标识符均相同。各层次相互重复的某些著录内容可以省略。当一个组成部分的题名前冠有分辑标识时，二者之间用冒号（ : ）分隔。

多层次著录格式：

整套文献正题名［一般文献类型标识］ = 并列正题名 : 其他题名信息 / 第一责任说明 ; 其他责任说明. -- 版本说明 / 与本版有关的责任说明. -- 出版地 : 出版者, 出版日期（印制地 : 印制者, 印制日期）. -- 文献数量及特定文献类型标识 : 图及其他形态细节 ; 尺寸. -- 附注. -- 标准编号（限定词）: 获得方式和/或价格第二层次分辑标识: 第二层次正题名 = 并列正题名 : 其他题名信息 / 第一责任说明; 其他责任说明. -- 出版日期. -- 文献数量. -- 获得方式和/或价格第三层次分辑标识 : 第三层次正题名 = 并列正题名 : 其他题名信息 / 第一责任说明 ; 其他责任说明. -- 出版日期. -- 文献数量. -- 获得方式和/或价格…

…

农村文库 / 农村读物出版社编辑. -- 北京 : 农村读物出版社, 1980 - 1982. -- 60 册 ; 23cm

第 1 辑 : 农村科学种田丛书 / 中国农业科学院编辑. -- 1980 - 1981. -- 10 册

第 1 册 : 育种 / 温贤才编著. -- 1980. -- 56 页. -- CNY 0.56

第 2 册 : 土壤 / 朱红编著. -- 1981. -- 60 页. -- CNY 0.60

…

第 2 辑 : 农村医疗卫生丛书 / 南方农村医疗卫生研究所编. -- 1982. -- 6 册

第 1 册 : 农村环境卫生 / 林山农编著. -- 70 页. -- CNY 0.68

第 2 册 : 田间劳动卫生 / 罗梅英编著. -- 65 页. -- CNY 0.65

…

附录 C
（资料性附录）
双向行文的记录

双向行文记录，是用从左至右书写的文字和从右至左书写的文字构成的多文字记录。

除了在一个著录单元内文字方向有变化外，每次文字方向的变化，均应在适当的边界开始另起一行著录。按该文字书写要求（参见《ISBD（G）》中的0.4），若前一著录单元末尾处著录了规定的句号、逗号或分号，则应按该文字书写要求，在新单元开始处著录规定的标识符。这样，在下圆点、空格、连字符、连字符、空格（. -- ）中的“下圆点”应接在前一著录单元末尾处，而“连字符、连字符”应在另起新行的下一著录单元的开始处。

ISBD（M）例：

القاموس الحديث، فرنسي- عربي / تأليف متري الياس.

= Dictionnaire moderne, français – arabe / par Mitri Elias.

- طبعة 4، منقحة ومزيدة.

= 4e éd. , rev. et augm.

- القاهرة: المطبعة العصرية،

= Le Caire : Elias' Modern Press, 1974.

（首先转录阿拉伯数据）

= القاموس الحديث، فرنسي- عربي / تأليف متري الياس.

– 4e éd. , rev. et augm.

= طبعة 4، منقحة ومزيدة.

– Le Caire : Elias' Modern Press

= القاهرة : المطبعة العصرية، 1974.

（首先转录法文数据）

The יום טוב walk : a story

（左－右正题名中的右－左数据）

מהד' 2, newly rev. and illustrated

（左－右正题名中的左－右数据）

参考文献

［1］国际图书馆协会和机构联合会．国际标准书目著录：统一版［M］．顾犇，译．北京：北京图书馆出版社，2008.

ICS 01.140.20

A 14

中华人民共和国国家标准

GB/T 3792.2—2006

代替 GB/T 3792.2—1985

普 通 图 书 著 录 规 则

Bibliographical description for monographes

2006-06-30 发布　　2007-02-01 实施

中华人民共和国国家质量监督检验检疫总局
中国国家标准化管理委员会
发布

前　言

本标准由以下部分构成：

第 1 部分：文献著录总则；

第 2 部分：普通图书著录规则；

第 3 部分：连续出版物著录规则；

第 4 部分：非书资料著录规则；

第 5 部分：档案著录规则；

第 6 部分：地图资料著录规则；

第 7 部分：古籍著录规则；

第 8 部分：乐谱著录规则。

GB/T 3792 的本部分是依据《国际标准书目著录（总则）》（ISBD（G））的原则，并主要参照 ISBD（M）：International standard bibliographic description for monographic publications（2002 Revision），即 ISBD（M）：国际标准书目著录（2002 年修订版），在 GB/T 3792.2—1985《普通图书著录规则》的基础上修订而成的。

本部分与 GB/T 3792.2—1985 相比主要变化如下：

——为了尽量与国际标准书目著录（普通图书）（ISBD（M））的定义保持一致，修改了部分术语的表述内容（见本版的 3.1，3.3，3.4，3.8，3.9，3.10，3.14，3.19，3.20，3.21，3.22），增加了部分术语（见本版的 3.5，3.6，3.7，3.11，3.12，3.13，3.15），删除了部分术语

（见本版的 2.7，2.9，2.12，2.15，2.16，2.18，2.19，2.23）；

——术语和定义增加了英文对照；

——将 1985 年版的“书名”一律改为了“题名”；

——将原“4.8.3 获得方式”，改为“4.8.3 获得方式和/或价格”；

——修改了著录项目标识符使用说明（1985 年版的 7.3 和 7.4；本版的 6.3 和 6.4）；

——修改和补充了著录信息源的表述（1985 年版的 9；本版的 7）；

——补充了原标准中遗漏的表述（1985 年版的 10.1；本版的 8.1）；

——修改了部分著录项目规则的表述内容；

——删除了 1985 年版的部分内容（1985 年版的 3.9，3.10，5，6，10.1.5.11 下的 a ~ z 部分，附录 A 标目）；

——比 1985 年版增加了部分条目或在 1985 年的部分条目中修改或增加了部分内容（本版的 5.1，5.3.8，6.1，7.1，7.1.1，7.1.2，8.1，8.2.2.3，8.5.2.1，8.6.4.2，8.6.6，8.7.4，附录 A，附录 B）。

本部分的附录 A、附录 B 均为资料性附录。

本部分由全国信息与文献标准化技术委员会提出并归口。

本部分由全国信息与文献标准化技术委员会第五分委员会起草。

本部分主要起草人：胡广翔、纪昭民。

本部分所代替标准的历次版本发布情况为：

GB/T 3792.2—1985。

普通图书著录规则

1　范围

本部分规定了图书著录项目及其排列顺序、著录用标识符、著录信息源、著录用文字和著录项目细则等。

本部分的著录对象是1912年以后（含1912年）出版的现代汉语图书及现代版古汉语图书。各少数民族语文图书著录可以参照使用。

本部分适用于国家书目和图书馆目录以及各类型藏书目录。其他图书目录可以参照使用。

2　规范性引用文件

下列文件中的条款通过GB/T 3792的本部分的引用而成为本部分的条款。凡是注日期的引用文件，其随后所有的修改单（不包括勘误的内容）或修订版均不适用于本部分，然而，鼓励根据本部分达成协议的各方研究是否可使用这些文件的最新版本。凡是不注日期的引用文件，其最新版本适用于本部分。

GB/T 3469 文献类型与文献载体代码

GB/T 3792.1 文献著录总则

GB/T 3792.7 古籍著录规则

GB/T 12406 表示货币和资金的代码（GB/T 12406—1996，idt ISO 4217：1990）

3　术语和定义

下列术语和定义适用于本部分。

3.1　普通图书 Monographic publication

以一部分出全的，或拟分有限的若干部分出全的出版物。普通图书只限于1912年以后（含1912年）出版的出版物；1911年以前（含1911年）的出版物称为古籍，其著录规则见GB/T 3792.7。

3.2　多卷书 Multi-volume monograph

同一著作分若干卷（册）出版的图书。

3.3　丛编 Series

一组相互关联的单独出版物，每种出版物除有自身的正题名外，还有一个适用于整组的总题名，即丛编正题名。各单独出版物可能有编号，也可能没有编号。

3.4　附件 Accompanying material

被著录出版物主体部分所附的并与其一起使用的任何资料。

3.5　题名页 Title-page

一般是出版物开头的一页，反映有关该出版物和其所含著作最详尽的书目信息，通常具有最完整的题名信息、责任说明和出版物全部或部分的说明。通常出现在题名页上的著录单元，当不重复地分印在相对的两页上时，则这两页一起看作为题名页。

3.6　代题名页 Title-page substitute

当出版物没有题名页时，将包含有题名页通常所含信息的页、页的一部分或其他组成部分作为替代的题名页。如封面、卷端、版权页。

3.7　版权页 Colophon

出现在题名页之后或出版物末尾处有关其出版或印刷情况的说明，有时还有其他书目信息，包括有关题名的信息。

3.8　题名 Title

一般在出版物上出现的，用以命名出版物（或一组单独著作中的一种）的一个单词、短语或一组字符。一种出版物通常有几个题名（如在题名页上、在封面上、在书脊上），这些题名可能相同，也可能相互不同。

3.9　正题名 Title proper

出版物的主要题名，即在出版物题名页或代题名页上出现的题名。正题名包括交替题名，但不包括并列题名和其他题名信息。对包含若干单独著作的出版物，正题名是总题名；若无总题名，则认为无正题名。从编或分丛编也有其自己的正题名。有些正题名由共同题名和从属题名构成。

3.10 交替题名 Alternative title

题名页的正题名由两个或两个以上部分组成，其中居于“又名”或其他等同词之后的题名。

3.11 无总题名文献 Items without a collective title

一本图书由几种著作合订出版，在题名页上只出现这几种著作的题名而无总题名的文献。

3.12 共同题名 Common title

一组相关出版物，除各自有不同的分辑题名外，还有其共同的题名部分。共同题名表示这些出版物之间的关系，并和分辑题名一起共同标识某种出版物。

3.13 从属题名 Dependent title

本身不足以标识一种出版物的题名。它需要加上共同题名或主体出版物题名或主丛编题名才能充分标识该出版物。例如分辑题名、某些补编题名和某些分丛编题名。

3.14 并列题名 Parallel title

另一种语言和/或文字的正题名（或无总题名出版物中的单独著作题名）；或者等同正题名的另一种语言和/或文字的题名。并列题名也可能与丛编/分丛编说明中的正题名一起出现。

3.15 题上信息 Avant-titre

题名页或代题名页上、出现在出版物正题名上方、说明正题名的其他题名信息。

3.16 其他题名信息 Other title information

从属于题名的一个单词、短语或一组字符，对相关题名进行限定、解释或补充。

3.17 责任说明 Statement of responsibility

标识任何个人或团体或其职能的名称、短语或字符组。这些个人或团体，对著作的知识内容或艺术内容的创造或实现，负有责任或作有贡献。责任说明可能和题名或版本说明一起出现。

3.18 第一责任说明 First statement of responsibility

具有几种不同责任说明时，按顺序首先出现的著作责任说明。

3.19 其他责任说明 Other statement of responsibility

具有几种不同责任说明时，除第一责任说明以外的责任说明。

3.20 责任方式 Mode of responsibility

责任者对图书内容进行创造、整理的方式。

3.21 与本版有关的责任说明 Statement of responsibility relating to the edition

参与新版图书的修订、编辑、插图等再创作的责任者及其责任方式。

3.22 版本 Edition

采用直接接触、照相复制或其他方法，实际上是由同一原始输入而生产、并由同一机构或个人发行的一种出版物的全部复本。

4 著录项目和著录单元

著录项目和著录单元包括如下内容：

（1）题名与责任说明项

正题名

一般文献类型标识

并列题名

其他题名信息

责任说明

其他责任说明

（2）版本项

版本说明

并列版本说明

与本版有关的责任说明

附加版本说明

附加版本说明的责任说明

（3）文献特殊细节项

（4）出版发行项

出版发行地

出版发行者

出版发行日期

印刷地、印刷者、印刷日期

（5）载体形态项

页数或卷（册）数

图

尺寸

附件

（6）丛编项

丛编正题名

丛编并列题名

丛编其他题名信息

丛编责任说明

国际标准连续出版物号（ISSN）

丛编编号

分丛编题名

（7）附注项

（8）标准编号与获得方式项

国际标准编号（ISBN）

装帧

获得方式和/或价格

限定说明

5 著录用标识符

5.1 著录项目与著录用标识符一览表

表 1　著录项目与著录用标识符一览表

著录项目	规定著录单元的前置或外括标识符	著录单元
1. 题名与责任说明项		1.1 正题名
	[ ]	1.2 一般文献类型标识(选用)
	=	*1.3 并列题名
	:	*1.4 其他题名信息
		1.5 责任说明
	/	第一责任说明
	;	*其他责任说明
2. 版本项	. --	2.1 版本说明
	=	*2.2 并列版本说明(选用)
		2.3 与本版有关的责任说明
	/	第一责任说明
	;	*其他责任说明
	,	*2.4 附加版本说明
		2.5 附加版本说明的责任说明
	/	第一责任说明
	;	*其他责任说明
3. 文献特殊细节项	. --	
4. 出版发行项	. --	4.1 出版发行地
		第一出版发行地
	;	*其他出版发行地
	:	*4.2 出版发行者名称
	[ ]	*4.3 发行者职能说明
	,	4.4 出版发行日期
	(	*4.5 印刷地
	:	*4.6 印刷者名称
	,)	4.7 印刷日期
5. 载体形态项		5.1 数量和特定资料标识
	:	5.2 图等其他形态细节(选用)
	;	5.3 尺寸
	+	*5.4 附件(选用)
	. --	6.1 丛编或分丛编正题名
	=	*6.2 丛编或分丛编并列题名
	:	*6.3 丛编或分丛编其他题名

续表

著录项目	规定著录单元的前置或外括标识符	著录单元
6. 丛编项	 / ; , ;	6.4 丛编或分丛编的责任说明 第一责任说明 *其他责任说明 6.5 丛编或分丛编的 ISSN(选用) 6.6 丛编或分丛编的编号
7. 附注项		
8. 标准编号与获得方式项	 ( ) : ( )	*8.1 标准编号(或代用号) 8.2 装帧 8.3 获得方式和/或价格(选用) 8.4 限定说明

注 1：除第一项外，每一项均前冠一下圆点、空格、连字符、连字符、空格（. -- ）。

注 2：丛编说明置于圆括号内，有两个或几个丛编说明时，每个丛编说明分别置于一圆括号内。

注 3：冠有一星号（*）的著录单元，必要时可重复。

注 4：丛编项、附注项、标准编号与获得方式项，必要时可重复。

注 5："3. 文献特殊细节项"不适用于普通图书。

注 6：当一著录项目或著录单元的有关信息，在出版物中与另一著录项目或著录单元在语言上成为一体时，应如实照录。

5.2 著录用标识符

根据 GB/T 3792.1 的规定，对本规则的各著录项目和著录单元著录一定的前置或外括标识符。

. -- 用于除"题名与责任说明项"以外的各著录项目之前，但另起段落著录的项目开头应省略。

[ ] 用于下列著录内容的前后：

一般文献类型标识、取自规定信息源以外的著录信息、自拟的著录内容。

= 用于下列各著录单元之前：

并列题名、并列责任说明、并列版本说明、丛编并列题名。

: 用于下列各著录单元之前：

其他题名信息、出版（发行）者、图及其他形态细节、获得方式以及多层次著录中的第二及其以后各层次的分辑标识与题名之间。

/ 用于下列各著录单元之前：

第一责任说明、本版第一责任说明、从编第一责任说明。

; 用于下列各著录单元之前：

其他责任说明、与本版有关的其他责任说明、其他出版（发行）地、尺寸、丛编编号、同一责任说明的无总题名文献的各部作品题名之间。

, 用于下列各著录单元之前和有关情况之中：

有分卷（册）标识时的分卷（册）题名、相同责任方式的第二个及其后面的责任说明、出版发行（印制）日期、附加版本说明、国际标准连续出版物号以及分段页码之间。

. 用于下列各著录单元之前和有关情况之中：

分卷（册）标识、没有分卷（册）标识时的分卷（册）题名、分丛编题名以及不同责任说明的无总题名文献的各部作品题名与责任者之间。

\+ 用于附件之前。

（ ）用于下列著录内容的前后：

丛编项、印制事项、附件的补充说明、标准编号与获得方式的限定说明。

? 用于不能确定的著录内容，一般与“［ ］”配合使用。

\- 用于起讫连接。

… 用于省略的内容。

5.3 著录用标识符使用说明

5.3.1 各著录项目及单元所使用的标识符，除逗号“,”和下圆点“.”只在后面空一格（一个字符的位置，下同）外，其他标识符均需在其前后各空一格。

5.3.2 除“题名与责任说明项”外，各项目连续著录时均需冠以项目标识符“. -- ”。如遇回行，不可省略该标识符。如果某项由于使用分段、印刷格式或缩格等方式明显地与前项分开，则省略前置的项目标识符，或在前项末尾用一下圆点（.）代替。当某一著录项缺少第一著录单元而又有其规定的标识符时，应用项目标识符（. -- ）置于该著录项之前。但各项目另起段落著录时可省略该标识符。

5.3.3 凡重复著录一个项目或单元，应重复添加其标识符。

示例： . -- 北京 : 中华 : 商务，1993

. -- 上海 ; 香港 : 三联，1993

5.3.4 题名中有语法关系的标点和起标点作用的空格一般应照录，但个别标点符号与标识符重叠时，可在不改变原意的前提下予以删除。原题名中的方括号应著录为圆括号，以区别于编目员自拟的内容或取自规定信息源以外的信息。

示例： 警惕啊，人们 : 二十世纪裁军谈判史话 / 冯之丹编著

（原题名为《警惕啊，人们!》）

系统论 控制论

5.3.5 多卷（册）图书的分卷（册）标识前用“.”，分卷（册）题名前用“,”，无分卷（册）标识的分卷（册）题名前用“.”。

示例： 化学 . 第一册，有机化学

化学 . 分析化学

北京图书馆古籍珍本丛书 . 14，史部 . 传记类

5.3.6 不予著录的项目或单元，其标识符连同项目或单元内容一并省略。

5.3.7 著录用标识符应在英文状态下录入，其中的下圆点一律为英文状态下的下圆点，而非中文状态下的中圆点。

5.3.8 每一丛编说明分别置于圆括号“（ ）”内；第二和其余丛编说明前均冠一空格。

6 著录用文字

6.1 题名与责任说明项、版本项、出版发行项、丛编项，一般应按所著录图书本身的文字照录，现有设备无法照录的图形及符号等可由编目员改为其他形式的相应内容，并加方括号“[ ]”。

6.2 版次、出版发行日期、载体形态项的卷（册）数、页数及其他形态细节说明的数量、尺寸、价格等数字，一律用阿拉伯数字著录。

6.3 附注项用编目机构所选用的文字著录（引用文字除外）。

6.4 规定信息源原题错字或漏字，应如实著录，但要在附注项说明。

6.5　按本标准著录各少数民族文字图书时，应按其文字书写规则著录。

7　著录信息源

7.1　出版物的著录信息应按以下规则取自其题名页和为特定项所规定的其他信息源。凡取自规定信息源以外的信息，或由编目员自拟的著录内容，著录时应加方括号“[　]”，必要时可在附注项注明来源。

7.1.1　主要信息源的选择

单卷出版物，应选择所编出版物专用的题名页（如对丛编中的一卷，应是该卷的题名页；对一复印本，应是附有复印说明的题名页）。

多部分出版物的各部分均有一个题名页时，应选择第一部分的题名页。

当没有适用于整个出版物的题名页，但其包含的每种著作均有其自己的题名页时，这些题名页，包括双向倒转出版物中不同著作的双向题名页，可以共同作为一个信息源。

出版物没有题名页时，选择代用信息源作为代题名页。将信息源定为代题名页时，要选择信息最详尽的来源，出版物组成部分的来源应优先于出版物以外的来源。

非罗马文字的出版物，版权页提供有最完整的书目信息时，在以下情况下，题名页位置和有正题名的页，不认为是题名页：

a）该页只有半题名页形式的正题名；

b）该页有书法形式的正题名，有或无其他书目信息。（版权页中有最完整的书目信息，使用现代中文、日文和朝文印刷中的一般汉字形式）；

c）该页只有西方语言的题名和/或出版信息。

对以上各种情况下，应首先选择版权页为代题名页。

7.1.2　规定信息源

每一著录项目均具有指定的“规定信息源”。如果信息取自规定信息源之外，并著录为该著录项目的组成部分时，应置于方括号内。这类信息也可著录于第7项，不加方括号。

各著录项目的规定信息源如表2所示：

表 2　著录项目规定信息源

著录项目	规定信息源
1. 题名与责任说明项	题名页(或代题名页)
2. 版本项	题名页、版权页
3. 出版、发行(等)项	版权页、题名页
4. 载体形态项	出版物本身
5. 丛编项	题名页、版权页、封面、书脊、封底
6. 附注项	任何信息源
7. 标准编号与获得方式项	版权页、出版物其余部分

7.2　著作为多件或著录信息源有两个以上时，可按如下办法处理：

——依第一卷（册）著录；若第一卷（册）未入藏，应查明其他各卷（册）情况，并在附注项注明“据×卷（册）著录”；无法确定时，应根据最充分者著录。

——以图书为主的多载体著作应作为一个整体著录，所含其余载体应作为附件著录。

——多个信息源上的信息不同时，应以规定信息源为主选定。

8　著录项目细则

8.1　题名与责任说明项

结构形式：

正题名［一般文献类型标识］/ 第一责任说明

正题名［一般文献类型标识］/ 第一责任说明 ；其他责任说明

正题名［一般文献类型标识］ = 并列题名 / 责任说明

正题名［一般文献类型标识］：其他题名信息 / 责任说明

正题名［一般文献类型标识］ = 并列题名 ：其他题名信息 / 责任说明

题名，又名，交替题名［一般文献类型标识］/ 责任说明

题名［一般文献类型标识］；题名 / 责任说明

题名［一般文献类型标识］/ 责任说明 . 题名 / 责任说明

共同题名 . 分卷（册）标识，分卷（册）题名［一般文献类型标识］/ 责任说明

共同题名. 分卷（册）题名或分卷（册）标识［一般文献类型标识］/责任说明

8.1.1　正题名

8.1.1.1　正题名是本项的第一个著录单元。无论题名页的正题名前出现何种著录信息，正题名仍应著录于本项之首。

8.1.1.2　正题名原则上应按照规定信息源上的文字照录，但大写和标点符号不一定照录。某些图形及符号等可用其他相应的文字代替，代替时应加方括号“［ ］”，同时在附注项注明。起标点作用的空格一般亦应照录，特殊情况可分析出版者意图决定连书。

示例：　廉颇·蔺相如·鲁仲连

真实性——1/2

LQ－1600K 中英文打印机操作手册

活动　意识　个性（题名页原题：活动　意识　个性）

国父遗嘱（题名页原题：国父　遗嘱）

8.1.1.3　图书的卷数、章回数等视为其他题名信息，按题名页所题照。

示例：　水浒传 ：一百二十回

花间集注 ：十卷

8.1.1.4　交替题名依次著录于正题名之后，依题名页所题连接词著录。如“，又名，”、“，一名，”等。

示例：　西行漫记，又名，红星照耀中国

8.1.1.5　题名在图书各处有重要差异或另有别名，依题名页题名著录，将其他题名在附注项注明。例如，“书脊题名：××××××”或“封面题名：××××××”。无题名页时依 7.1.1 著录信息源的先后顺序著录。

8.1.1.6　同一图书在新版时题名变更，应将原题名著录于附注项。

8.1.2　一般文献类型标识

根据各文献工作机构的实际需要和各类型目录的性质决定取舍。必要时，直接引用 GB/T 3469《文献类型与文献载体代码》。

8.1.3　并列题名

当出版物的题名页上有多种语言和/或文字的题名时，应将未选作正题名的题名著录为并列题名。

8.1.3.1　并列题名依题名页所载顺序著录，并在第二语种及其以后每个并列题名前用“ = ”标识。与题名并列的汉语拼音题名不作为并列题名著录。

8.1.3.2　与正题名相对应的其他语种题名不载于题名页时（如翻译著作），可著录于附注项。

8.1.4　其他题名信息

8.1.4.1　其他题名信息前用“ : ”标识，著录于正题名或并列题名之后。

示例：浮选 : 纪念 A. M. 高登文集

儿童文学选 : 建国以来三十年辽宁省文艺创作选

8.1.4.2　其他题名信息具有两个或两个以上时，其前均用“ : ”标识。

示例：人体解剖图 : 内分泌系统 : 局部解剖

8.1.4.3　其他题名信息属于以下情况之一者，著录于附注项。

a）正题名之后所列附录；

b）译自某种文字；

c）写作材料来源及根据；

d）说明图书出版发行特点的文字，例如，“内部读物”、“内部发行”。

8.1.5　责任说明

8.1.5.1　责任说明包括责任者名称及其责任方式，依题名页原题顺序著录。

8.1.5.2　著录同一责任方式的责任者一般不宜超过三个；超过三个时，只著录第一个，其后加“ … ”，并在其后加“等”字，并用方括号“ [ ]”括起。

示例：“黄安年 … [等] 著”

8.1.5.3　相同责任方式的责任者名称之间用“ , ”标识；不同责任方式的责任说明前用“ ; ”标识。

示例：新编图书馆目录／黄俊贵，罗健雄编著

天工开物／（明）宋应星著；钟广言注释

8.1.5.4　中国清代以前的个人责任者，按原题如实著录。取自规定信息源上的朝代名称可在其姓名前著录，并用圆括号“（）”括起。

示例：金匮要略方论／（汉）张仲景述；（晋）王叔和集

8.1.5.5　外国的个人责任者，按原译汉语文原题如实著录。取自规定信息源上的国别简称可在其姓名前著录，并用圆括号“（）”括起；著者姓名载有原文时，按原文顺序如实著录于原译汉语文姓名之后，并用圆括号“（）”括起。

示例：（美）A. 爱因斯坦（A. Einstein）

（俄）列夫·托尔斯泰（Л. Н. Толстой）

8.1.5.6　僧人责任者，一般按原题法名著录。法名前所冠“释”字，用圆括号“（ ）”括起。

示例：（宋释）怀素

（印释）陈那（Dignaga）

（释）显

8.1.5.7　责任者姓名前后原题出身、籍贯、单位、职位、学位、头衔等，如不是识别该作者所必需，均不予著录。

8.1.5.8　责任者的责任方式应依原书所题著录。若原书未载明，应根据著作类型选定，并用方括号括起。

8.1.5.9　若责任实体的名称在语言上是其他著录单元的组成部分，且已被转录（如作为正题名的一部分、其他题名信息的一部分或出版发行项的一部分），则不应作为责任说明。但若责任实体的名称在题名页上明确地以正式的责任说明形式重复出现时，则仍应作为责任说明。

8.1.6　无总题名图书按以下不同情况分别著录。

a）属于同一责任者时，依次著录，在第二个及以后的题名前用“；”标识。

示例：昌平山水记；京东考古录／（清）顾炎武著

b）不属于同一责任者时，依次著录不同的题名与责任者，在第二个

及以后的题名前用“.”标识。

示例：文章辨体序说 /（明）吴纳著. 文体明辨序说 /（明）徐师曾著

c）题名在三个以下（含三个）时，可依次著录各个题名与责任者；题名在四个以上时（含四个），则只著录前三个，第四个以后未予著录的题名及责任者均著录于附注项。

8.2 版本项

结构形式：

. -- 版本说明

. -- 版本说明 = 并列版本说明

. -- 版本说明 / 与本版有关的责任说明

. -- 版本说明 / 与本版有关的第一责任说明 ; 与本版有关的其他责任说明

. -- 版本说明，附加版本说明

. -- 版本说明/与本版有关的责任说明，附加版本说明 / 与本版有关的责任说明

8.2.1 版本说明

8.2.1.1 除初版（第1版）外的各个版次均应如实著录，但应省略“第”字，著录为“×版”。

示例：詹天佑和中国铁路 / 徐启恒，李希泌著. -- 2版

8.2.1.2 图书版权页原题版次有误，应如实著录，并在附注项说明。

8.2.1.3 与版本说明有关的文字，如“增订3版”、“活字本，泥活字”、“2版，修订本”、“新1版，增订本”等，均应著录于版本项。

8.2.1.4 图书制版类型除常见的铅印、胶印方式予以省略外，其余制版方式，如“油印本”、“刻本”、“影印本”、“晒印本”、“缩印本”等，均应著录于版本项。

8.2.1.5 无总题名图书所含各种著作载有不同版本说明时，可在附注项说明。若过于繁杂，则予省略。

8.2.1.6 图书包括两种及以上制版类型时，可同时著录。

示例：. -- 影印本与晒印本

8.2.1.7 版本说明属于其他项著录单元的组成部分（如正题名）并已予著录时，则不在版本项内重复。

示例：英美编目条例第二版简介/（英）E.J. 亨特（E.J. Hunter）著；孔宪铠，万培悌译. -- 北京：书目文献出版社，1982

8.2.2 与本版有关的责任说明

8.2.2.1 与本版有关的责任说明最多著录三个；标识符与“题名与责任说明项”相同。

8.2.2.2 用多种语文记载的版本说明及与本版有关的责任说明，应著录与正题名文种相同者。如这一规定不适用，可著录显著者或位于首位者。

8.2.2.3 翻译图书所题该书原版的版本说明不著录在本项，而应该在附注项说明。

8.3 文献特殊细节项

本项不适用于普通图书著录。

8.4 出版发行项

结构形式：

. -- 出版发行地 : 出版发行者，出版发行日期

. -- 出版发行地 ; 出版发行地 : 出版发行者，出版发行日期

. -- 出版发行地 : 出版发行者 : 出版发行者，出版发行日期

. -- 出版发行地 : 出版发行者 ; 出版发行地 : 出版发行者，出版发行日期

. -- 出版发行地 : 出版发行者，出版发行日期（印刷地 : 印刷者，印刷日期）

8.4.1 出版发行地

8.4.1.1 出版发行地以出版发行机构所在地为准，并一律著录地名全称。具有出版地时不著录发行地。原题出版发行地有误，除如实著录外，应将正确地名著录其后，并用方括号“[ ]”括起，或在附注项说明。

8.4.1.2 地名相同的不同出版发行地，可在出版发行地后的“[ ]”内注明其国别或上级地区名称。

8.4.1.3 图书原题两个出版发行地时，第二个出版发行地前用分号“;”标识；原题三个及其以上出版发行地时，应按原题顺序著录第一个，在其后加“等”字，并用方括号“[ ]”括起，其余出版发行地在附注项说明。

8.4.1.4 推测著录的出版发行地要加问号，并用方括号“[ ]”括起。无法推测著录至具体的出版发行地时，可著录其所在省名或国名，并加问号，然后用方括号“[ ]”括起。出版发行地完全无法推测著录时，可著录“出版地不详”字样。

示例：. -- [广州?]

. -- [广东?]

. -- [日本?]

. -- [出版地不详]

8.4.1.5 出版发行者名称中含有其所在地名称时，为避免混淆，仍应著录，不得省略。

示例:. -- 北京 : 北京出版社

8.4.2 出版发行者

8.4.2.1 出版发行者一般以出版发行机构为准，不著录出版发行机构代表人。图书题有出版者时，不著录发行者。

8.4.2.2 出版发行机构一律著录全称。若著录发行机构，应在其后注明“发行者”字样，并用方括号“[ ]”括起。

8.4.2.3 同时充当责任者的出版者，不可著录为“著者”、“编者”、“译者”等字样。

示例：/ 长江文艺出版社编. -- 武汉 : 长江文艺出版社

8.4.2.4 图书原题两个出版发行者时，在第二个出版发行者前用“:”标识；原题三个及以上出版发行者时，按原题顺序著录第一个，在其后加“等”字，并用方括号“[ ]”括起，其余出版发行者在附注项说明。

示例： . -- 北京 : 中国青年出版社 : 群众出版社

. -- 上海 : 商务印书馆 [等]

8.4.2.5 图书未载明出版发行者，又无法查考时，应著录“出版者不详”字样，并加方括号“［ ］”。

示例：. -- 青岛 ：［出版者不详］

8.4.3 出版发行日期

8.4.3.1 出版发行日期按图书原题纪年著录，原题有出版日期时不著录发行日期。原题非公元纪年应在其后著录相应的公元纪年，并用方括号“［ ］”括起。

示例：，民国25年［1936］

8.4.3.2 集中著录的多卷（册）图书，若非同一年出齐，应著录最初及最终出版日期，并用“ - ”表示起迄。尚未出版齐全的多卷（册）图书，一般先著录第一卷出版日期，后加“ - ”，待出版齐全后再著录最终出版日期。

8.4.3.3 图书无出版日期或印刷日期，可推测著录，用问号“?”或连字符“-”加问号“?”标识，并用方括号将它们括起。

示例：，［1981?］

，［196-?］

，［19--?］

8.4.3.4 印刷地、印刷者、印刷日期

a）图书的出版发行事项均未标明，可著录印制地、印制者、印制日期。

b）图书的出版发行事项记载齐全，并兼有印刷地、印刷者、印刷日期，必要时，可将后者著录于出版发行事项之后，并用圆括号“（ ）”括起。

示例：北京 ：中国青年出版社，1991（南京 ：江苏人民出版社，1993重印）

8.5 载体形态项

结构形式：

页数：图；尺寸

页数：图；尺寸+附件

卷（册）数：图；尺寸

8.5.1 页数或卷（册）数

8.5.1.1 页数一般包括正文页数及正文前后其他页数。若正文页数与正文前后页数单独编码，当正文前后的页数少于10页时可从略。但正文前后的页数等于或多于10页时，应按照“正文前、正文、正文后”的顺序依次分段著录，中间用“,”标识。

示例：25,464,20页

8.5.1.2 页数按单面编码计算；属于双面编码者，应加倍计算页数，并用方括号“[ ]”括起。

8.5.1.3 分层次著录的多卷（册）图书，页数连续编码时，先著录总册数，再著录总页数，并将后者用圆括号“( )”括起；各分卷（册）单独编码时，仅著录总册数。

示例：6册（4654页）

4册

8.5.1.4 单独著录的多卷（册）图书，分卷（册）页数连续编码时，著录其起迄页码。

示例：101-546页

8.5.1.5 由数册合订为一册，并按原分册单独编码的图书，可直接著录分段页码。各分册编码较为繁杂时，可著录原订册数，并置于圆括号“( )”内。

示例：164,156,66

1册（原订4册）

8.5.1.6 以图为主的散页图片或挂图，页数以“张”或“幅”计算。

8.5.1.7 图书或期刊的抽印本，应著录实际页数，并用方括号“[ ]”括起；难以计算时，可著录为“1册”。

8.5.1.8 未装订的散页图书或分册出版的另装函图书，除著录页数或册数外，应于页数或册数之后注明函数，并用圆括号“( )”括起。

示例：195页（1函）

8.5.1.9 书中原题页数有误，应如实著录，在其后的方括号“[ ]”内著录正确的页数，或在附注项说明。

8.5.1.10 书中未载明页数时，应统计全书页数著录，并用方括号

“[ ]”括起；若难以统计，可著录为“1 册”。

8.5.2 图

8.5.2.1 图的著录顺序为冠图、插图、附图等。根据不同情况，可具体著录为“插图”（包括正文内计算页数的插图和不计算页数的夹图）、“折图”（指图幅大于题名页而折叠于图书内的图）、“彩图”、“纹章”、“摹真”（一般指手迹）、“地图”、“乐谱”、“肖像”、“照片”、“图版”等。种类繁杂时，可统一著录为“图”或“图表”。

8.5.2.2 内容主要由图组成或题名已明确为图的图书，例如，“图解”、“画册”、“图册”等，不再重复著录，书中表格也不予著录。

8.5.3 尺寸

8.5.3.1 沿书脊测量出版物的外表高度，不足整厘米时应进位到整厘米著录。

8.5.3.2 图书的宽度不及高度的一半，或宽度超过高度时，应先著录高度，后著录宽度，中间以“ × ”表示。

示例：20 × 14 cm

8.5.3.3 尺寸不一的多卷（册）图书，相距未及 2 厘米者，应著录较大尺寸；超过 2 厘米者，应著录最小至最大尺寸，中间以“ - ”表示。

示例：26 - 30cm

8.5.4 附件

8.5.4.1 附件之前用“ + ”标识。

8.5.4.2 具有独立题名并可脱离图书主要部分单独使用的附件，应另行单独著录，并在各自附注项分别注明。

8.5.4.3 对附件的补充说明，应著录在附件后面的圆括号“（ ）”内。

示例：364 页 ：折图 ；26cm + 机械图册（46 页 ：插图 ；19cm）

8.6 从编项

结构形式：

. --（从编正题名）

. --（从编正题名 = 从编并列题名）

. --（从编正题名/从编责任说明）

. --（丛编正题名；丛编编号）

. --（丛编正题名：丛编其他题名信息 / 丛编责任说明；丛编编号）

. --（丛编正题名，丛编 ISSN；丛编编号）

. --（丛编共同题名. 分丛编标识，分丛编题名）

. --（丛编共同题名. 分丛编题名）

. --（丛编共同题名. 分丛编题名，分丛编 ISSN）

. --（第一丛编）（第二丛编）

8.6.1 丛编正题名

8.6.1.1 丛编正题名一般依 8.1.1 有关条款著录。

8.6.1.2 一书载明同属两种以上丛书时，应依次著录，并分别用圆括号“（ ）”括起。

8.6.1.3 著作的各个组成部分分属于不同丛书时，不予著录，可在附注项说明。

8.6.2 丛编并列题名

丛编题名具有多语种时，其丛编并列题名依 8.1.3 有关条款著录。

8.6.3 丛编其他题名信息

8.6.3.1 除必不可少的丛编其他题名信息依 8.1.4 有关条款著录外，一般可不予著录。

8.6.3.2 图书所载国际标准连续出版物号（ISSN）应如实著录，其前以“，”标识。

8.6.3.3 丛编或分丛编内部的编号，按其在出版物上出现的形式著录，但要使用阿拉伯数字代替原题的其他数字或文字拼写的数字，并在编号前以“；”标识。

示例：. --（机械丛书；第 16 种）

（原题：机械丛书　第 16 种）

. --（建筑工人技术学习丛书；2）

（原题：建筑工人技术学习丛书　二）

8.6.4 分丛编题名

8.6.4.1 分丛编题名著录于丛编正题名之后，其前用“.”标识。

示例：. --（万有文库．百科小丛书）

8.6.4.2 若分丛编题名具有可独立识别的题名时，应著录于丛编项，而主丛编题名著录于附注项。

示例：. --（实用人物摄影）

（附注：主丛编题名：海巨格摄影系列）

8.6.4.3 分丛编的丛编并列题名、丛编其他题名信息，依 8.1 有关条款著录。

8.6.4.4 分丛编标识，应如实著录，其前用“.”标识。若标识后另有题名，则先著录标识，再著录题名，其间用“,”标识。

8.6.5 丛编责任说明

除丛编题名为通用术语，其责任说明必须著录外，一般可不予著录。必要时可依 8.1.5 有关条款著录。

示例：. --（图书馆学情报学知识丛编 / 黄俊贵，倪波主编）

8.6.6 丛编或分丛编的国际标准连续出版物号（ISSN），可按有关标准著录。

8.7 附注项

结构形式：

a）每一条附注另起行著录或连续著录。

b）每一条附注内容中均可采用本规则规定的各种标识符。

c）引用文字用引号“ ”。

8.7.1 未在题名与责任说明项、版本项、出版发行项、载体形态项、丛编项、标准编号与获得方式项著录，而又有必要进行补充说明时，均可按以上各项顺序依次在附注项注明。

8.7.1.1 封面、书脊、书口、版权页等处题名与题名页所题题名不同，可著录为“封面题名：××××××”、“书脊题名：××××××”、“书口题名：××××××”等。

8.7.1.2 翻译著作，注明外文原名；转译著作注明译本出处。

8.7.1.3 经考证增补的题名，注明“题名据××××××增”。

8.7.1.4 题名变更，注明“本书原名：××××××”。

8.7.1.5　考证所得责任者，注明“据××××××考订，责任者为×××”。

8.7.1.6　改编著作，注明原书责任者、体裁及题名。

8.7.1.7　转印本、转译本、抽印本，注明依据的原书。

8.7.1.8　影印图书或翻译资料，注明依据的原书或原稿。

8.7.1.9　图书原题出版地、出版者、出版日期有误，予以注明。

8.7.1.10　载体形态项目不明确，予以注明。

8.7.1.11　图书各个组成部分分属多种丛书，予以注明。

8.7.2　图书附录所含参考书目、索引、参考资料、责任者小传等，均著录于附注项，并根据其所处不同位置，注明“书前冠”或“书末附”。除重要附录外，附录责任者一般不予著录。

8.7.3　汇编著作及分层次著录的多卷（册）图书，必要时，可将各个单篇或分卷（册）作为目次著录于附注项，并按顺序排列，著录其篇（书）名及责任者等。

8.7.4　对图书内容和出版发行特点进行附注说明。

示例：“中央广播电视大学图书馆学专业用书”、“儿童读物”、“建筑工人应知应会读物”、“内部读物”、“内部发行”等。

8.8　标准编号与获得方式项

结构形式：

.-- ISBN（装订）：获得方式

.-- ISBN ：获得方式（限定说明）

.-- 获得方式

8.8.1　标准编号

8.8.1.1　国际标准编号（ISBN）依图书原题如实著录，不应省略号码之间的连字符。

8.8.1.2　同时记载整套和部分著作的国际标准编号的图书，先著录整套著作号码，后著录部分著作号码。

8.8.1.3　国际标准编号之后的附加号码，不予著录。

8.8.1.4　国际标准编号（或代用号）经查证属于错误时应照录。若同时标有正确号码和错误号码，则应先著录正确号码，后著录错误号码，并在其后面的圆括号“（ ）”内注明“错误”。

8.8.2 装祯

8.8.2.1 装祯著录于国际标准编号之后的圆括号“（ ）”内；无国际标准编号的图书，其装祯直接著录于项目之首，并置于圆括号内。

示例：. --（精装）

8.8.2.2 装祯除平装可省略外，其余均按原书装祯形式著录。

8.8.3 获得方式

8.8.3.1 价格

价格之前冠以空格、冒号、空格“ : ”。

货币代码一律使用 GB/T 12406 规定的各种货币的标准代码。

示例：: CNY26.00

: CNY10.00（限国内发行）

8.8.3.2 非卖品

凡非卖品均如实著录。

示例：非卖品

赠阅

8.8.4 限定说明

著录于其所限定内容之后，并用圆括号“（ ）”括起。

示例： ISBN 7-200-0165501（精装）: CNY75.00（全套）

ISBN 7-5073-0316-0（精装）: CNY650.00（上、中、下）

附录 A
（资料性附录）
著录格式

著录格式是构成款目的各个项目的排列顺序及其标识符号的表现形式，分书本式和卡片式两种表现形式。

书本式格式：

正题名［一般文献类型标识］ = 并列题名：其他题名信息 / 第一责任说明；其他责任说明. -- 版本说明/与本版有关的责任说明. -- 文献特殊细节. -- 出版地 ：出版者，出版日期（印制地：印制者，印制日期）. -- 文献数量及特定文献类型标识：其他形态细节；尺寸 + 附件. --（丛编正题名/责任说明，国际标准连续出版物号；丛编编号 . 分丛编题名）. -- 附注. -- 标准编号（限定词）：获得方式和（或）价格

卡片式格式：

正题名［一般文献类型标识］ = 并列题名：其他题名信息/第一责任说明；其他责任说明. -- 版本说明/与本版有关的责任说明. -- 文献特殊细节. -- 出版地：出版者，出版日期（印制地：印制者，印制日期）

文献数量及特定文献类型标识：其他形态细节；尺寸 + 附件. --（丛编正题名/责任说明，国际标准连续出版物号；丛编编号 . 分丛编题名）

附注

标准编号（限定词）：获得方式和（或）价格

附录 B
（资料性附录）
多层次著录

多层次著录是指著录由多部分组成的文献时所选用的著录方法之一，即所谓综合著录。其目的是对由多部分组成的文献的整体及其各个部分的情况进行系统的描述。

多层次著录是将文献著录信息分成两个或多个层次。第一层次著录文献整体的共同书目信息，第二层次及其余各层次分别著录有关的各部分书目信息。

每一层次中，各著录单元与单一出版物的著录顺序和标识符均相同。各层次相互重复的某些著录内容可以省略。当一个组成部分的题名前冠有分辑标识时，二者之间用冒号（：）分隔。

多层次著录格式：

整套书正题名［一般文献类型标识］ = 并列正题名：其他题名信息/第一责任说明；其他责任说明. -- 版本说明/与本版有关的责任说明. -- 出版地：出版者，出版日期（印制地：印制者，印制日期）. -- 文献数量及特定文献类型标识：其他形态细节；尺寸. -- 附注. -- 标准编号（限定词）：获得方式和（或）价格

第二层次分辑标识：第二层次正题名 = 并列正题名：其他题名信息/第一责任说明；其他责任说明. -- 出版日期. -- 文献数量. -- 获得方式和（或）价格

第三层次分辑标识：第三层次正题名 = 并列正题名：其他题名信

息/第一责任说明；其他责任说明. -- 出版日期. -- 文献数量. -- 获得方式和（或）价格

…

…

示例：

农村文库/农村读物出版社编辑. -- 北京：农村读物出版社，1980 - 1982. -- 60 册；23cm

第 1 辑：农村科学种田丛书/中国农业科学院编辑. -- 1980 - 1981. -- 10 册

第 1 册：育种/温贤才编著. -- 1980. -- 56 页. -- CNY0.56

第 2 册：土壤/朱红编著. -- 1981. -- 60 页. -- CNY0.60

…

第 2 辑：农村医疗卫生丛书/南方农村医疗卫生研究所编. -- 1982. -- 6 册

第 1 册：农村环境卫生/林山农编著. -- 70 页. - CNY0.68

第 2 册：田间劳动卫生/罗梅英编著. -- 65 页. - CNY0.65

…

2003年以来主要著作目录

1.《联机编目与数字图书馆》，主编，并独著其中3篇、合著其中2篇，科学技术文献出版社，2003［曾获中国社科情报学会年2006年年会优秀科研成果三等奖、2009年中国社会科学院图书馆（文献信息中心）优秀科研成果奖］。

2.《中韩合作开发的ECO图书馆自动化软件系统使用手册》，主编，中国社会科学院文献信息中心，2005。

3.《普通图书著录指南》，独立编著，中国标准出版社，2007（2011年4月获中国社会科学院离退休人员优秀科研成果三等奖）。

4.《联机联合编目与Z39.50标准协议应用研究》，胡广翔，金培华，杨齐等著，社会科学文献出版社，2011。

5.《GB/T 3792.2—2006〈普通图书著录规则〉应用指南》，独著，国家图书馆出版社，2011.10

6. 胡广翔主编《中国哲学社会科学发展历程回忆》丛书（综合卷），中国社会科学出版社，2014。

（以上是2003年以来独著或主编的著作，本人参加撰写由别人主编的著作均未列入此目录）

作 者 自 传

我在中学时代最喜欢的是数理化和语文，这些功课的成绩一向很好，尤其是作文，在北京十二中六年的语文课上，作为范文向同学们推介的往往都是我的文章。按照我的爱好，我所选择的专业应该不是理工类就是中文类的大学。当时，多少也受到“学好数理化，走遍天下都不怕”思想的影响，考大学填报志愿时选择了理工科的学校。我第一志愿是解放军技术工程学院，第二志愿是中国科技大学，第三志愿是天津大学。因为部队院校可以优先录取，所以就被录取到了解放军技术工程学院。大学毕业后，又在部队工作了六年。从部队转业后，组织上安排我到中国科学院图书馆做以英文书为主的西文图书编目工作。我虽然中学六年学的是俄文，大学里学的是朝文，英文、德文、法文等从来没有学过，但作为老一代的大学生，从小所受的教育是“干工作要服从党的分配，干一行爱一行”，所以我还是毫不犹豫地走上了西文图书编目的工作岗位。我按照毛泽东同志“从战争中学习战争”的精神，边干工作边学习与西文编目有关的各种业务和知识。不是“科班出身”的我，从一开始要处处向老同志请教，到最后走到中国科学院图书馆、中国社会科学院[①]图书馆、中国图书馆学会、韩国国立中央图书馆的讲堂上向国内外的同人授课，最终实现了“先做学生、后做先生”的嬗变。

完成事业和治学的道路，正如北宋文学家王安石所说：“看似寻常最

---

① 中国社会科学院，以下简称“社科院”。

崎岖，成如容易却艰辛。”由于图书馆工作是坐班制，本人在社科院图书馆又一直担任编目部、联机编目协调室的负责人，上班时间除了要做各种具体的业务工作外，还要担负业务方面的组织协调、讲课培训及一些事务性的工作，另外还要时常参加一些馆里甚至社科院里的各种会议等活动，根本没有从事研究和写作的时间。因此，本人在职期间，将每天晚上和节假日等业余时间大多用在了学习、备课以及后来的研究和写作上，本人的研究成果也基本上是利用这些业余时间完成的。经历了 1974 年以来近四十年图书馆工作与研究的磨砺，回首走过的道路，确实让我感受到从事图书馆工作的人要想在干好工作的同时，在干事业与做学问方面再取得成绩的艰辛与不易。但与此同时，也使我享受到了成功的快意与满足。

业精于勤，天道酬勤。《左传》云：“筚路蓝缕，以启山林。”这是我长期工作和学术生涯的真实写照。

一　边工作边学习

1974 年底刚刚进入中国科学院图书馆编目部西文编目组工作的我，当时对图书馆和编目工作一无所知，但凭着一股不服输的工作精神和高涨的学习热情，也由于小学和中学的基础教育非常扎实而具备较强的自学能力，所以在很短的时间内就利用业余时间自学了图书馆有关图书分类、编目及其他各种业务知识，并同时跟着广播和电视开办的英语教育节目自学了英语。在上班时间则努力工作，遇到问题就向老同志们虚心求教。我在老同志的帮助下学会了利用各种工具书解决图书分类编目中的各种问题，这对我做好业务工作带来很大的帮助。当时编目组共有近十位老同志，他们都是我在学习图书馆学和外语知识方面的启蒙者和老师。由于西文编目会遇到各种西方文字出版的图书，所以在西文编目组的老同志中有懂德文、法文、西班牙文、波兰文、罗马尼亚文等各种文字的，因为英文书的量最大，所以英文是大家都要懂的文字。由于有这么好的师资条件，所以在工作中不管遇到什么问题，都可以通过请教老同志得以解决。其中，对我帮助最大的要算当时的西编组组长韩坤范老师，她可以说是西文图书分类编目业务的顶级专家，而且知识面非常广，可以说工作中没有她解决不了的问题。但她为人又非常谦虚和低调，具有老知识分子的风范，我至今都非常尊敬和感谢她。正是由于她和其他老同志的耐心教导和帮助，才使我这个一开始对业务一窍不通的人，在最短的时间内基本上可以进行日常的业务工作。

二　工作渐入佳境

刚刚进入工作岗位时，当然要从最简单的工作开始做起。由于当时还没有使用计算机，编目工作完全是手工操作的传统工作方式。我最初的工作是“刷卡片”，就是将编目员用打字机打出的蜡纸放到油印机内的白卡片上，通过刷油墨的方式将打字的内容印刷到白卡片上。这个工作可以说是又脏又累，我每天穿上蓝大褂，坐在油印机前一刷就是一天。开始时由于技术不熟练，常常将深蓝色的油墨弄得身上和手上到处都是。后来，当我完全胜任这一工作环节时，我在图书编目和英文的学习上也有了一定的基础，组长就开始让我学做“打蜡纸”的工作，这其实就是后来我才理解的手工的图书著录工作。具体地说，就是按照图书著录规则的要求，将分类人员给出的分类号、著者号、区别号、主题词，以及从书中找出的书名、作者、版次和版本说明、出版地、出版者、出版年、页数、图表、图书尺寸、附件、丛书说明、统一书号、图书价格、其他附注说明等图书的内容特征和形式特征，用图书本身所用的文字和英文打在蜡纸上，以便供给油印员印刷成卡片。这项工作需要了解和掌握图书著录工作的各项规定，我在老师们的帮助下才逐渐胜任。再下一道工序是“排卡片”，就是将油印好的三套卡片分别按照书名、著者、分类的顺序插入这三套卡片目录盒中。这中间当然也有很多讲究，也需要一个学习的过程。编目组工作难度最大的环节是编写分类号、著者号、区别号和主题词，这项工作是在我胜任“打蜡纸”之后才让我承担的。这项工作最大的难度是克服语言障碍，其次是克服学科知识面的不足。西编组面对的是以各种西方文字（共约十种）出版的图书，而中国科学院收集的又是包括数理化及天文、地理、生物等各种自然科学学科和专业的学术著作，我一开始肯定在这两方面都有很大的不足。但这也促使我抓紧一切时间如饥似渴地学习，吸纳了这两个方面大量的知识。编目部的老同志说，要干好图书分类编目工作，除了要成为图书馆学的专家，还要使自己成为一个“杂家”，就是要使自己的知识面非常广泛，这样才能适应本职工作的需要。要在尽量短的时间里学习这么多的知识，必须将业余时间最大限度地用在学习上。在这方面，对我帮助最大的是我的夫人张桂英。在那些日子甚至从那以后直到现在的所有日子里，可以称得上“贤妻良母”的她除了每天从城里长途奔波去西四环外的单位上班，还担负起了绝大部分的家务劳动。正因为这样，我才得以将每天晚上和节假日等业余时间都用在学习以及后来的备课和写作上。在我的业务工作渐入佳境之后，一个显著的变化就是，当有外单位的同行来我组参观和观摩业务时，原来负责讲解和介绍情况的都是组长，不知从何时开始就由我来担任此工作了。而且，在我工作八年之后，还让我担任西文编目组的副组长。

三　提笔初试锋芒

1976 年打倒“四人帮”，1978 年迎来改革开放的春天，中国科学院图书馆的学术活动也开始得以恢复和发展。在老同志的努力下，图书馆先后创办了《图书情报工作》、《图书情报工作动态》、《国外图书情报工作动态》等学术刊物，不少老同志纷纷动笔为这些刊物撰稿。在这种学术氛围的影响下，我也萌动了提笔写作的念头。但由于自己尚处在“才疏学浅”的阶段，便从撰写外文新书介绍开始走出我写作的第一步。1980 ~ 1984 年，我共写了《专门图书馆中的缩微印刷品的管理》等 17 篇外文新书介绍的短文，又发表了《美国国会图书馆在拟议中的国家网络中的作用》等译文、资料、报道、简讯等共 8 篇，分别发表在上述三种刊物及《世界图书》杂志上。以后又编写了部分中外文图书和学术论文文摘共42篇，发表在《中国海洋文摘》（1983年）、《中国社会科学学术论文、学位论文文摘》（1986年）上。1982年，我独自翻译了IFLA（国际图书馆协会联合会）大会题为《字顺目录条例中的国际标准书目著录》的英文论文1篇，并发表在当年4月出版的《第47届国际图书馆协会联合会大会论文译文集》上。1992～1995年，我又独译并发表了同类论文3篇，分别题为《指导用户或改善系统：对相互作用的图书馆目录的研究与用户反馈》、《为所有人购买媒介物：斯堪的纳维亚公共图书馆的采访工作》、《贮存世界信息：21世纪的危机》。1983年12月，我还与组内一位年轻同志根据英文原件合译了《国际标准书目著录》（非书资料），并以全国文献工作标准化技术委员会第六分委员会的名义发表。以上成绩，是我在相关业务学习上取得较大进步的体现，这样的锻炼也为我调到社科院后开展以下各项工作打下了较好的基础。

我从1981年初开始，在当时我国图书馆界还未应用计算机的时候，就已经开始翻译美国图书馆计算机应用方面的文章，开始向中国图书馆界的领导和业务人员介绍发达国家图书馆界在应用计算机硬件和软件、开展图书馆自动化和网络化建设方面的情况。例如，本人作为第一译者编译的《美国的图书馆自动化》、《管理微机——微机在图书馆的有效利用》、《美国国会图书馆在拟议中的国家网络中的作用》等文章，都提前给当时还未开展图书馆计算机化、自动化和网络化建设的中国图书馆界在购买和使用计算机、开展图书馆工作自动化和网络化建设等方面，提供了及时的和重要的借鉴和参考，使得后来者在这些方面尽量少走弯路，少犯错误，其所取得的社会效益和经济效益是确定无疑的。现在，再次阅读这些文章的内容便可看到，这些介绍即使在今天看来也都是值得参考和有借鉴意义的。

四　进入专业讲堂

我在图书情报单位的讲课活动是从1982年9月开始的，那次是在中国科学院图书馆大礼堂给中央国家机关和科学研究系统图书馆学会成员馆在职干部讲“图书分类”课。主讲老师是白国应研究员，我担任助教。从那以后，我的讲课活动就一发不可收拾。从 1983 年 3 月开始，我作为主讲老师先后在中国科学院图书馆、中国社会科学院图书馆和研究生院、中国图书馆学会、韩国国立中央图书馆的大讲堂上向国内外的同人（包括从事图书馆和信息管理工作的业务人员、信息管理系的学生和韩国来本院进修的研究生）授课 33 次，内容包括西文图书编目、图书的标准化著录、连续出版物著录规则、图书馆目录、俄文文献的标准化著录、使用微机的基本知识和操作方法、书目记录工作单和工作单的填写规则、社科院 MARC 编目系统软件的使用、介绍《中国图书馆分类法》讲座、介绍 CNMARC 讲座、实现联机联合编目的基础与条件、中国社会科学院联机联合编目系统——方案设计及实施、网络环境下的联合编目、书目数据的上传与下载、联合编目与书目信息资源的共享、联合编目与数字图书馆、文献检索等图书馆学和计算机应用等多个方面的课程。经历了这么多的讲课，使我深深体会到，讲课既给学生传授了知识，同时也是提高自己业务水平的过程，即是一个教学相长的过程。为了讲好一堂课，我必须认真备课、认真写讲义，其间遇到问题我要开动脑筋，还要查找有关资料，甚至要请教其他有关的老师。讲课过程中对学生提出的问题，我要认真思考和解答。其实，有时学生也是老师，是他们“逼着”我把课程备得更好，提高授课的效益。通过一次又一次的讲课，我的讲义也准备得越来越充实和完善。

五　承担业务管理

从 1982 年担任西编组副组长到退休，我一直作为图书馆业务的管理者，承担着图书馆、编目室或联机编目协调室负责人的工作达 25 年之久。我在中国科学院图书馆工作期间，主要承担具体的图书分类编目任务。由于这段时间有着最难得和最优越的师资环境，这段时间其实是我夯实业务基础最重要、业务工作能力和水平提高得最快的时期。没有这个时期业务实践的磨砺和锻炼，在以后的业务管理方面就不会有大展身手的可能和能力。我在中国科学院图书馆工作十年之后，突然有社科院的同志来找我，说社科院的文献情报中心刚刚成立，非常恳切地希望调我去他们那里工作，这大概也是命运的安排吧。到了社科院之后，由于他们缺少图书馆方面的业务骨干，刚去就让我负责图书馆的业务管理工作，很快就任命我为文献情报中心图书馆副馆长。五年之后，于 1989 年调任社科院欧洲研究所图书馆馆长。又是五年之后，于 1994 年调回文献信息中心，担任编目部主任。又过了五年，于 1999 年担任全院联机编目协调室主任，直到 2007 年 1 月退休。我在管理工作岗位上任职时间非常巧合和有意思的是，总是干满五年就更换一次工作岗位。

六　主持科研课题

我长期从事文献分类、文献编目、文献工作标准化、联机编目及计算机应用工作的实践、组织和理论研究工作。20 世纪 90 年代以来主持或参与完成社科院和国家图书馆等 10 个科研课题和信息化建设项目的工作。其中有以下 3 个重点研究课题和 1 个信息化建设项目是由我主持完成的，还有一个重点研究课题我是作为负责人之一。一是题为“全院图书编目自动化管理系统研究”的文献信息中心重点研究课题，我是负责人之一，该课题的主要科研成果——自主开发的中国社会科学院图书编目自动化管理系统软件，于 1994 年 7 月 1 日开始投入院馆编目部的业务中正常使用。该课题于 1995 年 1 月 16 日通过文献信息中心组织的专家鉴定，结论如下：“认为社科院全院图书编目自动化管理系统居全国先进行列，在某些方面居国内领先水平。”我还独撰课题研究报告 2 篇。该课题研究成果——《全院图书编目自动化管理系统》还于 1997 年 2 月获文献信息中心优秀成果奖。二是题为“中国社会科学院全院联机联合编目研究”的文献信息中心重点研究课题和获得社科院网络中心资助的重点工作项目，我为课题组组长，该课题的主要研究成果——中国社会科学院联机联合编目系统，于2000年开始投入全院图书馆系统的业务中正常使用。该课题于2001年2月23日通过文献信息中心组织的专家鉴定，并获得较高评价："本课题的成果处于全国先进水平。"我撰写该课题研究报告1篇，2003年8月又正式出版了我主编的该课题研究的最终成果《联机编目与数字图书馆》一书，共计25.2万字。三是题为"对ECO图书馆软件系统功能的应用开发"的文献信息中心2003重点研究课题，我为课题组组长。该研究课题于2002年12月3日立项，于2005年7月18日结项。并已于2005年3月出版《中韩合作开发的ECO图书馆自动化软件系统使用手册》一书，该书是该课题研究的重要成果，在中韩合作开发的ECO图书馆自动化软件系统使用过程中起到非常重要的作用。四是题为"应用Z39.50标准协议实现异构图书馆系统间的资源共享与业务合作的研究"的文献信息中心2004年度重点研究课题，我为课题组组长。该课题研究任务于2011年3月最终完成并在结项时被专家鉴定组评为优秀。其后还由社会科学文献出版社出版了我策划、主笔并组织课题组其他成员撰写的《联机联合编目与Z39.50标准协议应用研究》一书，共计34.4万字。五是题为"全国社会科学院图书馆系统联机联合编目建设"的本院信息化建设项目，我为项目负责人。该建设项目已于2011年10月结项，被专家鉴定组评为优秀。该项目的主要成果是建成全国社会科学院联合编目中心，为全国各省（区、市）社会科学院图书馆系统搭建了一个书目信息资源共建共享的数据库平台。各省（区、市）社会科学院图书馆可利用联合编目中心的200多万条海量数据，共享社科院图书馆和各省（区、市）社会科学院图书馆的全部数据，同时使一批原来用手工方式进行图书编目的图书馆利用这些数据快速、高质量地完成回溯建库工作，在全国社会科学院图书馆系统取得很好的社会效益和经济效益。

七 出国访问有成

1995年4~9月，我首次接受韩国国际交流财团的邀请，以访问学者

的身份赴韩国高丽大学民族文化研究所进行为期半年的韩国语和韩国文化的研修。其间，我分别走访考察了韩国国立中央图书馆等五个最具代表性的图书馆。回国后，我陆续撰写了8篇介绍韩国图书馆事业的文章，分别发表在国内四种学术刊物上；我还担任社科院文献信息中心李惠国主任主编的《当代韩国人文社会科学》一书的编委，撰写了其中的“第十三章　韩国图书馆事业”，该书于1999年3月由商务印书馆出版发行。4年后，我又接受韩国公共管理协会的邀请，于1999年12月10～12日，赴汉城参加了1999年韩国公共管理协会国际会议，并在大会上用英文宣读了题为“Information Technologies in China: Current Situation of Exploration and Utilization And Future Development Strategy”（《中国IT开发利用现状与未来发展战略》）的论文，该文发表在1999年12月12日出版的《1999年韩国公共管理协会国际会议论文集》中。两年后，我又申请了教育部的公派出国研究项目，于2001年4～9月赴韩国国立中央图书馆，对韩国数字图书馆的研发和建设状况进行了为期半年的考察和研究。其间，我在韩国国立中央图书馆向该馆全体业务人员发表了题为“中国社会科学院联机联合编目系统的开发与运营”的演讲，受到韩国同行的欢迎。在韩国文献情报处理研究会主办的《知识处理研究》杂志上发表了题为《中国社会科学院온라인 종합 목록시스템—온라인 공동목록설계 및 실시방안에 대하여》（《中国社会科学院联机联合编目系统——方案设计及实施》）的论文1篇，在韩国国立中央图书馆《图书馆界》杂志上发表了题为《중•한 양국 도서관간의 교류와 협력에 기여하기위해》（《为中韩两国图书馆间的交流与合作贡献力量》）的文章1篇，还于2001年9月在韩国釜山市召开的第39届全国图书馆大会上发表了题为《중국디지털도서관》（《中国的数字图书馆》）的论文1篇。经过半年的考察研究，我撰写出了一篇5万字的题为《韩国数字图书馆研究》的研究报告，该报告的内容还收入2003年7月我主编的《联机编目与数字图书馆》一书。从2002年9月至2004年12月，我还分别在《当代韩国》杂志、《新世纪全球经济与社会发展动态》一书和《国外社会科学》杂志上陆续发表了6篇介绍韩国数字图书馆建设方面的文章。当时，正值中

国图书馆界研究开发数字图书馆之际，我的研究无疑会为中国数字图书馆的研发和建设起到一定的借鉴和参考作用。不仅如此，我还将韩国最大的图书馆软件公司——ECO 图书馆软件公司的产品介绍到了中国社会科学院。经过一番调查和了解，中国社会科学院文献信息中心与韩国 ECO 图书馆软件公司签订了在该院合作开发图书馆软件系统的协议。为了真正实现在开发软件系统方面的合作，韩国 ECO 图书馆软件公司的总经理和开发人员曾在半年多的时间里，先后 5 次携技术人员来到北京，为社科院的同行演示和介绍他们的软件系统、研讨合作事宜，最终与中方取得共识，并于 2002 年 2 月 28 日签订了双方合作开发社科院图书馆软件系统的协议。经过两年多的合作开发，中国社会科学院图书馆已经从 2004 年开始，正式使用韩国 ECO 图书馆自动化系统开展日常的图书馆业务工作了。

八　社会学术兼职

我除了在社科院图书馆系统担任相应的行政和学术职务外，在国内相应的学术机构和团体亦有一些社会学术兼职。这些兼职主要有：全国信息与文献标准化技术委员会第六分技术委员会委员、《中国图书馆分类法》编委会委员、中国图书馆学会学术研究委员会标引与编目专业委员会委员、全国社会科学学会理事、中国社会科学院韩国研究中心理事、全国索引学会理事、大连外国语学院韩国学研究所特约教授等。其中，最主要和最能代表我学术水准的主要是前两个职务。我最早于 1998 年 9 月 30 日被聘任为全国信息与文献标准化技术委员会第六分技术委员会委员，2006 年 4 月 26 日又被聘任为全国信息与标准化技术委员会识别与描述分技术委员会（SAC/TC4/SC5）委员。我作为该委员先后主持进行了《普通图书著录规则》和《文献著录总则》两个国家标准的修订工作。又于 2000 年 3 月被聘任为《中国图书馆分类法》编委会委员。之后先期参与了国家图书馆《中国分类主题词表》修订项目（2001 年度国家社会科学基金项目），负责组织对社会科学各类分类主题词表进行修订。其成果形式为印刷版和电子版的《中国分类主题词表》（第2版修订版），已于2005年9月正式出版。后来又参加了对《中国图书馆分类法》（第四版）社会科学分类的调研和修订工作，负责组织对社会科学各类目进行调研并写出调研报告，收入《分类法研究与修订调研报告》一书。其最终成果形式为印刷版和电子版的《中国图书馆分类法》（第五版）、《〈中国图书馆分类法〉第五版使用手册》、《中国图书馆分类法简本》（第五版）、《中国图书馆分类法·期刊分类表》（第三版），已分别于2010～2012年出版。我从2003～2006年共有四次被国内图书馆界的龙头单位——国家图书馆聘为科研课题项目鉴定（或审定）委员会主任委员。2003年11月6日在国家图书馆召开由国家图书馆负责制订的国家标准《中国机读目录格式》审定会的成果鉴定会，2005年1月17日在国家图书馆召开国家图书馆2002年度科研项目"《中文文献编目规则》修订"的成果鉴定会，2005年6月24日中国科学技术信息研究所的全国信息与文献标准化技术委员会召开国家标准项目"《中国机读目录格式》标准"审定会，2006年1月19日在国家图书馆召开国家图书馆2004年度科研项目"中文书目规范控制研究"的成果鉴定会，均被聘为鉴定委员会或审定委员会的主任委员。

九　编撰学术专著

我自参加图书馆工作以来，除了在国内外的十余种学术刊物、专著和文集中发表了40余篇论文、文章及译文外，还于2003～2014年陆续编撰、出版了《联机编目与数字图书馆》、《中韩合作开发的ECO图书馆自动化软件系统使用手册》、《普通图书著录指南》、《联机联合编目与Z39.50标准协议应用研究》、《GB/T 3792.2－2006〈普通图书著录规则〉应用指南》、《中国哲学社会科学发展历程回忆》丛书（综合卷）等6本学术专著。其中的《联机编目与数字图书馆》于2006年9月26日在中国社科情报学会年会上获优秀科研成果三等奖，还于2009年12月28日被评为2009年度中国社会科学院图书馆（文献信息中心）优秀科研成果奖，《普通图书著录指南》于2011年4月获中国社会科学院离退休人员优秀科研成果三等奖。《中韩合作开发的ECO图书馆自动化软件系统使用手册》得到本院图书馆工作人员的广泛应用，成为图书馆业务人员手边必备的工具书。《联机联合编目与Z39.50标准协议应用研究》更是得到业界专家等的广泛好评。社科院学部委员、社科院图书馆原馆长黄长著研究员在为本书作的序中写道："他在全院图书馆自动化建设几乎为零的情况下受命担任全院联机联合编目协调室主任，边学习、边摸索、边实践，凭着他长期的工作经验、勤奋学习和刻苦探索的执着精神，在全院图书馆系统工作人员的共同努力下，经过9个寒暑的不懈探索和实践，成功建立起了中国社会科学院联机联合编目系统，使全院的图书工作自动化、网络化向前迈出了最基本然而却是最不可或缺的一步。从此我院的文献信息管理与服务开始从每个研究所图书馆的资源独享向全院图书馆的资源共知，进而走向共建共享的目标靠近。然而，他并没有就此止步。在网络环境进一步改善，院里有意探寻更大范围的信息资源共建共享的精神鼓舞下，胡广翔研究员又义不容辞地挑起了建立全国社科院图书馆联机联合编目系统的工作。在网络技术和信息通信技术飞速发展的今天，我们来回顾文献信息自动化发展历程，胡广翔研究员和他的团队早些年所做的工作，可能只是最基础的工作的一部分，但正是这一基础性的工作，为今后信息化更好和更快的发展（比如数字图书馆的建设）奠定了必要的基础，更重要的是可能为我们今后的知识管理与知识服务提供很多有启发性的思考。也许这正是出版本书的真正价值和意义。"

十　国际基金获奖

2012年10月底的某一天，我突然接到北京大学信息管理系段明莲教授的电话，告诉我中国图书馆学会开展李炳穆交流合作奖评奖活动的消息，并希望我参加评奖。我上网一查才知道，这是为纪念中韩建交20周年，并为鼓舞和强化中韩两国之间的图书馆交流和合作，中国图书馆学会特设立“李炳穆交流合作奖”，用以奖励对中韩图书馆交流做出贡献的中国学者。该奖项拟于 2012～2024 年实施，每逢双年评出获奖者 1 名，奖励额度为 1 万～1.2 万元，评选及颁奖工作由中国图书馆学会交流和合作委员会负责。从 1995 年以来，我在国内正式出版或发表的介绍、研究韩国图书馆或韩国图书馆学、情报学的著作、论文共计 23 种，在韩国正式出版或发表的介绍、研究中国图书馆学和信息化建设的论文 5 篇，我还在北京多次接待韩国图书馆员或学者到中国参观、调研，还将韩国最大的图书馆软件公司——ECO 图书馆软件公司及其产品于 2001 年底介绍到了中国社会科学院，并承担与韩方的联络、接待等多项工作。经过努力，中韩双方终于取得共识，并于 2002 年 2 月 28 日签订了双方合作开发图书馆软件的协议。经过两年多的合作开发，中国社会科学院图书馆已经从 2004 年开始，正式使用韩国 ECO 图书馆自动化系统开展日常的图书馆业务工作。正是通过我多年的努力和大量的工作，社科院与韩国图书馆界的交流与合作得以顺利开展，取得较多的成果。当中国图书馆学会通知我获得此大奖时，确实令我激动不已，同时也使我深感荣幸、骄傲和珍贵，因为这毕竟是该项国际基金第一次在中国评奖，全国图书馆界只有一个名额，而且是在我退休 6 年之后获得的这个奖项。最后我接受中国图书馆学会的邀请，于 2012 年 11 月底去广东省东莞市参加了 2012 年度中国图书馆学会年会，并在会上接受国家图书馆陈力副馆长给我颁奖。

十一　退休发挥余热

我是 1945 年 12 月 22 日出生的，退休时间应该是 2005 年 12 月 22 日，那时正好满 60 周岁。但可能是出于工作上的需要，组织上决定让我再多干一年，所以直到 2007 年 1 月 1 日才正式退休。“老骥伏枥，志在千里”，此佳句出自曹操《步出夏门行·龟虽寿》这首诗。古代三国时的曹操尚且有老当益壮、志在千里的积极进取精神，我作为中国社会科学院一名老党员干部，更应该在退休之后继续发挥余热、老有所为，利用自己在职期间积累的学识和经验，为社科院的科研事业和学术建设发挥余热。回顾6年多来，我主要做了三部分工作。

第一，继续围绕本职业务开展学术研究，不断出新成果。一是带领“应用Z39.50标准协议实现异构图书馆系统间的资源共享与业务合作的研究”课题组成员对该课题进行研究，并于2010年6月底结项。二是主持“全国社会科学院图书馆联机联合编目系统建设”的信息化建设项目，并于2011年12月22日结项。三是担任全国信息与文献标准化技术委员会第六分技术委员会委员，主持并主笔修订了有关图书馆业务的两项国家标准：《中华人民共和国国家标准普通图书著录规则》和《中华人民共和国国家标准文献著录总则　第1部分：总则》，经中华人民共和国国家质量监督检验检疫局暨中国国家标准化管理委员会批准，分别于2007年2月1日和2010年2月1日实施。四是担任《中国图书馆分类法》编委会委员，参加了《中国图书馆分类法》编委会组织的对《中国图书馆分类法》（第四版）的修订工作，《中国图书馆分类法》（第五版）已于2010年9月出版。五是继续撰写学术论文和专著。退休以来，共撰写、发表学术论文1篇，撰写、出版学术专著4部，并多次获奖。

第二，参加社科院老专家协会工作，为全院老同志发挥余热服务。在我还未正式退休时，就被社科院老专家协会负责同志“相中”，担任该协会副秘书长一职。老专家协会是隶属于社科院离退休干部工作局的一个学术性组织，其主要宗旨是组织有研究和写作能力的老学者、老专家撰写学术性的文章，出版学术性的著作。6年多来，我们组织全院各所的老同志，撰写和出版了《学问人生——中国社会科学院名家谈》（上、下卷）及其续集、《我在现场——亲历改革开放30年》、《中国哲学社会科学发展历程回忆丛书》等3种共13本书。在这些书的编撰中，我都担任编委，还担任《中国哲学社会科学发展历程回忆丛书》中第8卷《综合卷》的主编。

第三，担任本单位离退休干部党支部书记。2010年底，社科院图书馆各党支部换届，经过老同志选举和支委分工，让我担任离退休干部党支部书记。通过开展方方面面的工作，在第一年我就被社科院评为优秀党支部书记，还被社科院图书馆授予“优秀共产党员”荣誉称号。

我在社科院近30年的努力工作和研究得到本院同人和院、馆领导的认可，2008年6月3日，在我退休一年多后仍被院里授予“优秀图书资料工作者”荣誉称号。

我在工作和学术上对自己的定位是：图书馆学，尤其是文献分类、文献编目、文献工作标准化、联机编目及计算机应用工作方面的实际工作者和深入研究者。历阅本人所写的文章和专著，无一不是在进行实际业务工作和课题研究的基础上总结、归纳和撰写出来的，无一不是在理论与实际相结合的过程中撰写出来的，是务实的并且能对实际的业务工作起指导与借鉴的作用。《图书馆学与信息化应用研究》所选的文章，基本上是与我所从事的本职业务工作密切相关的学术性文章，基本反映了我在各个时期的研究和工作的成果。这些成果是本人从1974年开始从事图书馆工作以来的实践经验的总结和学术理论的提升，凝聚着本人从业33年来对实际工作所付出的努力，也是在本职业务的学术理论园地辛勤耕耘的结晶。我编此《图书馆学与信息化应用研究》的目的是希望通过我做的一些工作，客观反映当时图书馆界的某些工作和学术的进展情况，为本行业的后来者在图书馆学和情报学的学习和工作上提供一点有益的经验和借鉴。现在看来，有的文章可能还存在一些问题甚至谬误，不妥之处，敬请读者批评指正。

图书在版编目（CIP）数据

图书馆学与信息化应用研究/胡广翔著. —北京：社会科学文献出版社，2014.12
（中国社会科学院老年学者文库）
ISBN 978-7-5097-6687-3

Ⅰ.①图… Ⅱ.①胡… Ⅲ.①图书馆工作-信息化-研究 Ⅳ.①G250.7

中国版本图书馆 CIP 数据核字（2014）第 247829 号

·中国社会科学院老年学者文库·
图书馆学与信息化应用研究

著　　者／胡广翔

出 版 人／谢寿光
项目统筹／高振华
责任编辑／高振华

出　　版／社会科学文献出版社·皮书出版分社（010）59367127
地址：北京市北三环中路甲 29 号院华龙大厦　邮编：100029
网址：www.ssap.com.cn
发　　行／市场营销中心（010）59367081　59367090
读者服务中心（010）59367028
印　　装／三河市尚艺印装有限公司

规　　格／开　本：787mm × 1092mm　1/16
印　张：33.25　插　页：1　字　数：485 千字
版　　次／2014 年 12 月第 1 版　2014 年 12 月第 1 次印刷
书　　号／ISBN 978-7-5097-6687-3
定　　价／198.00 元